PONS

REISE-SPRACHFÜHRER

ENGLISCH

Mit vertontem Beispielsätzen zum Anhören

PONS GmbH
Stuttgart

PONS Reise-Sprachführer
Englisch

Bearbeitet von: Ian Dawson

PONS verpflichtet sich, den Zugriff auf das zu diesem Buch ergänzende Download-Angebot mindestens bis Ende 2020 zu gewährleisten. Einen Anspruch der Nutzung darüber hinaus gibt es nicht.

1. Auflage 2018 (1,01 – 2018)

www.pons.de
E-Mail: info@pons.de

Umschlagfotos: iStockphoto/BrianAJackson
Logoentwurf: Erwin Poell, Heidelberg
Logoüberarbeitung: Sabine Redlin, Ludwigsburg
Satz: Datagroup int. SRL, Timisoara
Druck: L.E.G.O. S.p.A., Lavis (TN)
Printed in Italy

ISBN 978-3-12-518666-8

Liebe Leserin, lieber Leser,

Sie reisen nach Großbritannien und Sie freuen sich darauf, in das Land einzutauchen, die Menschen kennenzulernen und die Kultur zu erleben? Mit dem Reise-Sprachführer von PONS haben Sie hierfür immer die richtigen Worte parat.

Ob Sie Konzertkarten besorgen möchten oder eine Reifenpanne haben: In **zehn thematischen Kapiteln** finden Sie den passenden Satz für jede Situation. Und wenn es schnell gehen muss, schlagen Sie einfach im **ausführlichen Wörterbuch** nach.

Sind die nötigsten Dinge geregelt, kann der Genuss beginnen. Schlemmen Sie sich einfach durch das Land – in der integrierten **Speisekarte** finden Sie dafür garantiert die passenden Worte. So erleben Sie das Land noch intensiver.

Als kleines Extra für Sie: Laden Sie die passenden **Sounds** zu den wichtigsten Wörtern und Sätzen von www.pons.de/reise-sprachfuehrer-englisch herunter und trainieren Sie damit Ihre Aussprache.

Ganz egal wie individuell Sie Ihre Reise gestalten: Der Reise-Sprachführer von PONS bietet Ihnen alles, was Sie brauchen, um auch jenseits der Touristenpfade das Land zu entdecken.

Eine schöne Reise wünscht Ihnen

Ihre

PONS Redaktion

Inhalt

Wie spricht man das aus?

Damit Sie jedes Wort und jeden Satz richtig aussprechen, haben wir allen Begriffen und Wendungen eine Lautschrift beigefügt. Die folgende Übersicht zeigt Ihnen, wie Sie die phonetischen Zeichen richtig aussprechen.

ˈ	vor einer Silbe bedeutet, dass die nachfolgende Silbe betont ist. Bei einer Hauptbetonung steht das Zeichen oben vor der Silbe, bei einer Nebenbetonung unten; z. B. [ˈtelɪ vɪʒn].	
ː	bedeutet, dass der vorhergehende Vokal lang gesprochen wird.	
‿	zwischen zwei Wörtern bedeutet, dass man den letzten Buchstaben des ersten Wortes zum nächsten Wort hinüberzieht: this is [ðɪs‿ɪz].	
ɪ	wie L**i**ste	film [fɪlm]
e	wie B**ä**cker	well [wel]
ʌ	kürzeres a, als in St**a**dt	but [bʌt], London [ˈlʌndən]
ʊ	wie R**u**ck	look [lʊk]
uː	langes u wie P**u**ma	room [ruːm]
iː	langes i wie W**ie**n	bean [biːn]
ɑː	langes a, etwa wie in B**a**hn	plant [plɑːnt]
aɪ	wie M**ai**, d**ei**n	nice [naɪs]
æ	ganz offener ä-Laut, etwa zwischen B**ä**cker und b**a**cken	happy [ˈhæpɪ], ham [hæm]
eɪ	nicht wie kl**ei**n, sondern e-i, d. h. von [e] zu [ɪ] gleiten	station [ˈsteɪʃn], way [weɪ]
eə	ä-Laut wie in B**ä**r, dann zu [ə] gleiten	there [ðeə]
ə	kurzes, schwaches, nur angedeutetes e, etwa wie in bitt**e**, dank**e**	about [əˈbaʊt], welcome [ˈwelkəm]
ɜː	ähnlich wie das ö in M**ö**rder, Lippen nicht runden	German [ˈdʒɜːmən], bird [bɜːd]
ɪə	auf das [ɪ] gleich ein kurzes [ə] folgen lassen, ähnlich wie in h**ie**r	here [hɪə], near [nɪə]

ʊə	auf das [ʊ] gleich ein kurzes [ə] folgen lassen	poor [pʊə], sure [ʃʊə]
ɒ	kurzes offenes o, etwa wie in **o**ffen, K**o**pf	John [dʒɒn], not [nɒt]
ɔ:	langes offenes o, etwa wie in H**o**rn	hall [hɔ:l], all [ɔ:l]
ɔɪ	offenes kurzes o, dann zu i gleiten, wie in h**eu**te	boy [bɔɪ], oil [ɔɪl]
əʊ	auf das [ə] sofort ein u folgen lassen: ə-ʊ	hello [həˈləʊ]
aʊ	wie in M**au**s	now [naʊ]
ŋ	wie in la**ng**, kra**nk**	England [ˈɪŋglənd]
r	Zunge an den Gaumen heben und leicht zurückbiegen	Robert [ˈrɒbət], from [frɒm]
s	wie in rei**ß**en, la**ss**en	salad [ˈsæləd], sir [sɜ:]
z	wie in le**s**en, rei**s**en	is [ɪz], houses [ˈhaʊzɪz]
θ	[s] gesprochen mit der Zungenspitze zwischen den Zähnen	thank you [ˈθæŋkjʊ]
ð	[z] gesprochen mit der Zungenspitze zwischen den Zähnen	this [ðɪs], there [ðeə]
ʃ	wie in Ti**sch**	ship [ʃɪp], she [ʃi:]
tʃ	t mit nachfolgendem [ʃ]	cheese [tʃi:z]
ʒ	wie in Gara**g**e, Lo**g**e	television [ˈtelɪ vɪʒn]
dʒ	d und gleich anschließender [ʒ]-Laut, wie in In**ge**nieur	John [dʒɒn], German [ˈdʒɜ:mən]
v	wie in **W**ein, **W**asser, **V**ioline	very [ˈverɪ]
w	nicht wie dt. w, sondern mit vorgestülpten Lippen ein kurzes u bilden, dann schnell zum nachfolgenden Laut übergehen	way [weɪ], water [ˈwɔ:tə]

Beachten Sie: Ein **d** am Wortende darf nicht wie ein **t** ausgesprochen werden, sondern muss deutlich als **d** hörbar sein: **cold** [kəʊld]. Ebenso darf ein **g** am Wortende nicht wie ein **k** ausgesprochen werden, sondern muss deutlich als **g** hörbar sein: **egg** [eg]

Können Sie mir das buchstabieren?

In manchen Situationen, z. B. am Telefon, hilft meist nur das Buchstabieren. Damit es dabei zu keinen Missverständnissen kommt, anbei für Sie das Alphabet mit der richtigen Aussprache.

A	a	[eɪ]	J	j	[dʒeɪ]	S	s	[es]
B	b	[biː]	K	k	[keɪ]	T	t	[tiː]
C	c	[siː]	L	l	[el]	U	u	[juː]
D	d	[diː]	M	m	[em]	V	v	[viː]
E	e	[iː]	N	n	[en]	W	w	[ˈdʌbljuː]
F	f	[ef]	O	o	[əʊ]	X	x	[eks]
G	g	[dʒiː]	P	p	[piː]	Y	y	[waɪ]
H	h	[eɪtʃ]	Q	q	[kjuː]	Z	z	[zed]
I	i	[aɪ]	R	r	[ɑː]			

„Was bedeutet ...?“

Mit dieser Liste finden Sie sich im PONS Reise-Sprachführer Englisch schnell zurecht.

adj	Adjektiv, Eigenschaftswort	adjective
adv	Adverb, Umstandswort	adverb
Am	amerikanisches Englisch	American English
Br	britisch	British
conj	Konjunktion, Bindewort	conjunction
el	Elektrotechnik, Elektrizität	electricity
f	Femininum, weiblich	feminine gender
fam	Umgangssprache, familiär	familiar, colloquial
fig	bildlich, übertragen	figurative
GB	Großbritannien	Great Britain
m	Maskulinum, männlich	masculine gender
n	Neutrum, sächlich	neuter gender
pl	Plural, Mehrzahl	plural
poss prn	Possessivpronomen, besitzanzeigendes Fürwort	possessive pronoun
prp	Präposition, Verhältniswort	preposition
rel	kirchlich, geistlich	religious
sing	Singular, Einzahl	singular
s.o.	jemand	someone
s.th.	etwas	something
tele	Telekommunikation, Nachrichtentechnik	telecommunications
USA	Vereinigte Staaten von Amerika	United States of America
v	Verb, Zeitwort	verb

Das Allernotwendigste

Morgen um 16.00 Uhr an der Bar.

Manche Verabredungen beschränken sich auf das Notwendigste. Dennoch können schon kleinste sprachliche Missverständnisse großes persönliches Unverständnis nach sich ziehen.

Für den leichten Einstieg: Hier finden Sie die nützlichsten Wörter und Ausdrücke auf einen Blick.

DIE BASICS

Ja.
Yes. [jes]

Nein.
No. [nəʊ]

Bitte.
Please. [pliːz]

Danke!
Thank you. [ˈθæŋkjʊ]

Vielen Dank!
Many thanks! [ˈmenɪ θæŋks]

Danke, gleichfalls!
Thank you, the same to you!
[ˈθæŋkjʊ ðə seɪm tə jʊ]

Bitte!/Gern geschehen!
Don't mention it./You're welcome.
[dəʊnt ˈmenʃn‿ɪt/jɔː ˈwelkəm]

Nichts zu danken!
Not at all./Don't mention it.
[nɒt æt ɔːl/dəʊnt ˈmenʃn‿ɪt]

Wie bitte?
Pardon? [ˈpɑːdn]

Selbstverständlich!
Of course. [əv ˈkɔːs]

Einverstanden!
Agreed! [əˈɡriːd]

Okay!
OK! [ˌəʊˈkeɪ]

In Ordnung!
OK! [ˌəʊˈkeɪ]

Entschuldigung!/Verzeihung!
Excuse me!/Sorry!
[ɪkˈskjuːz ˌmiː/ˈsɒrɪ]

Einen Augenblick, bitte!
Just a minute, please.
[ˌdʒʌst‿ə ˈmɪnɪt ˌpliːz]

Das reicht jetzt!
That's enough! [ðæts‿ɪˈnʌf]

Hilfe!
Help! [help]

Ich hätte gern...
I'd like ... [ˌaɪd ˈlaɪk]

Gibt es ...?
Is there ...?/Are there ...?
[ˈɪz ðeə/ˈɑːðeə]

WER? WIE? WAS?

Wer?
Who? [huː]

Was?
What? [wɒt]

Welcher?/Welche?/Welches?
Which? [wɪtʃ]

Wem?
Who ... to? [huː tuː]

Wen?
Who? [huː]

Wo?
Where? [weə]

Wo ist ...?/Wo sind ...?
Where's ...?/Where are ...?
[weəz/ˈweərə]

Warum?
Why? [waɪ]

Wozu?
What ... for? [ˌwɒt ˈfɔː]

Wie viel?
How much? [ˌhaʊ ˈmʌtʃ]

Wie lange?
How long? [ˌhaʊ ˈlɒŋ]

Wann?
When? [wen]

Um wie viel Uhr?
What time? [ˌwɒt ˈtaɪm]

ZAHLEN – MASSE – GEWICHTE

0
nought [nɔːt]
zero [ˈzɪərəʊ]

1
one [wʌn]

2
two [tuː]

3
three [θriː]

4
four [fɔː]

5
five [faɪv]

6
six [sɪks]

7
seven [ˈsevn]

8
eight [eɪt]

9
nine [naɪn]

10
ten [ten]

11
eleven [ɪˈlevn]

12
twelve [twelv]

13
thirteen [ˌθɜːˈtiːn]

14
fourteen [ˌfɔːˈtiːn]

15
fifteen [ˌfɪfˈtiːn]

16
sixteen [ˌsɪksˈtiːn]

17
seventeen [ˌsevnˈtiːn]

18
eighteen [ˌeɪˈtiːn]

19
nineteen [ˌnaɪnˈtiːn]

20
twenty [ˈtwentɪ]

21
twenty-one [ˌtwentɪˈwʌn]

22
twenty-two [ˌtwentɪˈtuː]

23
twenty-three [ˌtwentɪˈθriː]

24
twenty-four [ˌtwentɪˈfɔː]

25
twenty-five [ˌtwentɪˈfaɪv]

26
twenty-six [ˌtwentɪˈsɪks]

27
twenty-seven [ˌtwentɪˈsevn]

28
twenty-eight [ˌtwentɪˈeɪt]

29
twenty-nine [ˌtwentɪˈnaɪn]

30
thirty [[ˈθɜːtɪ]]

31
thirty-one [ˌθɜːtɪˈwʌn]

32
thirty-two [ˌθɜːtɪˈtuː]

40
forty [ˈfɔːtɪ]

50
fifty [ˈfɪftɪ]

60
sixty [ˈsɪkstɪ]

70
seventy [ˈsevntɪ]

80
eighty [ˈeɪtɪ]

90
ninety [ˈnaɪntɪ]

100
a/one hundred
[ə/ˈwʌn ˈhʌndrəd]

101
a/one hundred and one
[ə/ˈwʌnˈhʌndrəd‿ənd ˈwʌn]

200
two hundred [ˈtuː ˈhʌndrəd]

300
three hundred [ˈθriː ˈhʌndrəd]

1000
a/one thousand
[ə/ˈwʌnˈθaʊzənd]

2000
two thousand [ˈtuː ˈθaʊzənd]

3000
three thousand [ˈθriː ˈθaʊzənd]

10 000
ten thousand [ˈten ˈθaʊzənd]

100 000
one hundred thousand
[ˈwʌn ˈhʌndrəd ˈθaʊzənd]

1 000 000
one million [ˈwʌn ˈmɪljən]

2018
two thousand and eighteen
[tuː ˌθaʊzənd‿ənd eɪˈtiːn]

2019
two thousand and nineteen
[tuː ˌθaʊzənd‿ənd naɪnˈtiːn]

1/2
a half [ə ˈhɑːf]

1/3
a/one third [ə/ˈwʌn ˈθɜːd]

1/4
a/one quarter [ə/ˈwʌn ˈkwɔːtə]

3/4
three-quarters [ˈθriːˈkwɔːtəz]

1.
first [fɜːst]

2.
second [ˈsekənd]

3.
third [θɜːd]

4.
fourth [fɔːθ]

1 inch [ˈwʌn ˈintʃ] *(in)*
= 2,54 cm

1 foot [ˈwʌn ˈfʊt]
((ft) = 12 inches) = 30,48 cm
1 yard [ˈwʌn ˈjɑːd] *((yd) = 3 feet)*
= 0,91 m

1 mile [ˈwʌn ˈmaɪl] *((m) = 1760 yards)*
= 1,609 km

1 pint [ˈwʌn ˈpaɪnt] *((pt), Br)*
= 0,57 l *((pt): Am)*
= 0,47 l

1 quart [ˈwʌn ˈkwɔːt] *((qt) = 2 pints: Br)*
= 1,14 l *(Am)*
= 0,95 l

1 gallon [ˈwʌn ˈgælən] *((gal) = 4 quarts: Br)*
= 4,55 l *(Am)*
= 3,79 l

1 ounce [ˈwʌn aʊn(t)s] *(oz)*
= 28,35 g

1 pound [ˈwʌn ˈpaʊnd] *((lb) = 16 ounces)*
= 453,59 g

32 °F [ˌθɜːtɪˈtuː dɪˈgriːz fɑːnhaɪt]
= 0 °C

50 °F [ˈfɪftɪ dɪˈgriːz fɑːnhaɪt]
= 10 °C

68 °F [ˌsɪkstɪˈeɪt dɪˈgriːz fɑːnhaɪt]
= 20 °C

86 °F [ˌeɪtɪˈsɪks dɪˈgriːz fɑːnhaɪt]
= 30 °C

Um wie viel Uhr?

Die 24-Stunden-Einteilung wird meist nur bei Fahrplänen benutzt. Die Zeit von Mitternacht bis 12 Uhr mittags wird mit **a.m.**, die Zeit von 12 Uhr mittags bis Mitternacht mit **p.m.** bezeichnet, z.B. 10.30 = 10:30 a.m., 14.50 = 2:50 p.m. Aber aufgepasst! **Half two = half past two** = 14.30. Im Englischen gibt es kein *fünf vor/nach halb zwei* oder das süddeutsche *viertel zwei* oder *drei viertel zwei*.

Uhrzeit und Tageszeiten

Wie viel Uhr ist es bitte?
What time is it, please? [wɒt ˈtaɪm‿ɪz‿ɪt pliːz]

Es ist (genau/ungefähr) ...
It's (exactly/about) ... [ɪts (ɪgˈzæktlɪ/əˈbaʊt)]

- ***3 Uhr.***
  three o'clock. [ˈθriː‿əˈklɒk]
- ***5 nach 3.***
  five past three. [ˈfaɪv pɑːst ˈθriː]
- ***3 Uhr 10.***
  ten past three. [ˈten pɑːst ˈθriː]
- ***Viertel nach 3.***
  quarter past three. [ˈkwɔːtə pɑːst ˈθriː]
- ***halb 4.***
  half past three. [ˈhɑːf pɑːst ˈθriː]
- ***Viertel vor 4.***
  quarter to four. [ˈkwɔːtə tə ˈfɔː]
- ***5 vor 4.***
  five to four. [ˈfaɪv tə ˈfɔː]
- ***12 Uhr Mittag/Mitternacht.***
  noon/midnight. [nuːn/ˈmɪdnaɪt]

Um wie viel Uhr?/Wann?
What time? [ˌwɒt ˈtaɪm]
/When? [wen]

Um 1 Uhr.
At one o'clock. [ət ˈwʌn‿əˈklɒk]

Um 2 Uhr.
At two o'clock. [ət ˈtuː‿əˈklɒk]

Gegen 4 Uhr.
At about four o'clock. [ət‿əˈbaʊt ˈfɔːr‿əˈklɒk]

In einer Stunde.
In an hour's time [ɪn‿ən‿ˈaʊəz ˈtaɪm]

In zwei Stunden.
In two hours' time. [ɪn ˈtuː ˈaʊəz ˈtaɪm]

Nicht vor 9 Uhr morgens.
Not before nine a.m. [ˈnɒt bɪˈfɔː ˈnaɪn‿ˈeɪˈem]

Nach 8 Uhr abends.
After eight p.m. [ˈɑːftər‿ˈeɪt ˈpiːˈem]

Zwischen 3 und 4.
Between three and four. [bɪˈtwiːn ˈθriː‿ənd ˈfɔː]

Wie lange?
How long? [ˈhaʊ ˈlɒŋ]

Zwei Stunden (lang).
For two hours. [fə ˈtuː ˈaʊəz]

Von 10 bis 11.
From ten to eleven. [frəm ˈten tʊ‿ɪˈlevn]

Bis 5 Uhr.
Till five o'clock. [tɪl ˈfaɪv‿əˈklɒk]

Seit wann?
Since when? [sɪns ˈwen]

Seit 8 Uhr morgens.
Since eight a.m. [sɪns‿ˈeɪt‿ˈeɪˈem]

Seit einer halben Stunde.
For half an hour. [fə ˈhɑːf‿ən‿ˈaʊə]

Seit acht Tagen.
For a week. [fər‿ə ˈwiːk]

ab und zu	from time to time [frəm ˈtaɪm tə ˈtaɪm]
Abenddämmerung	dusk [dʌsk]; twilight [twaɪlaɪt]
abends	in the evening [ɪn ðiː‿ˈiːvnɪŋ]
am Sonntag	on Sunday [ɒn ˈsʌndeɪ]
am Vormittag	in the morning [ɪn ðə ˈmɔːnɪŋ]
am Wochenende	at the weekend [ət ðə ˌwiːkˈend]
bald	soon [suːn]
diese Woche	this week [ˌðɪs ˈwiːk]
früh	early [ˈɜːlɪ]
früher	*(eher)* earlier [ˈɜːlɪə]
gegen Mittag	about noon/lunchtime [əˈbaʊt ˈnuːn/ˈlʌntʃtaɪm]
gestern	yesterday [ˈjestədɪ]
heute	today [təˈdeɪ]
heute Morgen/heute Abend	this morning/this evening [ðɪs ˈmɔːnɪŋ/ðɪs‿ˈiːvnɪŋ]
in einer Woche	today week [təˈdeɪ ˈwiːk]
in 14 Tagen	in a fortnight's time [ɪn‿ə ˈfɔːtnaɪts ˈtaɪm]
innerhalb einer Woche	within a week [wɪˈðɪn‿ə ˈwiːk]
jeden Tag	every day [ˈevrɪ ˈdeɪ]
jetzt	now [naʊ]
kürzlich	recently [ˈriːsntlɪ]
letzten Montag	last Monday [ˈlɑːst ˈmʌndɪ]
manchmal	sometimes [ˈsʌmtaɪmz]
mittags	at lunchtime [ət ˈlʌnʃtaɪm]
morgen	tomorrow [təˈmɒrəʊ]
Morgendämmerung	dawn [dɔːn]
morgen früh/morgen Abend	tomorrow morning/tomorrow evening [təˈmɒrəʊ ˈmɔːnɪŋ/təˈmɒrəʊ‿iːvnɪŋ]
morgens	in the morning [ɪn ðə ˈmɔːnɪŋ]
nachmittags	in the afternoon [ɪn ðɪ‿ˌɑːftəˈnuːn]
nächstes Jahr	next year [ˈnekst ˈjɪə]
nachts	at night [ət ˈnaɪt]
Sonnenaufgang	sunrise [sʌnraɪz]
Sonnenuntergang	sunset [sʌnset]

spät	late [leɪt]
später	later ['leɪtə]
stündlich	every hour, hourly ['evrɪ‿'aʊə, 'aʊəlɪ]
täglich	every day, daily ['evrɪ 'deɪ, 'deɪlɪ]
tagsüber	during the day ['djʊərɪŋ ðə 'deɪ]
übermorgen	the day after tomorrow [ðə 'deɪ‿'ɑ:ftə tə'mɒrəʊ]
um diese Zeit	about this time [ə'baʊt ðɪs 'taɪm]
niemals	never ['nevə]
vor zehn Minuten	ten minutes ago ['ten 'mɪnɪts‿ə'gəʊ]
vorgestern	the day before yesterday [ðə 'deɪ bɪ'fɔ: 'jestədɪ]
vormittags	during the morning ['djʊərɪŋ ðə 'mɔ:nɪŋ]

RUND UMS JAHR

Wochentage

Montag	Monday ['mʌndɪ]
Dienstag	Tuesday ['tju:zdɪ]
Mittwoch	Wednesday ['wenzdɪ]
Donnerstag	Thursday ['θɜ:zdɪ]
Freitag	Friday ['fraɪdɪ]
Samstag	Saturday ['sætədɪ]
Sonntag	Sunday ['sʌndɪ]

Monate

Januar	January ['dʒænjʊərɪ]
Februar	February ['februərɪ]
März	March [mɑ:tʃ]
April	April ['eɪprl]
Mai	May [meɪ]
Juni	June [dʒu:n]
Juli	July [dʒu:'laɪ]
August	August ['ɔ:gəst]
September	September [sep'tembə]
Oktober	October [ɒk'təʊbə]
November	November [nəʊ'vembə]
Dezember	December [dɪ'sembə]

Jahreszeiten

der Frühling	spring [sprɪŋ]
der Sommer	summer [ˈsʌmə]
der Herbst	autumn [ˈɔːtəm]; *(Am)* fall [fɔːl]
der Winter	winter [ˈwɪntə]

Bank Holidays

In Großbritannien heißen gesetzliche Feiertage **bank holidays**, da an diesen Tagen die Banken geschlossen bleiben. An den meisten Feiertagen sind die größeren Geschäfte geöffnet. In Großbritannien gibt es bei Weitem weniger Feiertage als in Deutschland.

Feiertage

Neujahr
New Year's Day [ˈnjuː ˌjɪəz ˈdeɪ]

Karfreitag
Good Friday [ˈgʊd ˈfraɪdɪ]

Ostern
Easter [ˈiːstə]

Ostermontag
Easter Monday [ˈiːstə ˈmʌndɪ]

Erster Montag im Mai
May Day Holiday *(GB)* [ˈmeɪ ˌdeɪ ˈhɒlɪdeɪ]

Letzter Montag im Mai
Spring Bank Holiday *(GB)* [ˈsprɪŋ ˌbæŋk ˈhɒlɪdeɪ]

4. Juli (Unabhängigkeitstag in den USA)
Independence Day *(Am)* [ˌɪndɪˈpendəns ˌdeɪ]

Letzter Montag im August
August Bank Holiday *(GB)* [ˈɔːgəst ˌbæŋk ˈhɒlɪdeɪ]

Letzter Donnerstag im November (Erntedankfest in den USA)
Thanksgiving *(Am)* [ˈθæŋksˌgɪvɪŋ]

Heiliger Abend
Christmas Eve [ˈkrɪsməs‿ˈiːv]

Weihnachten
Christmas [ˈkrɪsməs]

1. Weihnachtsfeiertag
Christmas Day [ˈkrɪsməs ˈdeɪ]

2. Weihnachtsfeiertag
Boxing Day *(GB)* [ˈbɒksɪŋ ˌdeɪ]

Silvesterabend
New Year's Eve [ˈnjuː ˌjɪəz‿ˈiːv]

Datum

Den Wievielten haben wir heute?
What's the date (today)? [ˈwɒts ðə ˈdeɪt (təˈdeɪ)]

Heute ist der 4. August.
It's the fourth of August. [ɪts ðə fɔːθ əv ˈɔːgəst]

Hotel oder Ferienwohnung?

Eine Reise zu planen ist eine organisatorische Meisterleistung. Wenn Ihnen ein Sprachführer zur Seite steht, schmälert das keineswegs Ihre Leistung: es vereinfacht sie.

Feine Unterschiede

Wenn Ihr Urlaubsziel Großbritannien ist, sollten Sie nicht vergessen, dass das Land eigentlich aus vier Ländern besteht: England, Schottland, Wales und Nordirland. Daher sprechen Sie besser nicht von „England“ oder „englisch“, wenn Sie „Großbritannien“ oder „britisch“ meinen. Und wenn Sie wissen möchten, woher jemand kommt, ist eine offene Frage ratsam (**Where are you from?**). Beachten Sie bitte: Irland ist nicht Teil von Großbritannien, und die Iren sind daher keine Briten, so wie z. B. die Österreicher auch keine Deutschen sind.

HOTELBUCHUNG PER E-MAIL

Keine Zeit, in der Fremdsprache auf die Schnelle Mails zu formulieren? Mit diesen fertigen Texten können Sie sichergehen, dass die Buchung klappt.

Sehr geehrte Damen und Herren,

am 24. und 25. Juni benötige ich für zwei Nächte ein Einzel-/Doppel-/Zweibettzimmer. Bitte teilen Sie mir mit, ob Sie ein Zimmer frei haben und was es pro Nacht (einschließlich Abendessen) kostet.

Mit freundlichen Grüßen

Dear Sir or Madam,

I would like to book a single/double/twin-bedded room for 2 nights on the 24 and 25 June. Please let me know if you have any vacancies and the total cost per night (plus dinner).

Yours faithfully,

AUTOVERMIETUNG PER E-MAIL

Sehr geehrte Damen und Herren,

für den Zeitraum vom 20.–25. Juli möchte ich ab Flughafen Manchester einen Kleinwagen/Mittelklassewagen/eine 7-sitzige Großraumlimousine mieten. Ich fliege von London Heathrow ab und ich möchte deshalb dort den Leihwagen abgeben. Bitte teilen Sie mir Ihre Tarife mit und welche Unterlagen ich benötige.

Mit freundlichen Grüßen

Dear Sir/Madam,

I would like to hire a small car/mid-range car/7-seater people carrier from July 20 - 25 from Manchester Airport. I depart from Heathrow Airport, London so wish to leave the car there. Please inform me of your rates and what documents I shall require.

Yours faithfully,

ALLGEMEINE FRAGEN

Hotel – Pension – Privatzimmer

Ich suche ein Hotel, jedoch nicht zu teuer – etwas in der mittleren Preislage.
I'd like to stay in a hotel, but nothing too expensive – something in the mid-price range. [aɪd laɪk tə steɪ ɪn ə heʊˈtel bʌt ˈnʌθɪŋ tuː ɪkˈspensɪv ˈsʌmθɪŋ ɪn ðə mɪd praɪs reɪndʒ]

Ich suche ein Hotel mit Hallenbad/Golfplatz/Tennisplätzen.
I'd like to stay in a hotel with a swimming pool/a golf course/tennis courts. [aɪd laɪk tə steɪ ɪn ə heʊˈtel wɪð ə ˈswɪmɪŋ puːl/ə ˈgɒlf kɔːs/ ˈtenɪs cɔːts]

Können Sie mir ein schönes Fremdenzimmer mit Frühstück empfehlen?
Can you recommend a good bed-and-breakfast?
[ˈkən jʊ ˌrekəˈmend ə gʊd ˈbedn ˈbrekfəst]

Für wie viele Leute soll es sein?
How many people does it sleep? [haʊ ˈmenɪ ˈpiːpl dʌz ɪt ˈsliːp]

Können Sie mir ein kinderfreundliches Hotel empfehlen?
Can you recommend a child-friendly hotel, please?
[kən jʊ rekəˈmend‿ə ˈʧaɪldfrendlɪ həʊˈtel pliːz]

Können Sie mir bitte Informationen senden, welche Hotels in ... für Rollstuhlfahrer geeignet sind?
Could you please send me information about which hotels in ... are suitable for wheelchair users? [ˈkʊd‿jʊ pli:z send mi: ɪnfəmeɪʃən əˈbaʊt wɪtʃ həʊˈtelz ɪn ... ə su:təbl fə wi:lˈtʃeə ju:zəz]

Könnten Sie mir bitte sagen, welche Hotels und Campingplätze behindertengerechte Einrichtungen haben?
Could you please tell me which hotels and camping sites have special facilities for the disabled? [ˈkʊd‿jʊ pli:z tel mi: wɪtʃ həʊˈtelz‿ənd ˈkæmpɪŋsaɪts hæv speʃəl fəˈsɪlɪtɪz fə ðə dɪsˈeɪbld]

Sind dort Hunde erlaubt?
Are dogs allowed? [ɑ: dɒgz əˈlaʊd]

Ist es möglich, ein weiteres Bett in einem der Zimmer aufzustellen?
Is it possible to put an extra bed in one of the rooms?
[ɪz ɪt ˈpɒsɪbl tə pʊt ən ˈekstrə bed ɪn wʌn əv ðə ru:mz]

Wie viel kostet das pro Woche?
How much does that cost per week?
[haʊ mʌtʃ dəz ðæt kɒst pɜ: wi:k]

Ferienhäuser/Ferienwohnungen

Ich suche eine Ferienwohnung oder einen Bungalow.
I'm looking for a self-catering flat or bungalow.
[aɪm ˈlʊkiŋ fər‿ə ˈselfkeɪtərɪŋ flæt ɔ: ˈbʌngələʊ]

Können Sie mir einen kinderfreundlichen Ferienbauernhof empfehlen?
Can you recommend a farmhouse, suitable for children?
[ˈkən jʊ ˌrekəˈmend ə ˈfɑ:mhaʊs ˈsu:təbl fə ˈtʃɪldrən]

Gibt es ...?
Is there ...?
[ɪz ðeə]

- ***ein Kinderbett***
  a baby's cot
  [ə ˈbeɪbɪz kɒt]
- ***einen Hochstuhl***
  a high chair
  [ə ˈhaɪ tʃeə]
- ***einen Fernseher***
  a TV
  [ə ti:vi:]

- *ein Telefon*
  a telephone
  [ə ˈtelɪfəʊn]
- *eine Waschmaschine*
  a washing machine
  [ə ˈwɒʃɪŋ məˈʃiːn]
- *eine Spülmaschine*
  a dishwasher
  [ə ˈdɪʃwɒʃə]
- *eine Mikrowelle*
  a microwave
  [ə ˈmaɪkrəʊweɪv]

Sind die Stromkosten im Preis eingeschlossen?
Is electricity included in the price?
[ɪz elekˈtrɪsɪtɪ ɪnˈkluːdɪd ɪn ðə praɪs]

Werden Bettwäsche und Handtücher gestellt?
Are bed linen and towels provided?
[ɑː ˈbedˌlɪnɪn ənd ˈtaʊəlz prəˈvaɪdɪd]

Wie viel muss ich anzahlen und wann ist die Anzahlung fällig?
How much deposit do you require and how long in advance?
[haʊ mʌtʃ dɪˈpɒzɪt du jʊ rɪˈkwaɪə ənd haʊ lɒŋ ɪn ədˈvɑːns]

Wo und wann kann ich die Schlüssel abholen?
Where and when should I pick up the keys?
[weə ənd wen ʃʊd aɪ pɪk ʌp ðə kiːz]

Camping

Ich suche einen kleinen Campingplatz in … Können Sie mir irgend etwas empfehlen?
I'm looking for a smallish campsite in … Do you have anywhere you can recommend? [aɪm ˈlʊkɪŋ fər‿ə ˈsmɔːlɪʃ ˈkæmpsaɪt ɪn … du jʊ hæv ˈenɪweə jʊ kən ˌrekəˈmend]

Im Gespräch

Ich finde Sie sehr sympathisch.

Es gibt Sätze, bei denen es sich absolut lohnt, sie zu verstehen. Und noch viel mehr, sie aktiv einzusetzen.

Darf ich vorstellen ...

In den englischsprachigen Ländern ist es durchaus üblich, sich schon bei der ersten Begegnung beim Vornamen zu nennen. (Das gilt auch für Vorgesetzte und ihre Mitarbeiter.) Das bedeutet aber nicht, dass Sie deshalb vertrauter miteinander umgehen.
Hat jemand mehr als einen Titel, wird nur der wichtigere benutzt, z.B. **Prof.** Sinclair; es gibt also keine Titel wie 'Frau Prof. Dr. Schmidt'. Der Doktortitel **Doctor** wird gewöhnlich nur für Ärzte und Ärztinnen verwendet. Man stellt sich nur mit Vor- und Nachnamen vor, Titel werden *nicht* genannt.
Die Anrede **Ms** zeigt nicht, ob eine Frau verheiratet ist oder nicht. Viele Frauen bevorzugen daher diese Anrede anstelle von **Miss** oder **Mrs**, wenn sie ihren Familienstand nicht unbedingt bekannt geben wollen.

Begrüßen

Guten Morgen/Tag!
Good morning/afternoon! [gʊd ˈmɔːnɪŋ/ˌɑːftəˈnuːn]

Guten Abend!
Good evening. [gʊd‿ˈiːvnɪŋ]

Hallo!/Grüß dich!
Hello!/Hi! [həˈləʊ/haɪ]

Wie geht's?

Wenn Sie Bekannte treffen, fragt man, wie es ihnen geht (= **How are you?**) oder informeller **How are you doing?/How's life?** Auf diese Frage antwortet man, dass es einem *gut* geht = **Fine, thanks/I'm good, thanks/Very well, thanks**, und stellt die Gegenfrage **And (how are) you?/And yourself?/How about you?**

Wie geht es Ihnen?/Wie geht's?
How are you doing? [haʊ‿ˈɑː jʊ/haʊ‿ə ˈjʊ ˈduːɪŋ]

Danke. Und Ihnen/dir?
Fine thanks. And you? [ˈfaɪn θæŋks. ənd ˈjʊ]

Can I help you, love?

Wundern Sie sich nicht, wenn Sie in Großbritannien von wildfremden Menschen mit **love** angesprochen werden. Es ist eine häufige Anrede, für Männer und Frauen, jung oder alt! Andere Anreden sind **darling**, **dear**, **my duck** (in den Midlands), **pet** (in Newcastle), und sogar **my lover** in Bristol und Umgebung. Männer reden sich gegenseitig mit **mate** an (**See you soon, mate**.) Zwei Frauen, die zusammen essen gehen usw., werden als **girls** bezeichnet, egal, wie alt sie sind, oder auch **ladies** (**What can I get you ladies?**). Gruppen werden zunehmend als **you guys** angeredet - dabei ist es ganz egal, ob Männer dabei sind (**Have you guys finished?**)

Sich vorstellen

Wie ist Ihr Name?/Wie heißt du?
What's your name? [wɒts jɔː ˈneɪm]

Ich heiße ...
My name's ... [maɪ neɪmz]

Darf ich bekannt machen?
May I introduce you? [ˈmeɪ‿aɪ‿ˌɪntrəˈdjuːs jʊ]

Das ist ...
This is ... [ˈðɪs‿ɪz]

- *Frau X.*
  Mrs X. [ˈmɪsɪz]
- *Herr X.*
  Mr X. [ˈmɪstə]
- *mein Mann.*
  My husband. [maɪ ˈhʌzbənd]
- *meine Frau.*
  My wife. [maɪ ˈwaɪf]
- *mein Sohn.*
  My son. [maɪ ˈsʌn]
- *meine Tochter.*
  My daughter. [maɪ ˈdɔːtə]
- *mein Freund/meine Freundin.*
  My boyfriend/girlfriend. [maɪ ˈbɔɪfrend/ˈgɜːlfrend]

Angenehm!
How do you do? [haʊ du jʊ du]

Nett, Sie kennen zu lernen.
Nice to meet you. [naɪs tə miːt jʊ]

Darf ich Ihnen/dir meine Visitenkarte geben?
May I give you my card? [ˈmeɪ‿aɪ gɪv jʊ maɪ ˈkɑːd]

Verabschieden

Auf Wiedersehen!
Goodbye/Bye-bye! [ˌgʊdˈbaɪ/ˌbaɪˈbaɪ]

Bis bald!
See you soon! [ˈsiː jʊ ˈsuːn]

Bis später!
See you later! [ˈsiː jʊ ˈleɪtə]

Bis morgen!
See you tomorrow! [ˈsiː jʊ təˈmɒrəʊ]

Mach's gut!
See you!/Take care!/All the best! [ˈsiː jʊ/teɪk kɛə/ɔːl ðə best]

Gute Nacht!
Good night! [ˌgʊd ˈnaɪt]

Tschüss!
Cheerio! [ˌtʃɪərɪˈəʊ]

Gute Reise!
Have a good journey. [ˈhæv‿ə gʊd ˈdʒɜːnɪ]

Es war schön, Sie/dich kennen zu lernen.
It was nice to meet you. [ɪt wəz ˌnaɪs tə ˈmiːt jʊ]

HÖFLICHKEIT

Höflichkeit großgeschrieben

Die Briten sind ausgesprochen höflich. Sobald nur der Verdacht aufkommt, Sie könnten jemanden gestört haben, sagen Sie am besten vorsichtshalber **Sorry!** Sind Sie sich nicht sicher, ob Sie jemanden stören könnten (z. B. wenn Sie ein Fenster im Zug öffnen wollen), ist ein **Do you mind if I ...?** angebracht. Und wenn Sie etwas möchten, beginnen Sie Ihren Satz mit **Excuse me** ...

Bitte

Bitte.
Please. [pli:z]

Ja, bitte!
Yes, please. [ˌjes ˈpli:z]

Nein, danke!
No, thank you. [ˌnəʊ ˈθæŋkjʊ]

Gestatten Sie?
May I? [ˈmeɪ‿aɪ]

Entschuldigen Sie bitte die Störung.
Please forgive the interruption./I'm sorry to bother you.
[pli:z fəˈgɪv ðə ˌɪntərˈʌpʃn/aɪm ˈsɒrɪ tə ˈbɒðə jʊ]

Entschuldigen Sie bitte, dürfte ich Sie etwas fragen?
Excuse me, may I ask you something?
[ɪkˈskju:z ˌmi: ˈmeɪ‿aɪ ɑ:sk jʊ ˈsʌmθɪŋ]

Hätten Sie was dagegen, wenn ich …?
Do you mind if I …? [du jʊ maɪnd ɪf aɪ]

Können Sie mir bitte helfen?
Can you help me, please? [ˈkən jʊ ˈhelp mɪ pli:z]

Dürfte ich Sie um einen Gefallen bitten?
Can/Could I ask you a favour? [ˈkən/ˈkʊd aɪ ɑ:sk jʊ ə ˈfeɪvə]

Dreimal Cheers!

Der Ausdruck **Cheers!** (*Prost!*) wird traditionellerweise benutzt, wenn man miteinander anstößt. Aber Sie hören ihn mittlerweile auch oft in anderen Situationen – selbst wenn kein Alkohol mit im Spiel ist! Cheers wird vor allem von jungen Leuten verwendet, um sich zu bedanken (**I'll bring it round in the morning. – Cheers, that's great!**) oder um sich zu verabschieden (**Cheers. See you tomorrow.**)

Dank

Tausend Dank, Sie haben mir sehr geholfen.
Many thanks/Thanks a million, you've been a great help.
[ˈmenɪ θæŋks/θæŋks ə ˈmɪljən jʊv biːn ə greɪt help]

Das war sehr lieb von Ihnen.
That was very kind/nice of you. [ðæt wəz ˈverɪ ˈkaɪnd/naɪs‿əv jʊ]

Können Sie mir bitte sagen, ...
Can you tell me ..., please? [ˈkən jʊ ˈtel mɪ ... pliːz]

Können Sie mir bitte ... empfehlen?
Can you recommend ...? [ˈkən jʊ ˌrekəˈmend ...]

Danke!
Thank you. [ˈθæŋkjʊ]

Danke, sehr gern!
Yes, thank you. [ˈjes ˈθæŋkjʊ]

Das ist nett, danke!
That's very kind of you, thank you. [ðæts ˈverɪ ˈkaɪnd‿əv jʊ ˈθæŋkjʊ]

Bitte sehr!/Gern geschehen!
Don't mention it./You're welcome. [dəʊnt ˈmenʃn‿ɪt/jɔː ˈwelkəm]

No problem!

Oft heißt es, dass es im Englischen kein Wort für „Bitte schön" gibt, also als Antwort, wenn jemand sich bedankt hat. Auf keinen Fall dürfen Sie in dieser Situation **Please** sagen! Aber Sie werden alle möglichen Ausdrücke hören, die man hier verwenden kann: **Don't mention it**. **Not at all. It's a pleasure**. **My pleasure**. **No problem**. **No probs**. Kundendienst wird heute ganz groß geschrieben und alles ist „Kein Problem". Wenn man etwas bestellt oder um etwas bittet, z.B. im Restaurant (**Could we have the bill, please?**), ist die Antwort oft **No problem!** Wenn man sich für etwas entschuldigt, hört man oft ein fröhliches **No worries!**

Entschuldigung

Entschuldigung!
I'm sorry! [aɪm ˈsɒrɪ]

Das tut mir sehr Leid!
I'm very sorry! [aɪm ˈverɪ ˈsɒrɪ]

Es war nicht so gemeint.
I didn't mean it. [aɪ ˈdɪdnt ˈmiːn‿ɪt]

Ich bitte um Verzeihung!
I beg your pardon! [aɪ beg jɔː ˈpɑːdn]

Keine Ursache!/Macht nichts!
That's all right!/It doesn't matter! [ðæts ɔːl raɪt/ɪt ˈdʌznt mætə]

Das ist leider nicht möglich.
I'm afraid that's impossible. [aɪm‿əˈfreɪd ðæts‿ɪmˈpɒsəbl]

Wünsche

Herzlichen Glückwunsch!
Congratulations! [kənˌgrætjʊˈleɪʃnz]

Alles Gute zum Geburtstag!
Happy birthday! [ˈhæpɪ ˈbɜːθdeɪ]

Alles Gute!
All the best! [ɔːl ðə best]

Viel Erfolg!/Viel Glück!
Good luck! [ˈgʊd ˈlʌk]

Ich drücke Ihnen die Daumen.
I'll keep my fingers crossed for you. [aɪl kiːp maɪ ˈfɪngəz krɒst fə‿ˈjʊ]

Gesundheit! *(nach Niesen)*
Bless you! [ˈbles jʊ]

Gute Besserung!
Get well soon! [ˈget ˌwel ˈsuːn]

MITEINANDER REDEN

Angaben zur Person

Wie alt sind Sie/bist du?
How old are you? [haʊ‿ˈəʊld‿ə jʊ]

Ich bin 39.
I'm thirty-nine. [aɪm ˌθɜːtɪˈnaɪn]

Was machen Sie/machst du beruflich?
What do you do for a living? [ˈwɒt djʊ duː fər‿ə ˈlɪvɪŋ]

Ich bin ...
I'm ... [aɪm]

- *Lehrer/in.*
  a teacher. [‿ə ˈtiːtʃə]
- *arbeitslos.*
  unemployed. [ˈʌnemplɔɪd]
- *Freiberufler/in.*
  a freelancer/self-employed. [‿ə ˈfriːlɑːnsə/ˈselfˈemplɔɪd]
- *Rentner/in.*
  retired. [rɪˈtaɪəd]

Ich arbeite bei ...
I work for ... [aɪ wɜːk fə(r)]

Ich gehe noch zur Schule.
I'm still at school. [aɪm ˈstɪl‿ət ˈskuːl]

Ich bin Student/in.
I'm a student. [aɪm‿ə ˈstjuːdənt]

Herkunft und Aufenthalt

Sind Sie/Bist du von hier?
Are you local? [ə jʊ ˈləʊkl]

Woher kommen Sie/kommst du?
Where are you from? [ˈweərə jʊ ˈfrɒm]

Ich komme aus ...
I'm from ... [aɪm frəm ...]

- *Deutschland.*
  Germany. [ˈdʒɜːmənɪ]
- *der Schweiz.*
  Switzerland. [ˈswɪtsələnd]
- *Österreich.*
  Austria. [ˈɒstrɪə]

Sind Sie/Bist du schon lange hier?
Have you been here long? [həv jʊ bɪn hɪə ˈlɒŋ]

Ich bin seit ... hier.
I've been here since ... [aɪv ˈbɪn hɪə sɪns]

Wie lange bleiben Sie/bleibst du?
How long are you staying? [ˈhaʊ ˈlɒŋ‿ə jʊ ˈsteɪɪŋ]

Sind Sie/Bist du zum ersten Mal hier?
Is this your first time here? [ɪz ðɪs jɔː ˈfɜːst ˈtaɪm hɪə]

Wie finden Sie es?
What do you think of it? [wɒt djʊ θɪŋk əv ɪt]

Hier ist meine …
Here's my … [hɪəz maɪ …]

Wie ist Ihre/deine …
What's your … [wɒts jɔː]

- ***Adresse?***
  address? [əˈdres]
- ***E-Mail-Adresse?***
  email address? [ˈiːm eɪl‿ədres]
- ***Telefonnummer?***
  phone number? [ˈfəʊn nʌmbə]
- ***Handynummer?***
  mobile number? [ˈməʊbaɪl ˌnʌmbə] *(Am)*
  cell phone number? [ˈsel fəʊn ˌnʌmbə]

Sind Sie/Bist du auf Facebook?
Are you on Facebook? [ə jʊ ɒn ˈfeɪsbʊk]

Verständigungsschwierigkeiten

Wie bitte?
Pardon? [ˈpɑːdn]

Ich verstehe Sie nicht.
I don't understand. [aɪ ˈdəʊnt‿ʌndəˈstænd]

Könnten Sie das bitte wiederholen?
Could you repeat that, please? [ˈkʊd jʊ rɪˈpiːt ðæt pliːz]

Bitte sprechen Sie etwas langsamer.
Would you speak a bit more slowly, please?
[ˈwʊd jʊ spiːk‿əˈbɪt mɔː ˈsləʊlɪ pliːz]

Ja, ich verstehe.
Yes, I understand/see. [jes aɪ‿ˌʌndəˈstænd/siː]

Sprechen Sie/Sprichst du …
Do you speak … [djʊ spiːk]

- ***Deutsch?***
  German? [ˈdʒɜːmən]
- ***Englisch?***
  English? [ˈɪŋglɪʃ]
- ***Französisch?***
  French? [ˈfrenʃ]

Ich spreche nur wenig …
I only speak a bit of … [aɪ‿ˈəʊnlɪ spiːk‿əˈbɪt‿əv]

Kannst du/Können Sie das für mich übersetzen?
Can you translate that for me, please?
[ˈkən jʊ trænzˈleɪt ðæt fə mɪ pliːz]

Wie heißt das auf ...?
How do you say that in ...? [haʊ du jʊ seɪ ðæt in]

Könnten Sie es mir bitte aufschreiben?
Could you write it down for me, please?
[ˈkʊd jʊ raɪt‿ɪt ˈdaʊn fə mɪ pliːz]

SMALLTALK

Schon sind Sie im Gespräch!

Wie kommt man mit Angelsachsen ins Gespräch? Ganz einfach: Fragen Sie **Where are you from?** und der Rest ergibt sich von ganz alleine.
Na ja, wenn Sie sich darauf beschränken, nur mit **Yes** oder **No** zu antworten, kann es etwas zäh werden. Seien Sie zumindest so nett und beantworten Fragen wie **Are you on your own?** (*Bist du alleine da?*) mit **Yes, I am** (*Ja, bin ich*) und leiten Sie eine Bitte mit **Excuse me, please** ... ein.
Ein Gespräch können Sie mit **See you later!** (*Wir sehen uns später*) beenden. Das „später" kann heute, morgen oder irgendwann im nächsten Leben stattfinden.

Komplimente

Wie schön!
How nice/lovely! [haʊ naɪs/lʌvlɪ]

Das ist wunderbar!
That's wonderful/great! [ðæts ˈwʌndəfʊl/greɪt]

Das ist sehr nett von Ihnen/dir!
That's very kind of you! [ðæts verɪ kaɪnd əv jʊ]

Ich finde Sie sehr sympathisch/nett.
I think you are very nice. [aɪ θɪŋk jʊə ˈverɪ naɪs]

Das Essen hat super geschmeckt!
The food was delicious! [ðə fu:d wəz dɪˈlɪʃes]

Es ist wirklich traumhaft hier!
It really is lovely here! [ɪt rɪəlɪɪzˈlʌvlɪ hɪə]

Sie sprechen sehr gut Deutsch.
You speak very good German. [jʊ spi:k verɪ gʊd ˈdʒ3:mən]

Wir haben uns bei Ihnen sehr wohl gefühlt.
We felt very welcome here. [wɪ felt verɪ welkəm hɪə]

angenehm	pleasant [pleznt]
ausgezeichnet	excellent [ˈeksələnt]
beeindruckend	impressive [ɪmˈpresɪv]
freundlich	friendly [frendlɪ]
herrlich	glorious [ˈglɔ:rɪəs]; splendid [ˈsplendɪd]
hinreißend	gorgeous [ˈgɔ:dʒəs]
hübsch	pretty [ˈprɪtɪ]
köstlich	delicious [dɪˈlɪʃəs]
lecker	tasty [ˈteɪstɪ]
liebenswürdig	kind [ˈkaɪnd]
schön	lovely [ˈlʌvlɪ]

Familie

Haben Sie Kinder?
Do you have any children? [du jʊ ˈhæv ˈenɪ ˈtʃɪldrən]

Ja, aber sie sind schon erwachsen.
Yes, but they're all grown up. [jes bʌt ðeə ɔ:l grəʊn ˈʌp]

Wie alt sind Ihre Kinder?
How old are your children? [haʊ‿ˈəʊld‿ə jɔ: ˈtʃɪldrən]

Meine Tochter ist 8 (Jahre alt) und mein Sohn ist 5.
My daughter is eight (years old) and my son is five.
[maɪ ˈdɔ:tə ɪz eɪt (jɪəz əʊld) ənd maɪ sʌn ɪz faɪv]

Freizeit

Haben Sie/Hast du ein Hobby?
Do you have a hobby? [du jʊ hæv ə ˈhɒbɪ]

Was machen Sie/Was machst du in der Freizeit?
What do you do in your spare time? [wɒt djʊ dʊ ɪn jɔ: speə ˈtaɪm]

Mögen Sie/Magst du ...?
Do you like ... ? [djʊ laɪk ...]

Hören Sie/Hörst du gerne Musik?
Do you like listening to music? [djʊ laɪk lɪsnɪŋ tə ˈmju:zɪk]

Ich verbringe viel Zeit mit ...
I spend a lot of time with ... [aɪ spend‿ə lɒt‿əv ˈtaɪm wɪð]

Ich spiele Klavier/Gitarre/Geige.
I play the piano/the guitar/the violin.
[aɪ pleɪ ðə ˈpjænəʊ/ðə gɪˈtɑ:/ðə vaɪəˈlɪn]

Ich male ein wenig.
I do a little painting. [aɪ du ‿ə lɪtl ˈpeɪntɪŋ]

Ich sammle Antiquitäten/Briefmarken.
I collect antiques/stamps. [aɪ kəˈlekt ænˈti:ks/stæmps]

... ist eine meiner Lieblingsbeschäftigungen.
... is one of my favourite pastimes. [ɪz wʌn əv maɪ feɪvərət pɑ:staɪmz]

Ich jogge/schwimme/fahre Rad.
I go jogging/swimming/cycling. [aɪ gəʊ dʒɒgɪŋ/ˈswɪmɪŋ/ˈsaɪklɪŋ]

Ich spiele einmal die Woche Tennis/Volleyball.
I play tennis/volleyball once a week.
[aɪ pleɪ ˈtenɪs/ˈvɒlɪbɔ:l wʌns‿ə ˈwi:k]

Ich gehe regelmäßig ins Fitnesscenter.
I go regularly to the gym/fitness centre.
[aɪ gəʊ ˈregjələlɪ tə ðə dʒɪm/ˈfɪtnɪs ˌsentə]

Treiben Sie Sport?
Do you do any sport? [dʊ jʊ dʊ enɪ ˈspɔ:t]

Ich spiele ...
I play ... [aɪ pleɪ]

Ich bin ein Fan von ...
I'm a ... fan. [aɪm ə ... fæn]

Ich gehe gern ...
I like to go to ... [aɪ ˈlaɪk tə gəʊ tʊ]

Wofür interessieren Sie sich so?
What are you interested in? [ˈwɒtə jʊ ˈɪntrɪstɪd ɪn]

Ich interessiere mich für ...
I'm interested in ... [aɪm ˈɪntrɪstɪd ɪn]

Ich bin bei ... aktiv.
I'm active in ... [aɪm ˈæktɪv ɪn]

fernsehen	watching television [ˈwɒtʃɪŋ telɪˈvɪʒn]
Karten/Schach/Computerspiele spielen	playing cards/chess/computer games [ˈpleɪɪŋ kɑːdz/tʃes/kəmˈpjuːtə geɪmz]
kochen	cooking [ˈkʊkɪŋ]
malen	painting [ˈpeɪntɪŋ]
musizieren	making music [ˈmeɪkɪŋ ˈmjuːzɪk]
reisen	travelling [ˈtrævlɪŋ]
schreiben	writing [ˈraɪtɪŋ]
spielen	playing games [ˈpleɪɪŋ geɪmz]
Sprachen lernen	learning languages [ˈlɜːnɪŋ ˈlæŋgwɪdʒɪz]
töpfern	pottery [ˈpɒtərɪ]
zeichnen	drawing [ˈdrɔːɪŋ]

Wetter

Was für ein herrliches/schreckliches Wetter!
What wonderful/terrible weather! [ˈwɒt wʌndəfʊl/ˈterəbl weðə]

Was sagt der Wetterbericht?
What's the weather forecast? [wɒts ðə ˈweθə fɔːkɑːst]

Wie viel Grad haben wir?
What's the temperature? [wɒts ðə ˈtemprɪtʃə]

Religion und kulturelle Besonderheiten

Welchem Glauben gehören Sie/gehörst du an?
What religion are you? [wɒt rɪˈlɪdʒn‿ə jʊ]

Ich bin ...
I'm ... [aɪm]

- *Buddhist/in.*
  a Buddhist. [ə ˈbʊdɪst]
- *Christ/in.*
  a Christian. [ə ˈkrɪstʃən]
- *Katholik/in.*
  a Catholic. [ə ˈkæθlɪk]
- *Protestant/in.*
  a Protestant. [ə ˈprɒtɪstənt]

- *Jude/Jüdin.*
  Jewish. [ˈdʒuːɪʃ]
- *Moslem/Muslima.*
  a Muslim. [ə ˈmʊzlɪm]

Ich bin nicht religiös.
I'm not religious. [aɪm nɒt rɪˈlɪdʒəs]

Entschuldigung, ich wollte Ihnen/dir nicht zu nahe treten.
I'm sorry. I didn't mean to offend you.
[aɪm ˈsɒrɪ ai dɪdnt miːn tə ɒˈfend jʊ]

Das ist gegen meine Religion.
That's against my religion. [ðæts‿əˌgenst maɪ rɪˈlɪdʒən]

Ich esse kein/e ... Das ist gegen meinen Glauben.
I don't eat ... It's against my religion.
[aɪ dəʊnt‿ iːt its‿ əˌgenst maɪ rɪˈlɪdʒən]

MEINUNGEN UND GEFÜHLE

Die freundliche englische Art

Mehr noch als im Deutschen wirkt es im Englischen schroff bis unhöflich, wenn man eine Frage nur mit *Ja* (**Yes**) oder *Nein* (**No**) beantwortet. Sie sollten zumindest das Verb aus der Frage wiederholen: **Are you on your own?** (*Sind Sie/Bist du allein?*) – **Yes, I am**. (*Ja, ich bin.*) So wie im Deutschen eine Frage oder eine Bitte mit *Entschuldigen Sie bitte, ...* eingeleitet wird, sollten Sie auch im Englischen ein **Excuse me, please, ...** voranstellen.

Zustimmen und Kommentieren

Gut.
Good. [ˈgʊd]

Richtig.
Right. [raɪt]

Einverstanden!/Abgemacht!
Agreed!/It's a deal! [əˈgriːd/ɪts‿ə diːl]

Geht in Ordnung!
That's fine! [ðæts ˈfaɪn]

Okay!
OK! [ˌəʊˈkeɪ]

Genau!
Precisely! [prɪˈsaɪslɪ]
Exactly! [ɪgˈzæktlɪ]

Ach!
Oh! [əʊ]

Ach, so!
Oh, right! [əʊ ˈraɪt]

Wirklich?
Really? [ˈrɪəlɪ]

Interessant!
How interesting! [haʊ ˈɪntrɪstɪŋ]

Wie schön!
How nice! [haʊ naɪs]

Ich verstehe.
I see. [aɪ siː]

So ist es eben.
Well, that's just how it is. [wel ðæts dʒʌst haʊ ɪt ɪz]

Ganz Ihrer Meinung.
I agree entirely. [aɪ əgriː ɪntaɪəlɪ]

Das stimmt.
That's right. [ðæts raɪt]

Das finde ich (sehr) gut.
I think that's a (very) good idea. [aɪ θɪŋk ðæts‿ə (verɪ) gʊd aɪˈdɪə]

Mit Vergnügen!
With pleasure. [wɪð ˈpleʒə]

Say what you mean; mean what you say

Sie werden feststellen, dass die Briten nur ungern direkt ihre Meinung zum Ausdruck bringen. Sie üben nicht gern offene Kritik, oder es ist ihnen peinlich. Das heißt nicht, dass sie nicht kritisch sind - sie wollen es nur nicht so deutlich sagen! Da kommen dann Ausdrücke zum Einsatz wie **a bit** oder **I'm afraid.** (**I'm afraid I was a bit disappointed** = *Es hat mich schrecklich geärgert*). **It's a bit expensive, isn't it?** = *Es ist viel zu teuer.*) Sie brauchen sich jetzt nicht gleich im britischen Understatement zu üben, aber wenn Sie nicht total unhöflich klingen wollen, verwenden Sie ruhig öfter mal Ausdrücke wie **Could I possibly have...?** oder **Would you mind if...?** Und sagen Sie lieber **It would be a good idea to**... statt **You must...!**

Ablehnen

Ich will nicht.
I don't want to. [aɪ ˈdəʊnt ˈwɒnt‿tʊ]

Dazu habe ich keine Lust.
I don't feel like it. [aɪ dəʊnt fiːl laɪk ɪt]

Damit bin ich nicht einverstanden.
I can't agree to that. [aɪ ˈkɑːnt əˈgriː tə ðæt]

Das kommt nicht in Frage!
That's out of the question. [ðæts ˈaʊt‿əv ðə ˈkwestʃn]

Auf gar keinen Fall!
Certainly not! [ˈsɜːtnlɪ ˈnɒt]
No way! [nəʊ weɪ]

Ohne mich!
Count me out! [kaʊnt miː aʊt]

Vorlieben

Das gefällt mir (nicht).
I (don't) like it. [aɪ (ˈdəʊnt) ˈlaɪk‿ɪt]

Ich möchte lieber ...
I'd prefer ... [aɪd prɪˈfɜː]

Ich wäre nicht abgeneigt ...
I wouldn't mind ... [aɪ wʊdnt maɪnd]

Am liebsten wäre mir ...
I'd really like ... [aɪd ˈrɪəlɪ laɪk]

Darüber würde ich gerne mehr erfahren.
I'd like to find out more about that.
[aɪd laɪk tə faɪnd aʊt mɔː əbaʊt ðat]

Nichtwissen ausdrücken

Das weiß ich nicht.
I don't know that. [aɪ dəʊnt ˈnəʊ ðat]

Keine Ahnung.
No idea. [nəʊ aɪˈdɪə]

Unentschlossenheit

Das ist mir egal.
I don't care. [aɪ ˈdəʊnt kɛə]

Ich weiß noch nicht.
I don't know yet. [aɪ ˈdəʊnt ˈnəʊ jet]

Vielleicht.
Perhaps./Maybe. [pəˈhæps/ˈmeɪbiː]

Wahrscheinlich.
Probably. [ˈprɒbəblɪ]

Freude – Begeisterung

Großartig!
Great! [greɪt]

Prima!
Fine! [faɪn]

Toll!
Fantastic! [fænˈtæstɪk]

Super!
Super! [ˈsuːpə]

Zufriedenheit

Ich bin voll und ganz zufrieden.
I am completely satisfied. [aɪ æm kəmˈpliːtlɪ ˈsætɪsˌfaɪd]

Ich kann mich nicht beklagen.
I can't complain. [aɪ ˈkɑːnt kəmˈpleɪn]

Das hat hervorragend geklappt.
That worked out extremely well. [ðæt wɜːkt aʊt ɪkstriːmlɪ wel]

Langeweile

Wie langweilig!
How boring! [haʊ ˈbɔːrɪŋ]

... ist total öde.
... is dead boring. [ɪz ded ˈbɔːrɪŋ]

Erstaunen – Überraschung

Ach so!
Well I never! [wel aɪ ˈnevə]

Wirklich?
Really? [rɪəlɪ]

Das ist ja nicht zu fassen!
That's incredible! [ðæts ɪnˈkredəbl]

Unglaublich!
Unbelievable! [ʌnbəˈliːvəbl]

Erleichterung

Ein Glück, dass ...!
It's lucky ...! [ɪts lʌkɪ ...]

Gott sei Dank!
Thank God! [θænk gɒd]

Endlich!
At last! [æt lɑːst]

Gelassenheit

Nur keine Panik/Aufregung!
Don't panic/get excited! [ˈdəʊnt ˈpænɪk/get ɪkˈsaɪtɪd]

Machen Sie sich keine Sorgen.
Don't you worry about a thing. [ˈdəʊnt jʊ ˈwʌrɪ əˈbaʊt ə θɪŋ]

Ärger

Das ist aber ärgerlich.
How annoying! [haʊ əˈnɔɪɪŋ]

... geht mir auf den Geist.
... gets on my nerves. [gets ɒn maɪ nɜːvz]

So ein Mist!
What a nuisance! [wɒt‿ə ˈnjuːsns]

Eine Unverschämtheit ist das!
That's outrageous! [ðæts aʊtˈreɪdʒəs]

So eine Frechheit!
What a cheek! [wɒt ə tʃiːk]

Das darf doch wohl nicht wahr sein!
That can't be true! [[ðæt ˈkɑːnt bɪ truː]

Jetzt reicht's!
I've had enough of this! [aɪv hæd ɪˈnʌf əv ðɪs]

Zurechtweisung

Was fällt Ihnen ein!
What do you think you're doing! [wɒt djʊ θɪŋk jɔː ˈduːɪŋ]

Kommen Sie mir bloß nicht zu nahe!
Don't come anywhere near me! [dəʊnt kʌm ˈenɪweə ˈnɪə mɪ]

Das kommt gar nicht in Frage.
That's out of the question. [ðæts ˈaʊt əv ðə kwestʃn]

Bedauern – Enttäuschung

Oh je!
Oh dear! [əʊ dɪə]

Es tut mir Leid.
I'm so sorry! [aɪm ˈsəʊ ˈsɒrɪ]

Es tut mir richtig Leid für Sie.
I feel really sorry for you. [aɪ fiːl ˈrɪəlɪ ˈsɒrɪ fə‿ˈjʊ]

Schade!
What a pity! [ˌwɒt‿ə ˈpɪtɪ]

SICH VERABREDEN

Küsschen rechts, Küsschen links…

Lesen Sie irgendwo **Mwah! Mwah!**, so bezieht sich das lautmalerisch auf den Begrüßungsschmatz unter Freunden und Bekannten. Die einst so distanzierten Briten sind viel taktiler (**touchy-feely**) geworden, und ein Küsschen oder eine Umarmung zur Begrüßung oder zum Abschied sind ganz normal geworden. Aber bitte nicht bei Leuten, die man gar nicht kennt! Also, wenn Sie unterwegs jemanden näher kennenlernen, kann es gut sein, dass Sie zum Abschied ein Küsschen bekommen. Die Frage ist immer: Eins oder zwei? Rechts oder links zuerst? Da gibt es keine festen Regeln! Übrigens: Die Briten schütteln einander nur selten die Hand – meist nur, wenn sie sich in offiziellen Situationen kennenlernen. Erwarten Sie also nicht automatisch einen Händedruck zur Begrüßung!

Haben Sie/Hast du morgen Abend schon etwas vor?
Have you got any plans for tomorrow evening?
[həv jʊ gɒt‿ˌenɪ ˈplænz fə təˈmɒrəʊ ˈiːvnɪŋ]

Wollen wir zusammen hingehen?
Shall we go together? [ˈʃəl wɪgəʊ təˈgeðə]

Wollen wir heute Abend etwas gemeinsam unternehmen?
Shall we do something together this evening?
[ˈʃəl wɪ duː ˈsʌmθɪŋ təˈgeðə ðɪs‿ˈiːvnɪŋ]

Darf ich Sie/dich morgen Abend zum Essen einladen?
Can I take you out for dinner tomorrow evening?
[kən‿aɪ teɪk jʊ aʊt fə ˌdɪnə təˌmɒrəʊ ˈiːvnɪŋ]

Wann treffen wir uns?
When shall we meet? [ˈwen ʃəl wɪ ˈmiːt]

Treffen wir uns heute Abend?
Shall we meet up this evening? [ʃəl wiː miːt‿ʌp ðɪs‿ˈiːvnɪŋ]

Treffen wir uns um 9 Uhr vor .../im ...
Let's meet at 9 o'clock in front of/in ...
[ˈlets ˈmiːt‿ət ˈnaɪnəˈklɒk ɪn ˈfrʌnt‿əv/in]

Ich hole Sie/dich ab.
I'll pick you up. [aɪl pɪk jʊ ˈʌp]

Kann ich Sie/dich wieder sehen?
Can I see you again? [kən‿aɪ siː jʊ‿əˈgen]

Vielen Dank für den netten Abend!
Thank you so much for a pleasant evening.
[ˈθæŋkjʊ ˈsəʊ ˈmʌtʃ fər‿ə ˈpleznt ˈiːvnɪŋ]

FLIRTEN

Du hast wunderschöne Augen.
You have lovely eyes. [jʊ ˈhæv lʌvlɪ aɪz]

Mir gefällt, wie du lachst.
I like the way you laugh. [aɪ ˈlaɪk ðə weɪ jʊ lɑːf]

Du lächelst so schön.
You have a lovely smile. [jʊ ˈhæv‿ə lʌvlɪ smaɪl]

Ich mag dich.
I like you. [aɪ ˈlaɪk jʊ]

Ich mag deinen Humor.
I like your sense of humour. [aɪ ˈlaɪk jʊr sens‿əv hjuːmə]

Ich mag dich sehr.
I like you a lot. [aɪ ˈlaɪk jʊ‿ə lɒt]

Ich finde dich ganz toll!
I think you're great. [aɪ θɪŋk jɔː greɪt]

Ich bin verrückt nach dir.
I'm crazy/mad about you. [aɪm ˈkreɪzɪ/mæd əˈbaʊt jʊ]

Ich liebe dich!
I love you. [aɪ lʌv jʊ]

Hast du einen festen Freund/eine feste Freundin?
Do you have a steady boyfriend/girlfriend?
[du jʊ ˈhæv‿ə stedɪ bɔɪfrend/ˈgɜːlfrend]

Bist du verheiratet?
Are you married? [ɑː‿jʊ ˈmærɪd]

- *Ich bin geschieden.*
  I'm divorced. [aɪm dɪvɔːst]
- *Wir leben getrennt.*
  We're separated. [wɪə sepəreɪtɪd]

Kommst du mit zu mir?
Do you want to come back to my place?
[djʊ wɒnt tə kʌm bɒk tə maɪ pleɪs]

Nein, das geht mir zu schnell.
No, that's too soon for me. [nəʊ ðæts tuː suːn fə mɪ]

Ich möchte mit dir schlafen.
I would like to sleep with you. [aɪ wʊd laɪk tə sliːp wɪð jʊ]

Aber nur mit Kondom!
But only with a condom! [bʌt ˈəʊnlɪ wɪð‿ə kɒndɒm]

Hast du welche?
Do you have any? [du jʊ ˈhæv ˈenɪ]

Wo kann ich welche kaufen?
Where can I buy some? [weə kən‿aɪ baɪ sʌm]

Wir können kuscheln.
Let's just have a cuddle. [lets dʒʌst hæv ə kʌdl]

Bitte geh jetzt!
Please go now! [pliːz gəʊ naʊ]

Lassen Sie mich bitte in Ruhe!
Please leave me alone! [ˈpliːz liːv miː‿əˈləʊn]

Hören Sie sofort damit auf!
Stop that right now! [stɒp ðæt raɪt naʊ]

Unterwegs

Gibt es hier eine Elektrotankstelle?

Wer eine Reise tut, hat nicht nur viel zu erzählen, sondern erst mal viele Fragen.

Ortsangaben

links	left [left]
rechts	right [raɪt]
geradeaus	straight on [ˌstreɪt‿ˈɒn]
vor	in front of [ɪn ˈfrʌnt‿əv]
hinter	behind [bɪˈhaɪnd]
auf der linken/rechten Seite	on the left-hand/right-hand side [ɒn ðə lefthænd/raɪt hænd saɪd]
neben	next to [ˈnekstʊ]
(schräg) gegenüber	(diagonally) opposite [(daɪˈægənəlɪ)ˈɒpəzɪt]
hier	here [hɪə]
Ecke	corner [kɔːnə]
dort	there [ðeə]
nah	near [nɪə]
in der Nähe (von)	in the vicinity (of) [ɪn ðə vɪˈsɪnɪtɪ (əv)]
weit	far [fɑː]
nach	after [ˈɑːftə]
Ampel	traffic lights [ˈtræfɪk ˌlaɪts]
zwischen	between [bɪˈtwiːn]
Straße	street [striːt]; road [rəʊd]
Straßenecke	street corner [striːt kɔːnə]
Gasse	alley [ˈælɪ]; lane [leɪn]
Kreuzung	crossroads [ˈkrɒsrəʊdz]; junction [ˈdʒʌŋʃn]
Kurve	bend [bend]

Wo geht es lang?

Wie komme ich nach ...?

Viele London-Besucher sind von den vielfältigen Transportmöglichkeiten zunächst total verwirrt. Die U-Bahn (**Underground**) hat 11 Linien und 270 Bahnhöfe – dann gibt es noch die **Overground**, **Docklands Light Railway** und dazu die Busse und Schiffe (**river boats**). Die offizielle Website von **Transport for London** (www.tfl.gov.uk) bietet einen hervorragenden Überblick, und für den Notfall gibt es sogar eine deutsche Version! Sehen Sie sich auf jeden Fall den **Journey Planner** an. Auch die Informationen zu den verschiedenen Fahrkarten, die man bekommen kann, sind sehr hilfreich.

Entschuldigen Sie bitte, wie komme ich nach ...?
Excuse me, how do I get to ..., please?
[ɪksˈkjuːz‿ˈmiː ˈhaʊ dʊ‿aɪ get tʊ ... ˌpliːz]

Immer geradeaus bis ...
Straight on until you get to ... [ˈstreɪt‿ˈɒn‿ənˈtɪl jʊ get tʊ]

Dann bei der Ampel links/rechts abbiegen.
Then turn left/right at the traffic lights.
[ˈðen tɜːn ˈleft/ˈraɪt ət ðə ˈtræfɪk ˌlaɪts]

Folgen Sie den Schildern.
Follow the signs. [ˈfɒləʊ ðə ˈsaɪnz]

Wie weit ist das?
How far is it? [ˈhaʊ ˈfɑːr‿ɪz‿ɪt]

Es ist ganz in der Nähe.
It's very near here. [ɪts verɪ nɪə hɪə]

Bitte, ist das die Straße nach ...?
Excuse me, is this the road to ...? [ɪksˈkjuːz‿ˈmiː ɪz ˈðɪs ðə rəʊd tʊ]

Bitte, wo ist ...?
Excuse me, where's ..., please? [ɪksˈkjuːz ˈmiː ˈweəz ... pliːz]

Tut mir leid, das weiß ich nicht.
I'm sorry, I don't know. [aɪm ˈsɒrɪ aɪ ˈdəʊnt ˈnəʊ]

Gehen Sie geradeaus.
Go straight on. [gəʊ ˈstreɪt‿ˈɒn]

Gehen Sie nach links/nach rechts.
Turn left/right. [tɜːn ˈleft/ˈraɪt]

Erste/Zweite Straße links/rechts.
The first/second street on the left/right.
[ðə ˈfɜːst/ˈseknd striːt ɒn ðə ˈleft/ˈraɪt]

Überqueren Sie ...
Cross ... [ˈkrɒs]

- ***die Brücke.***
  the bridge. [ðə ˈbrɪdʒ]
- ***den Platz.***
  the square. [ðə ˈskweə]
- ***die Straße.***
  the street. [ðə ˈstriːt]

Bitte zeigen Sie mir auf der Karte ...
Please show me on the map ... [pliːz ʃəʊ mɪ‿ɒn ðə ˈmæp]

Es ist ganz am Ende/Anfang ...
It's right at the end/beginning ... [ɪts raɪt ət ðɪ‿ˈend/bɪˈgɪnɪŋ]

Sie nehmen am besten den Bus Nr. ...
The best thing would be to take the number ... bus.
[ðə best θɪŋ wʊd biː tə teɪk ðə ˈnʌmbə ... bʌs]

EINREISEN

Croeso y Gymru

Willkommen in Wales! Wenn Sie die Grenze zwischen England und Wales überqueren, sind alle Straßenschilder plötzlich viel größer. Das liegt daran, dass die Ortsnamen sowohl auf Englisch als auch auf Walisisch draufstehen! Etwa 19% der Waliser sprechen fließend Walisisch, und in manchen Gegenden in Nordwales und Westwales ist Walisisch und nicht Englisch die Muttersprache der Einheimischen. Walisisch ist eine alte keltische Sprache und für Engländer völlig unverständlich (es ist also kein englischer Dialekt). Niemand wird von Ihnen erwarten, dass Sie Walisisch verstehen oder sprechen, aber versuchen Sie doch mal, die Ortsnamen auszusprechen. Fragen Sie einfach die Einheimischen, wie man **Llanfyllyn** oder **Pwllheli** sagt!

Ihren Pass, bitte!
Your passport, please. [jɔː ˈpɑːspɔːt pliːz]

Haben Sie ein Visum?
Have you got a visa? [həv jʊ gɒt‿ə ˈviːzə]

Kann ich das Visum hier bekommen?
Can I get a visa here? [kən‿aɪ get‿ə ˈviːzə ˈhɪə]

Haben Sie etwas zu verzollen?
Have you got anything to declare? [həv jʊ gɒt‿ˈenɪθɪŋ tə dɪˈkleə]

Öffnen Sie bitte diesen Koffer!
Open this case, please. [ˈəʊpən ˈðɪs ˈkeɪs pliːz]

Öffnen Sie bitte den Kofferraum!
Open the boot (*Am* trunk), please. [ˈəʊpən ðə ˈbuːt (ˈtrʌnk) pliːz]

Muss ich das verzollen?
Do I have to pay duty on this? [ˈdʊ‿aɪ hæv‿tə peɪ ˈdjuːtɪ ɒn ðɪs]

Personalien

Familienname	surname [ˈsɜːneɪm]
Familienstand	marital status [ˈmærɪtl ˈsteɪtʌs]
– ledig	single [ˈsɪŋgl]
– verheiratet	married [ˈmærɪd]
– verwitwet	*(Frau)* widow [ˈwɪdəʊ]; *(Mann)* widower [ˈwɪdəʊə]
Geburtsdatum	date of birth [ˈdeɪt‿əv ˈbɜːθ]
Geburtsname	maiden name [ˈmeɪdn neɪm]

Geburtsort	place of birth ['pleɪs‿əv 'bɜ:θ]
Personalien	particulars [pə'tɪkjʊləz]
Staatsangehörigkeit	nationality [ˌnæʃə'nælɪtɪ]
Vorname	Christian name ['krɪstjən neɪm]; first name ['fɜ:st neɪm]
Wohnort	place of residence [ˌpleɪs‿əv 'rezɪdəns]

An der Grenze

Ausreise	on leaving the country [ɒn 'li:vɪŋ ðə 'kʌntrɪ]
Einreise	on entering the country [ɒn 'entəɪŋ ðə 'kʌntrɪ]
EU-Bürger	EU citizen [i: jʊ: 'sɪtɪzn]
Führerschein	driving licence ['draɪvɪŋ 'laɪsns]
Grenze *Grenzübergang*	border ['bɔ:də]
grüne Versicherungskarte	green card ['gri:n 'kɑ:d]
gültig	valid ['vælɪd]
internationaler Impfpass	international vaccination certificate [ˌɪntə'næʃənl væksɪ'neɪʃn sə'tɪfɪkɪt]
Nationalitätskennzeichen	international car index mark [ˌɪntə'næʃənl 'kɑ:r‿ˌɪndeks mɑ:k]
Nummernschild	number plate ['nʌmbə pleɪt]
Passkontrolle	passport control ['pɑ:spɔ:t kən'trəʊl]
Personalausweis	identity card [aɪ'dentɪtɪ kɑ:d]
Reisepass	passport ['pɑ:spɔ:t]
Visum	visa ['vi:zə]
Zoll	*(Amt)* customs ['kʌstəmz]; *(Gebühr)* duty ['dju:tɪ]
zollfrei	duty-free ['dju:tɪ 'fri:]
Zollgebühren	duties ['dju:tɪz]
zollpflichtig	liable to duty ['laɪəbl tə 'dju:tɪ]

AUF ZWEI- UND VIERRÄDERN

A bis Z für Fahrer

Abfahrt	(motorway) exit [('məʊtəweɪ) 'eksɪt]
Auffahrt	(motorway) slip road [('məʊtəweɪ) 'slɪp rəʊd]
Ausfahrt	exit ['egzɪt]
Autobahn	motorway ['məʊtəweɪ]

Autobahngebühren	motorway toll [ˈməʊtəweɪ təʊl]
Bußgeld	fine [faɪn]
Fahrspur	lane [leɪn]
Geschwindigkeitsbegrenzung	speed limit [spiːd ˈlɪmɪt]
GPS (Global Positioning System)	GPS [ˌʤiːpiːˈes]
Hauptstraße	main street [ˈmeɪn ˈstriːt]
Kindersitzkissen	booster seat [ˈbuːstə siːt]
Kreisverkehr	roundabout [raʊndəˈbaʊt]
Landstraße	country road [ˈkʌntrɪ ˌrəʊd]; B road [ˈbiːrəʊd]
Maut	toll (charge) [ˈtəʊl (tʃɑːdʒ)]
Promillegrenze	legal alcohol limit [ˈlɪːgl ˈælkəhɒl ˈlɪmɪt]
Radarkontrolle	radar speed check [ˈreɪdɑː ˈspiːd tʃek]
Raststätte	(motorway) services [(ˈməʊtəweɪ) ˈsɜːvɪsɪz]
Schnellstraße	dual carriageway [ˈdjʊəl kærɪdʒˈweɪ]
Segway	Segway [ˈsɛgweɪ]
Stau	traffic jam [ˈtræfɪk dʒæm]; tailback [teɪlbæk]; gridlock [grɪdlɒk]
trampen	hitchhike [ˈhɪtʃhaɪk]
Wegweiser	sign [saɪn]

An der Tankstelle/Raststätte

Wo ist bitte die nächste Tankstelle?
Where's the nearest garage/petrol station, please?
[ˈweəz ðə ˈnɪərɪst ˈgærɑːdʒ/ˈpetrəlsteɪʃn pliːz]

Gibt es hier eine Elektrotankstelle?
Is there a charging point (for electric vehicles) here?
[ɪz ðeər‿ə ˈtʃɑːdʒɪŋ pɔɪnt (fər‿ ɪˌlektrɪk ˈviːəklz) hɪə]

Ich möchte … Liter …
I'd like … litres of … [aɪd laɪk … ˈliːtəz‿əv]

- ***Normalbenzin.***
  regular. [ˈregjələ]
- ***Super.***
  super. [ˈsuːpə]
- ***Diesel.***
  diesel. [ˈdiːzl]
- ***Gemisch.***
  two-stroke mix. [tuːstrəuk mɪks]
- ***bleifrei/verbleit.***
  unleaded/leaded, please. [ˌʌnˈledɪd/ledɪd pliːz]

Super bitte, für 10 Pfund.
Super, please; for ten pounds. [ˈsu:pə pli:z fɔ: ten paʊndz]

Voll tanken, bitte!
Fill her up, please. [ˈfɪl‿ər‿ˈʌp pli:z]

Würden Sie bitte den Ölstand prüfen?
Would you check the oil, please? [wʊd ˈjʊ tʃek ðɪ‿ˈɔɪl pli:z]

Ich hätte gern eine Straßenkarte dieser Gegend, bitte.
I'd like a road map of this area, please.
[aɪd laɪk‿ə ˈrəʊd mæp‿əv ðɪs‿ˈeərɪə pli:z]

Wo sind bitte die Toiletten?
Where are the toilets, please? [weər‿ə ðə ˈtɔɪlətz ˈpli:z]

Gibt es eine Behindertentoilette?
Is there a toilet for the disabled? [ˈɪz ðeər‿ə ˈtɔɪlɪt fə ðə dɪsˈeɪbld]

Hinweise und Informationen

By-Pass	Umgehungsstraße
Car Park	Parkplatz
Caution	Achtung; Vorsicht
Change Lane	Fahrbahn wechseln
Children Crossing	Schulkinder überqueren
Closed to all Vehicles	Gesperrt für alle Fahrzeuge
Crossing – No Gates	Unbeschränkter Bahnübergang
Danger	Gefahr
Dangerous Bend	Gefährliche Kurve
Dangerous Junction	Gefährliche Einmündung
Dead End	Sackgasse
Diversion	Umleitung
Drive Slowly	Langsam fahren
Dual Carriageway	Schnellstraße
Exit	Ausfahrt
Get in Lane	Bitte einordnen
Give Way	Vorfahrt beachten
Hairpin Bend	Haarnadelkurve
Hospital	Krankenhaus
Junction	Einmündung
Keep Clear	Ausfahrt frei halten
Keep Right (Left)	Rechts (Links) fahren
Lay-By	Parkplatz
L = Learner	Anfänger
Low Bridge	Niedrige Brücke
Major Road Ahead	Achtung Hauptverkehrsstraße
No Entry	Keine Einfahrt

No Overtaking	Überholen verboten
No Parking	Parken verboten
No Stopping	Halteverbot
No U-Turn	Wenden verboten
No Waiting	Halteverbot
One-Way Street	Einbahnstraße
Parking	Parkplatz
Pedestrian Precinct	Fußgängerzone
Pedestrian Subway	Fußgängerunterführung
Reduce Speed	Langsamer fahren
Road Narrows	Fahrbahnverengung
Roadworks	Straßenarbeiten
Roundabout	Kreisverkehr
School	Schule
Single Lane Traffic	Einspuriger Verkehr
Slippery Road	Rutschgefahr
Slow Down	Langsamer fahren
Speed Limit	Geschwindigkeitsbegrenzung
Steep Hill	Starkes Gefälle
Traffic Jam	Verkehrsstau
Traffic Signals Ahead	Signalanlage *Vorwarnung*
Two-Way Traffic	Zweispuriger Verkehr *Gegenverkehr*
Waiting Limited	Begrenztes Parkverbot *Kurzparkzone*
Zebra Crossing	Zebrastreifen

Parken

Entschuldigen Sie bitte, gibt es hier in der Nähe eine Parkmöglichkeit?
Excuse me, is there a car park near here?
[ɪksˈkjuːz ˈmiː ɪz ðeər‿ə ˈkɑːpɑːk nɪə hɪə]

Kann ich den Wagen hier abstellen?
Can I park my car here? [ˈkən‿aɪ ˌpɑːk maɪ ˈkɑː hɪə]

Ist das Parkhaus die ganze Nacht geöffnet?
Is the car park open all night? [ɪz ðə ˈkɑːpɑːk‿ˈəʊpən‿ɔːl ˈnaɪt]

Eine Panne

Ich habe eine Panne.
My car's broken down. [maɪ ˈkɑːz ˈbrəʊkn ˈdaʊn]

Ich habe einen Platten.
I've got a flat tyre/tire. [aiv gɒt‿ə flæt ˈtaɪə]

Ich habe kein Benzin mehr.
I've run out of petrol/gas. [aiv rʌn‿aʊt‿ əv ˈpetrəl/ˈgæs]

Die Batterie ist leer.
The battery is dead. [ðə ˈbætrɪ ɪz‿ded]

Können Sie mir Starthilfe geben?
Could you help me jump-start my car?
[kʊd jʊ help miː ˈdʒʌmpstɑːt maɪ ˈkɑː]

Wo ist hier in der Nähe eine Werkstatt?
Is there a garage near here? [ˈɪz ðeər‿ə ˈgærɑːdʒ ˈnɪə ˈhɪə]

Würden Sie bitte den Pannendienst anrufen?
Would you call the breakdown service, please?
[wʊd ˈjʊ kɔːl ðə breɪkdaʊn ˌsɜːvɪs pliːz]

Könnten Sie mir mit Benzin aushelfen?
Could you let me have some petrol/gas, please?
[ˈkʊd‿jʊ let miː hæv sʌm ˈpetrəl/ˈgæs pliːz]

Könnten Sie mir beim Reifenwechsel helfen?
Could you help me change the tyre, please?
[ˈkʊd‿jʊ help mɪ tʃeɪnʒ ðə ˈtaɪə pliːz]

Würden Sie mich bis zur nächsten Werkstatt mitnehmen?
Could you give me a lift to the nearest garage?
[ˈkʊd‿jʊ gɪv mɪ‿ə ˈlɪft tə ðə ˈnɪərɪst ˈgærɑːdʒ]

Abschleppdienst	breakdown service [ˈbreɪkdaʊn ˈsɜːvɪs]
abschleppen	tow (away) [təʊ (əˈweɪ)]
Abschleppseil	towrope [ˈtəʊrəʊp]
Abschleppwagen	breakdown vehicle [ˈbreɪkdaʊn ˌviːɪkl]
Benzinkanister	petrol can [ˈpetrəl kæn]
Ersatzrad	spare wheel [ˈspeə ˈwiːl]
Flickzeug	repair kit [rɪˈpeə kɪt]
Luftpumpe	pump [pʌmp]
Notrufsäule	emergency telephone [ɪˈmɜːdʒənsɪ ˈtelɪfəʊn]
Panne	breakdown [ˈbreɪkdaʊn]
Pannendienst	breakdown service [ˈbreɪkdaʊn ˌsɜːvɪs]
Platten	flat tyre [ˈflæt ˈtaɪə]
Starthilfekabel	jump leads [ˈdʒʌmp ˌliːdz]
Verbandskasten	first-aid kit [fɜːstˈeɪd kɪt]
Wagenheber	jack [dʒæk]
Warnblinkanlage	hazard warning lights [ˈhæzəd ˈwɔːnɪŋ ˌlaɪtz]
Warndreieck	warning triangle [ˈwɔːnɪŋ ˈtraɪæŋgl]
Werkzeug	tools [tuːlz]

In der Werkstatt

Der Motor springt nicht an.
The car won't start. [ðə ˈkɑː wəʊnt ˈstɑːt]

Mit dem Motor stimmt was nicht.
There's something wrong with the engine.
[ðeəz ˈsʌmθɪŋ ˈrɒŋ wɪð ðɪ‿ˈenʒɪn]

... ist/sind defekt.
... is/are faulty. [... ɪz/ɑː ˈfɔːltɪ]

Der Wagen verliert Öl.
I'm losing oil. [aɪm ˈluːzɪŋ ˈɔɪl]

Können Sie mal nachsehen?
Could you have a look? [ˈkʊd‿jʊ ˈhæv‿ə ˈlʊk]

Wann ist der Wagen/das Motorrad fertig?
When will the car/the motorbike be ready?
[ˈwen wɪl ðə kɑː/ðə ˈməʊtəbaɪk bɪ ˈredɪ]

Was wird es ungefähr kosten?
Roughly how much will it cost? [rʌflɪ ˈhaʊ ˈmʌtʃ wɪl‿ɪt kost]

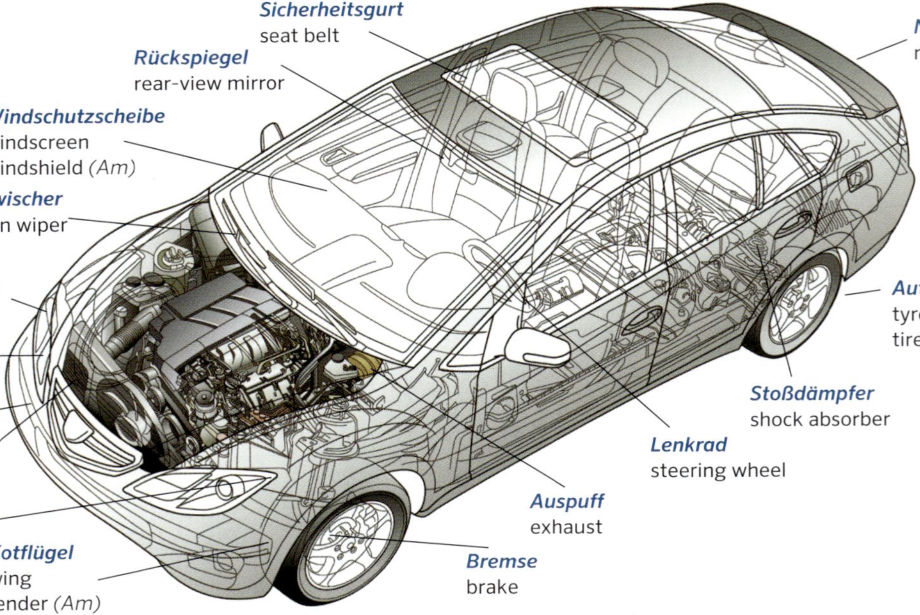
Sicherheitsgurt
seat belt
Rückspiegel
rear-view mirror
Windschutzscheibe
windscreen
windshield *(Am)*
Scheibenwischer
windscreen wiper
Blinker
indicator
Scheinwerfer
headlights
Stoßstange
bumper
Kühler
radiator
Achse
axle
Kotflügel
wing
fender *(Am)*
Nummernschild
number plate
Autoreifen
tyre
tire *(Am)*
Stoßdämpfer
shock absorber
Lenkrad
steering wheel
Auspuff
exhaust
Bremse
brake

Abblendlicht	dipped headlights [dɪpt ˈhedlaɪts]
Alarmanlage	alarm system [əˈlɑːm ˈsɪstəm]
Anlasser	starter [ˈstɑːtə]
Auspuff	exhaust [ɪgˈzɔːst]
Automatik(getriebe)	automatic (transmission) [ˌɔːtəˈmætɪk (trænzˈmɪʃn)]
Benzinpumpe	petrol pump [ˈpetrəl pʌmp]
Blinklicht	indicator [ˈɪndɪkeɪtə]
Bremse	brake [breɪk]
Bremsflüssigkeit	brake fluid [ˈbreɪk ˌflʊɪd]
Bremslichter	brake lights [ˈbreɪkˌlaɪts]
Defekt	fault [fɔːlt]
Delle	dent [dent]
Erdgas-/Elektro-tankstelle	LPG filling station/electric cars charging point [el piː ˈdʒiː ˈfɪlɪŋ steɪʃn/ɪˌlektrɪk ˈkɑːz ˈtʃɑːdʒɪŋ pɔɪnt]
Fernlicht	full beam [ˈfʊlˈbiːm]
Frostschutzmittel	anti-freeze [ˈæntɪfriːz]
Gang	gear [gɪə]
– ***erster Gang***	first/bottom gear [ˈfɜːst/ˈbɒtəm ˈgɪə]
– ***Leerlauf***	neutral [ˈnjuːtrəl]
– ***Rückwärtsgang***	reverse gear [rɪˈvɜːs ˈgɪə]
Gaspedal	accelerator [əkˈseləreɪtə]
Getriebe	gearbox [ˈgɪəbɒks]; *(Am)* transmission [trænzˈmɪʃn]
Handbremse	handbrake [ˈhændbreɪk]
Hupe	horn [hɔːn]
Kofferraum	boot [buːt]; *(Am)* trunk [trʌŋk]
Kratzer	scratch [ˈskrætʃ]
Kühler	radiator [ˈreɪdɪeɪtə]
Kühlwasser	cooling water [ˈkuːlɪŋ ˈwɔːtə]
Kupplung	clutch [klʌtʃ]
Kurzschluss	short-circuit [ˈʃɔːtˈsɜːkɪt]
Linkslenker	left-hand-drive car [lefthænd draɪv kɑː]
Lichtmaschine	alternator [ˈɔːltəneɪtə]
Luftfilter	air filter [ˈeəˌfɪltə]
Motor	motor, engine [ˈməʊtə, ˈendʒɪn]
Motorhaube	bonnet [ˈbɒnɪt]; *(Am)* hood [hʊd]
Nebelscheinwerfer	fog lamps [fɒg læmps]
Nebelschlussleuchte	rear fog lamp [ˈrɪə fɒg læmp]
Öl	oil [ɔɪl]
Ölwechsel	oil change [ˈɔɪl ˈtʃeɪnʒ]
Rad	wheel [wiːl]
Rechtslenker	right-hand-drive car [raɪt hænd draɪv kɑː]
Reifen	tyre; *(Am)* tire [ˈtaɪə]
Rücklicht	rear light [ˈrɪə ˈlaɪt]; tail light [ˈteɪl ˈlaɪt]

Rückspiegel	rearview mirror [ˈriːəvjuː ˈmɪrə]
Scheibenwischer	windscreen wiper [ˈwɪndskriːn ˈwaɪpə]
Scheinwerfer	headlights [ˈhedlaɪts]
Schraube	screw [skruː]
Sicherheitsgurt	seat belt [ˈsiːt belt]
Standlicht	sidelights [ˈsaɪdlaɪts]
Stoßstange	bumper [ˈbʌmpə]
Tachometer	speedometer [spɪˈdɒmɪtə]
Tank	(petrol) tank [(ˈpetrəl) tæŋk]
Verbandskasten	first-aid kit [fɜːstˈeɪd kɪt]
Warndreieck	warning triangle [ˈwɔːnɪŋ ˈtraɪæŋgl]
elektronische Wegfahrsperre	electronic immobiliser [ɪlekˈtrɒnɪk ɪˈməʊbɪlaɪzə]
Werkstatt *(Auto~)*	garage [ˈgærɑːdʒ]
Windschutzscheibe	windscreen [ˈwɪndskriːn]; *(Am)* windshield [ˈwɪndʃiːld]
Winterreifen	winter tyres [ˈwɪntə ˈtaɪəz]
Zündkerze	spark plug [ˈspɑːkplʌg]
Zündung	ignition [ɪgˈnɪʃn]

Verkehrsunfall

Vorsicht, Kamera!

Wenn Sie mit dem Auto in Großbritannien unterwegs sind, werden Sie sicher die Radarfallen in ihren knallgelben Starenkästen sehen. Aber wenn Sie so eine Kamera sehen, ist es möglicherweise schon zu spät, denn Temposünder zahlen in Großbritannien hohe Bußgelder. Halten Sie immer Ausschau nach den Warnschildern (schwarze Kamera mit weißem Hintergrund), die meist schon vorher auf die Kameras hinweisen. Dann haben Sie noch Zeit, vom Gas zu gehen! Am besten halten Sie sich aber an die Geschwindigkeitsbegrenzung – das ist vernünftiger.

Ein Unfall ist passiert!
There's been an accident. [ðeəz bi:n‿ən‿ˈæksɪdənt]

Rufen Sie bitte schnell ...
Quick. Please call ... [kwɪk ˈpli:z ˈkɔ:l]

- ***einen Krankenwagen!***
  an ambulance. [ən‿ˈæmbjʊləns]
- ***die Polizei!***
  the police. [ðə pəˈli:s]
- ***die Feuerwehr!***
  the fire brigade. [ðə ˈfaɪəbrɪˌgeɪd]

Haben Sie Verbandszeug?
Have you got a first-aid kit? [həv jʊ gɒt‿ə ˈfɜ:stˈeɪd kɪt]

Sie haben ...
You ... [jʊ]

- ***die Vorfahrt nicht beachtet.***
  didn't observe the right of way. [ˈdɪdnt‿əbˈzɜ:v ðə ˈraɪt‿əv ˈweɪ]
- ***den Abstand nicht eingehalten.***
  didn't keep your distance. [ˈdɪdnt ˈki:p jɔ: dɪstəns]
- ***nicht geblinkt.***
  didn't indicate. [ˈdɪdnt ˈɪndɪkeɪt]

Sie sind ...
You ... [jʊ]

- ***zu schnell gefahren.***
  were driving too fast. [wə ˈdraɪvɪŋ ˈtu: ˈfɑ:st]
- ***bei Rot über die Kreuzung.***
  went through a red light. [went θru:‿ə ˈred ˈlaɪt]
- ***ohne Licht gefahren.***
  were driving without your lights on.
  [wə ˈdraɪvɪŋ wɪðˈaʊt jɔ: laɪts ɒn]

Können Sie als Zeuge aussagen?
Can you testify as a witness? [kən‿jʊ ˈtestəfaɪ‿əz ə ˈwɪtnɪs]

Geben Sie mir bitte Ihren Namen und Ihre Anschrift.
Please give me your name and address.
[pli:z gɪv mɪ jɔ: ˈneɪm‿ənd‿əˈdres]

Bei welcher Versicherung sind Sie?
Which insurance company are you with?
[wɪtʃ ɪnˈʃʊərəns kʌmpənɪ ɑ: jʊ wɪð]

Vielen Dank für Ihre Hilfe!
Thank you very much for your help. [ˈθæŋk jʊ ˈverɪ ˈmʌtʃ fə jə ˈhelp]

Lenker
handlebars
Gangschaltung
gears
Vorderlicht
front light
Bremse
brake
Nabe
hub
Speiche
spoke
Rad
wheel
Pedal
pedal
Sattel
saddle
Luftpumpe
pump
Rücklicht
rear light
tail light
Schlauch
(inner) tube
Mantel
tyre
tire *(Am)*
Kette
chain

Auto-, Motorrad- und Fahrradvermietung

Ich möchte für zwei Tage/eine Woche ... mieten.
I'd like to rent ... for two days/for a week.
[aɪd ˈlaɪk tə rent fə ˈtʊː ˈdeɪz/fər‿ə ˈwiːk]

- *einen Wagen*
  a car [ə ˈkɑː]
- *einen Geländewagen*
  a jeep [ə ˈdʒiːp]
- *ein Motorrad*
  a motorbike [ə ˈməʊtəbaɪk]
- *einen Motorroller*
  a scooter [ə ˈskuːtə]
- *ein Fahrrad*
  a bike [ə ˈbaɪk]

Bitte mit ...
I'd like ... [aɪd laɪk ...]

- *Automatik.*
  an automatic. [ən‿ɔːtəˈmætɪk]
- *Klimaanlage.*
  air-conditioning. [ˈeəkənˌdɪʃnɪŋ]
- *Navigationsgerät.*
  a navigation system/satnav. [ə ˌnævɪˈgeɪʃn ˌsɪstəm/ˈsætnæv]

Gibt es für Körperbehinderte Leihwagen mit Handgas?
Are there rental cars with hand controls for the disabled?
[ˈɑː ðeər rentl kɑːz wɪð hænd kənˈtrəʊlz fə ðə dɪsˈeɪbld]

Kann man hier Handbikes leihen?
Is it possible to rent handbikes here?
[ɪz‿ɪt ˈpɒsəbl tə rent ˈhændbaɪks hɪə]

Wie hoch ist die Tages-/Wochenpauschale?
How much does it cost per day/week?
[ˈhaʊ ˈmʌtʃ dəz‿ɪt ˈkɒst pə ˈdeɪ/ˈwiːk]

Ist das einschließlich unbegrenzter Kilometerzahl?
Does that include unlimited mileage?
[dʌz ðæt ɪnkluːd ʌnlɪmɪtɪd maɪlɪdʒ]

Wie viel verlangen Sie pro gefahrenen Kilometer?
What do you charge per mile? [ˈwɒt də jʊ ˈtʃɑːdʒ pə ˈmaɪl]

Ist das Fahrzeug vollkaskoversichert?
Does the vehicle have comprehensive insurance?
[ˈdʌz ðə ˈviːɪkl hæv ˌkɒmprɪˈhensɪv‿ɪnˈʃʊərəns]

Ist es möglich, das Fahrzeug in ... abzugeben?
Is it possible to leave the car in ...? [ɪz‿ɪt ˈpɒsəbl tə ˌliːv ðə ˈkɑːr‿ɪn]

Haben Sie eine Straßenkarte?
Do you have a map? [djʊ hæv‿ə ˈmæp]

Ich möchte auch einen Schutzhelm leihen.
I'd like to rent a crash helmet. [aɪd ˈlaɪk tə rent ə ˈkræʃ ˌhelmɪt]

Haben Sie einen Kindersicherheitsgurt?
Do you have a child seat belt? [du jʊ ˈhæv ‿ə tʃaɪld ˈsiːt belt]

Verleihen Sie Kinderautositze?
Do you rent out child seats for the car?
[dʊ‿jʊ rent ˈaʊt tʃaɪld siːts fə‿ðə ˈkɑː]

Führerschein	driving licence [ˈdraɪvɪŋ ˈlaɪsns]
grüne Versicherungskarte	green card [ˈgriːn ˈkɑːd]
Handbike	hand-operated bike [hændˈɒpəreɪtɪd baɪk]
Handgas	*(Auto)* hand throttle [hænd θrɒtl]
hinterlegen	deposit [dɪˈpɒzɪt]
Kindersitz	child seat [tʃaɪld siːt]
Kaution	deposit [dɪˈpɒzɪt]
Lenkraddrehknopf	rotary steering wheel button [ˈrəʊtərɪ ˈstɪərɪŋ wiːl ˈbʌtn]
Nierengurt	kidney belt [ˈkɪdnɪ belt]
Papiere	papers [ˈpeɪpəz]
Schiebedach	sunroof [ˈsʌnruːf]
Sturzhelm	crash helmet [ˈkræʃ ˌhelmɪt]
Teilkasko	third-party, fire and theft insurance [θɜːdˈpɑːtɪ, faɪə‿ənd θeft ɪnˈʃʊərəns]
Vollkasko	fully comprehensive insurance [ˈfʊlɪ ˈkɒmprɪhensɪv‿ɪnˈʃʊərəns]
Wochenendpauschale	weekend rate [ˌwiːkˈend reɪt]
Zündschlüssel	ignition key [ɪgˈnɪʃn kiː]

IN DER LUFT

Einen Flug buchen

Könnten Sie mir bitte sagen, wann die nächste Maschine nach … fliegt?
Could you tell me when the next flight to … is, please?
[kʊd jʊ tel miː wen ðə ˈnekst ˈflaɪt tʊ … ɪz pliːz]

Sind noch Plätze frei?
Are there still seats available? [ɑː ðeə stɪl ˈsiːts‿əˈveɪləbl]

Ich möchte einen einfachen Flug nach … buchen.
I'd like to book a one-way flight to … [aɪd laɪk tə bʊk‿ə ˌwʌnˌweɪ ˈflaɪt tʊ]

Ich möchte einen Hin- und Rückflug nach ... buchen.
I'd like to book a return flight to ... [aɪd laɪk tə bʊk‿ə rɪˈtɜːn flaɪt tʊ]

Was kostet bitte der Flug Touristenklasse/1. Klasse?
How much is an economy class/first class ticket?
[haʊ mʌtʃ ɪz ən ɪˈkɒnəmɪ klɑːs/ˈfɜːst klɑːs tɪkɪt]

Ich möchte bitte ...
I'd like ... [ˌaɪd ˈlaɪk]

- *einen Fensterplatz.*
  a window seat. [ə‿wɪndəʊ ˈsiːt]
- *einen Platz am Gang.*
  an aisle seat. [ən‿aɪl ˈsiːt]

Wir reisen mit einem Kleinkind. Können wir Plätze ganz vorn bekommen?
We're travelling with a young child. Can we get seats right at the front? [wɪə ˈtrævlɪŋ wɪð‿ə jʌŋ tʃaɪld. kən wɪ get ˈsiːts raɪt ət ðə ˈfrʌnt]

Ich möchte diesen Flug stornieren.
I'd like to cancel my flight. [aɪd laɪk tə ˈkænsəl maɪ ˈflaɪt]

Ich möchte diesen Flug umbuchen.
I'd like to change the booking. [aɪd laɪk tə tʃeɪndʒ ðə ˈbʊkɪŋ]

Am Flughafen

Wo ist bitte ...
Where's ... [ˈweəz ...]

- *der Schalter der ...-Fluggesellschaft?*
  the ... counter, please?
- *Halle/Terminal ...?*
  area/terminal ... ? [ˈeərɪə/ˈtɜːmɪnl]
- *der Check-in-Automat?*
  the check-in kiosk? [ðə ˈtʃekɪn kiːɒsk]

Gibt es für den Flug einen Vorabend-/Telefon-/Internet-Checkin?
Is it possible to check in for the flight the evening before/by telephone/ on the Internet? [ɪz ɪt ˈpɒsɪbl təˌ tʃek‿ˈɪn fər ðə ˈflaɪt ðə‿ˈiːvnɪŋ bɪˈfɔː/baɪ ˈtelɪfəʊn/ɒn ðə ˈɪntənet]

Könnte ich bitte Ihren Flugschein sehen?
Could I see your ticket, please? [kʊd‿aɪ siː‿jɔː ˈtɪkɪt pliːz]

Kann ich das/diese Flüssigkeit als Handgepäck mitnehmen?
Can I take this/this liquid in my hand luggage?
[kən‿aɪ ˈteɪk ˈðɪs/ˈðɪs ˈlɪkwɪd‿ɪn maɪ ˈhænd ˌlʌgɪdʒ]

Ich habe einen Laptop im Handgepäck.
I have a laptop in my hand luggage.
[ai hæv‿ə ˈlæptɒp‿ɪn mai ˌhænd ˌlʌgɪdʒ]

Darf ich das in die Maschine mitnehmen?
Can I take this onto the plane? [kən‿aɪ ˈteɪk ˈðɪs ɒntə ðə pleɪn]

Kann ich einen eigenen (faltbaren) Rollstuhl/einen Buggy ins Flugzeug mitnehmen?
Can I take my own (folding) wheelchair/a buggy onto the plane?
[kən‿aɪ ˈteɪk maɪ əʊn (fəʊldiŋ) ˈwiːlˈtʃeər/ə ˈbʌgɪ ɒntə ðə pleɪn]

Wird ein Rollstuhl am Abflug-/Zielflughafen bereitgestellt?
Will a wheelchair be provided at the airport of departure/arrival?
[wɪl ‿ə wiːlˈtʃeə biː prəˈvaɪdɪd ˈət ðə ˈeəpɔːt əv dɪˈpɑːtʃə/əˈraɪvl]

Wann landet die Maschine aus ...?
When does the flight from ... land? [ˈwen dʌz ðə ˈflaɪt frɒm … ˈlænd]

An Bord

Könnten Sie mir bitte ein Glas Wasser bringen?
Could you bring me a glass of water, please?
[ˈkʊd‿jʊ brɪŋ mɪ ə ˈglɑːs‿əv ˈwɔːtə pliːz]

Könnte ich bitte noch ein Kissen/eine Decke haben?
Could I have another cushion/blanket, please?
[kʊd‿aɪ hæv əˈnʌðə kʊʃən/ˈblæŋkɪt pliːz]

Würde es Ihnen etwas ausmachen, mit mir den Platz zu tauschen?
Would you mind changing seats with me?
[wʊd jʊ maɪnd ˈtʃeɪnʒɪŋ siːts wɪð mɪ]

Ankunft

Mein Gepäck ist verloren gegangen.
My luggage is missing. [maɪ ˈlʌgɪdʒ ɪz ˈmɪsɪŋ]

Mein Koffer ist beschädigt worden.
My suitcase has been damaged. [maɪ ˈsuːtkeɪs həz bɪn ˈdæmɪdʒd]

Wo fährt der Bus in Richtung ... ab?
Where does the bus to ... leave from?
[ˈweə dʌz ðə bʌs tʊ … liːv frɒm]

Abflug	departure [dɪˈpɑːtʃə]
Ankunft	arrival [əˈraɪvl]
Ankunftszeit	time of arrival [taɪm‿əv‿əˈraɪvl]
Anschluss	connection [kəˈnekʃn]
Auslandsflug	international flight [ˌɪntəˈnæʃənl flaɪt]
Bordkarte	boarding card [ˈbɔːdɪŋ kɑːd]
einchecken	check in [ˌtʃek‿ˈɪn]
elektronisches Ticket	e-ticket [ˈiːtɪkɪt]
Flug	flight [flaɪt]
Flugbegleiter/in	steward/stewardess [ˈstjuːəd/ ˌstuːəˈdes]
Fluggesellschaft	airline [ˈeəlaɪn]
Flughafen	airport [ˈeəpɔːt]
Flughafenbus	airport bus [ˈeəpɔːt ˈbʌs]
Flughafengebühr	airport tax [ˈeəpɔːt ˈtæks]
Flugsteig, Gate	gate [geɪt]
Gepäck	luggage [ˈlʌgɪdʒ]; *(Am)* baggage [ˈbægɪdʒ]
Gepäckabfertigung	luggage/baggage check-in [ˈlʌgɪdʒ/ˈbægɪdʒ ˈtʃekɪn]
Gepäckausgabe	luggage/baggage reclaim [ˈlʌgɪdʒ/ˈbægɪdʒ ˌriːˈkleɪm]
Gepäckwagen	luggage trolley [ˌlʌgɪdʒ ˈtrɒlɪ]
Inlandsflug	domestic flight [dəˈmestɪk flaɪt]
Internetbuchung	online booking [ˌɒnlaɪn ˈbʊkɪŋ]
Landung	landing [ˈlændɪŋ]
Notausgang	emergency exit [ɪˈmɜːdʒənsɪ ˈeksɪt]
Notlandung	emergency landing [ɪˈmɜːdʒənsɪ ˈlændɪŋ]
Notrutsche	emergency chute [ɪˈmɜːdʒənsɪ ʃuːt]
Passagier	passenger [ˈpæsɪndʒə]
Pilot/in	pilot [ˈpaɪlət]
planmäßiger Abflug	scheduled time of departure [ˈʃedjuːld ˈtaɪm‿əv dɪˈpɑːtʃə]
Schwimmweste	life jacket [ˈlaɪfˌdʒækɪt]
Sicherheitsgebühr	security charge [sɪˈkjʊərətɪ ˈtʃɑːdʒ]
Sicherheitskontrolle	security control [sɪˈkjʊərətɪ kənˈtrəʊl]
Spucktüte	sick bag [ˈsɪk bæg]
stornieren	cancel [ˈkænsl]
Terminal	terminal [ˈtɜːmɪnl]
Übergepäck	excess baggage [ˈekses ˈbægɪdʒ]
umbuchen	change the booking [tʃeɪndʒ ðə ˈbʊkɪŋ]
Verspätung	delay [dɪˈleɪ]
zollfreier Laden	duty-free shop [ˈdjuːtɪˈfriː ʃɒp]
Zwischenlandung	stopover [ˈstɒpˌəʊvə]

Ein teures Vergnügen

Das Zugfahren ist in Großbritannien ein teures Vergnügen – fast unerschwinglich, wenn Sie zu den Stoßzeiten (**peak times**) fahren und Ihre Fahrkarte direkt vor der Fahrt kaufen (**pay the walk-up fare**). Wenn es eben geht, buchen Sie Ihr Ticket im Voraus über das Internet. Die Website www.nationalrail.co.uk ist ein guter Anlaufpunkt, obwohl jede Zuggesellschaft auch ihre eigene Website hat. Wenn Sie nicht gerade früh am Morgen oder am späten Nachmittag reisen wollen, bekommen Sie oft erstaunlich günstige Tickets (**off-peak tickets**). Eine gute Alternative sind Fernbusse (z.B. www.nationalexpress.com) – die Preise sind deutlich niedriger und die Busse fahren alle größeren Städte an.

Fahrkarten kaufen

Eine einfache Fahrt 2. Klasse/1. Klasse nach ..., bitte.
A standard class/first-class single to ..., please.
[ə ˈstændəd klɑːs/ˈfɜːst klɑːs ˈsɪŋgl tʊ … pliːz]

Zweimal ... hin und zurück, bitte.
Two returns to ..., please. [ˈtuː rɪˈtɜːnz tʊ … pliːz]

Gibt es eine Ermäßigung für Kinder/Studenten/Senioren?
Is there a reduction for children/students/senior citizens?
[ˈɪz ðeər‿ə rɪˈdʌkʃn fə ˈtʃɪldrən/ˈstjuːdnts/ˈsiːnɪə sɪtɪznz]

Gibt es einen Spartarif?
Is there an economy fare? [ɪz ðeər‿ən‿ɪˈkɒnəmɪ ˌfeə]

Muss ich einen Platz reservieren?
Do I have to reserve a seat? [dʊ aɪ hæv tə rɪˌzɜːv‿ə ˈsiːt]

Ich möchte gern zwei Plätze reservieren:
I'd like to book two seats, please. [aɪd laɪk tə bʊk ˈtu: ˈsi:ts pli:z]

Bitte eine Platzkarte für den Zug um ... Uhr nach ...
I'd like to reserve a seat on the ... o'clock train to ...
[aɪd ˈlaɪk tə‿rɪˈzɜ:v‿ə ˈsi:t ɒn ðə ... əˈklɒk treɪn tʊ]

Ich möchte bitte einen Liegewagen-/Schlafwagenplatz.
I'd like to book a couchette/a sleeper, please.
[aɪd ˈlaɪk tə bʊk‿ə ku:ˈʃet/ə ˈsli:pər pli:z]

Habe ich in ... Anschluss nach ...?
Is there a connection to ... at ...? [ɪz ðeər‿ə kəˈnekʃn tʊ ... ət]

(Wo) Muss ich umsteigen?
(Where) Do I have to change? [(ˈweə) dʊ‿aɪ hæv‿tə ˈtʃeɪndʒ]

Im Bahnhof

Wo kann ich eine Fahrkarte kaufen?
Where can I buy a ticket? [weə kən‿ai bai eə ˈtɪkɪt]

Ich möchte diesen Koffer als Reisegepäck aufgeben.
I'd like to register this case. [aɪd ˈlaɪk tʊ ˈredʒɪstə ðɪs ˈkeɪs]

Wo kann ich mein Fahrrad aufgeben?
Where can I register my bike? [ˈweə kən‿aɪ ˈredʒɪstə maɪ ˈbaɪk]

Ist der Einstieg in die Wagen ebenerdig?
Is the entrance to the carriages at ground level?
[ɪz ðə entrəns tə ðə ˈkærɪdʒz ət graʊnd levl]

Entschuldigen Sie bitte, von welchem Gleis fährt der Zug nach ... ab?
Excuse me, which platform does the ... train leave from?
[ɪksˈkju:z ˈmi: wɪtʃ ˈplætfɔ:m dʌz ðə ... treɪn ˈli:v frɒm]

Im Zug

Ist dieser Platz noch frei?
Is this seat free? [ɪz ˈðɪs ˈsi:t ˈfri:]

Darf ich bitte das Fenster aufmachen/schließen?
May I open/close the window? [ˈmeɪ‿aɪ ˈəʊpən/kləʊz ðə ˈwɪndəʊ]

Könnte mir jemand beim Umsteigen behilflich sein?
Could someone help me change trains?
[ˈkʊd ˈsʌmwʌn ˈhelp mi: tʃeɪnʒ treɪnz]

Abfahrt	departure [dɪˈpɑːtʃə]
Abteil	compartment [kəmˈpɑːtmənt]
Ankunft	arrival [əˈraɪvl]
Aufenthalt	stop [stɒp]
Ausdruck	printout [ˈprɪntaʊt]
aussteigen	get out [ˈget ˈaʊt]
Autoreisezug	motorail service [ˈməʊtəreɪl ˈsɜːvɪs]
BahnCard	railcard [ˈreɪlkɑːd]
Bahnhof	station [ˈsteɪʃn]
Begleitperson	accompanying person [əˈkʌmpənɪɪŋ ˈpɜːsn]
Bistrowagen	bistro car [ˈbɪstrəʊ kaː]
einsteigen	get on [ˈget‿ˈɒn]
Ermäßigung	reduction [rɪˈdʌkʃn]
Fahrkarte	ticket [ˈtɪkɪt]
Fahrkartenkontrolle	ticket inspection [ˈtɪkɪt‿ɪnˈspekʃən]
Fahrkartenschalter	ticket office [ˈtɪkɪt‿ˌɒfɪs]
Fahrplan	timetable [ˈtaɪmˌteɪbl]
Fahrpreis	fare [feə]
Fensterplatz	window seat [ˈwɪndəʊ siːt]
Gang	corridor [ˈkɒrɪdɔː]
Gepäck	luggage [ˈlʌgɪdʒ]; *(Am)* baggage [ˈbægɪdʒ]
Gepäckaufbewahrung	left-luggage office [ˈleft ˈlʌgɪdʒ ˌɒfɪs]
Gepäckschalter	luggage counter [ˈlʌgɪdʒ kaʊntə]
Gleis	platform [ˈplætfɔːm]
Großraumwagen	open-plan carriage [ˈəʊpnˈplæn ˈkærɪdʒ]
Hauptbahnhof	main station [ˈmeɪn ˈsteɪʃn]
Internetbuchung	Internet booking [ˈɪntənet ˌbʊkɪŋ]
Interrail	interrail [ɪntəˈreɪl]
Kinderfahrkarte	child's fare [ˈtʃaɪldz feə]
Minibar	mini-bar [ˈmɪnɪbɑː]
Nichtraucherabteil	no-smoking compartment [ˈnəʊˈsməʊkɪŋ kəmˈpɑːtmənt]
Platzreservierung	seat reservation [ˈsiːt ˌrezəˈveɪʃn]
Reservierung	reservation [ˌrezəˈveɪʃn]
Rollstuhlfahrer/in	wheelchair user [wiːlˈtʃeə juːzə]
Rückfahrkarte	return ticket [rɪˈtɜːn ˈtɪkɪt]
Schaffner/in	ticket collector [ˈtɪkɪtkəˈlektə]; conductor [kənˈdʌktə]
Schließfach	left-luggage locker [ˈleft ˈlʌgɪdʒ ˌlɒkə]
Schwerbehinderte/r	severely disabled person [sɪˌvɪəlɪ dɪsˌeɪbld ˈpɜːsən]
Speisewagen	restaurant car [ˈrestərɔ̃ːŋ ˌkaː]
Wagennummer	carriage number [ˈkærɪdʒ ˈnʌmbə]
Wartesaal	waiting room [ˈweɪtɪŋruːm]

Zug	train [treɪn]
Zugbegleiter/in	*(GB)* guard [gɑːd]; *(Am)* conductor [kəndʌktə]
Zugbegleitpersonal	*(GB)* train staff [treɪn stɑːf]; *(Am)* crew [kruː]
Zugchef/in	chief guard/conductor [tʃiːf gɑːd/kəndʌktə]
Zuschlag	supplement [ˈsʌplɪmənt]

Hinweise und Informationen

Arrivals	Ankunft
bridge	Übergang
couchette car	Liegewagen
emergency brake	Notbremse
engaged	Besetzt
Exit	Ausgang
Gentlemen	Herren
Men *(Am)*	Herren
Information	Auskunft
Ladies	Damen
Women *(Am)*	Damen
No smoking	Nichtraucher
Not drinking water	kein Trinkwasser
platform	Bahnsteig/Gleis
Refreshments	Erfrischungen
restaurant car	Speisewagen
sleeping car	Schlafwagen
Smoking	Raucher
station management	Bahnhofsvorstand
station manager	Stationsvorsteher
Timetable	Fahrplan
To the platforms	Zu den Bahnsteigen
Toilets	Toiletten
underground passage	Unterführung
vacant	Frei
Waiting Room	Wartesaal
Washroom	Waschraum

Eine Schiffsfahrt buchen

Könnten Sie mir bitte sagen, wann das nächste Schiff/die nächste Fähre nach ... abfährt?
Could you tell me when the next ship/the next ferry for ... leaves, please?
[kʊd jʊ tel mi: ˈwen ðə ˈnekst ˈʃɪp/ðə ˈnekst ˈferɪ fɔ: ... ˈli:vz pli:z]

Wie lange dauert die Überfahrt?
How long does the crossing take? [ˈhaʊ ˈlɒŋ dʌz ðə ˈkrɒsɪŋ ˈteɪk]

Wann legen wir in ... an?
When do we land at ...? [ˈwen dʊ‿wɪ lænd‿ət]

Wie lange haben wir in ... Aufenthalt?
How long are we stopping at ...? [ˈhaʊ ˈlɒŋ ɑ:‿wɪ ˈstɒpɪŋ‿ət]

Ich möchte bitte ...
I'd like ..., please. [aɪd laɪk ... pli:z]

- ***eine Schiffskarte nach ...***
  a ticket to ... [ə ˈtɪkɪt tʊ]
- ***1. Klasse.***
  first class [ˈfɜ:st klɑ:s]
- ***Touristenklasse.***
  tourist class [ˈtʊərɪst klɑ:s]
- ***eine Einzelkabine.***
  a single cabin [ə ˈsɪŋgl ˈkæbɪn]
- ***eine Zweibettkabine.***
  a double cabin [ə ˈdʌbl ˈkæbɪn]

Ich möchte eine Karte für die Rundfahrt um ... Uhr.
I'd like a ticket for the boat trip at ... o'clock.
[aɪd laɪk ə ˈtɪkɪt fə ðə ˈbəʊt trɪp‿ət ... əˈklɒk]

An Bord

Ich suche Kabine Nr. ...
I'm looking for cabin number ... [aɪm ˈlʊkiŋ fər ˈkæbɪn ˈnʌmbə]

Wo ist bitte der Speisesaal/der Aufenthaltsraum?
Where's the restaurant/lounge, please?
[ˈweəz ðə ˈrestərɔ̃:ŋ/ˈlaʊndʒ pli:z]

Ich fühle mich nicht wohl.
I don't feel well. [aɪ ˈdəʊnt fi:l ˈwel]

Könnten Sie bitte den Schiffsarzt rufen?
Could you call the ship's doctor, please?
[ˈkʊd jʊ ˈkɔːl ðə ʃɪps ˈdɒktə pliːz]

Könnten Sie mir bitte ein Mittel gegen Seekrankheit geben?
Could you give me something for seasickness, please?
[ˈkʊd jʊ ɡɪv‿mɪ ˈsʌmθɪŋ fə ˈsiːsɪknɪs pliːz]

anlegen in	land at [ˈlænd‿ət]; dock at [ˈdɒk‿ət]
Anlegestelle	pier [pɪə]
Buchung	booking [ˈbʊkɪŋ]
Dampfer	steamer [ˈstiːmə]; steamship [ˈstiːmʃɪp]
Deck	deck [dek]
Fähre	ferry [ˈferɪ]
Autofähre	car ferry [ˈkɑː ˌferɪ]
Fahrkarte	ticket [ˈtɪkɪt]
Festland	mainland, dry land [ˈmeɪnlænd, ˈdraɪ ˈlænd]
Hafen	port [pɔːt]
Kabine	cabin [ˈkæbɪn]
Kai	quay [kiː]
Kapitän	captain [ˈkæptɪn]
Klimaanlage	air-conditioning [ˈeəkənˌdɪʃnɪŋ]
Kreuzfahrt	cruise [kruːz]
Küste	coast [kəʊst]
Landausflug	excursion [ɪksˈkɜːʃn]
Luftkissenboot	hovercraft [ˈhɒvəkrɑːft]
Rettungsboot	lifeboat [ˈlaɪfbəʊt]
Rettungsring	lifebelt [ˈlaɪfbelt]
Rundfahrt	round trip [ˈraʊnd ˈtrɪp]
Schwimmweste	life jacket [ˈlaɪfˌdʒækɪt]
Seegang	rough seas [ˈrʌf ˈsiːz]
seekrank sein	be seasick [biːˈsiːsɪk]
Tragflügelboot	jetfoil, hydrofoil [ˈdʒetfɔɪl, ˈhaɪdrəfɔɪl]

Nervenschonend

Es ist kein Gerücht, dass Sie in London ständig „stop and go“ fahren, es in der Innenstadt so gut wie keine Parkplätze gibt und Sie für diese eine Maut (**congestion charge**) entrichten müssen. Werden Sie ohne ein entsprechendes Ticket erwischt, wird es teuer!
Sie können sich das Leben auch einfach machen und den hervorragend ausgebauten öffentlichen Nahverkehr nutzen. Eine **London Visitor Travelcard** für Erwachsene mit sieben Tagen Gültigkeit – und zwar für alle Verkehrsmittel – bekommen Sie schon für wenig Geld. Das lohnt sich allemal!

Bitte, wo ist die nächste …
Excuse me, where's the nearest … [ɪksˈkjuːz ˈmiː ˈweəz ðə ˈnɪərɪst]

- ***Bushaltestelle?***
  bus stop? [ˈbʌs ˈstɒp]
- ***Straßenbahnhaltestelle?***
  tram stop? [ˈtræm ˈstɒp]
- ***U-Bahnstation?***
  underground station? [ˈʌndəgraʊnd ˈsteɪʃn]

Gibt es Niederflurbusse?
Are there any low-floor buses? [ˈɑː ðeər‿enɪ ˈləʊ‿flɔː bʌsɪz]

Welche Linie fährt nach …?
Which line goes to … ? [ˈwɪtʃ laɪn gəʊz‿tə]

Wann fährt die erste/letzte U-Bahn nach …?
When's the first/last (underground/tube) train to …?
[ˈwenz ðə ˈfɜːst/ˈlɑːst (ˈʌndəgraʊnd/tjuːb) ˈtreɪn tʊ]

Entschuldigen Sie, ist das der Bus nach …?
Excuse me, does this bus go to …? [ɪkˈskjuːz ˌmiː dʌz ˈðɪs ˈbʌs gəʊ tʊ]

Wie viele Haltestellen sind es?
How many stops is it? [ˈhaʊ ˈmenɪ ˈstɒps‿ɪz‿ɪt]

Entschuldigen Sie, wo muss ich aussteigen/umsteigen?
Excuse me, where do I have to get out/change?
[ɪkˈskjuːz ˌmiː ˈweə dʊ‿aɪ hæv‿tə get ˈaʊt/ˈtʃeɪnʒ]

Könnten Sie mir bitte Bescheid geben, wann ich aussteigen muss?
Could you let me know me when I have to get off?
[kʊd jʊ let miː nəʊ wen aɪ hæv tə get ɒf]

Gibt es …
Are there … [ɑː ðeə …]

- ***Tageskarten?***
  day tickets? [ˈdeɪ tɪkɪts]
- ***Wochenkarten?***
  weekly season tickets? [wiːklɪ ˈsiːzn tɪkɪts]
- ***Touristentickets?***
  tourist tickets? [ˈtʊərɪst tɪkɪts]

Bitte, einen Fahrschein nach …
To …, please. [tʊ … pliːz]

Der Fahrkartenautomat ist kaputt/defekt.
The ticket machine is bust/broken. [ðə ˈtɪkɪt məˈʃiːn ɪz bʌst/ˈbrəʊkən]

Der Automat nimmt keine Geldscheine an.
The machine doesn't accept notes. [ðə məˈʃiːn dʌznt əkˈsept nəʊts]

Abfahrt	departure [dɪˈpɑːtʃə]
Bus	bus [bʌs]
Busbahnhof	bus station [ˈbʌs‿ˌsteɪʃn]
einsteigen	get on [ˈget‿ˈɒn]
Endstation	terminus [ˈtɜːmɪnəs]
Fahrkartenautomat	ticket machine [ˈtɪkɪt məˈʃiːn]
Fahrplan	timetable [ˈtaɪmˌteɪbl]
Fahrpreis	fare [feə]
Fahrschein	ticket [ˈtɪkɪt]
Haltestelle	stop [stɒp]
Kontrolleur	inspector [ɪnˈspektə]
Nahverkehrszug	local train [ˈləʊkl ˈtreɪn]
Obus	trolley bus [ˈtrɒlɪ bʌs]
Richtung	direction [dɪˈrekʃn]
S-Bahn	suburban train [səˈbɜːbən treɪn]
Schaffner/in	conductor [kənˈdʌktə]
Stadtbus	city bus [sɪtɪ bʌs]
Straßenbahn	tram [træm]
Tageskarte	one-day travelcard [ˈwʌndeɪ ˈtrævlkɑːd]

U-Bahn	underground [ˈʌndəgraʊnd]
Überlandbus	coach [kəʊtʃ]
Wochenkarte	weekly season ticket [ˈwiːklɪ ˈsiːzn ˌtɪkɪt]
Zahnradbahn	rack-railway [ræk ˈreɪlweɪ]

MIT DEM TAXI

Hallo! Bitte ein Taxi an die Adresse ... für jetzt gleich/für (morgen) ... Uhr.
Hello. Could you please send a taxi/cab to the following address ... as soon as possible/tomorrow at ... o'clock? [həˈləʊ ˈkʊd‿jʊ pliːz send ə ˈtæksɪ/ˈkæb tʊ ðə ˈfɒləʊiŋ əˈdres … əz suːn əz ˈpɒsɪbl/təˈmɒrəʊ ət … əˈklɒk]

Entschuldigen Sie bitte, wo ist der nächste Taxistand?
Excuse me, where's the nearest taxi rank?
[ɪksˈkjuːz ˈmiː ˈweəz ðə ˈnɪərɪst ˈtæksɪræŋk]

Bringen Sie mich bitte zu (dieser Adresse).
Please take me to (this address). [pliːz teɪk miː tə (ðɪs‿əˈdres)]

Zum Bahnhof, bitte!
To the station, please. [tʊ ðə ˈsteɪʃn pliːz]

Zum ... Hotel, bitte!
To the ... Hotel, please. [tʊ ðə … həʊˈtel pliːz]

In die ...-Straße, bitte!
(To) ... Street, please. [(tʊ) … striːt pliːz]

Nach ..., bitte!
To ..., please. [tʊ … pliːz]

Könnten Sie bitte hier halten?
Could you stop here, please? [ˈkʊd‿jʊ ˈstɒp ˈhɪə pliːz]

Wie viel kostet es nach …?
How much will it cost to …? [ˈhaʊ ˈmʌtʃ wɪl‿ɪt ˈkɒst tə]

Das ist zu viel.
That's too much. [ðæts ˈtu: mʌtʃ]

Könnten Sie mir bitte eine Quittung ausstellen?
Could you write me a receipt? [ˈkʊd‿jʊ raɪt mɪ ə rɪˈsi:t]

Das ist für Sie.
That's for you. [ˈðæts fə‿ˈju:]

anhalten	stop [stɒp]
anschnallen	fasten one's seat belt [fɑ:sn wʌnz ˈsi:t belt]
Hausnummer	house number [ˈhaʊs ˌnʌmbə]
Kilometerpreis	price per kilometre/mile [praɪs pə ˈkɪləˌmi:tə/maɪl]
Pauschalpreis	flat rate [ˈflæt ˈreɪt]
Quittung	receipt [rɪˈsi:t]
Sicherheitsgurt	seat belt [ˈsi:t belt]
Taxifahrer/in	taxi driver [ˈtæksɪ ˌdraɪvə]
Taxistand	taxi rank [ˈtæksɪ ræŋk]
Trinkgeld	tip [tɪp]

Übernachtung

Wir möchten ein Zimmer mit Meerblick.

Sie können Ihre Übernachtungswünsche selbstverständlich auch pantomimisch darstellen – aber die sprachliche Variante erleichtert doch Vieles.

AN DER TOURISTENINFORMATION

Können Sie mir bitte ... empfehlen?
Can you recommend ..., please? [kən͜ ju ˌrekəˈmend ... pliːz]

- ***ein gutes Hotel***
  a good hotel [ə gʊd həʊˈtel]
- ***ein einfaches Hotel***
  a cheap hotel [ə tʃiːp həʊˈtel]
- ***eine Pension***
  a guest house [ə ˈgesthaʊs]
- ***ein Privatzimmer***
  a bed-and-breakfast place [ə ˈbedn ˈbrekfəst pleɪs]

Ist es zentral/ruhig/in Strandnähe gelegen?
Is it central/quiet/near the beach? [ɪz͜ ɪt ˈsentrəl/ˈkwaɪət/nɪə ðə ˈbiːtʃ]

Können Sie mir etwas in der Nähe empfehlen?
Can you recommend anywhere nearby?
[kən jʊ rekəˈmend͜ enɪweə nɪəˈbaɪ]

Gibt es hier ...?
Is there ... here? [ˈɪz ðeər͜ ... hɪə]

- ***einen Campingplatz***
  a camping site [ə ˈkæmpɪŋ saɪt]
- ***eine Jugendherberge***
  a youth hostel [ə ˈjuːθ ˈhɒstl]

HOTEL – PENSION – PRIVATZIMMER

Im Hotel angekommen

Ich habe ein Zimmer reserviert. Mein Name ist ...
I've reserved a room. My name's ...
[aɪv rɪˈzɜːvd͜ ə ˈruːm. maɪ ˈneɪmz ...]

Wir haben reserviert.
We have a reservation. [wɪ hæv ə ˌrezəˈveɪʃn]

Haben Sie noch ein Zimmer frei?
Have you got any vacancies? [həv jʊ gɒt͜ˌenɪ͜ ˈveɪkənsɪz]

- ***... für eine Nacht***
  ... for one night [fə ˈwʌn ˈnaɪt]
- ***... für zwei Tage***
  ... for two days [fə ˈtuː ˈdeɪz]
- ***... für eine Woche***
  ... for a week [fər͜ ə ˈwiːk]

Haben Sie Familienzimmer?
Do you have family rooms? [du jʊ hæv fæməlɪ ru:mz]

Nein, wir sind leider belegt.
No, I'm afraid we're fully booked. [nəʊ aɪm‿əˈfreɪd wɪə ˈfʊlɪ bʊkt]

Ja, was für ein Zimmer wünschen Sie?
Yes, (sir/madam,) what sort of room would you like?
[ˈjes (sɜ:/ˈmædəm) ˈwɒt sɔ:t‿əv ˈru:m wʊd jʊ ˈlaɪk]

Ich hätte gern ...
I'd like ... [aɪd laɪk]

- ***ein Einzelzimmer***
  a single room [ə ˈsɪŋgl ru:m]
- ***ein Doppelzimmer***
  a double room [ə ˈdʌbl ru:m]
- ***ein ruhiges Zimmer***
  a quiet room [ə ˈkwaɪət ru:m]
  - ***mit Dusche***
    with a shower [wɪð ə ˈʃaʊə]
  - ***mit Bad***
    with a bath [wɪð ə ˈbɑ:θ]
  - ***mit Blick aufs Meer***
    with a view of the sea [wɪð ə ˈvju:‿əv ðə ˈsi:]

Kann ich das Zimmer ansehen?
Can I see the room? [kən‿aɪ ˈsi: ðə ˈru:m]

Es ist gut, ich nehme es.
It's fine. I'll take it. [ɪts faɪn aɪl ˈteɪk‿ɪt]

Können Sie noch ein drittes Bett/ein Kinderbett dazustellen?
Can you put a third bed/a cot/children's bed in the room?
[kən‿jʊ pʊt‿ə θɜ:d bed/əˈkɒt/ə ˈtʃɪldrənz bed ɪn ðə ru:m]

Ist das Frühstück inklusive?
Is breakfast included? [ɪz ˈbrekfəst ɪnˈklu:dɪd]

Gibt es eine Ermäßigung für Kinder?
Is there a reduction for children? [ˈɪz ðeər‿ə rɪˈdʌkʃn fə ˈtʃɪldrən]

Was kostet das Zimmer mit ..., bitte?
How much is the room with ... [ˈhaʊ ˈmʌtʃ ɪz ðə ru:m wɪð]

- ***Frühstück***
  breakfast? [ˈbrekfəst]
- ***Halbpension***
  breakfast and evening meal? [ˈbrekfəst‿ən‿ˈi:vnɪŋ ˈmi:l]
- ***Vollpension***
  full board? [ˈfʊl ˈbɔ:d]

Könnten Sie bitte mein Gepäck auf das Zimmer bringen lassen?
Could you have my luggage brought up to my room, please?
[ˈkʊd‿jʊ ˈhæv maɪ ˈlʌgɪdʒ brɔːt ʌp tə maɪ ruːm pliːz]

Wo kann ich den Wagen abstellen?
Where can I park the car? [ˈweə kən‿aɪ pɑːk ðə ˈkɑː]

In unserer Garage.
In our garage. [ɪn‿aʊə ˈgærɑːdʒ]

Auf unserem Parkplatz.
In our car park. [ɪn‿aʊə ˈkɑːpɑːk]

Wunschhotels und Hotelwünsche

Warum sollten Sie bei Ihrer Unterkunft auf etwas verzichten, wenn die englischen Hoteliers nur auf Ihre E-Mail oder Ihren Anruf warten, um Ihre Wünsche erfüllen zu können?
Eine britische Besonderheit ist **Bed & Breakfast**. Meist wohnen Sie im selben Haus wie Ihr Vermieter. Zum Frühstück gibt es das **full English breakfast**, also Eier, Speck und weitere Sattmacher. Sie können auch eine vegetarische Variante bekommen. Aber wundern Sie sich nicht, wenn diese mit einer Wurst garniert wird. Und wenn Sie Reiseinfos benötigen: Ihr Vermieter ist bestimmt ein guter „Touri-Ratgeber".

Fragen und Bitten

Ab wann gibt es Frühstück?
When is breakfast served? [wen ɪz ˈbrekfəst sɜːvd]

Wann sind die Essenszeiten?
When are the meals served? [wen‿ˈɑː ðə miːlz sɜːvd]

Wo ist der Speisesaal?
Where's the restaurant? [ˈweəz ðə ˈrestərɔ̃ːŋ]

Wo ist der Frühstücksraum?
Where's the breakfast room? [ˈweəz ðəˈbrekfəst ruːm]

Könnten Sie mich bitte morgen früh um 7 Uhr wecken?
Could you wake me at 7 o'clock tomorrow morning, please?
[ˈkʊd‿jʊ ˈweɪk mɪ‿ət sevn ɒˈklɒk təˈmɒrəʊ ˈmɔːnɪŋ pliːz]

Bitte, meinen Schlüssel.
My key, please. [maɪ ˈkiː pliːz]

Gibt es … im Zimmer?
Is there … in the room? [ɪz ðeə … ɪn ðə ruːm]

- *Internetanschluss*
  an Internet connection [ən‿ˈɪntənet kəˌnekʃn]
- *Fernsehen*
  a television [ə ˈtelɪˌvɪʃn]

Haben Sie WLAN?
Do you have Wi-Fi? [dʊ jʊ hæv ˈwaɪfaɪ]

Würden Sie mir bitte … bringen?
Would you bring me …, please? [ˈwʊd‿jʊ brɪŋ mɪ … pliːz]

- *ein Badetuch*
  a bath towel [ə ˈbɑːθˌtaʊəl]
- *noch eine Decke*
  another blanket [əˈnʌðə ˈblænkɪt]

Wie funktioniert …?
How does … work? [haʊ dəz … wɜːk]

Ist Post für mich da?
Is there any post for me? [ɪz ðeər‿enɪ pəʊst fə miː]

Wo kann ich …
Where can I … [ˈweə kən‿aɪ …]

- *hier etwas trinken?*
  get something to drink? [get ˈsʌmθɪŋ tə drɪnk]
- *ein Auto mieten?*
  hire a car? [ˈhaɪər‿ə kɑː]

- ***das Auto abstellen?***
  leave the car? [liːv ðə ˈkɑː]
- ***hier telefonieren?***
  telephone from (here)? [ˈtelɪfəʊn frəm (hɪə)]

Kann ich meine Wertsachen bei Ihnen in den Safe geben?
Can I leave my valuables in your safe?
[kən‿aɪ liːv maɪ ˈvæljuːəblz ɪn jɔː seɪf]

Haben Sie eine Nachricht für mich?
Is there a message for me? [ɪz ðeər‿ə ˈmesɪdʒ fə miː]

Gibt es hier eine Kinderbetreuung?
Is there a babysitting service here? [ˈɪz ðeər‿əˈbeɪbɪˌsɪtɪŋ ˈsɜːvɪs hɪə]

Ab welchem Alter?
From what age onward? [frɒm wɒt eɪdʒ ɒnwəd]

Haben Sie ein Babyfon?
Do you have a baby intercom? [du jʊ ˈhæv‿ə beɪbɪ ˈɪntəkɒm]

Alles in Ordnung?

Das Zimmer ist heute nicht geputzt worden.
The room hasn't been cleaned today.
[ðə ruːm ˈhæznt bɪn ˈkliːnd təˈdeɪ]

Die Klimaanlage funktioniert nicht.
The air-conditioning doesn't work. [ðə ˈeəkənˌdɪʃnɪŋ ˈdʌznt ˈwɜːk]

Der Wasserhahn tropft.
The tap drips. [ðə ˈtæp drɪps]

Es kommt kein (warmes) Wasser.
There's no (hot) water. [ðeəz ˈnəʊ (hɒt) ˈwɔːtə]

Die Toilette/Das Waschbecken ist verstopft.
The toilet/washbasin is blocked up. [ðə ˈtɔɪlɪt/ˈwɒʃˌbeɪsn ɪz ˈblɒkt ˈʌp]

Ich hätte gern ein anderes Zimmer.
I'd like to have a different room. [aɪd ˈlaɪk tə hæv ə dɪfrənt ruːm]

Auschecken und Bezahlen

Ich reise heute Abend/morgen um ... Uhr ab.
I'm leaving this evening/tomorrow at ... o'clock.
[aɪm ˈliːvɪŋ ðɪs‿ˈiːvnɪŋ/təˈmɒrəʊ‿ət ... əˈklɒk]

Kann ich mein Gepäck bis (heute Abend) hier lassen?
Can I leave my luggage here till (this evening), please?
[kən aɪ liːv maɪ ˈlʌgɪdʒ hɪə tɪl (ðɪs‿ˈiːvnɪŋ) pliːz]

Könnten Sie bitte die Rechnung fertig machen?
Would you prepare my bill, please? [wʊd‿jʊ prəpeə maɪ ˈbɪl pliːz]

Kann ich bitte meinen Pass zurückhaben?
Can I have my passport back, please?
[kən‿aɪ hæv maɪ ˈpɑːspɔːt bæk pliːz]

Nehmen Sie Euros/Kreditkarten?
Do you accept euros/credit cards? [dʊ‿jʊ əkˈsept jʊərəʊz/ˈkredɪtkɑːdz]

Könnten Sie mir bitte ein Taxi rufen?
Would you call a taxi for me, please? [wʊd‿jʊ kɔːl‿ə ˈtæksɪ fə miː pliːz]

Vielen Dank für alles! Auf Wiedersehen!
Thank you very much for everything. Goodbye!
[ˈθæŋk jʊ ˈverɪ ˈmʌtʃ fər‿ˈevrɪθɪŋ. ˌgʊd ˈbaɪ]

Abendessen .... dinner [ˈdɪnə]
Abfalleimer .... bin [bɪn]
Anmeldung .... registration [ˌredʒɪsˈtreɪʃn]
Aschenbecher .... ashtray [ˈæʃtreɪ]
Aufenthaltsraum .... lounge [laʊnʒ]
Auffahrtrampe .... ramp (for wheelchair users) [ræmp (fə wiːlˈtʃeə juːzəz)]
Aufzug .... lift [lɪft]
Babyfon .... baby intercom [beɪbɪ ˈɪntəkɒm]
Babysitter/in .... babysitter [ˈbeɪbɪˌsɪtə]
Badetuch .... bath towel [bɑːθ ˈtaʊəl]
Badewanne .... bath [bɑːθ]
Badezimmer .... bathroom [ˈbɑːθruːm]
Balkon .... balcony [ˈbælkənɪ]
barrierefrei .... with disabled access [wɪð dɪˈseɪbḷd ˈækses]
Becher .... mug [mʌg]
Bett .... bed [bed]
Bettdecke .... blanket [ˈblæŋkɪt]
Bettwäsche .... bed linen [ˈbedˌlɪnɪn]
Bidet .... bidet [ˈbiːdeɪ]
Brausekopf .... showerhead [ˈʃaʊəhed]
Briefpapier .... writing paper [ˈraɪtɪŋˌpeɪpə]
Dusche .... shower [ˈʃaʊə]
Duschsitz .... shower seat [ʃaʊə siːt]
Duschvorhang .... shower curtain [ˈʃaʊə ˈkɜːtn]
ebenerdig .... at ground level [ət graʊnd levl]
Empfangshalle .... reception [rɪˈsepʃn]
Etage .... floor [flɔː]; storey [ˈstɔːrɪ]
Fenster .... window [ˈwɪndəʊ]
Fernseher .... television [ˈtelɪˌvɪʒn]; TV [ˌtiːˈviː]
Fernsehraum .... television lounge [ˈtelɪˌvɪʒn laʊnʒ]

Frühstück	breakfast [ˈbrekfəst]
Frühstücksbüfett	buffet breakfast [ˈbʊfeɪ ˈbrekfəst]
Frühstücksraum	breakfast room [ˈbrekfəstruːm]
Garage	garage [ˈgærɑːdʒ]
Gedeck (für das Frühstück)	cover (for breakfast) [ˈkʌvə (fə ˈbrekfəst)]
Glas	glass [glɑːs]
Glühbirne	light bulb [laɪt bʌlb]
Halbpension	half board [ˈhɑːf ˈbɔːd]
Handbrause	handheld shower [ˈhændheld ˈʃaʊə]
Handtuch	towel [ˈtaʊəl]
Hauptsaison	high season [ˈhaɪ ˌsiːzn]
Heizung	heating [ˈhiːtɪŋ]
Kinderbecken	children's pool [tʃɪldrənz puːl]
Kinderbetreuung	babysitting service [ˈbeɪbɪˌsɪtɪŋ ˈsɜːvɪs]
Kinderbett	cot [kɒt]
Kleiderbügel	coat hanger [ˈkəʊt ˌhæŋə]
Klimaanlage	air-conditioning [ˈeəkənˌdɪʃnɪŋ]
Kopfkissen	pillow [ˈpɪləʊ]
Lampe	lamp [læmp]
Licht	light [ˈlaɪt]
Lichtschalter	light switch [ˈlaɪtswɪtʃ]
Matratze	mattress [ˈmætrɪs]
Minibar	mini-bar [ˈmɪnɪbɑː]
Mittagessen	lunch [lʌntʃ]
Motel	motel [məʊˈtel]
Nachsaison	low season [ˈləʊ ˌsiːzn]
Nachttisch	bedside table [ˈbedsaɪd ˈteɪbl]
Nachttischlampe	reading lamp [ˈriːdɪŋlæmp]
Notizblock	notepad [ˈnəʊtpæd]
Parkplatz	car park [ˈkɑːpɑːk]
Pension (Halb~/Voll~)	half/full board [ˈhɑːf/ˈfʊl ˈbɔːd]
Portier	porter [ˈpɔːtə]
Powernap	power nap [ˈpaʊəʳ næp]
Preisliste	price list [ˈpraɪslɪst]
Radio	radio [ˈreɪdɪəʊ]
reinigen	clean [kliːn]
reparieren	repair [rɪˈpeə]
Reservierung	reservation [ˌrezəˈveɪʃn]
Restaurant	restaurant [ˈrestərɔ̃ːŋ]
Rezeption	reception [rɪˈsepʃn]
rollstuhlgerecht	suitable for wheelchairs [suːtəbl fə wiːlˈtʃeəz]
Safe	safe [seɪf]
Schlüssel	key [kiː]
Schrank	cupboard [ˈkʌbəd]

Schuhputzzeug	shoe cleaning kit [ˈʃu:kli:nɪŋ kɪt]
Sessel	armchair [ˈɑ:mtʃeə]
Speisesaal	dining room [ˈdaɪnɪŋru:m]
Spiegel	mirror [ˈmɪrə]
Steckdose	(wall)socket [(ˈwɔ:l)ˈsɒkɪt]
Stecker	plug [plʌg]
stufenloser Zugang	stepless access [steplɪs ækses]
Stuhl	chair [tʃeə]
Swimmingpool	swimming pool [ˈswɪmɪŋpu:l]
Terrasse	terrace [ˈterəs]
Tisch	table [ˈteɪbl]
Toilette	lavatory [ˈlævətrɪ]; toilet [ˈtɔɪlɪt]
Toilettenpapier	toilet paper [ˈtɔɪlɪtˌpeɪpə]
Transferbus	transfer bus [ˈtrænsfɜ: bʌs]
Türcode	door code [dɔ: kəʊd]
Übernachtung	overnight stay [əʊvənaɪt steɪ]
Ventilator	fan [fæn]
Verlängerungswoche	an extra week [ən‿ekstrə wi:k]
Vollpension	full board [ˈfʊl ˈbɔ:d]
Vorsaison	low season [ˈləʊ ˌsi:zn]
Waschbecken	washbasin [ˈwɒʃˌbeɪsn]
Wäschewechsel	change of bed linen [tʃeɪnʒ‿əv ˈbedˌlɪnɪn]
Wasser	water [ˈwɔ:tə]
– *kaltes Wasser*	cold water [ˈkəʊld ˈwɔ:tə]
– *warmes Wasser*	hot water [ˈhɒt ˈwɔ:tə]
Wasserglas	tumbler [ˈtʌmblə]; glass [glɑ:s]
Wasserhahn	tap [tæp]; *(Am)* faucet [ˈfɔ:sɪt]
WLAN	Wi-Fi® [ˈwaɪfaɪ]
Wolldecke	blanket [ˈblæŋkɪt]
Zimmer	room [ru:m]
Zimmermädchen	(chamber)maid [(ˈtʃeɪmbə)meɪd]
Zimmerservice	room service [ru:m ˈsɜ:vɪs]
Zimmertelefon	in-room telephone [ˈɪnru:m ˈtelɪˌfəʊn]
Zwischenstecker	adapter [əˈdæptə]

FERIENHÄUSER UND FERIENWOHNUNGEN

Ich habe bei Ihnen die Wohnung/das Haus gebucht.
I've booked the apartment/the house with you.
[aɪv bʊkd ði: əˈpɑ:tmənt/ðə ˈhaʊs wɪð jʊ]

Ich habe bei Ihnen die Wohnung/das Haus gemietet.
I've rented the apartment/the house from you.
[aɪv rentɪd ði: əˈpɑ:tmənt/ðə ˈhaʊs frəm jʊ]

Wo bekommen wir die Schlüssel?
Where do we pick up the keys from?
[weə də wi: pɪk ʌp ðə ˈki: ˌfrɒm]

Ist der Strom-/Wasserverbrauch im Mietpreis enthalten?
Is electricity/water included in the price?
[ɪz‿ˌɪlekˈtrɪsɪtɪ/ˈwɔːtə ɪnˈkluːdɪd‿ɪn ðə ˈpraɪs]

Sind Haustiere erlaubt?
Are pets allowed? [ɑː ˈpets‿əˈlaʊd]

Wo befinden sich die Mülltonnen?
Where are the dustbins? [ˈweərə ðə ˈdʌsbɪnz]

Wo kommt der Müll hin?
Where does the rubbish/garbage *(Am)* go?
[weə dəz ðə ˈrʌbɪʃ (ˈgɑːbɪdʒ) ˌgəʊ]

Müssen wir die Endreinigung selbst übernehmen?
Do we have to clean the place before we leave?
[dʊ‿wɪ hæv‿tə ˈkliːn ðə pleɪs bɪˈfɔː wɪ ˈliːv]

Bekomme ich die Kaution zurück?
Can I have my deposit back, please?
[kən aɪ hæv maɪ dɪˈpɒzɪt bæk pliːz]

Wo gibt es hier ein Lebensmittelgeschäft?
Where is there a food shop near here? [weə ɪz ðeə ə ˈfuːd ʃɒp nɪə hɪə]

Die wichtigsten Wörter

Anreisetag	day of arrival [deɪ‿əv‿əˈraɪvl]
Anzahlung	deposit [dɪˈpɒzɪt]
Apartment	flat (*Am* apartment) [flæt, əˈpɑːtmənt]
Bauernhof	farm [fɑːm]
Bungalow	bungalow [ˈbʌŋgələʊ]
Ferienanlage	holiday camp [ˈhɒlədɪ kæmp]
Ferienhaus	holiday home [ˈhɒlədɪ ˌhəʊm]
Hausbesitzer/in	landlord/landlady [ˈlænlɔːd, ˈlænˌleɪdɪ]
Haustiere	pets [pets]
Kaution	deposit [dɪˈpɒzɪt]
Kochnische	kitchenette [ˌkɪtʃɪˈnet]
Küche	kitchen [ˈkɪtʃɪn]
Miete	rent [rent]
Müll	rubbish (*Am* garbage) [ˈrʌbɪʃ, ˈgɑːbɪdʒ]
Mülltrennung	separation of rubbish [sepəreɪʃn əv ˈrʌbɪʃ']
Nebenkosten	additional costs, extras [əˈdɪʃənl ˈkɒsts, ˈekstrəz]
Schlafzimmer	bedroom [ˈbedruːm]
Schlüsselübergabe	handover of the key [ˈhændəʊvər‿əv ðə kiː]
Selbstversorgung	self-catering [self ˈkeɪtərɪŋ]

Strom ... electricity [ˌɪlekˈtrɪsətɪ]
Strompauschale ... flat rate for electricity [ˈflæt ˈreɪt fə ˌɪlekˈtrɪsɪtɪ]
Stromspannung ... voltage [ˈvəʊltɪdʒ]
Studio ... studio [ˈstjuːdɪəʊ]
vermieten ... let, rent [let, rent]
Wasserverbrauch ... water consumption [ˈwɔːtə kənˈsʌmpʃən]
Wohnzimmer ... living room [ˈlɪvɪŋruːm]
Zentralheizung ... central heating [ˈsentrəl ˈhiːtɪŋ]

Was man so braucht

Backofen ... oven [ˈʌvən]
Besen ... broom [bruːm]
Bräter ... roasting tray [ˈrəʊstɪŋ treɪ]
Bügeleisen ... iron [ˈaɪən]
Eierbecher ... egg cup [ˈeg kʌp]
Eimer ... bucket [ˈbʌkɪt]
Etagenbett ... bunk bed [ˈbʌŋk ˌbed]
Gasherd ... gas cooker [ˈgæsˌkʊkə]
Geschirr ... crockery [ˈkrɒkərɪ]
Geschirrtuch ... tea towel [ˈtiː ˌtaʊəl]
Geschirrspülmaschine ... dishwasher [ˈdɪʃˌwɒʃə]
Glas/Gläser ... glass/glasses [ˈglɑːs/ˈglɑːsɪz]
Herd ... cooker, stove [ˈkʊkə, stəʊv]
Kaffeefilter ... coffee filter [ˈkɒfɪ ˌfɪltə]
Kaffeelöffel ... coffee spoon [ˈkɒfɪ spuːn]
Kaffeemaschine ... coffee maker [ˈkɒfiː ˌmeɪkə]
Kehrschaufel ... dustpan [ˈdʌsˈpæn]
Küchensieb ... sieve [ˈsɪv]
Kühlschrank ... refrigerator, fridge [rɪˈfrɪdʒəreɪtə, frɪdʒ]
Mikrowelle ... microwave [ˈmaɪkrəʊweɪv]
Mixer ... blender [ˌblendə]
Pfanne ... pan [pæn]
Putzmittel ... cleaning agent [kliːnɪŋ eɪdʒənt]
Reibe ... grater [ˈgrɪtə]
Rührlöffel ... cooking spon [ˈkʊkɪŋ spuːn]
Schlafcouch ... sofa bed [ˈsəʊfə bed]
Schneebesen ... whisk [ˈwɪsk]
Schneidebrett ... chopping board [tʃɒpɪŋ ˈbɔːd]
Schöpfkelle ... ladle *(GB)*/dipper *(Am)* [leɪdl/dɪpə]
Schüssel/n ... key/keys [kiː/kiːz]
Staubsauger ... vacuum cleaner [ˈvækjʊm kliːnə]
Tasse/Tassen ... cup/cups [kʌp/kʌpz]
Toaster ... toaster [ˈtəʊstə]
Topf ... pot [pɒt]

Trockner	drier [draɪə]
Waschmaschine	washing machine [ˈwɒʃɪŋ məˈʃiːn]
Wasserkocher	kettle [ketl]
Wischmopp	mop [mɒp]

CAMPING

Könnten Sie mir bitte sagen, ob es in der Nähe einen Campingplatz gibt?
Could you tell me if there is a camping site nearby?
[kʊd jʊ tel miː ɪf ðeər‿ˈɪz ə ˈkæmpɪŋsaɪt ˈnɪəˈbaɪ]

Haben Sie noch Platz für einen Wohnwagen/ein Zelt?
Have you got room for another caravan/tent?
[həv‿jʊ gɒt ruːm fər‿əˈnʌðə ˈkærəvæn/ˈtent]

Wie hoch ist die Gebühr pro Tag und Person?
How much does it cost per day and person?
[ˈhaʊ ˈmʌtʃ dʌz‿ɪt ˈkɒst pə ˈdeɪ‿ən ˈpɜːsn]

Wie hoch ist die Gebühr für …
What's the charge for … [ˈwɒts ðə ˈtʃɑːdʒ fə]

das Auto?
the car? [ðə ˈkɑː]

den Wohnwagen?
the caravan/trailer? [ðə ˈkærəvæn/ˈtreɪlə]

das Wohnmobil?
the camper van/motor home/RV?
[ðə ˈkæmpə væn/ˈməʊtə ˈhəʊm/ɑː viː]

das Zelt?
the tent? [ðə ˈtent]

Vermieten Sie stationäre Wohnwagen?
Do you rent stationary caravans? [dʊ‿jʊ rent ˈsteɪʃənərɪ ˈkərəvænz]

Wir bleiben … Tage/Wochen.
We'll be staying for … days/weeks. [wiːl bɪ ˈsteɪɪŋ fə … ˈdeɪz/ˈwiːks]

Wo sind …
Where are … [ˈweər‿ə]

die Toiletten?
the toilets? [ðə ˈtɔɪlɪts]

die Waschräume?
the washrooms? [ðə ˈwɒʃruːmz]

die Duschen?
the showers? [ðə ˈʃaʊəz]

Camping	camping ['kæmpɪŋ]
Jugendherberge	youth hostel [ju:θ 'hɒstəl]
Campingführer	camping guide ['kæmpɪŋ gaɪd]
Campingplatz	camping site ['kæmpɪŋsaɪt]
Gasflasche	gas canister ['gæs 'kænɪstə]
Gaskartusche	gas cartridge ['gæs 'kɑ:trɪdʒ]
Gaskocher	gas cooker ['gæsˌkʊkə]
Geschirrspülbecken	sink [sɪŋk]
Hammer	mallet ['mælɪt]
Hering	tent peg ['tent peg]
Kocher	cooker ['kʊkə]
Petroleumlampe	paraffin lamp ['pærəfɪn læmp]
Propangas	Calor gas® ['kælə gæs]
Schlafsack	sleeping bag ['sli:pɪŋ bæg]
Spaten	spade [speɪd]
Steckdose	(wall)socket [('wɔ:l)'sɒkɪt]
Stecker	plug [plʌg]
Strom	electricity [ˌɪlek'trɪsətɪ]
Stromanschluss	electric point [ɪ'lektrɪk 'pɔɪnt]
Taschenlampe	torch [tɔ:tʃ]
Trinkwasser	drinking water ['drɪŋkɪŋˌwɔ:tə]
Waschraum	washroom ['wɒʃru:m]
Wasser	water ['wɔ:tə]
Wasserkanister	water canister ['wɔ:tə 'kænɪstə]
Wohnmobil	camper ['kæmpə]
Wohnwagen	caravan ['kærəvæn]
Zelt	tent [tent]
zelten	camp [kæmp]

House Specia
PLOUGHMAN'S — £5
PORK PIE, HAM, CHEESE, SAL
SWEET PICKLE & FRESH BRE
ALL DAY ENGLISH
BREAKFAST — £5
SAUSAGE, BACON, EGGS, BEA
TOMATO, HASH BROWN, BLA
PUDDING, TOAST, TEA or COFFE
Cream Tea £3
CRUMBLY SCONES, BUTTER,
CORNISH CLOTTED CREAM, RE
FRUIT JAM with TEA or COFFE

Essen und Trinken

Habe ich *das* bestellt?

Sie müssen nicht unbedingt jeden Menschen verstehen, aber bei einer Speisekarte ist es von großem Vorteil.

Die britische Küche: einfach lecker!

Reisen Sie nach England in der Hoffnung, mangels schmackhaften Essens abzunehmen? Sorry! Daraus wird nichts! Die britische Küche ist inzwischen äußerst vielseitig. Zum Zunehmen empfehlen sich die Fast-Food-Ketten und die **fish and chip shops**. Auch das Pubessen ist diesbezüglich nicht zu verachten. Viele Pubs bieten inzwischen deftige englische Speisen zu einigermaßen bezahlbaren Preisen (**gastropubs** s.u.). Gewichtsneutral und ausgesprochen schmackhaft ist die vielseitige indische Küche. Vor allem das **chicken tikka masala** ist zum „britischen Nationalgericht" geworden.
Überhaupt findet man auf vielen Speisekarten Gerichte aus aller Welt. Und wenn Sie es besonders exotisch mögen, sollten Sie die klassische britische Küche probieren.

ESSEN GEHEN

Wo gibt es hier ...
Is there ... here? [ˈɪz ðɛər‿... ˈhɪə]

- ***ein gutes Restaurant?***
  a good restaurant [‿ə ˈgʊd ˈrestərɔ̃:ŋ]
- ***ein nicht zu teures Restaurant?***
  an inexpensive restaurant [ən‿ˌɪnɪkˈspensɪv ˈrestərɔ̃:ŋ]
- ***einen Schnellimbiss?***
  a fast food restaurant [ə ˈfɑ:stˌfu:d ˈrestərɔ̃:ŋ]

IM RESTAURANT

Wait to be seated

Mögen Sie es, wenn Sie der Oberkellner hochherrschaftlich an Ihren Tisch führt? Selbst wenn es Ihnen lästig ist? In Großbritannien pflegen Restaurants diese Tradition: Sie müssen sich dorthin stellen, wo **wait to be seated** steht und warten, bis ein Kellner Sie zu einem Tisch führt. Wenn Sie keinen Wert auf Kellner, Warten und Platzzuweisungen legen, sind Pubs, Snackbars und Imbissstuben genau das Richtige.

Ich möchte für heute Abend einen Tisch für vier Personen reservieren.
I'd like to book a table for four for this evening, please.
[aɪd laɪk tə bʊk‿ə ˈteɪbl fə ˈfɔ: fə ðɪs‿ˈi:vnɪŋ pli:z]

Ist dieser Tisch/Platz noch frei?
Is this table/seat free? [ɪz ðɪs ˈteɪbl/ˈsiːt ˈfriː]

Einen Tisch für 2/3 Personen, bitte.
A table for two/three, please. [ə ˈteɪbl fə ˈtuː/ˈθriː pliːz]

Wo sind bitte die Toiletten?
Where are the toilets, please? [ˈweərə ðə ˈtɔɪlɪts pliːz]

BESTELLEN

Falscher Freund

Beim Übersetzen des deutschen Verbs „bekommen" ist äußerste Vorsicht geboten! Denn es heißt eben *nicht* **become**! Denn mit **I become a cup of coffee** oder **I become a Wiener Schnitzel** kündigen Sie selbstbewusst an, dieses zu „werden". Korrekt ist **Can I get a cup of coffee, please?**

Ich möchte …
I'd like … [aɪd laɪk]

- ***die Speisekarte***
  the menu [ðə ˈmenjuː]
- ***die Getränkekarte***
  the drinks list [ðə drɪnks lɪst]
- ***die Weinkarte***
  the wine list [ðə ˈwaɪn lɪst]

Was können Sie mir empfehlen?
What can you recommend? [ˈwɒt kən‿jʊ ˌrekəˈmend]

Ich hätte gerne etwas Typisches aus der Region.
I'd like to try a local speciality. [aɪd laɪk tə traɪ ə ləʊkl speʃiːˈælətɪ]

Gibt es auch Kinderportionen?
Do you do half portions for children?
[dʊ‿jʊ duː ˈhɑːf ˈpɔːʃnz fə ˈtʃɪldrən]

Haben Sie schon gewählt?
Are you ready to order? [ɑː‿jʊ ˈredɪ tʊ‿ˈɔːdə]

Ich nehme …
I'll have … [aɪl hæv]

There's no such thing as a free lunch

Dieses schöne und leicht zynische englische Sprichwort besagt, dass es nichts umsonst gibt – für jeden Gefallen wird eine Gegenleistung erwartet. Aber eines bekommt man in Restaurants und Bars in Großbritannien umsonst: Wasser. Es ist sogar gesetzlich vorgeschrieben, dass man überall da, wo Alkohol ausgeschenkt wird, auch kostenlos Trinkwasser bekommt. Also keine Angst – es ist ganz normal, ein **jug of tap water** zu bestellen. Oft wird es mit Eis und Zitronenscheiben serviert und auf Wunsch auch nachgefüllt.

Als Vorspeise/Hauptgericht/Nachtisch nehme ich …
I'll have … as a starter/for the main course/for dessert.
[aɪl hæv … əz ‿ə stɑːtə/fə ðə ˈmeɪn ˈkɔːs/fə dɪˈzɜːt]

Ich möchte keine Vorspeise, danke.
I don't want a starter, thank you. [aɪ ˈdəʊnt ˈwont‿ə ˈstɑːtə ˈθæŋkjʊ]

Könnte ich statt ... ... haben?
Could I have ... instead of ...? [kʊd‿aɪ hæv ˈ... ɪnˈsted‿əv]

Ich esse kein ...
I don't eat ... [aɪ dəʊnt‿ iːt]

Ich bin ...
I'm ... [aɪm ...]

- *Diabetiker/Diabetikerin.*
  a diabetic. [ə ˌdaɪəˈbetɪk]
- *Vegetarier/Vegetarierin.*
  a vegetarian. [ə ˌvedʒɪˈteərɪən]
- *Veganer/Veganerin.*
  a vegan. [ə ˈviːgən]
- *Flexitarier/Flexitarierin.*
  flexitarian [ˌfleksiˈteəriən]

Ich bin allergisch gegen ...
I'm allergic to ... [aɪm‿əˈlɜːdʒɪk tə ...]

- *Eier.*
  eggs. [egz]
- *Gluten.*
  gluten. [ˈgluːtn]
- *Milchprodukte.*
  dairy products. [ˈdeərɪ prɒdʌkts]
- *Natriumglutamat.*
  monosodium glutamate. [ˌmɒnəˌsəʊdiːəm ˈgluːtəmeɪt]
- *Nüsse.*
  nuts. [nʌts]

Blutiges Englisch

Um gleich zwei Vorurteile auszuräumen: Die Briten essen ihre Steaks so gut wie nie blutig. Und wenn, dann bestellen sie weder ein **bloody steak** noch ein **steak English**. Wenn Sie es blutig mögen, lautet die korrekte Bezeichnung **rare**. Sie können Ihr Steak auch gut durch (**well done**), medium (**medium**) oder halb-blutig (**medium rare**) bekommen.

Wie möchten Sie Ihr Steak haben?
How would you like your steak? [ˈhaʊ wʊd‿jʊ ˈlaɪk jɔː ˈsteɪk]

- *gut durch*
  well-done [ˈwelˈdʌn]
- *halb durch*
  medium [ˈmiːdjəm]

- *englisch*
  rare [reə]

Was möchten Sie trinken?
What would you like to drink? [ˈwɒt wʊd‿jʊ ˈlaɪk tə ˈdrɪŋk]

Bitte ein Glas ...
A glass of ..., please. [ə ˈglɑːs‿əv … pliːz]

Bitte eine Flasche/eine halbe Flasche ...
A bottle of/Half a bottle of ..., please. [ə ˈbɒtl‿əv/ˈhɑːf‿ə ˈbɒtl‿əv … pliːz]

Ich möchte einen Chai Latte/einen grünen Smoothie.
I'd like a chai latte/green smoothie. [aɪdˌlaɪkəˈtʃaɪˈlæteɪ/ˈgriːnˈsmuːði]

Guten Appetit!
Enjoy your meal! [ɪnˈdʒɔɪ jɔː miːl]

Zum Wohl!
Cheers! [tʃɪəz]

Haben Sie noch einen Wunsch?
Would you like anything else? [wʊd‿jʊ ˈlaɪk‿ˈenɪθɪŋ‿ˈels]

Bitte bringen Sie uns ...
Bring us ..., please. [ˈbrɪŋ‿əs … pliːz]

Könnten wir noch etwas Brot/Wasser/Wein bekommen?
Could we have some more bread/water/wine, please?
[kʊd wɪ hæv ˈsʌm‿ˈmɔː ˈbred/ˈwɔːtə/ˈwaɪn pliːz]

Könnten Sie bitte noch einen Kinderstuhl bringen?
Could you bring us a high chair, please? [ˈkʊd‿jʊ brɪŋ‿əs‿ə ˈhaɪ tʃeə pliːz]

Könnten Sie mir bitte das Fläschchen warm machen?
Could you warm up the baby's bottle, please?
[ˈkʊd‿jʊ wɔːm ʌp ðəˈbeɪbɪz bɒtl pliːz]

SICH BESCHWEREN

Hier fehlt ein/e ...
We need another ... [wɪ niːd əˈnʌðə]

Haben Sie mein/e ... vergessen?
Have you forgotten my ...? [həv‿jʊ fəˈgɒtn maɪ]

Das habe ich nicht bestellt.
I didn't order that. [aɪ ˈdɪdnt ˈɔːdə ˈðæt]

Die Suppe ist kalt/versalzen.
The soup's cold/too salty. [ðə suːps ˈkəʊld/tuː sɔːltɪ]

Das Fleisch ist zäh/zu fett.
The meat's tough/too fatty. [ðə miːts ˈtʌf/tuː ˈfætɪ]

Der Fisch ist nicht frisch.
The fish isn't fresh. [ðə ˈfɪʃ ɪznt ˈfreʃ]

Es tut mir leid, aber der Wein schmeckt nach Kork.
I'm afraid the wine is corked. [aɪm‿əˈfreɪd ðə waɪn ɪz kɔːkt]

Nehmen Sie es bitte zurück.
Take it back, please. [teɪk‿ɪt ˈbæk pliːz]

Holen Sie bitte den Chef.
Fetch the manager, please. [ˈfetʃ ðə ˈmænɪdʒə pliːz]

BEZAHLEN

Zahlen! (I'd like to pay)

Egal, wie oft und laut Sie dies in einem englischen Pub rufen, Sie werden nicht erhört werden. Erstens gibt es keine Bedienungen, sondern man bedient sich selbst. Und zweitens bezahlt man jede Getränkebestellung einzeln. Der Barmann ist zufrieden, wenn Sie gar nichts sagen und das Geld einfach auf die Theke legen.

Die Rechnung/Bezahlen, bitte.
Could I have the bill, please? [ˈkʊd‿aɪ hæv ðə ˈbɪl pliːz]

Bitte alles zusammen.
All together, please. [ˈɔːl təˈgeðə pliːz]

Getrennte Rechnungen, bitte.
Separate bills, please. [ˈseprɪt ˈbɪlz pliːz]

Ist die Bedienung inklusive?
Is service included? [ɪz ˈsɜːvɪs ˌɪnˈkluːdɪd]

Die Rechnung scheint mir nicht zu stimmen.
There seems to be a mistake on the bill.
[ðeə ˈsiːmz tə biː‿ə mɪˈsteɪk‿ɒn ðə ˈbɪl]

Das habe ich nicht gehabt. Ich hatte ...
I didn't have that. I had ... [aɪ ˈdɪdnt ˈhæv ˈðæt. aɪ ˈhæd]

Hat es geschmeckt?
Did you enjoy your meal? [dɪd‿jʊ‿ɪnˈdʒɔɪ jɔː ˈmiːl]

Das Essen war ausgezeichnet.
The food was excellent. [ðə ˈfuːd wəz‿ˈeksələnt]

Das ist für Sie.
That's for you. [ˈðæts fə‿ˈjuː]

Es stimmt so.
Keep the change. [ˈkiːp ðə ˈtʃeɪnʒ]

Gastronomie im Pub – die neue Kombination

Willkommen im **Gastropub**, einer neuen Variante des traditionellen britischen Pubs. Hier finden Sie oft ausgezeichnetes Essen (nicht nur **bar snacks**) in einer entspannten Atmosphäre. Die Preise sind unterschiedlich, aber es gibt immer preiswerte Gerichte und ein **menu of the day** mit mehreren Wahlmöglichkeiten für jeden Gang, bei dem das Preis-Leistungsverhältnis noch stimmt. Wenn Sie vor dem Essen etwas trinken möchten, lassen Sie es auf einem **tab** an der Bar anschreiben. Dann können Sie nachher die Getränke mit dem Essen zusammen bezahlen. Viele Gastropubs bieten auch Übernachtungsmöglichkeiten an, dann nennt man sie auch **restaurants with rooms**.

PUBS

Was möchten Sie?
What would you like? [ˈwɒt wʊd‿jʊ ˈlaɪk]

Ein großes Dunkles, bitte.
A pint of mild, please. [ə paɪnt‿əv maɪld pli:z]

Ein kleines Helles, bitte.
A half-pint of lager, please. [ə paɪnt‿əv ˈlɑ:gə pli:z]

Haben Sie deutsche/holländische/belgische Biere?
Do you have any German/Dutch/Belgian beers?
[du jʊ ˈhæv ˈenɪ ˈdʒɜ:mən/dʌtʃ/beldʒən bɪəz]

Ein Bier, bitte.
A beer, please. [ə bɪə pli:z]

Möchten Sie noch etwas trinken?
Would you like another drink? [wʊd͜ jʊ ˈlaɪk əˈnʌðə drɪŋk]

Das Gleiche noch einmal.
Same again, please. [seɪm͜ əˈgen pliːz]

Diese Runde übernehme ich.
I'll pay for this round. [aɪl peɪ fə ðɪs raʊnd]

Diese Runde geht auf mich.
This round is on me. [ðɪs raʊnd iz ɒn mɪː]

Zum Wohl!/Prost!
Cheers! [tʃɪəz]

Zwei Tüten Kartoffelchips, bitte.
Two bags of crisps, please. [tuː bægz͜ əv krɪspz pliːz]

Welche Geschmacksrichtung?
What flavour? [ˈwɒt ˈfleɪvə]

Also, meine Herrschaften, wir schließen gleich!
Time, Ladies and Gentlemen, please!
[taɪm ˈleɪdɪz͜ ənd dʒentlmen pliːz]

Dürfen wir um Ihre letzten Bestellungen bitten?
Last orders, please! [ˈlɑːst ˈɔːdəz pliːz]

draught beer, keg beer, beer on tap [drɑːft bɪə, keg bɪə, bɪə ɒn tæp]	Bier vom Fass
shandy [ʃændɪ]	Radler, Alsterwasser *(Bier-Limonade-Gemisch)*
snakebite; [ˈsneikbaɪt]	Bier-Apfelwein-Gemisch
real ale [riəlˈeɪl]	traditionell gebrautes Bier *(fast ohne Kohlensäure)*
stout, porter [staʊt, ˈpɔːtə]	*(Irland)* schwarzes, etwas dickflüssiges Starkbier, z. B. Guinness, Beamish, Murphy's *(eine irische Spezialität)*
Black Velvet [ˈblæk ˈvelvɪt]	Black Velvet *(Guinness + Champagner oder Sekt)*
bottled beer [bɒtld bɪə]	Flaschenbiere
alcopops [ˈælkəʊpɒps]	alkoholische Mischgetränke aus der Flasche, bestehend aus Spirituosen (Gin, Vodka) und Fruchtsäften
(potato) crisps [(pəˈteɪtəʊ) krɪspz]	Kartoffelchips

salt'n'vinegar [sɔ:lt‿ən‿ˈvɪnɪgə]	Salz und Essig
cheese'n'onion [tʃi:z‿ən‿ˈʌnjən]	Käse und Zwiebeln
smoky bacon [sməʊkɪ ˈbeɪkn]	Räucherspeck
ready salted [redɪ sɔ:ltɪd]	gesalzen
flavour [ˈfleɪvə]	Geschmack(srichtung)
peanuts [ˈpi:nʌtz]	Erdnüsse
salted [sɔ:ltɪd]	gesalzen
dry roasted [draɪ ˈrəʊstɪd]	geröstet und gewürzt
toasted sandwich [ˈtəʊstɪd ˈsænwɪdʒ], ***toastie*** [ˈtəʊstɪ]	Toast
sandwich [ˈsænwɪdʒ]	belegtes Brot
ploughman's (lunch) [plaʊmənz (lʌntʃ)]	Teller mit Brot, verschiedenen Käsesorten und Mixed Pickles *(zur Mittagszeit)*
snacks [snæks]	Imbisse

Abendessen	dinner [ˈdɪnə]
alkoholfrei	non-alcoholic [ˈnɒnælkəˈhɒlɪk]
Aschenbecher	ashtray [ˈæʃtreɪ]
Besteck	cutlery [ˈkʌtlərɪ]
Bestellung	order [ˈɔ:də]
Diabetiker	diabetic [ˌdaɪəˈbetɪk]
Dressing	dressing [ˈdresɪŋ]
Essig	vinegar [ˈvɪnɪgə]
Fass, vom	draught [drɑ:ft]
Feinschmeckerlokal	gourmet restaurant [ˈgʊəmeɪ ˈrestərɔ̃:ŋ]
fettarm	low-fat [ləʊ ˈfæt]
Fläschchenwärmer	bottle warmer [bɒtl wɔ:mə]
Fleck	stain [ˈsteɪn]
Frühstück	breakfast [ˈbrekfəst]
Gabel	fork [fɔ:k]
Gang	course [kɔ:s]
Gedeck	cover [kʌvər]
Gericht	dish [dɪʃ]
Getränk	drink [drɪŋk]
Gewürz	seasoning [ˈsi:znɪŋ,]; spice [spaɪs]
Glas	glass [glɑ:s]
– ***Wasserglas***	tumbler [ˈtʌmblə]; glass [glɑ:s]
– ***Weinglas***	wineglass [ˈwaɪnglɑ:s]
glutenfrei	gluten-free [ˌglu:tnˈfri:]

Gräte	fishbone [ˈfɪʃbəʊn]
hart (gekocht)	hard-boiled [ˈhɑːdˌbɔɪld]
Hauptspeise	main course [ˈmeɪn ˈkɔːs]
hausgemacht	home-made [ˌhəʊmˈmeɪd]
heiß	hot [hɒt]
hungrig sein	be hungry [biːˈhʌŋgrɪ]
kalorienarm	low-calorie [ləʊ ˈkælərɪ]
Karaffe	carafe [kəˈræf]
Kellner/in	waiter/waitress [ˈweɪtə/ˈweɪtrɪs]
Ketchup	ketchup [ˈketʃʌp]
Kinderteller	children's portion [ˈtʃɪldrənz ˈpɔːʃn]
Knochen	bone [bəʊn]
Koch	cook [kʊk]
Korkenzieher	corkscrew [ˈkɔːkskruː]
lieblich	*(Wein)* sweet [swiːt]
Löffel	spoon [spuːn]
– Teelöffel	teaspoon [ˈtiːspuːn]
Mayonnaise	mayonnaise [ˌmeɪəˈneɪz]
Menü	set menu [ˈset ˈmenjuː]
Messer	knife [naɪf]
Mittagessen	lunch [lʌntʃ]
Nachtisch	dessert [dɪˈzɜːt]
Ober	*(Anrede)* waiter [ˈweɪtə]
Öl	oil [ɔɪl]
Pfeffer	pepper [ˈpepə]
Pfeffermühle	peppermill [ˈpepəmɪl]
Pfefferstreuer	pepper-pot [ˈpepəpɒt]
Portion	portion [ˈpɔːʃn]
Rost	grill [grɪl]
Salatbüfett	salad bar [ˈsæləd bɑː]
Salz	salt [sɔːlt]
Salzstreuer	salt cellar [ˈsɔːltˌselə]
Scheibe	slice [slaɪs]
Schonkost	light diet [laɪt ˈdaɪət]
Schüssel	dish [dɪʃ]
Senf	mustard [ˈmʌstəd]
Serviette	napkin [ˈnæpkɪn]
Soße	sauce [sɔːs]; *(Braten~)* gravy [ˈgreɪvɪ]
Speisekarte	menu [ˈmenjuː]
Streetfood	street food [ˈstriːtfuːd]
Spezialität	speciality [ˌspeʃɪˈælɪtɪ]
Strohhalm	straw [strɔː]
Suppe	soup [suːp]
Suppenteller	soup plate [suːp pleɪt]
Süßstoff	sweetener [ˈswiːtnə]

Tagesgericht	dish of the day [ˈdɪʃ‿əv ðə ˈdeɪ]
Tagesmenü	menu of the day [ˈmenjuː‿əv ðə ˈdeɪ]
Tasse	cup [kʌp]
– Untertasse	saucer [ˈsɔːsə]
Teller	plate [pleɪt]
Tischtuch	tablecloth [ˈteɪblklɒθ]
Trinkgeld	tip [tɪp]
trocken	*(Wein)* dry [draɪ]
vegetarisch	vegetarian [ˌvedʒɪˈteərɪən]
Vegetarier/in	vegetarian [ˌvedʒɪˈteərɪən]
Vorspeise	starter [ˈstɑːtə]
Wasser	water [ˈwɔːtə]
Wickeltisch	baby's changing table [ˈbeɪbɪz tʃeɪnʒɪŋ teɪbl]
Wrap	wrap [ræp]
würzen	season [ˈsiːzn]
Zahnstocher	toothpick [ˈtuːθpɪk]
Zucker	sugar [ˈʃʊgə]

Zubereitung

durchgebraten	well-done [ˈwelˈdʌn]
frittiert	deep-fried [diːpˈfraɪd]
gar	done [dʌn]
gebacken	baked [beɪkt]
gebraten	roasted [ˈrəʊstɪd]
– am Spieß	spit-roasted [ˈspɪtˌrəʊstɪd]
– vom Grill	grilled [grɪld]
– in der Pfanne	fried [fraɪd]
gedämpft	steamed [stiːmd]
gedünstet	steamed [stiːmd]
gefüllt	stuffed [stʌft]
gegart	cooked slowly [kʊkt ˈsləʊlɪ]
gegrillt	grilled [grɪld]
gekocht	boiled [bɔɪld]
geräuchert	smoked [sməʊkt]
geröstet	*(Brot)* toasted [ˈtəʊstɪd]
geschmort	braised [breɪzd]
mager	lean [liːn]
roh	raw [rɔː]
saftig	juicy [ˈdʒuːsɪ]
sauer	sour [ˈsaʊə]
scharf	hot [hɒt]
süß	sweet [swiːt]
überbacken	au gratin [ˌəʊˈgrætæŋ]
im Wasserbad	in a bain-marie [ɪn‿ə ˌbæn məˈriː]
weich	*(gekocht)* soft-boiled [ˈsɒftˌbɔɪld]
zäh	tough [tʌf]
zart	tender [ˈtendə]

Menu Speisekarte

Breakfast — Frühstück

black coffee [ˈblæk ˈkɒfɪ]	schwarzer Kaffee
white coffee [ˈwaɪt ˈkɒfɪ]	Kaffee mit Milch
decaffeinated coffee [dɪˈkæfɪˌneɪtɪd ˈkɒfɪ]	koffeinfreier Kaffee
tea with milk/lemon [tiː wɪð ˈmɪlk/ˈlemən]	Tee mit Milch/Zitrone
herbal tea [ˈhɜːbəl tiː]	Kräutertee
hot chocolate [ˈhɒt ˈtʃɒklɪt]	Schokolade
fruit juice [ˈfruːt dʒuːs]	Fruchtsaft
soft-boiled egg [ˈsɒftˌbɔɪld‿ˈeg]	weiches Ei
scrambled eggs [ˈskræmbld‿ˈegz]	Rühreier
bacon and eggs [ˈbeɪkn‿ən‿ˈegz]	Spiegeleier mit Speck
bread/rolls/toast [bred/rəʊlz/təʊst]	Brot/Brötchen/Toast
croissant [ˈkrwɑːsɒŋ]	Hörnchen
butter [ˈbʌtə]	Butter
cheese [tʃiːz]	Käse
sausage [sɒsɪdʒ]	Wurst
ham [hæm]	Schinken
honey [ˈhʌnɪ]	Honig
jam [ˌdʒæm]	Marmelade
marmalade [ˈmɑːməleɪd]	Marmelade aus Zitrusfrüchten
cereal [ˈsɪərɪəl]	Cornflakes

muesli [ˈmjuːzlɪ]	Müsli
yoghurt [ˈjɒgət]	Jogurt
fruit [fruːt]	Obst
grapefruit juice [ˈgreɪpfruːt dʒuːs]	Grapefruitsaft
orange juice [ˈɒrɪndʒ dʒuːs]	Orangensaft
tomato juice [təˈmɑːtəʊ dʒuːs]	Tomatensaft

Hors d'œuvres — Vorspeisen

melon [ˈmelən]	Melone
grapefruit cocktail [ˈgreɪpfruːt ˈkɒkteɪl]	Grapefruitcocktail
liver sausage [ˈlɪvə ˈsɒsɪdʒ]	Leberwurst
ham [hæm]	Schinken
clams [klæmz]	Venusmuscheln
cockles [ˈkɒklz]	Herzmuscheln
mussels [ˈmʌslz]	Muscheln
crab [kræb]	Krebs
lobster [ˈlɒbstə]	Hummer
oysters [ˈɔɪstəz]	Austern
sardines [sɑːˈdiːnz]	Sardinen
shrimp/prawn cocktail [ˈʃrɪmp/ˈprɔːn ˈkɒkteɪl]	Garnelencocktail
smoked salmon [ˈsməʊkt ˈsæmn]	Räucherlachs

Soups / Suppen

clear soup/consommé [klɪə su:p/kən'sɒmeɪ]	Fleischbrühe
cream of asparagus soup [kri:m‿əv əs'pærəgəs su:p]	Spargelcremesuppe
cream of chicken soup [kri:m‿əv 'tʃɪkɪn su:p]	Hühnercremesuppe
cream of mushroom soup [kri:m‿əv 'mʌʃrʊm su:p]	Champignoncremesuppe
cream of tomato soup [kri:m‿əv tə'mɑ:təʊ su:p]	Tomatencremesuppe
oxtail soup ['ɒksteɪl su:p]	Ochsenschwanzsuppe
pea soup ['pi: 'su:p]	Erbsensuppe
Scotch broth ['skɒtʃ 'brɒθ]	dicke Gemüsesuppe mit Fleisch
mulligatawny soup [ˌmʌlɪgə'tɔ:nɪ 'su:p]	Currysuppe
lentil soup ['lentɪl 'su:p]	Linsensuppe
vegetable soup ['vedʒtəbl su:p]	Gemüsesuppe

Egg dishes / Eierspeisen

bacon and eggs ['beɪkən‿ən‿'egz]	Spiegeleier mit Speck
fried eggs ['fraɪd 'egz]	Spiegeleier
ham and eggs ['hæm‿ən‿'egz]	Spiegeleier mit Schinken
hard-boiled/soft-boiled eggs ['hɑ:dbɔɪld/'sɒftbɔɪld egz]	harte/weiche Eier
(cheese/mushroom/tomato) omelette [(tʃi:z/'mʌʃrʊm/ tə'mɑ:təʊ)'ɔmlɪt]	(Käse-/Champignon-/Tomaten-) Omelett
poached eggs ['pəʊtʃt 'egz]	verlorene Eier
scrambled eggs ['skræmbld 'egz]	Rühreier

Fish / Fisch

boiled [bɔɪld]	gekocht
fried [fraɪd]	gebraten
smoked [sməʊkt]	geräuchert
cod [kɒd]	Kabeljau
crab [kræb]	Krebs
eel [i:l]	Aal
haddock ['hædək]	Schellfisch

halibut [ˈhælɪbət]	Heilbutt
herring [ˈherɪŋ]	Hering
kipper [ˈkɪpə]	Räucherhering; Bückling
mackerel [ˈmækrəl]	Makrele
mussels [ˈmʌslz]	(Mies)Muscheln
oysters [ˈɔɪstəz]	Austern
plaice [pleɪs]	Scholle
prawns [prɔ:nz]	Garnelen
salmon [ˈsæmən]	Lachs
shrimps [ʃrɪmps]	Krabben
sole [səʊl]	Seezunge
squid [skwɪd]	Tintenfisch
swordfish [sɔ:dfɪʃ]	Schwertfisch
trout [traʊt]	Forelle
tuna [ˈtu:nə]	Thunfisch
turbot [ˈtɜ:bət]	Steinbutt

Poultry — Geflügel

chicken [ˈtʃɪkɪn]	Hähnchen
duck(ling) [ˈdʌk(lɪŋ)]	(junge) Ente
goose [gu:s]	Gans
partridge [ˈpɑ:trɪdʒ]	Rebhuhn
pheasant [ˈfeznt]	Fasan
turkey [ˈtɜ:kɪ]	Truthahn

Meat — Fleisch

beef [bi:f]	Rindfleisch
chop/cutlet [tʃɒp/ˈkʌtlɪt]	Kotelett
fillet (steak) [ˈfɪlɪt (steɪk)]	Filet(steak)
gammon [ˈgæmən]	Schinkensteak
ham [hæm]	Schinken
hamburger [ˈhæmbɜ:gə]	Hamburger
Irish stew [ˈaɪərɪʃ ˈstju:]	Eintopf mit Fleisch und Kartoffeln
kidneys [ˈkɪdnɪz]	Nieren
lamb (with mint sauce) [læm (wɪð ˈmɪnt ˈsɔ:s)]	Lamm (mit einer sauren Minzsoße)
liver (and onions) [ˈlɪvə(r‿ən‿ˈʌnjənz)]	Leber mit Zwiebeln
minced beef [ˈmɪnst ˈbi:f]	Hackfleisch vom Rind
pork [pɔ:k]	Schweinefleisch

pork pie [pɔːk ˈpaɪ] .... Pastete gefüllt mit Schweinefleisch in Aspik *(kalt)*
rabbit [ˈræbɪt] .... Kaninchen
rissoles [ˈrɪsəʊlz] .... kleine, panierte Frikadellen
roast beef & Yorkshire pudding [ˈrəʊst ˈbiːf‿ən ˈjɔːkʃə ˈpʊdɪŋ] .... Roastbeef mit einer Portion gebackenem Eierteig
rump steak [ˈrʌmp steɪk] .... Rumpsteak
sausages [ˈsɒsɪdʒɪz] .... Würstchen
shepherd's pie [ˈʃepədz ˈpaɪ] .... Auflauf aus Hackfleisch, Zwiebeln und Kartoffelbrei
sirloin steak [ˈsɜːlɔɪn steɪk] .... Lendenstück vom Rind
steak & kidney pie [ˈsteɪk‿ən ˈkɪdnɪ ˈpaɪ] .... Pastete gefüllt mit Rindfleisch und Nieren
T-bone steak [ˈtiːbəʊn steɪk] .... Rindersteak mit T-förmigem Knochen
toad-in-the-hole [ˈtəʊd‿ɪn ðə ˈhəʊl] .... Würstchen in gebackenem Eierteig
tongue [tʌŋ] .... Zunge
veal [viːl] .... Kalbfleisch
veal, ham & egg pie [ˈviːl ˈhæm‿ən ˈeg ˈpaɪ] .... Pastete gefüllt mit Kalbfleisch, Schinken und Ei
venison [ˈvenɪsn] .... Reh oder Hirsch
gravy [ˈgreɪvɪ] .... Bratensoße

Vegetables — Gemüse

asparagus [əsˈpærəgəs] .... Spargel
baked beans [ˈbeɪkt ˈbiːnz] .... gebackene Bohnen in Tomatensoße
butter beans [ˈbʌtə biːnz] .... weiße Bohnen
French beans [frentʃ biːnz] .... grüne Bohnen
runner beans [ˈrʌnə biːnz] .... Stangenbohnen
beetroot [ˈbiːtruːt] .... Rote Bete; rote Rüben
Brussels sprouts [ˌbrʌslˈspraʊts] .... Rosenkohl

cabbage [ˈkæbɪdʒ]	Kohl
carrots [ˈkærəts]	Karotten
cauliflower [ˈkɒlɪflaʊə]	Blumenkohl
celery [ˈselərɪ]	Stangensellerie
chicory [ˈtʃɪkərɪ]	Chicorée
chips/French fries [tʃɪps/ˈfrenʃ ˈfraɪz]	Pommes frites
corn-on-the-cob [ˈkɔːn‿ɒn ðə ˈkɒb]	Maiskolben
cress [kres]	Kresse
cucumber [ˈkjuːkʌmbə]	Gurke
leek [liːk]	Lauch
lettuce [ˈletɪs]	Kopfsalat
mushrooms [ˈmʌʃrʊmz]	Champignons; (Speise-)Pilze
onions [ˈʌnjənz]	Zwiebeln
peas [piːz]	Erbsen
peppers [ˈpepəz]	Paprikaschoten
baked potatoes [beɪkt pəˈteɪtəʊz]	Ofenkartoffeln
boiled potatoes [bɔɪld pəˈteɪtəʊz]	Salzkartoffeln
fried potatoes [fraɪd pəˈteɪtəʊz]	Bratkartoffeln
mashed potatoes [mæʃt pəˈteɪtəʊz]	Kartoffelpüree
salad [ˈsæləd]	Salat
sauté potatoes [ˈsəʊteɪ pəˈteɪtəʊz]	Schwenkkartoffeln
spinach [ˈspɪnɪtʃ]	Spinat
sweetcorn [swiːtˈkɔːn]	Mais
swede [swiːd]	weiße Rüben
tomatoes [təˈmɑːtəʊz]	Tomaten
turnips [ˈtɜːnɪps]	Rüben

Cheese (& biscuits) — Käse (mit Kräckern)

Caerphilly [kaːˈfɪlɪ] — trockener, weißer Käse
Cheddar [ˈtʃedə] — kräftiger Käse
Cheshire [ˈtʃeʃə] — Chesterkäse *(mild)*
cottage cheese [ˈkɔtɪdʒ ˈtʃiːz] — Hüttenkäse
cream cheese [ˈkriːm ˈtʃiːz] — Frischkäse
Danish blue [ˈdeɪnɪʃ ˈbluː] — Blauschimmelkäse
Edam [ˈiːdæm] — Edamer
Gorgonzola [ˌgɔːgənˈzəʊlə] — Schimmelkäse
Stilton [ˈstɪltn] — scharfer Schimmelkäse

Dessert — Nachtisch

apple tart/pie [ˈæpl ˈtɑːt/ˈpaɪ] — Apfelkuchen/gedeckter Apfelkuchen
cream [kriːm] — Sahne
custard [ˈkʌstəd] — Vanillesoße
fruit cake [ˈfruːt keɪk] — Kuchen mit Trockenfrüchten
fruit salad [fruːt ˈsæləd] — Obstsalat
gooseberries [ˈgʊzbərɪz] — Stachelbeeren
ice-cream [ˈaɪsˈkriːm] — Eis
jam tart [ˌdʒæm ˈtɑːt] — Törtchen mit Marmelade
pancakes [ˈpænkeɪks] — Pfannkuchen
pastries [ˈpeɪstrɪz] — Gebäck
peaches [ˈpiːtʃɪz] — Pfirsiche
pears [peəz] — Birnen
pineapple [ˈpaɪnˌæpl] — Ananas
rhubarb [ˈruːbɑːb] — Rhabarber
rice pudding [ˈraɪs ˈpʊdɪŋ] — Reisbrei
stewed fruit [ˈstjuːd ˈfruːt] — Kompott
strawberries [ˈstrɔːbərɪz] — Erdbeeren
raspberries [ˈrɑːzbərɪz] — Himbeeren
trifle [ˈtraɪfl] — Biskuit getränkt mit Sherry, darüber Früchte, Vanillesoße und Schlagsahne

Drinks
Getränke

Alcoholic drinks — Alkoholische Getränke

wine [waɪn]	Wein
– ***red*** [red]	Rotwein
– ***white*** [waɪt]	Weißwein
– ***dry*** [draɪ]	trocken
– ***sweet*** [swiːt]	lieblich
– ***light*** [laɪt]	leicht
– ***table wine*** ['teɪbl waɪn]	Tafelwein
– ***vermouth*** ['vɜːməθ]	Wermut
– ***Burgundy*** ['bɜːgəndɪ]	Burgunder
– ***claret*** ['klærət]	roter Bordeaux
champagne [ʃæm'peɪn]	Champagner
sparkling wine ['spɑːklɪŋ waɪn]	Sekt
beer [bɪə]	Bier
– ***bitter*** ['bɪtə]	halbdunkles Bier
– ***mild*** [maɪld]	dunkles Bier
– ***light/pale ale*** ['laɪt/'peɪl 'eɪl]	helles Flaschenbier
– ***stout*** [staʊt]	Starkbier
– ***lager*** ['lɑːgə]	helles Bier
– ***draught beer*** [drɑːft bɪə]	Bier vom Fass

cider [ˈsaɪdə]	Apfelwein
cognac/brandy [ˈkɒnjæk/ˈbrændɪ]	Kognak
gin [dʒɪn]	Gin
liqueur [lɪˈkjʊə]	Likör
rum [rʌm]	Rum
vodka [ˈvɒdkə]	Wodka
whisky [ˈwɪskɪ]	Whisky
malt whisky [ˈmɔːlt ˈwɪskɪ]	Malt Whisky

Soft drinks — Alkoholfreie Getränke

coca cola® ("coke®")/pepsi (cola)® [ˈkəʊkəˈkəʊlə (kəʊk)/ˈpepsɪ(ˈkəʊlə)]	Cola
lemonade [ˌleməˈneɪd]	Limonade
mineral water [ˈmɪnrəl ˌwɔːtə]	Mineralwasser
tonic water [ˈtɒnɪk ˌwɔːtə]	Tonic
fruit juice [ˈfruːt dʒuːs]	Fruchtsaft
grapefruit juice [ˈgreɪpˌfruːt dʒuːs]	Grapefruitsaft
orange juice [ˈɒrɪndʒ dʒuːs]	Orangensaft
tomato juice [təˈmɑːtəʊ dʒuːs]	Tomatensaft

Hot drinks — Warme Getränke

tea (with milk/lemon) [tiː (wɪð ˈmɪlk/ˈlemən)]	Tee (mit Milch/Zitrone)
coffee (with cream/milk) [ˈkɒfɪ (wɪð ˈkriːm/ˈmɪlk)]	Kaffee (mit Sahne/Milch)
decaffeinated coffee [dɪˈkæfɪnˌeɪtɪd ˈkɒfɪ]	koffeinfreier Kaffee
hot chocolate [ˈhɒt ˈtʃɒklɪt]	heiße Schokolade

Café/Ice-cream parlour | Café/Eisdiele

milk shake [ˈmɪlk ˈʃeɪk]	Milchmixgetränk
cream [kriːm]	Sahne
ice(-cream) [ˈaɪs (ˈkriːm)]	Eis
banana split [bəˈnɑːnə ˈsplɪt]	Eis mit Banane
chocolate ice [ˈtʃɒklɪt ˈaɪs]	Schokoladeneis
knickerbocker glory [ˈnɪkəˌbɒkə ˈglɔːrɪ]	Spezialeisbecher
peach melba [ˈpiːtʃ ˈmelbə]	Eisbecher mit Pfirsich
strawberry ice [ˈstrɔːbərɪ ˈaɪs]	Erdbeereis
sundae [ˈsʌndeɪ]	Eisbecher *(allgemein)*
iced coffee [ˈaɪst ˈkɔfɪ]	Eiskaffee
apple tart [ˈæpl ˈtɑːt]	Apfelkuchen
bun [bʌn]	Rosinenbrötchen
cherry cake [ˈtʃerɪ keɪk]	Rührkuchen mit Glacé-Kirschen
doughnut [ˈdəʊnʌt]	Krapfen; Berliner
fruit cake [ˈfruːt keɪk]	Kuchen mit Trockenfrüchten
scone (with butter) [skɒn (wɪð ˈbʌtə)]	Teegebäck (mit Butter)
Swiss roll [ˈswɪs ˈrəʊl]	mit Marmelade gefüllte Biskuitrolle

FISCH UND MEERESFRÜCHTE

Auster
oyster
[ˈɔɪstə]

Fischfilet
fillet of fish
[ˈfɪlɪt‿əv fɪʃ]

Flusskrebs
crayfish
[ˈkreɪfɪʃ]

Forelle
trout
[traʊt]

Garnele
prawn
[prɔːn]

Heilbutt
halibut
[ˈhælɪbət]

Herzmuschel
cockle
[ˈkɒkl]

Hummer
lobster
[ˈlɒbstə]

Kabeljau
cod
[kɒd]

Karpfen
carp
[kɑːp]

Krake
octopus
[ˈɒktəpəs]

Krebs
crab
[kræb]

Lachssteak
salmon steak
[ˌsæmən ˈsteɪk]

Makrele
mackerel
[ˈmækrəl]

Miesmuschel
mussel
[ˈmʌsl]

Sardine
sardine
[sɑːˈdiːn]

Scholle
plaice
[pleɪs]

Seebarsch
sea bass
[ˈsiː bæs]

Seeteufel
monkfish
[ˈmʌŋkfɪʃ]

Seezunge
sole
[səʊl]

Tintenfisch
squid
[skwɪd]

Tunfisch
tuna
[ˈtuːnə]

Venusmuschel
mussel
[ˈmʌsl]

Zander
pikeperch
[ˈpaɪkpɜːtʃ]

FRÜHSTÜCK

Ahornsirup
maple syrup
[ˌmeɪpl ˈsɪrəp]

Baguette
baguette
[bæˈget]

Brezel
pretzel
[pretsl]

Butter
butter
[ˈbʌtə]

Cornflakes
cereal
[ˈsɪərɪəl]

Croissant
croissant
[ˈkrwa:sɒŋ]

Erdnussbutter
peanut butter
[ˌpi:nʌt ˈbʌtə]

gekochtes Ei
boiled egg
[ˌbɔɪld ˈeg]

Honig
honey
[ˈhʌnɪ]

Joghurt
yoghurt
[ˈjɒgət]

Kaffee
coffee
[ˈkɒfɪ]

Käse
cheese
[tʃi:z]

Knäckebrot
crispbread
[ˈkrɪspbred]

Marmelade
jam
[ˌdʒæm]

Milch
milk
[mɪlk]

Omelett
omelette
[ˈɒmlət]

Pfannkuchen
pancakes
[ˈpænkeɪks]

Rührei
scrambled egg
[ˌskræmbld ˈeg]

Saft
juice
[dʒu:s]

Schokoladen-aufstrich
chocolate spread
[ˌtʃɒklət ˈspred]

Schwarzbrot
brown rye bread
[braʊn raɪ bred]

Spiegelei
fried egg
[ˌfraɪd ˈeg]

Tee
tea
[ti:]

Toast
toast
[təʊst]

Artischocke
artichoke
[ˈɑːtɪtʃəʊk]

Aubergine
aubergine
[ˈəʊbəʒiːn]

Avocado
avocado(e)
[ævəˈkɑːdəʊ]

Blumenkohl
cauliflower
[ˈkɒlɪˌflaʊə]

Brokkoli
broccoli
[ˈbrɒkəlɪ]

Champignons
mushrooms
[ˈmʌʃrʊmz]

Chilischote
chilli
[ˈtʃɪlɪ]

Erbsen
peas
[piːz]

Gurken
cucumbers
[ˈkjuːkʌmbəs]

Karotte
carrot
[ˈkærət]

Kartoffeln
potatoes
[pəˈteɪtəʊz]

Knoblauch
garlic
[ˈgɑːlɪk]

Kopfsalat
lettuce
[ˈletɪs]

Kürbis
pumpkin
[ˈpʌmpkɪn]

Lauch
leek(s)
[liːk(s)]

Oliven
olives
[ˈɒlɪvz]

Paprika
pepper
[ˈpepə]

Radieschen
radishes
[ˈrædɪʃɪz]

Ruccola
rocket
[ˈrɒkɪt]

Spargel
asparagus
[əˈspærəgəs]

Spinat
spinach
[ˈspɪnɪdʒ]

Tomate
tomato
[təˈmɑːtəʊ]

Zucchini
courgette
[kɔːʃet]

Zwiebel
onion
[ˈʌnjən]

OBST

Ananas
pineapple
[ˈpaɪnˌæpl]

Apfel
apple
[ˈæpl]

Aprikose
apricot
[ˈeɪprɪkɒt]

Banane
banana
[bəˈnɑːnə]

Birne
pear
[peə^r]

Cashewnüsse
cashews
[ˈkæʃuːz]

Erdbeeren
strawberries
[ˈstrɔːbərɪz]

Feige
fig
[fɪg]

Grapefruit
grapefruit
[ˈgreɪpfruːt]

Haselnuss
hazelnut
[ˈheɪzlnʌt]

Himbeeren
raspberries
[ˈrɑːzbərɪz]

Kirschen
cherries
[ˈtʃerɪz]

Kiwi
kiwi
[ˈkiːwiː]

Kokosnuss
coconut
[ˈkəʊkənʌt]

Limette
lime
[laɪm]

Litschi
lychee
[ˌlaɪˈtʃiː]

Mango
mango
[mɜːngəʊ]

melone
melon
[ˈmelən]

Nektarine
nectarine
[ˈnektəriːn]

Orange
orange
[ˈɒrɪndʒ]

Papaya
papaya
[pəˈpaɪə]

Pfirsich
peach
[ˈpiːtʃ]

Pflaume
plum
[plʌm]

Zitrone
lemon
[ˈlemən]

Ausflüge und Kultur

Wie lange haben Sie geöffnet?

Der kulturelle Wert bestimmter Fragen eröffnet sich einem oftmals erst, wenn es zu spät ist.

Die größte Kunstgalerie der Welt ...

... ist die Tate Modern Gallery in London, die in einem ehemaligen Kraftwerk untergebracht ist. Wenn Sie sich von London beeindrucken lassen und gleichzeitig zur Gallery gelangen wollen, empfiehlt sich ein Spaziergang: Überqueren Sie die Tower Bridge in Richtung Süden, gehen dann stromaufwärts an der London Bridge vorbei, werfen einen Blick auf die Southwark Cathedral, und kurz darauf können Sie sich von den größten Künstlern der modernen Kunst begeistern lassen.

AN DER TOURISTENINFORMATION

Ich hätte gern ...
I'd like ..., please. [aɪd laɪk … pli:z]

- ***einen Stadtplan von ...***
  a map of ... [ə ˈmæp‿əv ...]
- ***ein Verzeichnis der Museen und Galerien.***
  a list of the museums and art galleries
  [ə lɪst əv ðə mju:ˈzi:əmz‿ənd‿ˈɑ:t gælərɪz]
- ***einen Audioführer.***
  an audio guide [ən‿ˈɔ:dɪəʊ gaɪd]

Haben Sie einen Veranstaltungskalender für diese Woche?
Have you got a diary of events for this week?
[həv jʊ gɒt‿ə ˈdaɪərɪ‿əv ɪˈvents fə ˈðɪs ˈwi:k]

Könnten Sie mir bitte sagen, welche Sehenswürdigkeiten es hier gibt?
Could you tell me what places of interest there are here, please?
[kʊd jʊ tel miː ˈwɒt ˈpleɪsɪz əv ˈɪntrɪst ðeə ɑː hɪə pliːz]

Sie müssen unbedingt ... besichtigen/besuchen.
You really must see/visit ... [jʊ rɪəlɪ mʌst siː/ˈvɪzɪt]

Wann ist das Museum geöffnet?
When's the museum open? [ˈwenz ðə mjʊˈzɪəm ˈəʊpn]

Gibt es Stadtrundfahrten?
Are there sightseeing tours of the town (city)?
[ˈɑː‿ðeə ˈsaɪtˌsiːɪŋ tʊəz‿əv ðə ˈtaʊn (ˈsɪtɪ)]

SEHENSWÜRDIGKEITEN – MUSEEN

Öffnungszeiten, Führungen, Eintrittskarten

Wie lange haben Sie geöffnet?
How long are you open?
haʊ lɒŋ‿ə jʊ ˈəʊpən

Wann beginnt die Führung?
When does the tour start? [ˈwen dʌz ðə ˈtʊə ˈstɑːt]

Gibt es auch eine Führung auf Deutsch/Englisch?
Is there a guided tour in German/English, too?
[ɪz ðeər‿ə gaɪdɪd ˌtʊər‿ɪn ˈdʒɜːmən/ˈɪŋglɪʃ ˈtuː]

Darf man hier fotografieren?
Are we allowed to take photographs here?
[ə wiː‿əˈlaʊd tə teɪk ˈfəʊtəgrɑːfs hɪə]

Zwei Eintrittskarten, bitte!
Two tickets, please. [tuː ˈtɪkɪts pliːz]

Zwei Erwachsene und ein Kind.
Two adults and one child. [tuː ˈædʌlts ənd wʌn tʃaɪld]

Gibt es Ermäßigungen für ...
Are there reductions for ... [ˈɑː ðeər rɪˈdʌkʃnz fə]

- ***... Kinder?***
  ... children? [tʃɪldrən]
- ***... Studenten?***
  ... students? [ˈstjuːdnts]
- ***... Senioren?***
  ... senior citizens? [ˈsiːnɪə sɪtɪznz]
- ***... Gruppen?***
  ... groups? [gruːps]

Gibt es einen Katalog zur Ausstellung?
Is there an exhibition catalogue? [ˈɪz ðeər‿ən ˈeksɪbɪʃn ˈkætəlɒg]

Ist die Ausstellung für Gehbehinderte über Aufzüge erreichbar?
Can the disabled reach the exhibition by means of lifts?
[ˈkən ðə dɪsˈeɪbld ri:tʃ ðə eksɪbɪʃn baɪ mi:nz‿əv lɪfts]

Gibt es spezielle Führungen für Behinderte?
Are there guided tours specially designed for the disabled?
[ˈɑ: ðeər ˈgaɪdɪd ˈtʊəz speʃəlɪ dɪˈzaɪnd fə ðə dɪsˈeɪbld]

Gibt es Museumsführungen/Theateraufführungen für Taubstumme/ Blinde?
Are there museum tours for deaf-mutes/the blind?
[ˈɑ: ðeər mjʊˈzɪəm tʊəz fə def mju:tz/ðə blaɪnd]

Freie Sicht

Erschöpft vom Sightseeing? Nutzen Sie die Cafés und Restaurants in den Museen und Galerien, um eine Pause zu machen, bevor Sie sich die Ausstellungen ansehen. Viele von diesen Cafés sind etwas ganz Besonderes (z. B. das im *Victoria and Albert Museum* in London), und fast alle bieten gutes Essen zu erschwinglichen Preisen an. Für ein etwas teureres Essen mit einer herrlichen Aussicht über *Westminster* probieren Sie mal das Dachrestaurant der *National Portrait Gallery* im Trafalgar Square in London. Ein anderes Dachrestaurant, das wirklich einen Besuch wert ist, befindet sich im *Ashmolean Museum* in Oxford.

Was? Wann? Wo?

Ist das …?
Is this (that) …? [ɪz ˈðɪs (ˈðæt)]

Wann wurde dieses Gebäude erbaut/restauriert?
When was this building built/refurbished?
[ˈwen wəz ˈðɪs ˈbɪldɪŋ ˈbɪlt/ˌri:fɜ:bɪʃt]

Von wem ist dieses Bild?
Which artist painted this picture? [ˈhu:z ðɪ‿ˈɑ:tɪst ˈpeɪntɪd ðɪs ˈpɪktʃə]

Haben Sie das Bild … als Poster/Postkarte/Dia?
Have you got a poster/postcard/slide of …?
[həv jʊ gɒt‿əˈpəʊstə/ˈpəʊskɑ:d/ˈslaɪd əv …]

Die wichtigsten Wörter

Besichtigung	tour [tʊə]
Denkmalschutz	protection of historical monuments [prəˈtekʃn‿əv hɪsˈtɒrɪkəl ˈmɒnjʊmənts]
Fremdenführer/in	guide [gaɪd]
Führung	guided tour [ˈgaɪdɪd ˈtʊə]
Funde	finds [faɪndz]
Fußgängerzone	pedestrian precinct [pɪˈdestriən ˈpri:sɪŋkt]
Gasse	lane [leɪn]; alley [ˈælɪ]
Geburtsstadt	home town [həʊm ˈtaʊn]
Geschichte	history [ˈhɪstrɪ]
Haus	house [haʊs]
Kaiser/in	emperor [ˈemprə]; empress [ˈemprɪs]
König/in	king [kɪŋ]; queen [kwi:n]
Kunst	art [ɑ:t]
Markt	market [ˈmɑ:kɪt]
Museum	museum [mju:ˈzɪəm]
Park	park [pɑ:k]
rekonstruieren	reconstruct [ˌri:kənˈstrʌkt]
Religion	religion [rɪˈlɪdʒn]
restaurieren	restore [rɪˈstɔ:]
Sehenswürdigkeiten	sights [saɪts]
Stadtrundfahrt	sightseeing tour of the city [ˈsaɪtˌsi:ɪŋˈtʊər‿əv ðə ˈsɪtɪ]
Stadtteil	district [ˈdɪstrɪkt]
Stadtzentrum	city centre [ˈsɪtɪ ˈsentə]
Straße	street [stri:t]
Überreste	remains [rɪˈmeɪnz]
Vorort	suburb [ˈsʌbɜ:b]

Wachablösung	changing of the guard [ˈtʃeɪnʒɪŋ‿əv ðə ˈgɑːd]
Wahrzeichen	landmark [ˈlændmɑːk]

Als die Welt noch in Ordnung war ...

... gab es wahrscheinlich keine Menschen. Aber wenn Sie die historischen Überbleibsel in Großbritannien besichtigen, könnten Sie an die gute alte Zeit glauben. Über das ganze Land verteilt gibt es wunderschöne *Paläste* (**palaces**), *Schlösser* (**castles**) und *Landhäuser* (**stately homes**) nebst geschmackvollen Gartenanlagen. Ebenso beeindrucken die *Klöster* (**abbeys**) und *Kathedralen* (**cathedrals**) durch ihre Schönheit. Da die Briten auf ihre Vergangenheit stolz sind, finden Sie in fast jeder größeren Stadt *Museen*, *Kunstgalerien* (**art galleries**) und *Bibliotheken* (**libraries**).

Architektur

Abtei	abbey [ˈæbɪ]
Altar	altar [ˈɔːltə]
Altstadt	old town [ˈəʊld ˈtaʊn]
Amphitheater	amphitheatre [ˈæmfɪˌθɪətə]
Archäologie	archaeology [ˌɑːkɪˈɒlədʒɪ]
Architektur	architecture [ˈɑːkɪtektʃə]
Arkaden	arcades [ɑːˈkeɪdz]
Ausgrabungen	excavations [ˌekskəˈveɪʃnz]

Bauwerk	building ['bɪldɪŋ]
Bogen	arch [ɑːtʃ]
Brücke	bridge [brɪdʒ]
Brunnen	fountain ['faʊntɪn]
Burg	castle ['kɑːsl]
Dach	roof [ruːf]
Decke	ceiling ['siːlɪŋ]
Denkmal	monument ['mɒnjʊmənt]
Dom	cathedral [kə'θiːdrl]
Fassade	front [frʌnt]
Fenster	window ['wɪndəʊ]
Festung	fortress ['fɔːtrɪs]
Flügel	wing [wɪŋ]
Friedhof	cemetery ['semɪtrɪ]
Gebäude	building ['bɪldɪŋ]
Gedenkstätte	memorial [mɪ'mɔːrɪəl]
Gewölbe	vault(s) [vɔːlt(s)]
Giebel	gable ['geɪbl]
Grab	grave [greɪv]
Grabmal	tomb [tuːm]
Innenhof	inner courtyard ['ɪnə 'kɔːtjɑːd]
Inschrift	inscription [ɪn'skrɪpʃn]
Kanzel	pulpit ['pʊlpɪt]
Kapelle	chapel ['tʃæpl]
Katakomben	catacombs ['kætəkuːmz]
Kathedrale	cathedral [kə'θiːdrl]
Kirche	church [tʃɜːtʃ]
Kirchturm	steeple ['stiːpl]
Kloster	*(Mönchs-)* monastery ['mɒnəstrɪ]; *(Nonnen-)* convent ['kɒnvənt]
Kreuzgang	cloister ['klɔɪstə]
Krypta	crypt [krɪpt]
Kuppel	dome [dəʊm]
Markthalle	covered market ['kʌvəd 'mɑːkɪt]
Mauer	wall [wɔːl]
Mausoleum	mausoleum [ˌmɔːsə'lɪəm]
Menhir	standing stone ['stændɪŋ 'stəʊn]; menhir ['menˌhɪə]
Obelisk	obelisk ['ɒbɪlɪsk]
Oper	opera ['ɒprə]
Palast	palace ['pælɪs]
Platz	square [skweə]
Portal	portal ['pɔːtl]
Rathaus	town hall ['taʊn 'hɔːl]; *(Am)* city hall ['sɪtɪ 'hɔːl]
Ruine	ruin ['ruːɪn]

Sarkophag	sarcophagus [sɑːˈkɒfəgəs]
Säule	column [ˈkɒləm]; pillar [ˈpɪlə]
Schatzkammer	treasure chamber [ˈtreʒə ˌtʃeɪmbə]
Schloss	castle [ˈkɑːsl]
Springbrunnen	fountain [ˈfaʊntɪn]
Stadtmauern	town walls [ˈtaʊn ˈwɔːlz]
Tempel	temple [ˈtempl]
Theater	theatre [ˈθɪətə]
Tor	gate [geɪt]
Turm	tower [ˈtaʊə]
Wallfahrtskirche	pilgrimage church [ˈpɪlgrɪmidʒ tʃɜːtʃ]
wieder aufbauen	rebuild [ˌriːˈbɪld]

Bildende Kunst

Akt	nude [njuːd]
Aquarell	watercolour [ˈwɔːtəˌkʌlə]
Ausstellung	exhibition [ˌeksɪˈbɪʃn]
Bild	picture [ˈpɪktʃə]
Bildhauer/in	sculptor [ˈskʌlptə]
Bronze	bronze [brɒnz]
Fotografie	photography [fəˈtɒgrəfɪ]
Galerie	gallery [ˈgælərɪ]
Gemälde	painting [ˈpeɪntɪŋ]
Glasmalerei	glass painting [ˈglɑːs ˌpeɪntɪŋ]
Goldschmiedekunst	gold work [ˈgəʊld wɜːk]
Grafik	graphic arts [ˈgræfɪk ˈɑːts]
Holzschnitt	woodcut [ˈwʊdkʌt]
Kreuz	cross [krɒs]
Kruzifix	crucifix [ˈkruːsɪfɪks]
Kunstgewerbe	arts and crafts [ˈɑːts‿ən ˈkrɑːfts]
Maler/in	painter [ˈpeɪntə]
Malerei	painting [ˈpeɪntɪŋ]
Mosaik	mosaic [məʊˈzeɪɪk]
Plakat	poster [ˈpəʊstə]
Plastik	sculpture [ˈskʌlptʃə]
Porträt	portrait [ˈpɔːtrɪt]
Porzellan	china [ˈtʃaɪnə]; porcelain [pɔːslɪn]
Radierung	etching [ˈetʃɪŋ]
Schnitzerei	wood carving [ˈwʊdˌkaːvɪŋ]
Skulptur	sculpture [ˈskʌlptʃə]
Statue	statue [ˈstætʃuː]
Stillleben	still life [ˈstɪl ˈlaɪf]
Terrakotta	terracotta [ˌterəˈkɒtə]

Töpferei	pottery [ˈpɒtərɪ]
Vase	vase [vɑːz]
Zeichnung	drawing [ˈdrɔːɪŋ]

Stilrichtungen und Epochen

antik	ancient [ˈeɪnʃnt]
Barock/barock	Baroque [bəˈrɒk]
Blütezeit	heyday [ˈheɪdeɪ]; prime [praɪm]
Bronzezeit	bronze age [ˈbrɒnz‿eɪdʒ]
Christentum	Christianity [ˌkrɪstɪˈænɪtɪ]
Dynastie	dynasty [ˈdɪnəstɪ]
Epoche	epoch [ˈiːpɒk]
Expressionismus	expressionism [ɪkˈspreʃənɪzəm]
Gotik	Gothic [ˈgɒθɪk]
griechisch	Greek [griːk]
heidnisch	heathen [ˈhiːðn]; pagan [ˈpeɪgən]
Impressionismus	impressionism [ɪmˈpreʃənɪzm]
Jahrhundert	century [ˈsentʃʊrɪ]
Jugendstil	Art Nouveau [ˈɑː nuːˈvəʊ]
keltisch	Celtic [ˈkeltɪk]
Klassizismus	classicism [ˈklæsɪsɪzm]
Kubismus	cubism [ˈkjuːbɪzəm]
Manierismus	mannerism [ˈmænərɪzəm]
Mittelalter	Middle Ages [ˈmɪdl‿ˈeɪdʒɪz]
modern	modern [ˈmɒdn]
normannisch	Norman [ˈnɔːmən]
Renaissance	Renaissance [rəˈneɪsns]
Rokoko	rococo [rəʊˈkəʊkəʊ]
Romanik	Romanesque period [ˌrəʊməˈnesk ˈpɪərɪəd]
Romantik	(Age of) Romanticism [(ˈeɪdʒ‿əv) rəˈmæntɪsɪzm]
Steinzeit	Stone Age [ˈstəʊn ˌeɪdʒ]
Stil	style [staɪl]
Surrealismus	surrealism [səˈrɪəlɪzəm]
vorgeschichtlich	prehistoric [ˌpriːɪˈstɒrɪk]
Wikinger	Viking [ˈvaɪkɪŋ]
Zisterzienser/in	Cistercian monk/nun [sɪˈstɜːʃjən ˈmʌŋk/ˈnʌn]

Und action!

Wenn Sie Musik und Theater lieben, kommen Sie in Großbritannien garantiert auf Ihre Kosten!
London ist die Theaterstadt schlechthin. Egal, welche Art von Theater Sie lieben, es wird aufgeführt: von Shakespeare über experimentelles Theater bis hin zu derbem Volkstheater und Schwänken (**farce**).
Stehen Sie mehr auf Musicals, sind Sie in London ebenfalls am rechten Ort. So gut wie jedes große Musical wird in London uraufgeführt.
Und erst die Musikszene! Egal, ob Sie Rock, Jazz, Country, Folk oder das bislang Ungehörte mögen, es gibt für jeden Geschmack mehr als nur einen Veranstaltungsort (**venues**).
Doch damit nicht genug. Jede größere Stadt hat ihre eigene, vielfältige Musikszene: Manchester, Liverpool, Edinburgh und Glasgow. Überall werden Sie unter der Qual der Wahl leiden.

Könnten Sie mir bitte sagen, welches Stück heute Abend im Theater gespielt wird?
Could you tell me what's on at the theatre tonight, please?
[kʊd jʊ tel miː wɒts ˈɒn‿ət ðə θɪətə təˈnaɪt pliːz]

Was läuft morgen Abend im Kino?
What's on at the cinema tomorrow night? *(Am)*
What's on at the movies tomorrow night?
[wɒts ˈɒn‿ət ðə ˈsɪnəmə (ˈmuːvɪz) təˈmɒrəʊ ˈnaɪt]

Können Sie mir ein gutes Theaterstück empfehlen?
Can you recommend a good play? [ˈkən jʊ rekəˈmend ə gʊd ˈpleɪ]

Wann beginnt die Vorstellung?
When does the performance start? [ˈwen dʌz ðə pəˈfɔ:məns ˈstɑ:t]

Wo bekommt man Karten?
Where can I get tickets? [ˈweə kən‿aɪ get ˈtɪkɪts]

Kann man Karten reservieren?
Can you book tickets in advance? [kən‿jʊ bʊk ˌtɪkɪts‿ ɪn‿ ədˈv ɑ:ns]

Ich hatte Karten vorbestellt auf den Namen …
I've booked tickets in the name of … [aɪv bʊkt ˈtɪkɪts‿ɪn ðə neɪm‿əv …]

Bitte zwei Karten für heute Abend.
Two tickets for this evening, please. [ˈtu: ˈtɪkɪts fə ðɪs‿ˈi:vnɪŋ pli:z]

Bitte zwei Plätze zu …
Two seats at …, please. [ˈtu: ˈsi:ts‿ət … pli:z]

Kann ich bitte ein Programm haben?
Can I have a programme, please? [kən‿aɪ hæv‿ə ˈprəʊgræm pli:z]

Kann ich bei Ihnen ein Opernglas ausleihen?
Can I borrow a pair of opera glasses from you?
[kən‿ aɪ ˌbɒrəʊ ə peər‿əv‿ˈɒprə glɑ:sɪz frəm jʊ pli:z]

Bühne .... stage [steɪdʒ]
Eintrittskarte .... ticket [ˈtɪkɪt]
Festival .... festival [ˈfestɪvl]
Garderobe .... cloakroom [ˈkləʊkru:m]
Kasse .... box office [ˈbɒksˌɒfɪs]
Pause .... interval [ˈɪntəvl]
Programm(heft) .... programme [ˈprəʊgræm]
synchronisiert .... dubbed [dʌbd]
Vorhang .... curtain [kɜ:tn]
Vorstellung .... performance [pəˈfɔ:məns]
Vorverkauf .... advance booking [ədˈvɑ:ns ˈbʊkɪŋ]

Theater

Akt .... act [ˈækt]
Aufführung .... performance [pəˈfɔ:məns]
Ballett .... ballet [ˈbæleɪ]
Drama .... drama [ˈdrɑ:mə]
Freilufttheater .... open-air theatre [ˈəupnˌea θɪˈetə]
Inszenierung .... production [prəˈdʌkʃn]
Kabarett .... cabaret [ˈkæbəreɪ]
Kleinkunstbühne .... cabaret [ˈkæbəreɪ]
Komödie .... comedy [ˈkɒmɪdɪ]
Loge .... box [bɒks]

Musical	musical [ˈmju:zɪkl]
Oper	opera [ˈɒprə]
Operette	operetta [ˌɒpəˈretə]
Parkett	stalls [stɔ:lz]
Premiere	premiere [ˈpremɪeə]
1./2. Rang	1st/2nd row [fɜ:st/ˈsekənd rəʊ]
Schauspiel	play [pleɪ]
Schauspieler/in	actor/actress [ˈæktə/ˈæktrɪs]
Spielplan	programme [ˈprəʊgræm]
Tänzer/in	dancer [ˈdɑ:nsə]
Theaterstück	play [pleɪ]
Tragödie	tragedy [ˈtrædʒɪdɪ]
Varietee	music hall [ˈmju:zɪkhɔ:l]; variety theatre [vəˈraɪətɪ θɪˈetə]
Volksstück	dialect folk play [ˈdaɪəlekt fəʊk pleɪ]
Zugabe	encore [ˈɒŋkɔ:]

Konzert

Blues	blues [blu:z]
Chor	choir [ˈkwaɪə]
Dirigent/in	conductor [kənˈdʌktə]
Folk	folk [fəʊk]
Jazz	jazz [dʒæz]
Klassik	classical [ˈklæsɪkəl]
Komponist/in	composer [kəmˈpəʊzə]
Konzert	concert [ˈkɒnsət]
– Kammerkonzert	chamber music concert [ˈtʃeɪmbə ˌmju:zɪk ˈkɒnsət]
– Kirchenkonzert	church concert [tʃɜ:tʃ ˈkɒnsət]
– Sinfoniekonzert	symphony concert [ˈsɪmfənɪ ˈkɒnsət]
Orchester	orchestra [ˈɔ:kɪstrə]
Pop	pop [pɒp]
Rap	rap [ræp]
Reggae	reggae [ˈregeɪ]
Rock	rock [ˈrɒk]
Sänger/in	singer [ˈsɪŋə]
Solist/in	soloist [ˈsəʊləʊɪst]
Soul	soul [səʊl]
Techno	techno [ˈteknəʊ]
Volksmusik	traditional music [trəˈdɪʃənl ˈmju:zɪk]

Kino

Besetzung	cast [kɑːst]
Drehbuch	screenplay [skriːn pleɪ]; script [skrɪpt]
Film	film [ˈfɪlm]; *(Am)* movie [ˈmuːvɪ]
– ***Actionfilm***	action film [ˈækʃən ˈfɪlm]
– ***Dokumentarfilm***	documentary [ˌdɒkjʊˈmentərɪ]
– ***Drama***	drama [ˈdrɑːmə]
– ***Klassiker***	classic film [ˈklæsɪk ˈfɪlm]
– ***Komödie***	comedy [ˈkɒmɪdɪ]
– ***Kurzfilm***	short film [ˈʃɔːt ˈfɪlm]
– ***Schwarzweißfilm***	black-and-white film [ˈfɪlm]
– ***Sciencefictionfilm***	science fiction film [ˈsaɪənsˈfɪkʃən ˈfɪlm]
– ***Thriller***	thriller [ˈθrɪlə]
– ***Western***	western [ˈwestən]
– ***Zeichentrickfilm***	cartoon [kɑːˈtuːn]
Filmschauspieler/in	film actor/actress [ˈfɪlm ˈæktə/æktrɪs]
Hauptrolle	leading role [ˈliːdɪŋ ˈrəʊl]
Nebenrolle	supporting role [səˈpɔːtɪŋ ˈrəʊl]
Kino	cinema [ˈsɪnəmə]
– ***Freilichtkino***	drive-in cinema [ˈdraɪvˌɪn ˈsɪnəmə]
– ***Programmkino***	arts cinema [ˈɑːts ˈsɪnəmə]
Leinwand	screen [skriːn]
Originalfassung	original version [əˈrɪdʒənl ˈvɜːʃən]
Regie	directed by [dɪˈrekzɪd baɪ]
Spezialeffekte	special effects [speʃəl ɪˈfekts]
synchronisiert	dubbed [dʌbd]
Untertitel	subtitles [ˈsʌbtaɪtlz]

AM ABEND

So werden Sie zum Star

Oft sehen Sie in Pubs und Bars einen Aushang, auf dem ein **open mike night** oder **open mic** angekündigt wird – also ein Abend, an dem jeder Gast sich als Sänger, Musiker, Comedian usw. versuchen kann. Das ist Ihre Gelegenheit, Ihr Talent zu zeigen! Auch wenn Sie nicht selbst ans Mikrofon treten wollen, ist ein **open mike night** immer eine Garantie für einen unterhaltsamen Abend.

Was ist ... los?
What's on ... [wɒts‿ɒn ...]

– ***dieses Wochenende***
this weekend? [ðɪs wiːkˈend]

- *heute Abend*
  this evening? [ðɪs‿ˈiːvnɪŋ]

Gibt es hier …
Is/Are there … here? [ɪz/ɑː ðeə … hɪə]

- *Livemusik?*
  live music [laɪv ˈmjuːzɪk]
- *ein Kino?*
  a cinema [ə ˈsɪnəmə] *(Am)*
  a movie theater [ə ˈmuːviː θɪətə]
- *ein Theater?*
  a theatre [ə ˈθɪətə]
- *Kneipen?*
  pubs [pʌbz]
- *eine Disco?*
  a disco [ə ˈdɪskəʊ]
- *eine Schwulen-/Lesbenszene?*
  a gay/lesbian scene [ə ˈgeɪ/ˈlezbiːən siːn]

Wer spielt/singt?
Who's playing/singing? [huːz ˈpleɪjɪŋ/ˈsɪŋɪŋ]

Wo kann man hier tanzen gehen?
Where can we go dancing? [ˈweə kən wɪ gəʊ ˈdɑːnsɪŋ]

Bar	bar [bɑː]
Disko	discotheque [ˈdɪskətek]
Klub	club [klʌb]
Kneipe	pub [pʌb]
Livemusik	live music [ˈlaɪv ˈmjuːzɪk]
Nachtklub	nightclub [ˈnaɪtklʌb]
Party	party [ˈpɑːtɪ]
Show	show [ʃəʊ]
Spielkasino	casino [kəˈsiːnəʊ]
tanzen	dance [dɑːns]

FESTE FEIERN

Könnten Sie mir bitte sagen, wann das …-Festival stattfindet?
Could you tell me when the … festival takes place, please?
[kʊd jʊ tel miː ˈwen ðə …ˈfestɪvl teɪks pleɪs pliːz]

- *vom … bis …*
  from … to … [frəm … tʊ]
- *jedes Jahr im August*
  every year in August [ˈevrɪ ˈjɪə ɪn ˈɔːgəst]
- *alle 2 Jahre*
  every 2 years [ˈevrɪ tuː ˈjɪəz]

Kann jeder teilnehmen?
Can anyone take part? [kən ˈenɪwʌn teɪk ˈpɑːt]

Ball	ball [bɔːl]
Dorffest	village fête [ˈvɪlɪdʒ feɪt]
Feuerwerk	fireworks [ˈfaɪəwɜːks]; *(Veranstaltung)* fireworks display [faɪəwɜːks dɪˈspleɪ]
Gartenfest	garden party [ˈgɑːdn ˈpɑːtɪ]
Gartenschau	flower show [flaʊə ʃəʊ]
Grillfest	barbecue [ˈbɑːbɪkjuː]
Highlandspiele	Highland Games [haɪlænd geɪmz]
Jahrmarkt	funfair [ˈfʌnfeə]
Kirmes	(small town) fair [(smɔːl taʊn) feə]
Prozession	procession [prəˈseʃən]
Tanzfest	dance [dɑːns]
traditionelles schottisches/irisches Tanzfest	ceilidh [keɪlɪ]
Zirkus	circus [ˈsɜːkəs]

EINEN AUSFLUG MACHEN

Mördertouren

Haben Sie Lust auf außergewöhnliche Touren? Wie wäre es dann mit einer in Schottland durch diverse Whiskybrennereien (**whisky trail**)? Oder beispielsweise in London: Hier können Sie sich auf eine Zaubertour begeben und Harry Potter in den *Warner Brothers Studios* begegnen. Sie können aber auch eine Pub- mit einer Rock-Music-Tour verbinden. Die allerdings kriminellste Tour führt durch Londons East-End. Bei der **Jack-the-Ripper-Tour** folgen Sie den Spuren des berüchtigten Frauenmörders.

Wo fahren wir los?
Where do we leave from? [ˈweə dʊ wɪ liːv frɒm]

Wann treffen wir uns?
When do we meet? [ˈwen dʊ‿wɪ miːt]

Kommen wir am/an … vorbei?
Will we pass …? [wɪl wɪ pɑːs …]

Besichtigen wir auch …?
Are we going to see …, too? [ˈɑː‿wɪ ˌgəʊɪŋ‿tə siː … ˈtuː]

Wann fahren wir zurück?
When are we going back? [ˈwen‿ə wɪ ˈgəʊɪŋ ˈbæk]

Ausflug	trip [trɪp]
Aussicht	view [vjuː]
Aussichtspunkt	vantage point [ˈvæntɪdʒ pɔɪnt]
Berg	mountain [ˈmaʊntɪn]
Bergdorf	mountain village [ˈmaʊntɪn ˈvɪlɪdʒ]
Botanischer Garten	botanical gardens [bəˈtænɪkəl ˈgɑːdnz]
Fischerhafen	fishing port [ˈfɪʃɪŋ pɔːt]
Fischerort	fishing village [ˈfɪʃɪŋ ˈvɪlɪdʒ]
Fluss	river [ˈrɪvə]
Freilichtmuseum	open-air museum [ˈəʊpnˌeə mjuːˈzɪəm]
Freizeitpark	amusement park [əˈmjuːzmnt pɑːk]
Gebirge	mountains [ˈmaʊntɪnz]
Gipfel	summit [ˈsʌmɪt]
Grotte	grotto [ˈgrɒtəʊ]
Heide	heath [hiːθ]
Hinterland	hinterland [ˈhɪntəlænd]
Höhle	cave [keɪv]
Insel	island [ˈaɪlnəd]
Inselrundfahrt	tour around the island [tʊə əˈraʊnd ðə ˈaɪlnəd]
Klippe	cliff [klɪf]
Landschaft	scenery [ˈsiːnərɪ]
Lava	lava [ˈlɑːvə]
Leuchtturm	lighthouse [ˈlaɪthaʊs]
Markt	market [ˈmɑːkɪt]
Museumsdorf	museum village [mjuːˈzɪəm ˈvɪlɪdʒ]
Nationalpark	national park [ˈnæʃnl ˈpɑːk]
Naturschutzgebiet	nature reserve [ˈneɪtʃə rɪˈzɜːv]
Quelle	spring [sprɪŋ]
Pass	pass [pɑːs]
Rundfahrt	tour [tʊə]
Schlucht	gorge [gɔːdʒ]; ravine [rəˈviːn]
See	lake [leɪk]; *(in Schottland)* loch [lɒk]

Seebad	seaside resort [ˈsiːsaɪd rɪˈzɔːt]
Sternwarte	observatory [əbˈzɜːvətrɪ]
Sumpf	marsh [mɑːʃ]
Tagesausflug	day trip [ˈdeɪ trɪp]
Tal	valley [ˈvælɪ]
Tropfsteinhöhle	dripstone cave [drɪpstəʊn keɪv]
Umgebung	surroundings [səˈraʊndɪŋz]
Vogelschutzgebiet	bird reserve [bɜːd rɪˈzɜːv]
Vulkan	volcano [vɒlˈkeɪnəʊ]
Wald	forest [ˈfɒrɪst]
Waldbrand	forest fire [ˈfɒrɪst ˈfaɪə]
Wallfahrtsort	place of pilgrimage [pleɪs‿əv ˈpɪlgrɪmidʒ]
Wasserfall	waterfall [ˈwɔːtəfɔːl]
Wildpark	wildlife park [ˈwaɪldlaɪf pɑːk]
Zoo	zoo [zuː]

Sport und Wellness

Was machen Sie im Urlaub?

Es gibt Fragen, die nicht groß zur Bildung beitragen.
Dennoch sind sie ausgesprochen wertvoll.
Insbesondere vor einem Ausflug in Ebbegebiete.

Auf ans Meer

Rundherum bieten Englands Küsten wundervolle Landschaften und traumhafte Strände. Zugegeben, die Wassertemperaturen sind meist etwas gewöhnungsbedürftig. Dafür bieten berühmte Badeorte (**seaside resorts**) wie Brighton und Blackpool schöne viktorianische Piers mit unzähligen Vergnügungsmöglichkeiten. Und sollten Sie im Mai nach Brighton reisen, können Sie einem riesigen Kunstfestival beiwohnen. Oder ganzjährig den Royal Pavillon besuchen, den exotischsten Palast in ganz Europa.
Auch die Möglichkeiten für einen Aktiv- oder Kreativurlaub sind nahezu unbegrenzt. Sei es das Bergwandern in den schottischen Highlands, im Lake District Nordenglands oder im walisischen Snowdonia.

BADEURLAUB MACHEN

Entschuldigen Sie bitte, gibt es hier ein …
Excuse me, is there a(n) … here? [ɪksˈkjuːz ˈmiː ɪz ðeər‿ə(n) … hɪə]

- ***Schwimmbad?***
  swimming pool [swɪmɪŋ puːl]
- ***Freibad?***
  outdoor pool [ˈaʊtdɔː puːl]
- ***Hallenbad?***
  indoor pool [ˈɪndɔː puːl]

Eine Eintrittskarte, bitte!
One ticket, please. [wʌn ˈtɪkɪt pliːz]

Können Sie mir bitte sagen, wo die … sind?
Can you tell me where the … are, please?
[kən‿jʊ tel miː ˈweə ðə … ɑː pliːz]

- *Duschen*
  showers [ˈʃaʊəz]
- *Umkleidekabinen*
  changing rooms [ˈtʃeɪndʒɪŋruːmz]

Swimmers only!
Nur für Schwimmer!

No swimming!
Baden verboten!

No diving!
Hineinspringen verboten!

Ist der Strand ...
Is the beach ... [ɪz ðə biːtʃ]

- *sandig?*
  sandy? [ˈsændɪ]
- *steinig?*
  pebbled/stony? [ˈpebld/ˈstəʊnɪ]

Gibt es hier Seeigel/Quallen/Algen?
Are there sea urchins/jellyfish/algae here?
[ɑː ðeə ˈsiːɜːtʃɪnz/ˈdʒelɪfɪʃ/ˈældʒiː hɪə]

Ist die Strömung stark?
Is there a strong current? [ɪz ðeər‿ə ˈstrɒŋ ˈkʌrənt]

Können Sie mir sagen, ob es für Kinder gefährlich ist?
Can you tell me if it is dangerous for children?
[kən‿jʊ tel miː ɪf ɪt ɪz ˈdeɪndʒrəs fə ˈtʃɪldrən]

Wann ist Ebbe/Flut?
When's low tide/high tide? [wenz ˈləʊ ˌtaɪd/ˈhaɪ ˌtaɪd]

Ich möchte ... mieten.
I'd like to rent ... [aɪd laɪk tə rent]

- *einen Liegestuhl*
  a deck chair. [ə dek tʃeə]
- *einen Sonnenschirm*
  a sun umbrella. [ˈsʌn ʌmˌbrelə]
- *ein Boot*
  a boat. [ə ˈbəʊt]
- *ein Paar Wasserski*
  a pair of water skis. [ə ˈpeər‿əv ˈwɔːtəskiːz]

Was kostet das pro Stunde/Tag?
How much is it per hour/day? [ˈhaʊ ˈmʌtʃ‿ɪz‿ɪt pər‿ˈaʊə/ˈdeɪ]

Bademeister/in	*(im Schwimmbad)* attendant [əˈtendənt]; *(am Strand)* lifeguard [ˈlaɪfgɑːd]
Beach-Volleyball	beach volleyball [biːtʃ ˈvɒlɪbɔːl]
FKK-Strand	nudist beach [ˈnjuːdɪst biːtʃ]
Kinderbecken	children's pool [tʃɪldrənz puːl]
Liegewiese	sunbathing area [sʌnˈbeɪðɪŋˈeərɪə]
Luftmatratze	airbed [ˈeəbed]
Nichtschwimmer	non-swimmer [ˈnɒnˌswɪmə]
schwimmen	swim [swɪm]
Schwimmer/in	swimmer [ˈswɪmə]
Schwimmflossen	flippers [ˈflɪpəz]
Schwimmflügel	water wings [ˈwɔːtəwɪŋz]
Schwimmring	rubber ring [ˈrʌbə rɪŋ]
Spielplatz	playground [ˈpleɪgraʊnd]
Tretboot	pedal boat [ˈpedlbəʊt]
Windschirm	windbreak [ˈwɪndbreɪk]

AKTIV WERDEN

Rund ums Wasser

Wassersport kann man an der gesamten Küste Großbritanniens entlang und auf vielen Binnenseen betreiben. Golf und Tennis sind sehr beliebt und es gibt viele öffentliche Anlagen. Ein Rugby- oder Cricketmatch kann auch interessant sein, wenn man sich zuvor mit den Spielregeln befasst hat. Fußball dominiert auch in Großbritannien, so dass fast jedes Spiel der höheren Klassen ausverkauft ist.

Welche Sportmöglichkeiten gibt es hier?
What sports facilities are there here? [wɒt ˈspɔːts fəˈsɪlɪtɪz‿ə ðeə hɪə]

Gibt es hier …
Is there … here? [ɪz ðɛər‿… hɪə]

- ***einen Golfplatz?***
  a golf course [‿ə ˈgɒlf kɔːs]
- ***einen Tennisplatz?***
  a tennis court [‿ə ˈtenɪs kɔːt]
- ***eine Sporthalle?***
  a sports hall [spɔːts hɔːl]

Wo kann man hier …
Where can I go … here? [ˈweə kən‿aɪ gəʊ … hɪə]

- ***angeln?***
  fishing [ˈfɪʃɪŋ]
- ***wandern?***
  hiking [haɪkɪŋ]
- ***jagen?***
  hunting [hʌntɪŋ]

Wo kann ich … ausleihen?
Where can I hire …? [ˈweə kən‿aɪ ˈhaɪə]

Bieten Sie Navigationskurse an?
Do you offer courses in navigation? [du jʊ ˈɒfə ˌkɔːsɪz ɪn ˌnævɪgeɪʃən]

Ich möchte einen …kurs für Anfänger/Fortgeschrittene machen.
I'd like to attend a … course for beginners/an advanced … course.
[aɪd laɪk tʊ‿əˈtend‿ə ˈ… ˌkɔːs fə bɪˈgɪnəz/ən ədˈvɑːnst … ˌkɔːs]

Darf ich mitspielen?
Can I join in? [kən‿ aɪ dʒɔɪn‿ˈɪn]

Möchten Sie/Möchtest du mitspielen?
Would you like to join in? [wʊð jʊ laɪk tə dʒɔɪn‿ˈɪn]

Das wäre toll!
That would be great! [ðæt wʊð biː ˈgreɪt]

Eintrittskarte	ticket [ˈtɪkɪt]
Fitnessarmband	activity tracker [ækˈtɪvətiˈtrækə]
gewinnen	win [wɪn]
Kasse	ticket office [ˈtɪkɪtˌɒfɪs]
Niederlage	defeat [dɪˈfiːt]
Rennen	race [reɪs]
Schiedsrichter/in	referee [ˌrefəˈriː]; *(Hockey, Tennis,Cricket)* umpire [ˈʌmpaɪə]
Sieg	win [wɪn]; victory [ˈvɪktərɪ]

Spiel	match [mætʃ]; game [geɪm]
Sportplatz	sports ground [ˈspɔːtsgraʊnd]
Stadion	stadium [ˈsteɪdɪəm]
unentschieden	a draw [drɔː]
verlieren	lose [luːz]
Wettkampf	contest, match [ˈkɒntest, mætʃ]

Wassersport

Bootserfahrung	sailing experience [ˈseɪlɪŋ ɪkˈspɪərɪəns]
Canyoning	canyoning [ˈkænjənɪŋ]
Gerätetauchen	scuba diving [ˈskuːbə ˈdaɪvɪŋ]
Harpune	harpoon [hɑːˈpuːn]
Hausboot	houseboat [ˈhaʊsbəʊt]
Jacht	yacht [jɒt]
Kanu	canoe [kəˈnuː]
Motorboot	motorboat [ˈməʊtəbəʊt]
Neoprenanzug	wetsuit [wetsuːt]
Paddelboot	canoe [kəˈnuː]
Rafting	rafting [rɑːftɪŋ]
Regatta	regatta [rɪˈgætə]
Rückholservice	pick-up service [ˈpɪkʌp ˈsɜːvɪs]
Ruder	rudder [ˈrʌdə]
Ruderboot	rowing boat [ˈrəʊɪŋbəʊt]
rudern	row [ˈrəʊ]
Sauerstoffgerät	breathing apparatus [briːðɪŋ ˌæpəˈreɪtəs]
Schlauchboot	rubber dinghy [ˈrʌbə ˈdɪŋgɪ]
Schnorchel	snorkel [ˈsnɔːkl]
schnorcheln	go snorkelling [gəʊ ˈsnɔːklɪŋ]
Segelboot	sailing boat [ˈseɪlɪŋbəʊt]
segeln	sail [ˈseɪl]
Segeltörn	sailing cruise [ˈseɪlɪŋ kruːz]
Surfbrett	surfboard [ˈsɜːfbɔːd]
surfen	surf [ˈsɜːf]
tauchen	dive [daɪv]
Taucherausrüstung	diving equipment [ˈdaɪvɪŋ ɪˈkwɪpmənt]
Taucherbrille	diving goggles [ˈdaɪvɪŋ ˌgɒglz]
Wasserwandern	*(Hausboot)* tour on a houseboat/barge [ˈtʊə ɒn ə ˈhaʊsbəʊt/bɑːdʒ]
Wasserski	water skiing [ˈwɔːtəˌskiːɪŋ]
Wasserski fahren	go water skiing [gəʊ ˈwɔːtəˌskiːɪŋ]
Wasserskooter	jet ski [ˈdʒet skiː]
windsurfen	windsurf [ˈwɪnd ˈsɜːf]
Windverhältnisse	wind conditions [ˈwɪnd kənˌdɪʃnz]

Angeln

Angel	fishing rod [ˈfɪʃɪŋrɒd]
angeln	go fishing [gəʊ ˈfɪʃɪŋ]
Angelschein	fishing licence/permit [ˈfɪʃɪŋ ˈlaɪsns/pəˈmɪt]
Hafenmeisterei	harbourmaster's office [ˈhɑːbə ˈmɑːstəz ˌɒfɪs]
Hochseeangeln	deep-sea fishing [ˈdiːpsiː ˈfɪʃɪŋ]
Köder	bait [beɪt]
Schonzeiten	off season [ɒf ˈsiːzn]

Ballspiele

Ball	ball [bɔːl]
Basketball	basketball [ˈbɑːskɪtbɔːl]
Fußball	*(Spiel und Ball)* football [ˈfʊtbɔːl]
Fußballplatz	football ground [ˈfʊtbɔːl graʊnd]
Fußballspiel	football match [ˈfʊtbɔːl mætʃ]
Halbzeit	half-time [ˈhɑːf ˈtaɪm]
Handball	handball [ˈhændbɔːl]
Mannschaft	team [tiːm]
Netz	net [net]
Rugby	rugby [ˈrʌgbɪ]
Tor	goal [gəʊl]
Torwart	goalkeeper [ˈgəʊlˌkiːpə]
Volleyball	volleyball [ˈvɒlɪbɔːl]

Tennis und Badminton

aufschlagen	serve [sɜːv]
Badminton	badminton [ˈbædmɪntən]
Doppel	doubles [ˈdʌblz]
Einzel	singles [ˈsɪŋglz]
Federball	*(Objekt)* shuttlecock [ˈʃʌtlkɒk]; *(Spiel)* badminton [ˈbædmɪntən]
Flutlicht(anlage)	floodlight(s) [flʌdlaɪtz]
Schläger	racket [ˈrækɪt]
Squash	squash [skwɒʃ]
Tennis	tennis [ˈtenɪs]
Tennisschläger	tennis racket [ˈtenɪsˌrækɪt]
Tischtennis	table tennis [ˈteɪbl ˈtenɪs]

Fitness- und Krafttraining

Aerobic	aerobics [eəˈrəʊbɪks]
Aquacycling	aqua cycling [ˈækwəˌsaɪklɪŋ]
Bodybuilding	bodybuilding [ˈbɒdɪbɪldɪŋ]
Faszientraining	fascia training [ˈfeɪʃəˌtreɪnɪŋ]
Fitnesscenter	gym [dʒɪm]
Gymnastik	gymnastics [dʒɪmˈnæstɪks]
Indoorcycling	indoor cycling [ˌɪnˈdɔːˈsaɪklɪŋ]
joggen	go jogging [gəʊ ˈdʒɒgɪŋ]; jog [dʒɒg]
Jogging	jogging [ˈdʒɒgɪŋ]
Kampfsport	martial arts [ˈmɑːʃəl ɑːtz]
Konditionstraining	fitness training [ˈfɪtnɪs ˌtreɪnɪŋ]
Krafttraining	weight training [weɪt ˌtreɪnɪŋ]
Krankengymnastik	physiotherapy [ˌfɪzɪəˈθerəpɪ]
Pilates-Training	Pilates [pɪˈlɑːtiːz]
Spinning®	Spinning® [ˈspɪnɪŋ]
Stretching	stretching [stretʃɪŋ]
Zumba®	Zumba® [ˈzʊmbə]

Radfahren

Elektrofahrrad	pedelec [ˈpedəˌlek]
Fahrrad	bicycle [ˈbaɪsɪkl]; bike [baɪk]
Fahrradhelm	cycle helmet [ˈsaɪkl ˌhelmɪt]
Fahrradweg	cycle path [ˈsaɪkl pɑːθ]
Flickzeug	(puncture) repair kit [(ˈpʌŋktʃə) rɪˈpeə kɪt]
Handbike	hand-operated bike [hændˈɒpəreɪtɪd baɪk]
Luftpumpe	pump [pʌmp]
Mountainbike	mountain bike [ˈmaʊntɪn baɪk]
Rad fahren	cycle [ˈsaɪkl]
Radsport	cycling [ˈsaɪklɪŋ]
Radtour	cycle tour [ˈsaɪkl ˌtʊə]
Rennrad	racing bike [ˈreɪsɪŋ baɪk]
Roller	scooter [ˈskuːtə]
Schlauch	*(Reifen)* (inner) tube [(ˈɪnə)tjuːb]
Tourenrad	touring bike [ˈtʊərɪŋ baɪk]
Trekkingrad	trekking bike [ˈtrekɪŋ baɪk]

Wandern und Bergsteigen

Ich möchte eine Bergtour machen.
I'd like to go for a hike in the mountains.
[aɪd laɪk tə gəʊ fər‿ə ˈhaɪk‿ɪn ðə ˈmaʊntɪnz]

Können Sie mir eine interessante Route auf der Karte zeigen?
Can you show me an interesting route on the map?
[kən‿jʊ ʃəʊ miː‿ən‿ˈɪntrɪstɪŋ ˈruːt‿ɒn ðə ˈmæp]

Führt dieser Weg nach ...?
Is this the way to ...? [ɪz ðɪs ðə weɪ tə ...]

Ich habe mich verlaufen.
I've got lost. [aɪv gɒt ˈlɒst]

Bergsteigen	rock climbing [ˈrɒkˌklaɪmɪŋ]; mountaineering [ˌmaʊntɪˈnɪərɪŋ]
Fernwanderweg	long-distance hiking path [ˌlɒŋ ˈdɪstəns ˈhaɪkɪŋ pɑːθ]
Freeclimbing	freeclimbing [friː‿klaɪmɪŋ]
Orientierungslauf	orienteering [ˌɔːrɪənˈtɪərɪŋ]
Route	route [ruːt]
Schutzhütte	shelter [ˈʃeltə]; refuge [refjuːdʒ]
Sicherungsseil	securing rope [sɪˈkjʊərɪŋ rəʊp]
Tagestour	day excursion [deɪ ɪksˈkɜːʃn]
Trekking	trekking [ˈtrekɪŋ]
Wanderkarte	hiking map [ˈhaɪkɪŋ mæp]
Wandern	hiking [ˈhaɪkɪŋ]
wandern	hike [ˈhaɪk]
Wanderweg	path [pɑːθ]

Reiten

Ausritt	ride [raɪd]
Pferd	horse [hɔːs]
Polo	polo [ˈpəʊləʊ]
reiten	ride [raɪd]; go riding [gəʊ ˈraɪdɪŋ]
Reiterferien	riding holiday [ˈraɪdɪŋ hɒlɪdeɪ]
Reitschule	riding school [ˈraɪdɪŋ ˈskuːl]
Sattel	saddle [ˈsædl]
Zaum	bridle [ˈbraɪdl]

Golf

18-Loch-Platz	18-hole course [ˌeɪˈtiːnˈhəʊl kɔːs]
Abschlag	tee-off [ˈtiː‿ɒf]
Clubhaus	clubhouse [klʌbˈhaʊs]
Clubmitglied	club member [klʌb ˈmembə]
Golf	golf [gɒlf]
Golfclub	golf club (establishment) [ˈgɒlfklʌb]
Golfplatz	golf course [ˈgɒlfkɔːs]
Küstengolfplatz	links course [lɪŋks kɔːs]
Golfschläger	golf club(s) (implement) [ˈgɒlfklʌb(z)]
Greenfee	green fee [griːn fɪː]
öffentliche Golfanlage	municipal golf course [mjuːˈnɪsɪpəl ˈgɒlfkɔːs]
Parcours	a round of golf [ə raʊnd əv gɒlf]
Tagesbesucher	day guest [deɪ gest]
Tee	tee [ˈtiː]
Übungsplatz	driving range [ˈdraɪvɪŋ reɪndʒ]
Vorgabe	handicap [hændɪkæp]
eine Runde Golf spielen	play a round of golf [pleɪ ə raʊnd əv gɒlf]

Flugsport

Drachenfliegen	hang-gliding [ˈhæŋˌglaɪdɪŋ]
Fallschirmspringen	parachuting [ˈpærəˌʃuːtɪŋ]
Gleitschirm	paraglider [ˈpærəˌglaɪdə]
Lenkdrachen	kite [kaɪt]
Paragliding	paragliding [ˈpærəˌglaɪdɪŋ]
Schleppschirm	*(am Strand)* parasailing [ˈpærəˈseɪlɪŋ]
Segelfliegen	gliding [ˈglaɪdɪŋ]
Startplatz	take-off area/runway [ˈteɪkɒf eərɪə/rʌnweɪ]
Thermik	thermals [ˈθɜːməlz]

Winterurlaub

Wo kann ich Skier ausleihen?
Where can I hire/rent skis? [weə kən‿aɪ haɪə/rent ˈskiːz]

Ich möchte Skier und Skistiefel ausleihen.
I'd like to hire/rent skis and ski boots.
[aɪd laɪk tə haɪə/rent ˈskiːz ənd ˈskiː buːts]

Eine Tageskarte, bitte!
A day ticket, please. [ə ˈdeɪ tɪkɪt pliːz]

Wie viele Punkte kostet dieser Skilift?
How many points does this ski lift cost?
[ˈhaʊ ˈmenɪ ˈpɔɪnts dʌz ˈðɪs ˈskiː lɪft kɒst]

Um wie viel Uhr ist die letzte Bergfahrt/Talfahrt?
What time is the last trip up the mountain/down to the valley?
[wɒt ˈtaɪm‿ɪz ðə ˈlɑːst trɪp ʌp ðə maʊntɪn/daʊn tə ðə ˈvælɪ]

Babylift	baby lift [beɪbɪ lɪft]
Bergstation	top station [tɒp steɪʃn]; summit station [ˈsʌmɪt steɪʃn]
Buckelpiste	mogul slope [ˈməʊgəl sləʊp]
Curling	curling [ˈkɜːlɪŋ]
Eisbahn	ice rink [ˈaɪsrɪŋk]
Eishockey	ice hockey [ˈaɪsˌhɒkɪ]
Eislauf	ice skating [ˈaɪsˌskeɪtɪŋ]
Langlauf	cross-country skiing [ˈkrɒsˌkʌntrɪ ˈskiːɪŋ]
Loipe	cross-country ski course [ˈkrɒsˌkʌntrɪ ˈskiː ˌkɔːs]
Mittelstation	middle station [ˈmɪdl steɪʃn]
Pulverschnee	powder snow [ˈpaʊdə snəʊ]
Schlepplift	ski tow [ˈskiː təʊ]; drag lift [ˈdræg lɪft]
Schlitten	toboggan [təˈbɒgən]

Schlitten fahren	go tobogganing [gəʊ təˈbɒgənɪŋ]
Schlittschuhe	ice skates [ˈaɪsˌskeɪts]
Seilbahn	cable railway [ˈkeɪbl ˈreɪlweɪ]; funicular [fjuːˈnɪkjʊlə]
Sessellift	chairlift [ˈtʃeəlɪft]
Ski	ski [ˈskiː]
Ski alpin	downhill skiing [daʊnhɪl ˈskiːɪŋ]
Ski laufen	ski [skiː]
Skibindung	ski binding [ˈskiː baɪndɪŋ]
Skibrille	ski goggles [ˈski ˌgɒglz]
Skikurs	skiing course [ˈskiːɪŋ ˌkɔːs]
Skilehrer/in	ski instructor [ˈski ɪnˈstrktə]
Skipiste	ski slope [ˈski sləʊp]
Skistöcke	ski poles [ˈskiː ˌpəʊlz]
Snowboard	snowboard [snəʊbɔːd]
Snowrafting	snowrafting [snəʊrɑːftɪŋ]
Tagespass	day pass [deɪ pɑːs]
Talstation	station at the bottom of the ski lift [steɪʃn ət ðə ˈbɒtəm‿əv ðə ˈskiː lɪft]
Wochenpass	week pass [wiːk pɑːs]

Sonstige Sportarten

Basejumping	base jumping [beɪs dʒʌmpɪŋ]
Boulespiel	boules [ˈbuːl]
Bowling	tenpin bowling [ˈtenpɪn ˈbəʊlɪŋ]
Bungeejumping	bungee jumping [bʌndʒɪ dʒʌmpɪŋ]
Inliner	Rollerblades® [ˈrəʊləbleɪdz]
Inlineskating	inline skating [ɪnlaɪn ˌskeɪtɪŋ]
Inline skaten	go inline skating [gəʊ ɪnlaɪn ˌskeɪtɪŋ]
Kegeln	skittles [ˈskɪtlz]; ninepins [ˈnaɪnpɪnz]
Leichtathletik	athletics [æθˈletɪks]
Minigolf	crazy golf [ˈkreɪzɪgɒlf]
Motorsport	motor-racing [ˈməʊtəˌreɪsɪŋ]
Rollschuhe	roller skates [ˈrəʊləˌskeɪts]
Skateboard	skateboard [ˌskeɪtbɔːd]
Slacklining	slacklining [ˈslæklaɪnɪŋ]

WELLNESS

Ich möchte ... buchen.
I'd like to book ... [aɪdˌlaɪktəˈbʊk ...]

– ***eine ...-Massage/Anwendung***
  a ... massage/ treatment [ə ... ˈmæsɑːʒ/ˈtriːtmənt]

Haben Sie heute Termine frei?
Can I make an appointment for today?
[kənaɪˈmeɪkənəˈpɔɪntməntfətəˈdeɪ]

Wie viele Anwendungen bekomme ich noch?
How many more treatments do I get?
[haʊ ˈmenɪ mɔː triːtˈməntz du aɪ get]

Ich möchte noch einige zusätzliche ...
I'd like a number of additional ... [aɪd ˈlaɪk ə ˈnʌmbə ɒv əˈdɪʃənl]

Könnte ich einen anderen Termin bekommen?
Could I have another appointment? [kʊd‿aɪ hæv əˈnʌðə ˈæpɔɪntmənt]

Machen Sie auch eine ...
Are you also having a ...? [ɑː‿jʊ ɔːlsəʊ hævɪŋ ə]

Ich möchte ... Produkte.
I'd like ... products. [aɪd laɪk ... prɒdʌkts]

- ***parfümfreie***
  fragrance-free [ˌfreɪgrəns ˈfriː]
- ***allergiegetestete***
  allergy-tested [ˌælədʒɪ ˈtestɪd]

Ich möchte tierversuchsfreie Produkte.
I'd like products that haven't been tested on animals.
[aɪd laɪk ˌprɒdʌkts ðət hævənt biːn ˌtestɪd‿ɒn‿ˈænɪməlz]

Ich leide unter ...
I suffer from ... [aɪ sʌfə frɒm]

Akupressur	acupressure [ˈækjʊpreʃə]
Anwendungen	treatments [ˈtriːtməntz]
Aquajogging	aqua jogging [ˈækwə dʒɒgɪŋ]
Akupunktur	acupuncture [ˈækjʊˈpʌŋktʃə]
Aromabad	aroma bath [ˈærəʊmæ ˈbɑːθ]
Aromatherapie	aromatherapy [əˌrəʊməˈθerəpɪ]
Augenbrauen färben	dye one's/sb's eyebrows [daɪ wʌnz/ˈsʌmbədiz ˈaɪbraʊz]
Ayurveda	Ayurveda [aɪjɔːveɪdæ]
Bäder	baths [bɑːðz]
Beautybehandlung	beauty treatment [ˈbjuːtɪ triːtmənt]
Dampfbad	steam bath [ˈstiːm bɑːθ]
- römisches ~	Roman bath [rəʊmən ˈbɑːθ]
- Hamam	hammam [ˈhæmæm]; Turkish bath [tɜːkɪʃ ˈbɑːθ]
Diätkost	light diet [laɪt ˈdaɪət]
entschlacken, entgiften	purify [pjʊrəfaɪ], detoxify [ˌdiːtɒksəfaɪ]
Fango	fango [fæŋgəʊ]

Fuß(reflexzonen) massage	reflexology (foot) massage [ˌriːflˈeksˈɒlədʒɪ (ˈfʊt)ˈmæsɑːʒ]
Ganzkörpermassage	full body massage [ˈfʊl‿ˈbɒdɪ ˈmæsɑːʒ]
Gesichtsbehandlung	facial treatment [ˈfeɪʃl triːtˈmənt]
Gesichtsgymnastik	facial exercises [ˌfeɪʃl ˈeksəsaɪzɪz]
Hautstraffung	skin tightening [ˈskɪn taɪtnɪŋ]
Heilbad	therapeutic bath [ˈθerəpjʊtɪk ˈbɑːθ]
Heilfasten	fasting cure [ˈfɑːstɪŋ kjʊə]
Heu-Bad	hay bath [heɪ ˈbɑːθ]
Kneippanwendung	Kneippism [knaɪpɪzəm]
Körperpackung	body wrap [ˈbɒdɪ ræp]
Kurtaxe	visitor's tax [ˈvɪzɪtəz ˈtæks]
Licht- und Elektrotherapie	light therapy and electrotherapy [ˈlaɪt ˌθerəpɪ ənd‿ɪˈlektrəʊˌθerəpɪ]
Lymphdrainage	lymphatic drainage [ˈlɪmfɑːtɪk dreɪnɪdʒ]
Maniküre	manicure [ˈmænɪkjʊə]
Massage	massage [ˈmæsɑːʒ]
Meditation	meditation [medɪˈteɪʃn]
Pediküre	pedicure [ˈpedɪkjʊə]
Peeling	peeling/skin peel [ˈpiːlɪŋ/ˈskɪn piːl]
Sauna	sauna [ˈsɔːnə]
– finnische ~	Finnish sauna [ˈfɪnɪʃ sɔːnə]
Solarium	solarium [səˈleəriːəm]
Thalasso	thalassotherapy [θəˌlæsəʊˈθerəpɪ]
Therapie	therapy [ˈθerəpɪ]
Thermalbad	thermal baths [θɜːməl ˈbɑːθz]
Wellenbad	wave pool [weɪv puːl]
Whirlpool	whirlpool (bath) [ˈwɜːlpuːl bɑːθ]
Wimpern färben	dye one's/sb's eyelashes [daɪ wʌnz/ˈsʌmbədiz ˈaɪlæʃɪz]
Yoga	yoga [ˈjəʊgə]

KREATIV WERDEN

Ich möchte ... belegen.
I'd like to enrol on ... [aɪd laɪk tə ɪnˈrəʊl‿ɒn ...]

- *einen Töpferkurs*
  a pottery course. [ə ˈpɒtərɪ ˌkɔːs]
- *einen Sprachkurs*
  a language course. [‿ə læŋgwɪdʒ ˌkɔːs]
- *einen Kochkurs*
  a cookery course. [ə ˈkʊkərɪ kɔːs]

Sind Vorkenntnisse erforderlich?
Is prior knowledge required? [ɪz ˈpraɪə ˈnɒlɪdʒ rɪˈkwaɪəd]

Bis wann muss man sich anmelden?
By when do I have to enrol? [baɪ wen dʊ‿aɪ ˈhæv tə ɪnˈrəʊl]

Sind die Materialkosten inklusive?
Are the costs of materials included?
[ˈɑː ðə ˈkɒsts‿əv məˈtɪərɪəlz ɪnˈkluːdɪd]

Was ist mitzubringen?
What should I bring along? [wɒt ʃʊd aɪ brɪŋ əˈlɒŋ]

Aktzeichnen	drawing nudes [drɔːɪŋ ˈnjuːdz]
Aquarellmalen	watercolour painting [ˈwɔːtəˌkʌlə ˈpeɪntɪŋ]
Bauchtanz	belly dance [ˈbelɪdɑːns]
Fotografieren	photography [fəˈtɒgrəfɪ]
Goldschmieden	working with gold [wɜːkɪŋ wɪð gəʊld]
Holzwerkstatt	carpentry workshop [ˈkɑːpɪntrɪ wɜːkʃɒp]
Kochen	cooking [ˈkʊkɪŋ]
Kurs	course [kɔːs]
Malen	painting [ˈpeɪntɪŋ]
Meditation	meditation [medɪˈteɪʃn]
Ölmalerei	oil painting [ˈɔɪl ˈpeɪntɪŋ]
Schauspielworkshop	drama workshop [ˈdrɑːmə wɜːkʃɒp]
Seidenmalerei	silk painting [ˈsɪlk ˈpeɪntɪŋ]
Tanztheater	dance theatre [ˈdɑːns θɪətə]
Theatergruppe	theatre group [θɪətə gruːp]
Trommeln	drumming [ˈdrʌmɪŋ]
Workshop	workshop [wɜːkʃɒp]

Shoppen und Einkaufen

Wie viel kostet das?

Eine der wichtigsten Urlaubsfragen, um Ihre private Schuldenkrise und große Rettungsschirme zu vermeiden.

London: Das Einkaufsparadies!

Mögen Sie luxuriöse Kleidung, Taschen oder sonst etwas richtig Teures? Londons fantastische Boutiquen, Läden und Kaufhäuser lassen keine Wünsche offen. Und „um die Ecke“ bekommen Sie Designermode zu bezahlbaren Preisen. Im Übrigen: Selbst Promis und Designer kaufen in Secondhandläden ein. Und wenn Sie auf der Suche nach etwas völlig Ausgeflipptem oder einem Schnäppchen sind: auf einem der 83 größeren Straßenmärkte werden Sie mit Sicherheit fündig.

FRAGEN FÜR DIE EINKAUFSTOUR

Ich suche ...

Werden Sie schon bedient?
Are you being served? [ˈɑː‿jʊ ˈbiːɪŋ ˈsɜːvd]

Danke, ich sehe mich nur um.
Thank you, I’m just looking (a)round.
[ˈθæŋkjʊ aɪm dʒʌst ˈlʊkɪŋ (ə)ˈraʊnd]

Ich hätte gern ...
I’d like ... [aɪd ˈlaɪk]

Haben Sie ...?
Have you got ...? [ˈhəv‿jʊ gɒt]

Darf es sonst noch etwas sein?
Can I get you anything else? [kən‿aɪ get‿jʊ‿ˈenɪθɪŋ‿ˈels]

Handeln und kaufen

Wie viel kostet es?
How much is it? [ˈhaʊ ˈmʌtʃ ɪz‿ɪt]

Das ist aber teuer!
That's really expensive! [ðæts rɪəlɪ ɪkˈspensɪv]

Geben Sie einen Rabatt?
Do you grant a discount? [du jʊ grɑːnt ə ˈdɪskaʊnt]

Gut, ich nehme es.
Good. I'll take it. [ˈgʊd aɪl ˈteɪk‿ɪt]

Nehmen Sie ...
Do you take ... [dʊ‿jʊ teɪk]

- ***Euro?***
  euros? [jʊərəʊz]
- ***Kreditkarten?***
  credit cards? [ˈkredɪtkɑːdz]

Reklamieren

Ich möchte das bitte zurückgeben.
I'd like to return this please. [aɪd laɪk tə rɪˈtɜːn ðɪs pliːz]

Es ist beschädigt/kaputt.
It's damaged/broken. [ɪts ˈdæmɪdʒd/ˈbrəʊkən]

Ich möchte bitte mein Geld zurück!
I'd like my money back, please! [aɪd laɪk maɪ ˈmʌnɪ bæk pliːz]

Kann ich das umtauschen?
Can I change this, please? [kən‿aɪ ˈtʃeɪndʒ ðɪs pliːz]

Schlangen

Die britischen Schlangen sind vollkommen ungefährlich. Für die Briten ist es selbstverständlich, geduldig in einer Schlange zu stehen (**stand in a queue**). Wenn sich einer vordrängelt, ist es meist kein Brite. Obendrein ist es nicht nur unhöflich, sondern oberpeinlich.

GESCHÄFTE

Entschuldigen Sie bitte, wo finde ich ...?
Excuse me, where can I find ...? [ɪkˈskjuːz ˌmiː ˈweə kən‿aɪ ˈfaɪnd]

opening hours	Öffnungszeiten
Open	offen
Closed	geschlossen
Closed for holidays	Betriebsferien

Antiquitätengeschäft	antique shop [ænˈtiːk ʃɒp]
Apotheke	chemist's [ˈkemɪsts]
Bäckerei	baker's [ˈbeɪkəz]
Bioladen	organic food shop [ɔːˈgænɪk ˈfuːdʃɒp]
Blumengeschäft	florist's [flɒrɪsts]
Buchhandlung	bookshop [ˈbʊkʃɒp]
Computerfachgeschäft	computer shop [kəmˈpjuːtə ʃɒp]
Drogerie	chemist's [ˈkemɪsts]
Elektrohandlung	electrical shop [ɪˈlektrɪkəl ʃɒp]
Feinkostgeschäft	delicatessen [ˌdelɪkəˈtesn]
Fischgeschäft	fishmonger's [ˈfɪʃˌmʌŋgəz]
Flohmarkt	flea market [ˈfliːˌmɑːkɪt]

Stiefel gefällig?

Oft sehen Sie am Straßenrand Schilder, die auf einen **Boot Sale** hinweisen. Stiefel werden Sie dort aber nicht finden! Ein **Boot Sale** oder auch **Car Boot Sale** ist eine Art Flohmarkt, der meist samstags oder sonntags auf einem Feld oder einem großen Parkplatz veranstaltet wird. Dort verkaufen die Briten ihren Trödel aus dem Kofferraum (**boot**) ihrer Autos heraus. Diese Veranstaltungen sind unglaublich beliebt – sowohl zum Recyceln von alten Sachen als auch zum Schnäppchenjagen! Sehen Sie sich das unbedingt mal an (der Eintritt ist für Käufer frei), und vielleicht finden Sie ja ein Schnäppchen (**a bargain**). Auf jeden Fall macht es Spaß! Vergessen Sie aber nicht, vor dem Kauf ein bisschen zu handeln. Fragen Sie: **What's the best you can do on this?** oder **What's your best price?**

Fotoartikel	photographic materials [ˌfəʊtəˈɡræfɪk məˈtɪərɪəlz]
Friseur	hairdresser('s) [ˈheəˌdresə(z)]; *(Herren)* barber('s) [ˈbɑːbə(z)]
Handyladen	mobile communications store [ˌməʊbaɪl kɒˌmjuːnɪˌkeɪʃnz ˈstɔː]
Juwelier	jeweller('s) [ˈdʒuːələ(z)]
Kaufhaus	department store [dɪˈpɑːtmənt stɔː]
Konditorei	cake shop [ˈkeɪk ʃɒp]
Kunsthändler	art dealer [ˈɑːt ˈdiːlə]
Lebensmittelgeschäft	grocer's [ˈɡrəʊsəz]
Lederwarengeschäft	leather shop [ˈleðə ʃɒp]

Markt	market [ˈmɑːkɪt]
Metzgerei	butcher's [ˈbʊtʃəz]
Obst- und Gemüsehändler	greengrocer('s) [griːnˈgrəʊsə(z)]
Optiker	optician('s) [ɒpˈtɪʃən(z)]
Parfümerie	perfumery [pəˈfjuːmərɪ]
Reformhaus	health food shop [ˈhelθˌfuːd ʃɒp]
Reinigung, chemische	dry cleaner's [ˈdraɪˈkliːnəz]
Reisebüro	travel agency [ˈtrævl ˈeɪdʒənsɪ]
Schneider/in	*(für Herren)* tailor [ˈteɪlə]; *(für Damen)* dressmaker [ˈdresˌmeɪkə]
Schreibwarengeschäft	stationer's [ˈsteɪʃnəz]
Schuhgeschäft	shoe shop [ˈʃuː ʃɒp]
Schuhmacher	shoemaker('s) [ˈʃuːˌmeɪkə(z)]
Souvenirladen	souvenir shop [ˈsuːvənɪə ʃɒp]
Spielwarengeschäft	toy shop [ˈtɔɪ ʃɒp]
Spirituosengeschäft	off-licence [ˈɒfˌlaɪsns]
Sportartikel	sports equipment [ˈspɔːts ɪˈkwɪpmənt]
Supermarkt	supermarket [ˈsuːpəˌmɑːkɪt]
Süßwarengeschäft	sweetshop [ˈswiːtʃɒp]
Tabakladen	tobacconist's [təˈbækənɪsts]
Trödler	second-hand dealer('s) [ˈsekndhænd ˈdiːlə(z)]
Uhrmacher	watchmaker('s) [ˈwɒtʃˌmeɪkə(z)]
Wäscherei	laundry [ˈlɔːndrɪ]
Waschsalon	launderette [ˌlɔːndəˈret]
Weinhandlung	wine merchant's [ˈwaɪn ˌmɜːtʃənts]
Zeitungshändler	newsagent('s) [ˈnjuːzˌeɪdʒənt(s)]

LEBENSMITTEL KAUFEN

Was darf es sein?
What can I get you? [ˈwɒt kən‿aɪ ˈget‿jʊ]

Geben Sie mir bitte ...
I'd like ..., please. [aɪd laɪk pliːz]

- ***ein Pfund ...***
  a pound of ... [ə ˈpaʊnd‿əv]
- ***10 Scheiben ...***
  ten slices of ... [ˈten ˈslaɪsɪz‿əv]
- ***ein Stück von ...***
  a piece of ... [ə ˈpiːs‿əv]
- ***eine Packung ...***
  a packet of ... [ə ˈpækɪt‿əv]
- ***ein Glas ...***
  a jar of ... [ə ˈdʒɑːr‿əv]

- *eine Dose ...*
  a tin of ... [ə ˈtɪn‿əv]
- *eine Flasche ...*
  a bottle of ... [ə ˈbɒtl‿əv]
- *eine Einkaufstüte.*
  a bag. [ə ˈbæg]

Bitte schneiden Sie es in Scheiben.
Please cut it in slices. [pliːz kʌt ɪt ɪn slaɪsɪz]

Darf es auch etwas mehr sein?
Will you take a little bit more? [wɪl‿jʊ teɪk ‿ə lɪtlˈbɪt mɔː]

Danke, das ist alles.
No, thank you. That's all. [ˈnəʊ ˈθæŋkjʊ. ðæts‿ˈɔːl]

Was ist das?
What's that? [wɒts ˈðæt]

Kann ich es probieren?
Can I try it? [kən‿aɪ ˈtraɪ ɪt]

Verkaufen Sie ...?
Do you sell ... ? [dʊ jʊ sel]

- *Bioprodukte*
  organic products [ɔːˈgænɪk prɒdʌkts]
- *Produkte aus der Region*
  local products [ˈləʊkl prɒdʌkts]

abgelaufen	past the sell-by date [pɑːst ðə ˈselˈbaɪˈdeɪt]
frisch	fresh [freʃ]
Haltbarkeit	sell-by date/best before [ˈselˈbaɪˈdeɪt/best bɪˈfɔː]
(ohne) Konservierungsstoffe	(without) preservatives [(wɪˈðaʊt) prɪˈzɜːvətɪvz]

Obst — Fruit

Trockenfrüchte	dried fruit [draɪd fruːt]
Ananas	pineapple [ˈpaɪnˌæpl]
Äpfel	apples [ˈæplz]
Apfelsinen	oranges [ˈɒrɪndʒɪz]
Aprikosen	apricots [ˈeɪprɪkɒts]
Bananen	bananas [bəˈnɑːnəz]
Birnen	pears [peəz]
Brombeeren	blackberries [ˈblækbərɪz]
Datteln	dates [deɪts]

Erdbeeren	strawberries [ˈstrɔːbərɪz]
Erdnüsse	peanuts [ˈpiːnʌtz]
Feigen	figs [fɪgz]
Grapefruits	grapefruits [ˈgreɪpfruːts]
Heidelbeeren	bilberries [ˈbɪlbərɪz]
Himbeeren	raspberries [ˈrɑːzbərɪz]
Johannisbeeren, rote ~	redcurrants [redˈkʌrənts]
schwarze ~	blackcurrants [ˈblækˈkʌrənts]
Kirschen	cherries [ˈtʃerɪz]
Kiwi	kiwi fruit [ˈkiːwiː ˈfruːt]
Kokosnuss	coconut [ˈkəʊkənʌt]
Limone	lime [laɪm]
Mandarinen	mandarins [ˈmændərɪnz]; tangerines [ˌtænʒəˈriːnz]
Mango	mango [mɜːngəʊ]
Maulbeeren	mulberries [ˈmʌlbrɪz]
Melone	melon [ˈmelən]
Obst	fruit [fruːt]
Orangen	oranges [ˈɒrɪndʒ]
Pfirsiche	peaches [ˈpiːtʃɪz]
Pflaumen	plums [plʌmz]
Preiselbeeren	cranberries [krænbərɪz]
Rosinen	raisins [ˈreɪzənz]
Stachelbeeren	gooseberries [ˈgʊzbərɪz]
Trauben	grapes [greɪps]
Zitronen	lemons [ˈlemənz]

Gemüse — Vegetables

Artischocken	artichokes [ˈɑːtɪtʃəʊks]
Auberginen	aubergines [ˈəʊbəʒiːnz]
Avocados	avocados [ˌævəˈkɑːdəʊz]
Blumenkohl	cauliflower [ˈkɒlɪˌflaʊə]
Bohnen	beans [biːnz]
– ***grüne Bohnen***	green beans [ˈgriːn ˈbiːnz]
– ***weiße Bohnen***	haricot beans [ˈhærɪkəʊ ˈbiːnz]
– ***Kidneybohnen***	kidney beans [ˈkɪdnɪˈbiːnz]
Chicorée	chicory [ˈtʃɪkərɪ]
Erbsen	peas [piːz]
Fenchel	fennel [ˈfenl]
Gemüse	vegetables [ˈvedʒtəblz]
Gurke	cucumber [ˈkjuːkʌmbə]
Karotten	carrots [ˈkærəts]
Kartoffeln	potatoes [pəˈteɪtəʊz]
Kichererbsen	chickpeas [ˈtʃɪkpiːz]
Knoblauch	garlic [ˈgɑːlɪk]

Kohl	cabbage [ˈkæbɪdʒ]
Kürbis	pumpkin [ˈpʌmpkɪn]
Lauch	leek(s) [liːk(s)]
Linsen	lentils [ˈlentɪlz]
Mais	sweetcorn [ˈswiːtkɔːn]
Meerrettich	horseradish [hɔːsˈrædɪʃ]
Oliven	olives [ˈɒlɪvz]
Paprikaschoten	peppers [ˈpepəz]
Petersilie	parsley [ˈpɑːslɪ]
Radieschen	radishes [ˈrædɪʃɪz]
Rote Bete	beetroot [biːtruːt]
Salat	salad [ˈsæləd]
– Kopfsalat	lettuce [ˈletɪs]
Sellerie	celeriac [səˈlerɪæk]
Spargel	asparagus [əˈspærəgəs]
Spinat	spinach [ˈspɪnɪtʃ]
Tomaten	tomatoes [təˈmɑːtəʊz]
Zwiebeln	onions [ˈʌnjənz]
Zucchini	*(Am)* zucchini [suˈkiːnɪ]; *(GB)* courgette [kɔːʃet]

Backwaren, Süßwaren ... — Bakery products, confectionery ...

Bonbons	sweets [swiːts]; *(Am)* candy [ˈkændɪ]
Brot	bread [bred]
– Vollkornbrot	wholemeal bread [həʊlmiːl bred]
– Schwarzbrot	brown rye bread [braʊn raɪ bred]
– Weißbrot	white bread [ˈwaɪt ˌbred]
Brötchen	roll [rəʊl]
– belegtes Brötchen	filled roll [ˈfɪld rəʊl]
Eis(krem)	ice-cream [ˌaɪsˈkriːm]
Gebäck	cakes and pastries [keɪks‿ən ˈpeɪstrɪz]
Haferflocken	porridge oats [ˈpɒrɪdʒ ˈəʊts]
Kekse	biscuits [ˈbɪskɪts]
Kuchen	cake [keɪk]
Marmelade	jam [dʒæm]; *(Orangen~)* marmalade [ˈmɑːməleɪd]
Müsli	muesli [ˈmjuːzlɪ]
Pralinen	chocolates [ˈtʃɒkləts]
Schokolade	chocolate [ˈtʃɒklət]
Schokoriegel	chocolate bar [ˈtʃɒklət bɑː]
Süßigkeiten	sweets [swiːts]; *(Am)* candy [ˈkændɪ]
Toast	toast [təʊst]

Eier und Milchprodukte	Dairy products
Butter	butter [ˈbʌtə]
Buttermilch	buttermilk [ˈbʌtəmɪlk]
Eier	eggs [egz]
Joghurt	yoghurt [ˈjɒgət]
Käse	cheese [tʃiːz]
Milch	milk [mɪlk]
– *fettarme Milch*	low-fat milk [ˈləʊˈfæt ˈmɪlk]
Quark	curd cheese [kɜːd tʃiːz]
Sahne	cream [kriːm]
– *saure Sahne*	sour cream [ˈsaʊə kriːm]
– *Schlagsahne*	whipping cream [wɪpɪŋ kriːm]

Fleisch und Wurstwaren	Meat and meat products
Aufschnitt	cold meat [ˈkəʊld ˈmiːt]
Fleisch	meat [miːt]
Gulasch	goulash [ˈguːlæʃ]
Hackbraten	meat loaf [ˈmiːt ləʊf]
Hackfleisch	mince [mɪns]
Hähnchen	chicken [ˈtʃɪkɪn]
Hammelfleisch	mutton [ˈmʌtn]
Kalbfleisch	veal [viːl]
Kaninchen	rabbit [ˈræbɪt]
Kotelett (vom Schwein)	(pork) chop [(ˈpɔːk) tʃɒp]
Lammfleisch	lamb [læm]
Leberpastete	liver pâté [ˈlɪvəˌpæteɪ]
Leberwurst	liver sausage [ˈlɪvəˌsɒsɪdʒ]
Rindfleisch	beef [biːf]
Salami	salami [səˈlɑːmɪ]
Schinken	ham [hæm]
– *gekochter Schinken*	cooked ham [ˈkʊkt ˈhæm]
– *roher Schinken*	smoked ham [ˈsməʊkt ˈhæm]
Schweinefleisch	pork [pɔːk]
Wurst	sausage [ˈsɒsɪdʒ]
Würstchen	sausages [ˈsɒsɪdʒɪz]

Fisch und Meeresfrüchte	Fish and seafood
Aal	eel [iːl]
Austern	oysters [ˈɔɪstəz]
Barsch	perch [pɜːtʃ]
Bückling	kipper [ˈkɪpə]
Fisch	fish [fɪʃ]
Forelle	trout [traʊt]
Garnelen	prawns [prɔːnz]
Goldbrasse	bream [briːm]
Heilbutt	halibut [ˈhælɪbət]
Hering	herring [ˈherɪŋ]
Kabeljau	cod [kɒd]
Krabben	shrimps [ʃrɪmps]
Krebs	crab [kræb]
Lachs	salmon [ˈsæmən]
Makrele	mackerel [ˈmækrəl]
(Mies)Muscheln	mussels [ˈmʌslz]
Räucherhering	kipper [ˈkɪpə]
Schellfisch	haddock [ˈhædək]
Scholle	plaice [pleɪs]
Schwertfisch	swordfish [sɔːdfɪʃ]
Seezunge	sole [səʊl]
Steinbutt	turbot [ˈtɜːbət]
Thunfisch	tuna [ˈtuːnə]
Tintenfisch	squid [skwɪd]

Kräuter und Gewürze	Herbs and spices
Anis	aniseed [ˈænɪsiːd]
Basilikum	basil [ˈbæzl]
Bohnenkraut	savory [ˈseɪvərɪ]
Borretsch	borage [ˈbɒrɪdʒ]
Chili	chilli [ˈtʃɪlɪ]
Dill	dill [dɪl]
Estragon	tarragon [ˈtærəgɒn]
Fenchel	fennel [fenl]
Ingwer	ginger [ˈdʒɪndʒə]
Gelbwurz	turmeric [ˈtɜːmərɪk]
Kerbel	chervil [ˈtʃɜːvɪl]
Knoblauch	garlic [ˈgɑːlɪk]
Kardamon	cardamon [kɑːdəməm]
Koriander	coriander [kɒrɪˈændə]
Kräuter	herbs [hɜːbz]
Kreuzkümmel	cumin [ˈkjuːmɪn]

Kümmel	caraway seed(s) [ˈkærəweɪ siːd(z)]
Liebstöckel	lovage [ˈlʌvɪdʒ]
Lorbeer	bay-leaves [ˈbeɪliːvz]
Majoran	marjoram [ˈmɑːdʒəræm]
Minze	mint [mɪnt]
Muskatnuss	nutmeg [ˈnʌtmeg]
Nelken	cloves [kləʊvz]
Oregano	oregano [ɒrɪˈgɑːnəʊ]
Paprika	paprika [ˈpæprɪkə]
Peperoni	pepperoni [pepəˈrəʊnɪ]
Petersilie	parsley [ˈpɑːslɪ]
Pfeffer	pepper [ˈpepə]
Piment	allspice [ˈɔːlspaɪs]
Rosmarin	rosemary [ˈrəʊzmərɪ]
Safran	saffron [ˈsæfrən]
Salbei	sage [seɪdʒ]
Schnittlauch	chives [tʃaɪvz]
Senfkörner	mustard seeds [ˈmʌstəd siːdz]
Sternanis	star anise [stɑːr aniːs]
Thymian	thyme [taɪm]
Vanille	vanilla [vəˈnɪlə]
Zimt	cinnamon [ˈsɪnəmən]
Zwiebel	onion [ˈʌnjən]

Dies und das	This and that
Butter	butter [ˈbʌtə]
Essig	vinegar [ˈvɪnɪgə]
Gemüsebrühwürfel	vegetable stock cube [ˈvedʒtəbl stɒk kjuːb]
Honig	honey [ˈhʌnɪ]
Linsen	lentils [ˈlentlz]
Mandeln	almonds [ˈɑːməndz]
Margarine	margarine [ˌmɑːdʒəˈriːn]
Mayonnaise	mayonnaise [ˌmeɪəˈneɪz]
Mehl	flour [ˈflaʊə]
Nudeln	pasta [ˈpæstə]
Nüsse	nuts [nʌts]
Öl	oil [ɔɪl]
Olivenöl	olive oil [ˈɒlɪv‿ˈɔɪl]
Reis	rice [reɪs]
Salz	salt [sɔːlt]
Senf	mustard [ˈmʌstəd]
Spaghetti	spaghetti [spəˈgetɪ]
Zucker	sugar [ˈʃʊgə]

Getränke	Drinks
Apfelsaft	apple juice [ˈæpl dʒuːs]
Bier	beer [bɪə]
– alkoholfreies Bier	non-alcoholic beer [ˈnɒnælkəhɒlɪk ˈbɪə]
Champagner	champagne [ˌʃæmˈpeɪn]
Glühwein	mulled wine [mʌld waɪn]
Kaffee	coffee [ˈkɒfɪ]
– koffeinfreier Kaffee	decaffeinated coffee [diːˈkæfɪneɪtɪd ˈkɒfɪ]
Kakao	cocoa [ˈkəʊkəʊ]
Limonade	lemonade [ˌleməˈneɪd]
Mineralwasser	mineral water [ˈmɪnrəl ˌwɔːtə]
– mit/ohne Kohlensäure	sparkling/still [ˈspɑːklɪŋ/stɪl]
Orangensaft	orange juice [ˈɒrɪnʒ dʒuːs]
Sekt	sparkling wine [ˈspɑːklɪŋ waɪn]
Tee	tea [tiː]
– Früchtetee	fruit tea [fruːt tiː]
– Grüner Tee	green tea [griːn tiː]
– Hagebuttentee	rose-hip tea [ˈrəʊzhɪp tiː]
– Kamillentee	camomile tea [ˈkæməˌmaɪl tiː]
– Kräutertee	herbal tea [hɜːbl tiː]
– Pfefferminztee	peppermint tea [ˈpepəmɪnt tiː]
– Rooibostee	rooibos tea [ˈrɔɪbɒs tiː]
– Schwarztee	black tea [blæk tiː]
– Teebeutel	tea bag [ˈtiːbæg]
Wein	wine [waɪn]
– Rosé	rosé wine [ˈrəʊzeɪ waɪn]
– Rotwein	red wine [red waɪn]
– Weißwein	white wine [waɪt waɪn]

BÜCHER, ZEITSCHRIFTEN UND SCHREIBWAREN

Ich hätte gern …
I'd like … [aɪd laɪk]

- *eine deutsche Zeitung.*
  a German newspaper. [ə ˈdʒɜːmən ˈnjuːzpeɪpə]
- *eine Zeitschrift.*
  a magazine. [ə ˌmægəˈziːn]
- *einen Reiseführer.*
  a travel guide. [ə trævl gaɪd]
- *eine Wanderkarte dieser Gegend.*
  a hiking map for this area. [ə ˈhaɪkɪŋ mæp fə ðɪs‿ˈeərɪə]

Bücher, Zeitschriften und Zeitungen

Belletristik	fiction [ˈfɪkʃən]
Comicheft	comic [ˈkɒmik]
Frauenzeitschrift	women's magazine [ˈwɪmɪnz ˌmægəˈziːn]
Illustrierte	magazine [ˌmægəˈziːn]
Kochbuch	cookbook [kʊk bʊk]
Kriminalroman	detective novel [dɪˈtektɪv ˈnɒvl]
Landkarte	map [mæp]
Reiseführer	travel guide [trævl gaɪd]
Roman	novel [ˈnɒvl]
Spielkarten	playing cards [ˈpleɪɪŋ kɑːdz]
Sachbücher	*(Plural)* non-fiction [nɒnˈfɪkʃən]
Stadtplan	town map [ˈtaʊn ˈmæp]
Straßenkarte	road map [ˈrəʊd mæp]
Tageszeitung	daily paper [ˈdeɪlɪ ˈpeɪpə]
Taschenbuch	paperback [ˈpeɪpəbæk]
Wörterbuch	dictionary [ˈdɪkʃənrɪ]
Zeitschrift	magazine [ˌmægəˈziːn]
Zeitung	newspaper [ˈnjuːzpeɪpə]

Schreibwaren

Ansichtskarte	picture postcard [ˈpɪktʃə ˈpəʊstkɑːd]
Bleistift	pencil [ˈpensl]
Bleistiftspitzer	pencil sharpener [ˈpensl ˈʃɑːpnə]
Block	writing pad [ˈraɪtɪŋ pæd]
Briefpapier	writing paper [ˈraɪtɪŋˌpeɪpə]
Briefumschlag	envelope [ˈenvələʊp]
Farbstift	coloured pencil [ˈkʌləd ˈpensl]
Kugelschreiber	ballpoint pen [ˈbɔːlpɔɪnt ˈpen]
Kuli	biro [ˈbaɪrəʊ]
Malbuch	colouring book [ˈkʌlərɪŋ bʊk]
Malstifte	crayons [kreɪənz]
Notizblock	notepad [ˈnəʊtpæd]
Papier	paper [ˈpeɪpə]
Reißzwecken	drawing pins [ˈdrɔːɪŋ pɪnz]
Tesafilm®	Sellotape® [ˈseləʊteɪp]
Tinte	ink [ɪŋk]
Tintenpatronen	ink cartridges [ɪŋk ˈkɑːtrɪdʒɪz]

DROGERIEARTIKEL → ZEIGEBILDER AM KAPITELENDE

allergiegetestet	allergy-tested [ˈælədʒɪ ˌtestɪd]
Creme	cream [kriːm]
Faden	thread [θrəd]
Gesichtscreme	face cream [ˈfeɪs kriːm]
Haarfestiger	setting lotion [ˈsetɪŋ ˌləʊʃn]
Haargel	hair gel [ˈheə dʒel]
Haarklammern	hairpins [ˈheəpɪnz]
Kamm	comb [kəʊm]
Knopf	button [ˈbʌtn]
Lichtschutzfaktor	protection factor [prəˈtekʃn ˌfæktə]
Mückenschutz	insect repellent [ˈɪnsekt rɪˈpelənt]
Nadel	needle [niːdl]
Nagellack	nail polish [ˈneɪl ˌpɒlɪʃ]
Nagellackentferner	nail polish remover [ˈneɪlˌpɒlɪʃ rɪˈmuːvə]
Papiertaschentücher	paper handkerchiefs [ˈpeɪpə ˈhæŋkətʃɪfs]
Puder	powder [ˈpaʊdə]
Rasierklinge	razor blade [ˈreɪzə bleɪd]
Rasierpinsel	shaving brush [ˈʃeɪvɪŋ brʌʃ]
Rasierwasser	after-shave lotion [ˈɑːftəʃeɪv ˌləʊʃn]
Reinigungsmilch	cleansing lotion [ˈklenzɪŋ ləʊʃn]
Rouge	blusher [ˈblʌʃə]
Sauger	teat [tiːt]
Saugflasche	feeding bottle [ˈfiːdɪŋ ˌbɒtl]
Schnuller	dummy [ˈdʌmɪ]; pacifier [ˈpæsɪˌfaɪə]
Slipeinlagen	panty liners [ˈpæntɪ laɪnəz]
Sonnenmilch	suntan lotion [ˈsʌntæn ˌləʊʃn]
Sonnenöl	suntan oil [ˈsʌntæn‿ɔɪl]
Spiegel	mirror [ˈmɪrə]
Spülbürste	washing-up brush [ˈwɒʃɪŋ‿ʌp brʌʃ]
Spülmittel	detergent [dɪˈtɜːdʒnt]
Spültuch	dishcloth [ˈdɪʃklɒθ]
Waschlappen	flannel [ˈflænl]
Waschmittel	detergent [dɪˈtɜːdʒnt]
Watte	cotton wool [ˌkɒtnˈwʊl]
Wattestäbchen	cotton swabs [ˈkɒtn ˈswɒbs]
Wegwerfrasierer	disposable razor [dɪˈspəʊzəbl ˈreɪzə]
Windeln	nappies [ˈnæpɪz]; *(Am)* diapers [ˈdaɪəpəz]
Zahnseide	dental floss [ˈdentəl flɒs]
Zahnpasta	toothpaste [ˈtuːθpeɪst]
Zahnstocher	toothpick [ˈtuːθpɪk]

ELEKTROARTIKEL/COMPUTER

Adapter	adapter [əˈdæptə]
Akku	rechargeable battery [ri:ˈtʃɑ:dʒəbl ˈbætrɪ]
Batterie	battery [ˈbætrɪ]
CD/DVD	CD/DVD [si:ˈdi:/di:vi:di:]
Drucker	printer [prɪntə]
Föhn	hair dryer [ˈheəˌdraɪə]
Glühbirne	bulb [bʌlb]
GPS	GPS [ˌdʒi:pi:ˈes]
Google Brille	Google Glass [ˈgu:gl̩ˈglɑ:s]
Handy	mobile phone [ˌməʊbaɪl ˈfəʊn]; *(Am)* cell phone [ˈsel fəʊn]
Kabel	cable [ˈkeɪbl]
Kopfhörer	headphones [ˈhedfəʊnz]
Ladegerät	battery charger [ˈbætrɪ ˈtʃɑ:dʒə]
Ladekabel	*(Handy)* battery charger lead (mobile phone) [ˈbætrɪ ˈtʃɑ:dʒə li:d (ˈməʊbaɪl ˈfəʊn)]
Laptop	laptop [ˈlæptɒp]
Lautsprecher	speaker [ˈspi:kə]
Memorystick	memory stick [ˈmemrɪ stɪk]
MP3-Player	MP3 player [ˈem pi: θri: pleɪə]
Notebook	notebook [nəʊtbʊk]
Radio	radio [ˈreɪdɪəʊ]
Rohling	blank [ˈblæŋk]
Smartphone	smartphone [ˈsmɑ:tfəʊn]
Sicherung	fuse [fju:z]
Speicherkarte	memory card [ˈmemrɪ ˈkɑ:d]
Stecker	plug [plʌg]
Tablet-PC	tablet [ˈtæblɪt]
Taschenlampe	torch [tɔ:tʃ]
USB-Stick	USB stick [ˌju: es ˈbi: st ɪk]
Verlängerungsschnur	extension lead [ɪksˈtenʃən li:d]

FOTOARTIKEL

Ich brauche ... für diese Kamera.
I need ... for this camera. [aɪ ni:d ... fə ðɪs ˌkæmrə]

- *eine Speicherkarte*
  a memory card [ˌə ˈmemrɪ ˈkɑ:d]
- *Akkus*
  rechargeable batteries [r i:ˌtʃɑ:dʒəbl ˈbætrɪz]
- *einen Film*
  a film [ə ˈfɪlm]

Ich brauche Passfotos.
I need passport photos. [aɪ niːd ˈpɑːspɔːt fəʊtəʊz]

Kann ich hier Fotos von meiner Kamera auf CD brennen lassen?
Can I burn photos from my camera onto a CD here?
[kə aɪ ˌbɜːn ˌfəʊtəʊz frəm maɪ ˌkæmrə ɒntuː ə siː ˈdiː hɪə]

... funktioniert nicht.
The ... doesn't work. [ðə ... dʌznt wɜːk]

Das ist kaputt. Können Sie es bitte reparieren?
It's broken. Can you mend it? [ɪts ˈbrəʊkn. kən‿jʊ ˈmend‿ɪt]

Auslöser	shutter [ˈʃʌtə]
Belichtungsmesser	light meter [ˈlaɪt ˌmiːtə]
Blitzgerät	flash [flæʃ]
Camcorder	camcorder [kæmˌkɔːdə]
Digitalkamera	digital camera [ˈdɪdʒɪtəl ˌkæmrə]
Einwegkamera	disposable camera [dɪˈspəʊzəbl ˌkæmrə]
Filmempfindlichkeit	film speed [ˈfɪlm ˌspiːd]
Linse	lens [lenz]
Objektiv	lens [lenz]
Selbstauslöser	self-timer [self ˈtaɪmə]
Selfiestick	selfie stick [ˈselfɪˈstɪk]
Sofortbildkamera	Polaroid® camera [ˈpəʊlərɔɪdˌkæmrə]
Stativ	tripod [ˈtraɪpɒd]
Sucher	viewfinder [ˈvjuːˌfaɪndə]
Teleobjektiv	telephoto lens [ˈtelɪˌfəʊtəʊ lenz]
Unterwasserkamera	underwater camera [ˈʌndəˈwɔːtə ˈkæmrə]

BEIM FRISÖR

Waschen und föhnen, bitte.
Shampoo and blow dry, please. [ʃæmˈpuː ən ˈbləʊ ˈdraɪ pliːz]

Schneiden mit/ohne Waschen, bitte.
Wash and cut/Dry cut, please. [ˈwɒʃ‿ən ˈkʌt/ˈdraɪ ˈkʌt pliːz]

Ich möchte ...
I'd like ... [aɪd laɪk]

Nur die Spitzen.
Just trim the ends. [dʒʌst trɪm ðɪ‿ˈendz]

Nicht zu kurz/Ganz kurz/Etwas kürzer, bitte.
Not too short/Very short/A bit shorter, please.
[ˈnɒt ˈtuː ˈʃɔːt/ˈverɪ ˈʃɔːt/ə ˈbɪt ˈʃɔːtə pliːz]

Rasieren, bitte.
I'd like a shave, please. [aɪd laɪk‿ə ˈʃeɪv pliːz]

Vielen Dank. So ist es gut.
Thank you. That's fine. [ˈθæŋkjʊ. ðæts ˈfaɪn]

Augenbrauen zupfen	pluck (one's/sb's) eyebrows [pˈlʌk (wʌnz/ˈsʌmbədiz) aɪbraʊz]
Bart	beard [bɪəd]
färben	dye [daɪ]
föhnen	blow dry [ˈbləʊ ˈdraɪ]
frisieren	do someone's hair [du: ˈsʌmwʌnz ˈheə]
Frisur	hairstyle [ˈheəstaɪl]
Haar	hair [heə]
kämmen	comb [kəʊm]
Locken	curls [kɜ:lz]
Pony	fringe [frɪnʒ]
Scheitel	parting [ˈpɑ:tɪŋ]
Schuppen	dandruff [ˈdændrʌf]
Shampoo	shampoo [ʃæmˈpu:]
Spitzen schneiden	cut the ends [kʌt ðə endz]
Strähnchen	highlights [ˈhaɪlaɪts]
Stufen	layers [leɪəz]
tönen	tint [tɪnt]
Wimpern färben	dye one's/sb's eyelashes [daɪ wʌnz/ˈsʌmbədiz ˈaɪlæʃɪz]

DAS WICHTIGSTE FÜR DEN HAUSHALT

Abfallbeutel	bin liner [ˈbɪnˌlaɪnə]
Alufolie	tin foil [ˈtɪnfɔɪl]
Bindfaden	string [strɪŋ]
Brennspiritus	methylated spirits [ˈmeθɪleɪtɪd ˈspɪrɪts]
Dosenöffner	tin opener [ˈtɪnˌəʊpnə]
Draht	wire [ˈwaɪə]
Flaschenöffner	bottle opener [ˈbɒtlˌəʊpnə]
Fleckenentferner	stain remover [ˈsteɪn rɪˌmu:və]
Frischhaltefolie	clingfilm [ˈklɪŋfɪlm]
Gabel	fork [fɔ:k]
Glas	glass [glɑ:s]
Grill	grill [grɪl]
Grillanzünder	firelighters [ˈfaɪaˌlaɪtaz]
Grillkohle	charcoal [ˈtʃɑ:kəʊl]
Insektenspray	insect repellent [ˈɪnsekt rɪˌpelənt]
Kerzen	candles [ˈkændlz]
Korkenzieher	corkscrew [ˈkɔ:kskru:]
Kühlelement	ice pack [ˈaɪspæk]
Kühltasche	cool bag [ˈku:l bæg]

Löffel	spoon [spu:n]
Messer	knife [naɪf]
Petroleum	paraffin [ˈpærəfɪn]
Plastikbesteck	plastic cutlery [ˌplæstɪk ˈkʌtlərɪ]
Plastikbeutel	plastic bag [ˈplæstɪk ˈbæg]
Schere	scissors [ˈsɪzəz]
Servietten	serviettes [ˌsɜːvɪˈets]
Streichhölzer	matches [ˈmætʃɪz]
Taschenmesser	pocket knife [ˈpɒkɪt naɪf]
Thermosflasche®	Thermos® flask [ˈθɜːməs flɑːsk]
Trinkflasche	baby's bottle [ˈbeɪbɪz bɒtl]
Wäscheklammern	(clothes) pegs [(ˈkləʊðz) pegz]
Wäscheleine	clothes line [ˈkləʊðz laɪn]

Kleidung

Können Sie mir bitte ... zeigen?
Can you show me ..., please? [kən‿jʊ ˈʃəʊ mɪ … pliːz]

Kann ich es anprobieren?
Can I try it on? [kən‿aɪ ˈtraɪ‿ɪt‿ˈɒn]

Welche (Konfektions-)Größe haben Sie?
What size do you take? [wɒt ˈsaɪz dʊ‿jʊ teɪk]

Das ist mir zu ...
It's too ... [ɪts tuː]

- ***eng/weit.***
  tight/big. [ˈtaɪt/bɪg]
- ***kurz/lang.***
  short/long. [ˈʃɔːt/ˈlɒŋ]
- ***klein/groß.***
  small/big. [ˈsmɔːl/ˈbɪg]

Das passt gut. Ich nehme es.
It's a good fit. I'll take it. [ɪts‿ə ˈgʊd ˈfɪt. aɪl ˈteɪk‿ɪt]

Das ist nicht ganz, was ich möchte.
It's not quite what I wanted. [ɪts ˈnɒt ˈkwaɪt wɒt‿aɪ ˈwɒntɪd]

Haben Sie das auch noch in einer anderen Farbe?
Do you have it in a different colour? [dʊ jʊ hæv‿ ɪt‿ɪn‿ ə ˌdɪfrənt ˈkʌlə]

Anorak	anorak [ˈænəræk]
Anzug	suit [suːt]
Ärmel	sleeve [sliːv]
Badeanzug	swimming costume [ˈswɪmɪŋ ˈkɒstjuːm]
Badehose	bathing trunks [ˈbeɪðɪŋ trʌŋks]
Bademantel	bathrobe [ˈbɑːθrəʊb]

Baumwolle .... cotton ['kɒtn]
Bikini .... bikini [bɪ'ki:nɪ]
Blazer .... blazer ['bleɪzə]
Bluse .... blouse [blaʊz]
bügelfrei .... non-iron [nɒn‿'aɪən]
Büstenhalter .... bra [brɑ:]
Handschuhe .... gloves [glʌvz]
Hemd .... shirt [ʃɜ:t]
Hose .... trousers ['traʊzəz]; *(Am)* pants [pænts]
Hut .... hat [hæt]
– Sonnenhut .... sunhat ['sʌnhæt]
Jacke .... jacket ['dʒækɪt]
Jeans .... jeans [dʒi:nz]
Jeggings .... jeggings ['ʤegɪŋz]
Jogginganzug .... tracksuit ['træksu:t]
Jogginghose .... tracksuit bottoms ['træksu:t 'bɒtəmz]
Kapuze .... hood [hʊd]
Kinderkleidung .... children's clothing [tʃɪldrənz kləʊðɪŋ]
Kleid .... dress [dres]
Kostüm .... suit [su:t]
Kragen .... collar ['kɒlə]
Krawatte .... tie [taɪ]
Leggins .... leggings ['legɪŋz]
Leinen .... linen ['lɪnɪn]
Loop .... tube scarf ['tju:bskɑ:f]
Mantel .... coat [kəʊt]
Mütze .... cap [kæp]
Pullover .... jumper ['dʒʌmpə]; sweater ['swetə]
Regenjacke .... anorak ['ænəræk]
Reißverschluss .... zip [zɪp]
Rock .... skirt [skɜ:t]
Rollkragen .... polo-neck ['pəʊləʊnek]
Sakko .... jacket ['dʒækɪt]
Schal .... scarf [skɑ:f]
Schirm .... umbrella [ʌm'brelə]
Seide .... silk [sɪlk]
Shorts .... shorts [ʃɔ:ts]
Skihose .... ski trousers; *(Am)* ski pants
Slip .... *(Herren)* briefs [bri:fs]; *(Damen)* panties ['pæntɪz]
Socken .... socks [sɒks]
Strickjacke .... cardigan ['kɑ:dɪgən]
Strümpfe .... stockings ['stɒkɪŋz]
Strumpfhose .... tights [taɪts]
Sweatshirt .... sweatshirt ['swetʃɜ:t]
Tankini .... tankini [tæŋ'ki:ni]

ETWAS ZUM ANZIEHEN

Farben

Welches die passende Farbe für Sie ist, können wir Ihnen zwar nicht sagen, dafür haben wir aber den richtigen Ausdruck parat.

Tasche	*(in Hose/Jacke)* pocket [ˈpɒkɪt]
Unterwäsche	underwear [ˈʌndəweə]
Weste	waistcoat [ˈweɪskəʊt]; *(Am)* vest [vest]
Wolle	wool [wʊl]
beige	beige [beɪʒ]
blau	blue [bluː]
braun	brown [braʊn]
einfarbig	plain [pleɪn]
farbig	coloured [ˈkʌləd]
gelb	yellow [ˈjeləʊ]
goldfarben	gold [gəʊld]
grau	grey [greɪ]
grün	green [griːn]
lila	purple [ˈpɜːpl]

orange	orange ['ɒrɪnʒ]
rosa	pink [pɪŋk]
rot	red [red]
schwarz	black [blæk]
silberfarben	silver ['sɪlvə]
türkis	turquoise ['tɜ:kwɔɪz]
violett	purple; violet ['pɜ:pl, 'vaɪəlɪt]
weiß	white [waɪt]
hellblau/hellgrün	light blue/light green [laɪt blu:/laɪt gri:n]
dunkelblau/dunkelgrün	dark blue/dark green [dɑ:k blu:/dɑ:k gri:n]

Konfektionsgrößen in GB und den USA:

Damenkleider, Kostüme, Mäntel usw.

Amerik.	30	32	34	36	38	40	42
Britisch	32	34	36	38	40	42	44
Dtsch.	38	40	42	44	46	48	50

Herrenanzüge, Mäntel usw.

Britisch	36	38	40	42	44	46
Dtsch.	46	48	50	52	54	56

Herrenhemden (Kragenweite)

Britisch	13	13½	14	14½	15	15½	15¾	16	16½	17	17½
Deutsch	34	35	36	37	38	39	40	41	42	43	44

Schuhe

Britisch	2½	3½	4	5	6	7	8	9	9½	
Deutsch	35	36	37	38	39	40	41	42	43	44

Schuhe und Taschen

Ich habe Schuhgröße …
I take (shoe) size … [aɪ 'teɪk ('ʃu:) 'saɪz]

Sie sind zu eng.
They're too tight. [ðeə 'tu: taɪt]

Sie sind zu groß.
They're too big. [ðeə 'tu: bɪg]

Absatz	heel [hi:l]
Badeschuhe	bathing shoes ['beɪðɪŋ 'ʃu:z]
Flipflops®	flip-flops® [flɪp flɒpz]
Gummistiefel	rubber boots ['rʌbə 'bu:ts]; wellingtons ['welɪŋtənz]

Gürtel	belt [belt]
Handtasche	handbag [ˈhændbæg]
Koffer	suitcase [ˈsuːtkeɪs]
Lederjacke	leather jacket [ˈleðə ˈdʒækɪt]
Ledermantel	leather coat [ˈleðə ˈkəʊt]
Reisetasche	travelling bag [trævlɪŋ bæg]; holdall [ˈhəʊldɔːl]
Rucksack	rucksack [ˈrʌksæk]
Sandalen	sandals [ˈsændlz]
Schnürsenkel	laces [leɪsɪs]
Schuh	shoe [ˈʃuː]
Schuhbürste	shoebrush [ˈʃuːbrʌʃ]
Schuhcreme	shoecream [ˈʃuːkriːm]
Schulterriemen	shoulder strap [ˈʃəʊldəˌstræp]
Skistiefel	ski boots [skiː buːts]
Sneakers	trainers *Br* [ˈtreɪnəz]
Sneakersocken pl	bare socks [ˈbeəsɒks], ankle socks [ˈæŋkl̩sɒks]
Sohle	sole [səʊl]
Stiefel	boots [buːts]
Strandschuhe	beach shoes [biːtʃ ˈʃuːz]
Tasche	bag [bæg]
Trolley(koffer/-tasche)	trolley case [ˈtrɒlɪ keɪs]
Turnschuhe	trainers [ˈtreɪnəz]
Umhängetasche	shoulder bag [ˈʃəʊldəˌbæg]
Wander-/Trekkingschuh	hiking boots [ˈhaɪkɪŋ ˈbuːtsˈ]

In der Reinigung

Ich möchte diese Sachen reinigen/waschen lassen.
I'd like to have these things cleaned/washed.
[aɪd laɪk tə hæv ðiːz θɪŋz ˈkliːnd/ˈwɒʃt]

Wann sind sie fertig?
When will they be ready? [ˈwen wɪl ðeɪ bɪ ˈredɪ]

bügeln
iron [ˈaɪən]

chemisch reinigen
dry-clean [ˈdraɪˈkliːn]

Wäsche
dirty washing [ˈdɜːtɪ ˈwɒʃɪŋ]

BEIM OPTIKER

Würden Sie mir bitte diese Brille reparieren?
Could you repair these glasses for me, please?
[kʊd jʊ rɪˈpeə ðiːz ˈglɑːsɪz fə mɪ pliːz]

Ich bin kurzsichtig/weitsichtig.
I'm short-sighted/long-sighted. [aɪm ˌʃɔːtˈsaɪtɪd/ˌlɒŋˈsaɪtɪd]

Wie ist Ihre Sehschärfe?
What's your eyesight like? [wɒts jɔːr‿ˈaɪsaɪt laɪk]

rechts ..., links ...
... in the right eye, ... in the left eye. [... ɪn ðə ˈraɪt‿aɪ, ... ɪn ðə ˈleft‿aɪ]

Wann kann ich die Brille abholen?
When can I pick up the glasses? [ˈwen kən‿aɪ ˈpɪkˌʌp ðə ˈglɑːsɪz]

Ich suche ...
I'm looking for ... [aɪm lʊkɪŋ fə]

- ***eine Aufbewahrungslösung.***
  some storage solution. [səm ˈstɔːrɪdʒ səˈluːʃn]
- ***eine Reinigungslösung.***
  some cleansing solution. [səm ˈklenzɪŋ səˈluːʃn]
- ***harte/weiche Kontaktlinsen.***
  hard/soft contact lenses. [ˈhɑːd/ˈsɒft ˈkɒntækt ˌlenzɪz]
- ***Eintageslinsen.***
  daily disposable lenses. [ˌdeɪlɪ dɪˌspəʊzəbl ˈlenzɪz]
- ***eine Sonnenbrille.***
  a pair of sunglasses. [ə peər‿əv ˈsʌnˌglɑːsɪz]
- ***ein Fernglas.***
  a pair of binoculars. [ə peər‿əv bɪˈnɒkjʊləz]

SOUVENIRS KAUFEN

Ich hätte gern ...
I'd like ... [aɪd laɪk]

- ***ein hübsches Andenken.***
  a nice souvenir. [‿ə naɪs ˈsuːvənɪə]
- ***etwas Typisches aus dieser Gegend.***
  something typical of this area. [ˈsʌmθɪŋ ˈtɪpɪkəl‿əv ðɪs‿ˈeərɪə]

Wie viel wollen Sie ausgeben?
How much do you want to spend? [ˈhaʊ ˈmʌtʃ djʊ wɒnt‿tə ˈspend]

Ich möchte etwas nicht zu Teures.
I'd like something that's not too expensive.
[aɪd laɪk ˈsʌmθɪŋ ðəts ˈnɒt ˈtuː ɪkˈspensɪv]

Das ist aber hübsch.
That's lovely. [ðæts ˈlʌvlɪ]

Können Sie mir das bitte als Geschenk verpacken?
Can you gift-wrap it for me, please? [kən jʊ ˈgɪft ræp‿ ɪt fə mi: pli:z]

Danke schön, ich habe nichts gefunden, was mir gefällt.
Thanks, but I didn't find anything I liked.
[ˈθæŋks bʌt aɪ ˈdɪdnt ˈfaɪnd ˈenɪθɪŋ aɪ ˈlaɪkt]

echt	genuine [ˈdʒenjʊɪn]
Folkloreladen	folk arts shop [fəʊk ˈɑ:ts ʃɒp]
handgewebt	hand-woven [hændˈwəʊvən]
handgemacht	hand-made [hændˈmeɪd]
Keramik	ceramics [sɪˈræmɪks]
Mitbringsel	souvenir [ˈsu:vənɪə]
regionale Produkte/ Spezialitäten	local products/specialities [ˈləʊkl ˈprədʌkts/ˌspeʃɪˈælɪtɪz]
Schmuck	jewellery [ˈdʒu:əlrɪ]
Schnitzerei	wood-carving [ˈwʊdˌkɑ:vɪŋ]
Töpferwaren	pottery [ˈpɒtərɪ]

IM TABAKLADEN

Ein Päckchen/Eine Stange ..., bitte.
A packet/carton of ..., please. [ə ˈpækɪt/ˈkɑ:tn‿əv … pli:z]

– ***mit/ohne Filter***
filter-tipped/plain [ˈfɪltəˌtɪpt/ˈpleɪn]

Zehn Zigarren/Zigarillos, bitte.
Ten cigars/cigarillos, please. [ˈten sɪˈgɑ:z/sɪgəˈrɪləʊz pli:z]

Aschenbecher	ashtray [ˈæʃtreɪ]
E-Zigarette	e-cigarette [ˈi:sɪgret]
Feuerzeug	lighter [ˈlaɪtə]
Pfeife	pipe [paɪp]
Pfeifentabak	pipe tobacco [ˈpaɪp təˌbækəʊ]
Streichhölzer	matches [ˈmætʃɪz]
Zigarette	cigarette [ˌsɪgəˈret]
Zigarettentabak	cigarette tobacco [sɪgəˈret təˌbækəʊ]
Zigarillo	cigarillo [ˌsɪgəˈrɪləʊ]
Zigarre	cigar [sɪˈgɑ:]

Anhänger	pendant ['pendənt]
Armband	bracelet ['breɪslɪt]
Armbanduhr	wristwatch ['rɪstwɒtʃ]
– für Damen/für Herren	ladies'/men's ['leɪdɪz/menz]
Brosche	brooch [brəʊtʃ]
Diamant	diamond ['daɪəmənd]
Gold	gold [gəʊld]
Goldschmied	goldsmith [gəʊldsmɪθ]
Kette	necklace ['neklɪs]
Krawattennadel	tiepin ['taɪˌpɪn]
Kristall	crystal ['krɪstl]
Modeschmuck	fashion jewellery ['fæʃən 'dʒu:əlrɪ]
Ohrringe	earrings ['ɪərɪŋz]
Ohrstecker	stud earrings [stʌd 'ɪərɪŋz]
Platin	platinum ['plætɪnəm]
Perle	pearl [pɜ:l]
Reisewecker	travel alarm ['trævl ə'lɑ:m]
Ring	ring [rɪŋ]
Rubin	ruby ['ru:bɪ]
Schmuck	jewellery ['dʒu:əlrɪ]
Silber	silver ['sɪlvə]
wasserdichte Uhr	waterproof watch ['wɔ:təpru:f wɒtʃ]

DROGERIEARTIKEL

Bürste
brush
[brʌʃ]

Damenbinde
sanitary towel
[ˈsænɪtrɪ ˈtaʊəl]

Deo(dorant)
deodorant
[diːˈəʊdrənt]

Duschgel
shower gel
[ˈʃaʊə dʒel]

Haargummis
hairbands
[ˈheəbænds]

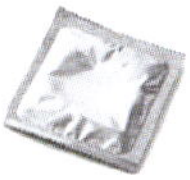

Kondom
condom
[ˈkɒndɒm]

Lippenpflege
lip balm
[ˈlɪp bɑːlm]

Lippenstift
lipstick
[ˈlɪpstɪk]

Pflaster
plaster
[ˈplɑːstə]

Rasierer
shaver
[ˈʃeɪvə]

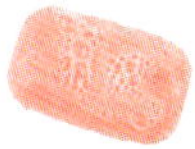

Seife
soap
[səʊp]

Shampoo
shampoo
[ʃæmˈpuː]

Sonnencreme
sun cream
[ˈsʌnˌkriːm]

Tampon
tampon
[ˈtæmpɒn]

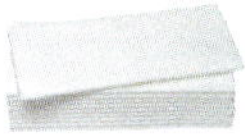

Taschentücher
handkerchieves
[ˈhæŋkətʃiːvz]

Toilettenpapier
toilet paper
[ˈtɔɪlɪtˌpeɪpə]

Wattestäbchen
cotton swabs
[ˈkɒtn ˈswɒbs]

Wimpern-tusche
mascara
[mæˈskɑːrə]

Zahncreme
toothpaste
[ˈtuːθpeɪst]

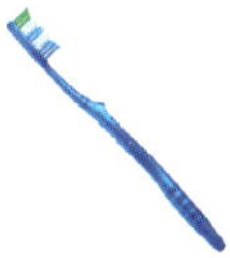

Zahnbürste
toothbrush
[ˈtuːθbrʌʃ]

TELEPHON

Für alle Fälle

Können Sie mir bitte sagen ...?

Wo, wie, wann ...? Eines lehrt uns das Leben: nicht zu fragen ist die bei Weitem schlechteste Wahl!

Vermutlich wollen Sie im Urlaub mit all dem am liebsten nichts zu tun haben. Mit der Polizei, dem Arzt, der Apotheke ... Und bestimmt finden Sie es gut, wenn Sie folgende Orte schnell auffinden: eine Post, eine Bank, ein Internetcafe ... In diesem Kapitel informieren wir Sie rund um diese Themen.

IN DER APOTHEKE

Könnten Sie mir bitte sagen, wo die nächste Apotheke (mit Nachtdienst) ist?
Could you tell me where the nearest chemist's (with all-night service) is, please?
[kʊd jʊ tel miː ˈweə ðə ˈnɪərɪst ˈkemɪsts (wɪð ˈɔːlˈnaɪt ˈsɜːvɪs) ɪz pliːz]

Können Sie mir bitte etwas gegen ... geben?
Can you give me something for ..., please?
[kən jʊ gɪv mɪ ˈsʌmθɪŋ fə ... pliːz]

Abführmittel	laxative [ˈlæksətɪv]
Antibabypillen	contraceptive pills [ˌkɒntrəˈseptɪv pɪlz]
Antibiotika	antibiotics [ˌæntɪbaɪˈɒtɪks]
Aspirin®	aspirin® [ˈæsprɪn]
Augentropfen	eye drops [ˈaɪdrɒps]
Beruhigungsmittel	sedative [ˈsedətɪv]; tranquillizer [ˈtrænkwɪlaɪzə]
Brandsalbe	ointment for burns [ˈɔɪntmənt fə ˈbɜːnz]
Desinfektionsmittel	disinfectant [ˌdɪsɪnˈfektənt]
Elastikbinde	elastic bandage [ɪˈlæstɪk ˈbændɪdʒ]
Elektrolytlösung	electrolyte solution [ɪˈlektrəʊlaɪt səˈluːʃn]
Fieberthermometer	thermometer [θəˈmɒmɪtə]
Halstabletten	throat lozenges [ˈθrəʊt ˈlɒzɪnʒɪz]
Hustensaft	cough mixture [ˈkɒf ˈmɪkstʃə]
Mittel gegen Insektenstiche	insect repellent [ˈɪnsekt rɪˈpelənt]
Insulin	insulin [ˈɪnsjʊlɪn]
Jod(tinktur)	(tincture of) iodine [(ˈtɪŋktʃər‿əv) ˈaɪədiːn]
Kamillentinktur	tincture of camomile [ˈtɪŋktʃər‿əv ˈkæməmaɪl]
Kondom	condom [ˈkɒndɒm]
Kopfschmerztabletten	headache tablets [ˈhedeɪk ˈtæblɪts]
Kreislaufmittel	cardiac stimulant [ˈkɑːdɪæk ˈstɪmjʊlənt]
Läuse	lice [laɪs]
Medikament	medicine [ˈmedsən]
Mittel	remedy [ˈremɪdɪ]
Mullbinde	gauze bandage [ˈgɔːz ˈbændɪdʒ]

Ohrentropfen	ear drops ['ɪədrɒps]
Pille danach	morning-after pill [ˌmɔːnɪŋ‿'ɑːftər pɪl]
Pflaster	plaster ['plɑːstə]
Puder	powder ['paʊdə]
Rezept	prescription [prɪs'krɪpʃn]
Salbe	ointment ['ɔɪntmənt]
Schlaftabletten	sleeping pills ['sliːpɪŋ pɪlz]
Schmerztabletten	pain-killing tablets ['peɪnˌkɪlɪŋ 'tæblɪts]
Sonnenbrandlotion	sunburn lotion ['sʌnˌbɜːn ləʊʃn]
Tablette	tablet ['tæblɪt]
Traubenzucker	glucose ['gluːkəʊs]
Tropfen	drops [drɒps]
Vitamintabletten	vitamin pills ['vɪtəmɪn pɪlz]
Watte	cotton-wool [ˌkɒtn'wʊl]
Zäpfchen	suppository [sə'pɒzɪtərɪ]

Application leaflet — Beipackzettel

Composition	Zusammensetzung
Areas of application	Anwendungsgebiete
Contraindications	Gegenanzeigen
Side-effects	Nebenwirkungen
Interactions	Wechselwirkungen

Dosage: — Dosierungsanleitung:

Take once/several times per day	1 x/mehrmals täglich ... einnehmen
– 1 tablet	1 Tablette
– 20 drops	20 Tropfen
– measuring cup	1 Messbecher
external, outward	äußerlich
before meals	vor dem Essen
after meals	nach dem Essen
on an empty stomach	auf nüchternen Magen
Swallow whole with a drink of water	unzerkaut mit etwas Flüssigkeit einnehmen
Dissolve in a small amount of water	in etwas Wasser auflösen
Let it melt in your mouth	im Mund zergehen lassen
Apply thinly to the skin and rub in	dünn auf die Haut auftragen und einreiben
infants	Säuglinge

toddlers	Kleinkinder
schoolchildren	Schulkinder
young adults	Jugendliche
adults	Erwachsene
Keep away from children!	Für Kinder unzugänglich aufbewahren!

BEIM ARZT

Können Sie mir einen guten ... empfehlen?
Can you recommend a good ...? [kən jʊ ˌrekəˈmend‿ə gʊd]

- ***Arzt***
  doctor [ˈdɒktə]
- ***Augenarzt***
  eye specialist [ˈaɪ ˈspeʃəlɪst]
- ***Frauenarzt***
  gynaecologist [ˌgaɪnɪˈkɒlədʒɪst]
- ***Hals-Nasen-Ohren-Arzt***
  ear, nose and throat specialist [ˈɪə ˈnəʊz‿ən ˈθrəʊt ˈspeʃəlɪst]
- ***Hautarzt***
  dermatologist [ˌdɜːməˈtɒlədʒɪst]
- ***Kinderarzt***
  paediatrician [ˌpiːdɪəˈtrɪʃn]
- ***praktischen Arzt***
  GP (general practitioner) [ˈdʒiːˈpiː (ˈdʒenrəl prækˈtɪʃnə)]
- ***Urologen***
  urologist [ˌjʊəˈrɒlədʒɪst]
- ***Zahnarzt***
  dentist [ˈdentɪst]

Wo ist seine/ihre Praxis?
Where's his/her surgery? [ˈweəz hɪz/hɜː ˈsɜːdʒrɪ]

Beschwerden beschreiben

Was für Beschwerden haben Sie?
What's the trouble? [ˈwɒts ðə ˈtrʌbl]

Ich habe Fieber.
I've got a temperature. [aɪv gɒt‿ə ˈtemprɪtʃə]

Mir ist oft schlecht/übel.
I often feel sick. [aɪ ˈɒfn fiːl ˈsɪk]

Mir ist oft schwindelig.
I often feel faint/dizzy. [aɪ ˈɒfn fiːl ˈfeɪnt/dɪzɪ]

Ich bin ohnmächtig geworden.
I fainted. [aɪ ˈfeɪntɪd]

Ich bin stark erkältet.
I've got a bad cold. [aɪv gɒt‿ə ˈbæd ˈkəʊld]

Ich habe ...
I've got ... [aɪv gɒt]

- *Kopfschmerzen.*
  a headache. [ə ˈhedeɪk]
- *Halsschmerzen.*
  a sore throat. [ə ˈsɔː ˈθrəʊt]
- *Husten.*
  a cough. [ə kɒf]

Ich bin gestochen worden.
I've been stung. [aɪv bɪn ˈstʌŋ]

Ich bin gebissen worden.
I've been bitten. [aɪv bɪn ˈbɪtn]

Ich habe mir den Magen verdorben.
I've got an upset stomach. [aɪv gɒt‿ən ˈʌpset ˈstʌmək]

Ich habe Durchfall.
I've got diarrhoea. [aɪv gɒt daɪəˈrɪə]

Ich habe Verstopfung.
I'm constipated. [aɪm ˈkɒnstɪpeɪtɪd]

Ich vertrage das Essen nicht.
The food doesn't agree with me. [ðə ˈfuːd ˈdʌznt əˈgriː wɪð mɪ]

Ich habe mich verletzt.
I've hurt myself. [aɪv ˈhɜːt maɪˌself]

Ich bin gestürzt.
I had a fall. [aɪ hæd‿ə ˈfɔːl]

Ich bin allergisch gegen ...
I'm allergic to ... [aɪm‿ əˈlɜːdʒɪk tə ...]

- *Antibiotika.*
  antibiotics. [ˌæntɪbaɪˈɒtɪks]
- *Bienen.*
  bees. [biːz]
- *Pollen.*
  pollen. [ˈpɒlən]

Ich bin gegen ... geimpft.
I'm vaccinated against ... [aɪm ˈvæksɪneɪtɪd əˈgenst ...]

- *Hepatitis A/B/A und B*
  hepatitis A /B /A and B. [ˌhepəˈtaɪtɪs eɪ/biː/ eɪ ənd biː]
- *Tetanus*
  tetanus. [ˈtetənəs]

- ***Typhus***
  typhoid. ['taɪfɔɪd]

Können Sie mir bitte etwas gegen ... geben/verschreiben?
Can you give me/prescribe something for ...?
[kən jʊ gɪv mɪ/prɪ'skraɪb 'sʌmθɪŋ fə]

Wie oft muss ich es einnehmen?
How often do I have to take it? [haʊ ɒftən dʊ aɪ hæv tə 'teɪk‿ɪt]

Normalerweise nehme ich ...
I usually take ... [aɪ 'juːʒʊəlɪ teɪk]

Ich habe einen hohen/niedrigen Blutdruck.
I've got high/low blood pressure. [aɪv gɒt 'haɪ/'ləʊ 'blʌd ˌpreʃə]

Ich bin ...
I'm ... [aɪm]

- ***Allergiker/in.***
  prone to allergies. [ˌprəʊn tu 'ælədʒɪz]
- ***Diabetiker/in.***
  a diabetic. [ə daɪə'betɪk]
- ***Epileptiker/in.***
  an epileptic. [ən epɪ'leptɪk]
- ***körperbehindert.***
  disabled. [dɪs'eɪbld]
- ***sehbehindert.***
  partially sighted. ['pɑːʃəlɪ saɪtɪd]

Ich habe ...
I have ... [aɪ hæv]

- ***Multiple Sklerose.***
  multiple sclerosis. ['mʌltɪpl sklɪ'rəʊsɪs]
- ***einen Herzschrittmacher.***
  a pacemaker. [ə 'peɪsmeɪkə]

Ich bin schwanger.
I'm pregnant. [aɪm 'pregnənt]

Bei der Untersuchung

Was kann ich für Sie tun?
What can I do for you? ['wɒt kən‿aɪ duː fə‿'jʊ]

Wo tut es weh?
Where does it hurt? ['weə dʌz‿ɪt 'hɜːt]

Ich habe hier Schmerzen.
I've got a pain here. [aɪv gɒt‿ə 'peɪn 'hɪə]

Bitte, machen Sie sich frei.
Get undressed, please. [get ˌʌnˈdrest pliːz]

Bitte tief einatmen. Atem anhalten.
Take a deep breath. Hold your breath, please.
[teɪk‿ə ˈdiːp ˈbreθ. ˈhəʊld jɔː ˈbreθ pliːz]

Sie müssen geröntgt werden.
You'll have to be x-rayed. [jʊl ˈhæv tə biː ˈeksreɪd]

Ich brauche eine Blut-/Urinprobe.
I need to do a blood/urine test. [aɪ ˈniːd tə duː‿ə ˈblʌd/ˈjʊərɪn test]

Sie müssen operiert werden.
You'll have to have an operation. [jʊl ˈhæv tə hæv‿ən‿ɒpəˈreɪʃn]

Sie brauchen ein paar Tage Bettruhe.
You need a few days in bed. [jʊ niːd‿ə ˈfjuː ˈdeɪz‿ɪn ˈbed]

Es ist nichts Ernstes.
It's nothing serious. [ɪts ˈnʌθɪŋ ˈsɪərɪəs]

Haben Sie einen Impfpass?
Have you got a vaccination card? [həv jʊ gɒt‿ə ˌvæksɪnˈeɪʃn kɑːd]

Ich bin gegen … geimpft.
I've been vaccinated against … [aɪv bɪn ˈvæksɪneɪtɪd əˈgenst]

Ich hatte vor kurzem …
I had … recently [aɪ hæd … ˈriːsntlɪ]

IM KRANKENHAUS

Wie lange muss ich hier bleiben?
How long will I have to stay here? [ˈhaʊ ˈlɒŋ wɪl aɪ hæv tə ˈsteɪ hɪə]

Ich kann nicht einschlafen.
I can't sleep. [aɪ ˈkɑːnt ˈsliːp]

Geben Sie mir bitte …
Could you give me …, please. [ˈkʊd jʊ gɪv mɪ … pliːz]

- *ein Glas Wasser.*
  a glass of water [ə glɑːs əv ˈwɔːtə]
- *eine Schmerztablette.*
  a pain-killing tablet [ə ˈpeɪnˌkɪlɪŋ ˈtæblɪt]
- *eine Schlaftablette.*
  a sleeping pill [ə ˈsliːpɪŋ pɪl]
- *eine Wärmflasche.*
  a hot-water bottle [ə hɒtwɔːtə bɒtl]

Wann darf ich aufstehen?
When can I get up? [ˈwen kən‿aɪ ˈget‿ˈʌp]

Abszess	abscess [ˈæbsɪs]
Aids	AIDS [eɪdz]
Allergie	allergy [ˈælədʒɪ]
allergisch sein gegen …	be allergic to [bɪ‿əˈlɜ:dʒɪk tʊ]
Anfall	attack [əˈtæk]
Angina	angina [ænˈdʒaɪnə]
ansteckend	contagious [kənˈteɪdʒəs]
Asthma	asthma [ˈæsmə]
Atembeschwerden	difficulty in breathing [ˈdɪfɪkəltɪ‿ɪn ˈbri:ðɪŋ]
Ausschlag	rash [ræʃ]
Bänderriss	torn ligament [ˈtɔ:n ˈlɪgəmənt]
Bindehautentzündung	conjunctivitis [kənˌdʒʌŋtəvɪtɪs]
Blähungen	wind [wɪnd]
Blinddarmentzündung	appendicitis [əˌpendɪˈsaɪtɪs]
Blutung	bleeding [ˈbli:dɪŋ]
Bluthochdruck	high blood pressure [haɪ ˈblʌdˌpreʃə]
Blutvergiftung	blood-poisoning [ˈblʌdˌpɔɪznɪŋ]
Borreliose	Lyme disease [ˈlaɪm dɪˌzi:z]
Brechreiz	nausea [ˈnɔ:sjə]
brennen	sting [stɪŋ]
Bronchitis	bronchitis [brɒŋˈkaɪtɪs]
Cholera	cholera [ˈkɒlərə]
Diabetes	diabetes [ˌdaɪəˈbi:ti:z]
Diphtherie	diphtheria [dɪpˈθɪərɪə]
Durchblutungsstörung	circulatory disorder [ˌsɜ:kjʊˈleɪtrɪ dɪsˈɔ:də]
Durchfall	diarrhoea [ˌdaɪəˈrɪə]
Entzündung	inflammation [ˌɪnfləˈmeɪʃn]
Epilepsie	epilepsy [ˈepɪlepsɪ]
Erkältung	cold [kəʊld]
Fehlgeburt	miscarriage [ˌmɪsˈkærɪdʒ]
Fieber	temperature [ˈtemprɪtʃə]
gebrochen	broken [ˈbrəʊkn]
Gehirnerschütterung	concussion [kənˈkʌʃn]
Gehirnschlag	stroke [strəʊk]
Gelbfieber	yellow fever [ˈjeləʊ ˈfi:və]
Gelbsucht	jaundice [ˈdʒɔ:ndɪs]
Geschlechtskrankheit	venereal disease [vɪˈnɪərɪəl dɪˈzi:z]
geschwollen	swollen [ˈswəʊlən]
Geschwulst	tumour [ˈtju:mə]
Geschwür	ulcer [ˈʌlsə]
giftig	poisonous [pɔɪznəs]
Gleichgewichtsstörungen	impaired balance [ɪmˈpeəd ˈbæləns]

Grippe haben	have (the) flu [hæv (ðə) flu:]
Halsschmerzen	sore throat ['sɔ: 'θrəʊt]
Hämorriden	haemorrhoids ['hemərɔɪdz]
heiser	hoarse [hɔ:s]
Herpes	herpes [həp:iz]
Herzanfall	heart attack ['hɑ:t‿ə'tæk]
Herzbeschwerden	heart trouble ['hɑ:t ˌtrʌbl]
Herzfehler	heart defect ['hɑ:t ˌdi:fekt]
Herzinfarkt	heart attack ['hɑ:t‿ə'tæk]
Herzrasen	tachycardia [tækɪ'kɑ:dɪə]
Heuschnupfen	hay fever ['heɪ ˌfi:və]
Hexenschuss	lumbago [lʌm'beɪgəʊ]
Hirnhautentzündung	meningitis [menəndʒ aɪˌtɪs]
HIV-positiv	HIV positive [eɪtʃ aɪ vi: 'pɒzɪtɪv]
Insektenbiss	insect bite ['ɪnsekt baɪt]
Infektion	infection [ɪn'fekʃn]
Insektenstich	insect bite ['ɪnsekt baɪt]
Ischias	sciatica [saɪ'ætɪkə]
jucken	itch [ɪtʃ]
Keuchhusten	whooping-cough ['hu:pɪŋkɒf]
Kinderkrankheit	childhood illness ['tʃaɪldhʊd 'ɪlnɪs]
Kinderlähmung	polio ['pəʊlɪəʊ]
Knochenbruch	fracture ['fræktʃə]
Kolik	colic ['kɒlɪk]
Kopfschmerzen	headache ['hedeɪk]
Krampf	cramp [kræmp]
Krankheit	illness ['ɪlnɪs]
Krebs	cancer ['kænsə]
Kreislaufstörungen	dizziness ['dɪzɪnɪs]
Lähmung	paralysis [pə'rælɪsɪs]
Lebensmittelvergiftung	food poisoning ['fu:dˌpɔɪznɪŋ]
Leistenbruch	hernia ['hɜ:njə]
Lungenentzündung	pneumonia [nju:'məʊnjə]
Magenschmerzen	stomach-ache ['stʌməkˌeɪk]
Malaria	malaria [mə'lɛərɪə]
Mandelentzündung	tonsilitis [ˌtɒnsɪ'laɪtɪs]
Masern	measles ['mi:zlz]
Migräne	migraine ['mi:greɪn]
Mittelohrentzündung	inflammation of the middle ear [ˌɪnflə'meɪʃn‿əv ðə 'mɪdl‿'ɪə]
Mumps	mumps [mʌmps]
Nasenbluten	nose bleed ['nəʊz bli:d]
Nierenentzündung	kidney infection ['kɪdnɪ ɪn'fekʃn]
Nierenstein	kidney stone ['kɪdnɪstəʊn]
niesen	sneeze [sni:z]
Ohnmacht	faint ['feɪnt]

Pilzinfektion	fungal infection [ˈfʌŋgl ɪnˈfekʃn]
Pocken	smallpox [ˈsmɔːlpɒks]
Prellung, prellen	bruise [bruːz]
Qualle	jellyfish [ˈdʒelɪfɪʃ]
quetschen	crush [krʌʃ]
Rheuma	rheumatism [ˈruːmətɪzm]
Röteln	German measles [ˈdʒɜːmən ˈmiːzlz]
Rückenschmerzen	backache [ˈbækeɪk]
Salmonellen	salmonella [ˌsælməˈnelə]
Scharlach	scarlet fever [ˈskɑːlɪt ˈfiːvə]
Schlaflosigkeit	insomnia [ɪnˈsɒmnɪə]
Schlaganfall	stroke [strəʊk]
Schmerzen	pain [peɪn]
Schnittwunde	cut [kʌt]
Schnupfen	cold [kəʊld]
Schüttelfrost	fit of shivering [ˈfɪt‿əv ˈʃɪvrɪŋ]; chill [tʃɪl]
Schwellung	swelling [ˈswelɪŋ]
Schwindel	dizziness [ˈdɪzɪnɪs]
Sehstörungen	impaired vision [ɪmˈpeəd vɪʒn]
Seitenstechen	stitch [ˈstɪtʃ]
Sodbrennen	heartburn [ˈhɑːtbɜːn]
Sonnenbrand	sunburn [ˈsʌnˌbɜːn]
Sonnenstich	sunstroke [ˈsʌnstrəʊk]
Stirnhöhlenentzündung	sinusitis [ˌsaɪnəˈsaɪtɪs]
Tetanus	tetanus [ˈtetənəs]
Typhus	typhoid [ˈtaɪfɔɪd]
Übelkeit	nausea [ˈnɔːsjə]
Verbrennung	burn [bɜːn]
Verdauungsstörung	indigestion [ˌɪndɪˈdʒestʃn]
Vergiftung	poisoning [ˈpɔɪznɪŋ]
verletzen	injure [ˈɪndʒə]
Verletzung	injury [ˈɪndʒərɪ]
verstaucht	sprained [spreɪnd]
Verstopfung	constipation [ˌkɒnstɪˈpeɪʃn]
wehtun	hurt [hɜːt]
Windpocken	chickenpox [ˈtʃɪkɪnpɒks]
Wunde	wound [wuːnd]
Zecke	tick [tɪk]
Zerrung	pulled muscle [ˈpʊld ˈmʌsl]
Zyste	cyst [sɪst]

Körper und Krankenhaus von A bis Z

Arm	arm [ɑːm]
atmen	breathe [briːð]
Attest	certificate [səˈtɪfɪkət]
Augen	eyes [aɪz]
Bauch	stomach [ˈstʌmək]
Bein	leg [leg]
Bescheinigung	certificate [səˈtɪfɪkət]
Besuchszeit	visiting hours [ˈvɪzɪtɪŋ ˌaʊəz]
bewusstlos	unconscious [ʌnˈkɒnʃəs]
Blase	bladder [ˈblædə]
Blinddarm	appendix [əˈpendɪks]
Blut	blood [blʌd]
Blutdruck (hoher/ niedriger)	(high/low) blood pressure [(ˈhaɪ/ˈləʊ)ˈblʌd ˌpreʃə]
bluten	bleed [bliːd]
Blutgruppe	blood group [ˈblʌd gruːp]
Bronchien	bronchial tubes [ˈbrɒŋkjəl ˈtjuːbz]
Brust	chest [tʃest]; *(weibliche ~)* breast [brest]
Bypass	bypass (operation) [ˈbaɪpɑːs‿(ˌɒpəˈreɪʃn)]
Chirurg/in	surgeon [ˈsɜːdʒn]
Darminfektion	intestinal infection [ɪnˈtestɪnəl ɪnˈfekʃn]
Dickdarm	colon [ˈkəʊlɒn]
Dünndarm	small intestine [smɔːl ɪnˈtestɪn]
desinfizieren	disinfect [ˌdɪsɪnˈfekt]
Diagnose	diagnosis [ˌdaɪəgˈnəʊsɪs]
Diät	diet [ˈdaɪət]
Eiter	pus [pʌs]
erbrechen, sich	vomit [ˈvɒmɪt]
Facharzt/ärztin	specialist [ˈspeʃəlɪst]
Finger	finger [ˈfɪŋgə]
Fuß	foot [fʊt]; feet [fiːt]
Gallenblase	gall-bladder [ˈgɔːlˌblædə]
Gehirn	brain [breɪn]
Gehör	hearing [ˈhɪərɪŋ]
Gelenk	joint [dʒɔɪnt]
Geschlechtsorgane	sexual organs [ˈseksjʊəl‿ˈɔːgənz]
Hals	neck [nek]
Hand	hand [ˈhænd]

Haut	skin [skɪn]
Herz	heart [hɑ:t]
Herzschrittmacher	pacemaker [ˈpeɪsˌmeɪkə]
Herzspezialist/in	heart specialist [ˈhɑ:t ˌspeʃəlɪst]
Husten	cough [kɒf]
Impfpass	vaccination card [ˌvæksɪˈneɪʃn ˌkɑ:d]
Impfung	vaccination [ˌvæksɪˈneɪʃn]
Infusion	infusion [ɪnˈfju:ʒən]
Kopf	head [hed]
Knie	knee [ni:]
Knochen	bone [bəʊn]
krank	ill [ɪl]
Krankenhaus	hospital [ˈhɒspɪtl]
Krankenkasse	medical insurance [ˈmedɪkl‿ɪnˈʃʊərns]
Krankenschwester	nurse [nɜ:s]
Leber	liver [ˈlɪvə]
Lippe	lip [lɪp]
Lunge	lungs [lʌŋz]
Magen	stomach [ˈstʌmək]
Mandeln	tonsils [ˈtɒnslz]
Menstruation	menstruation [ˌmenstrʊˈeɪʃn]
Mund	mouth [maʊθ]
Muskel	muscle [ˈmʌsl]
nähen	stitch up [ˈstɪtʃ‿ˈʌp]
Narbe	scar [skɑ:]
Narkose	anaesthetic [ˌænɪsˈθetɪk]
Nase	nose [nəʊz]
Nerv	nerve [nɜ:v]
Niere	kidney [ˈkɪdnɪ]
Ohr	ear [ɪə]
Operation	operation [ˌɒpəˈreɪʃn]
Prothese	artifical limb [ˌɑ:tɪˈfɪʃl ˈlɪm]
Puls	pulse [pʌls]
Rippe	rib [rɪb]
röntgen	X-ray [ˌeksˈreɪ]
Röntgenaufnahme	X-ray [ˌeksˈreɪ]
Rückgrat	spine [spaɪn]
Schienbein	shin [ʃɪn]
Schiene	splint [splɪnt]
Schlüsselbein	collarbone [ˈkɒləbəʊn]
Schulter	shoulder [ˈʃəʊldə]
Schwangerschaft	pregnancy [ˈpregnənsɪ]
Speiseröhre	gullet [ˈgʌlɪt]
Sprechstunde	surgery (hours) [ˈsɜ:dʒərɪ (ˌaʊəz)]
Spritze	injection [ɪnˈdʒekʃn]
Station	ward [wɔ:d]

Stuhlgang .... bowel movement [ˈbaʊəl ˌmuːvmənt]
Trommelfell .... eardrum [ˈɪədrʌm]
Ultraschalluntersuchung .... ultrasound (scan) [(ˈʌltrəsaʊnd) skæn]
Unterleib .... abdomen [ˈæbdəmən]
Untersuchung .... examination [ɪgˌzæmɪˈneɪʃn]
Urin .... urine [ˈjʊərɪn]
Verband .... dressing [ˈdresɪŋ]; bandage [ˈbændɪdʒ]
verbinden .... dress [dres]
Verdauung .... digestion [dɪˈdʒestʃn]
verschreiben .... prescribe [prɪsˈkraɪb]
Versichertenkarte .... medical insurance card [ˈmedɪkl‿ɪnˈʃʊərns ˈkɑːd]
Virus .... virus [ˈvaɪərəs]
Wartezimmer .... waiting room [ˈweɪtɪŋruːm]
Wirbelsäule .... spine [spaɪn]
Zunge .... tongue [tʌŋ]
Zwölffingerdarm .... duodenum [ˌdjuːəˈdiːnəm]

Beim Zahnarzt

Ich habe (starke) Zahnschmerzen.
I've got (terrible) toothache. [aɪv gɒt (ˈterəbl) ˈtuːθeɪk]

Dieser Zahn (oben/unten/vorn/hinten) tut weh.
This tooth (at the top/bottom/front/back) hurts.
[ˈðɪs ˌtuːθ (ət ðə ˈtɒp/ˈbɒtəm/ˈfrʌnt/ˈbæk) ˈhɜːts]

Ich habe eine Füllung verloren.
I've lost a filling. [aɪv lɒst‿ə ˈfɪlɪŋ]

Mir ist ein Zahn abgebrochen.
I've broken a tooth. [aɪv ˈbrəʊkən‿ə ˈtuːθ]

Ich behandle ihn nur provisorisch.
I'll only do a temporary job. [aɪl‿ˈəʊnlɪ dʊ‿ə ˈtemprərɪ dʒɒb]

Geben Sie mir bitte eine Spritze.
I'd like an injection, please. [aɪd laɪk‿ən‿ɪnˈdʒekʃn pliːz]

Geben Sie mir bitte keine Spritze.
I don't want an injection. [aɪ ˈdəʊnt wɒnt‿ən‿ɪnˈdʒekʃn]

Backenzahn	molar [məʊlə]
Brücke	bridge [brɪdʒ]
Kiefer	jaw [dʒɔː]
Krone	crown [kraʊn]
Loch	cavity [ˈkævɪtɪ]
Plombe	filling [ˈfɪlɪŋ]
Schneidezahn	incisor [ɪnˈsaɪzə]
Weisheitszahn	wisdom tooth [ˈwɪzdəm tuːθ]
Zahn	tooth [tuːθ]; teeth [tiːθ]
Zahnfäule	*(Karies)* tooth decay [tuːθ dɪˈkeɪ]
Zahnfleisch	gums [gʌmz]
Zahnprothese	dentures [ˈdentʃəz]
Zahnschmerzen	toothache [ˈtuːθeɪk]
Zahnspange	brace [breɪs]
Zahnstein	tartar [ˈtɑːˈtɑː]
ziehen	take out [ˌteɪk‿ˈaʊt]

BANKGESCHÄFTE TÄTIGEN

Können Sie mir bitte sagen, wo hier eine Bank/eine Wechselstube ist?
Can you tell me where the nearest bank/bureau de change is, please? [kən‿jʊ tel miː weə ðə ˈnɪərɪst ˈbæŋk/ˈbjʊərəʊ də ˈʃɔ̃ːnʒ ɪz pliːz]

Ich möchte … Euro (Schweizer Franken) in £ ($) wechseln.
I'd like to change … euros (Swiss francs) into pounds (dollars). [aɪd laɪk tə tʃeɪnʒ jʊərəʊz (ˈswɪs ˈfræŋks) ˈɪntə ˈpaʊndz (ˈdɒləz)]

Können Sie mir bitte sagen, wie heute der Wechselkurs ist?
Can you tell me what the exchange rate is today, please? [kən‿jʊ tel miː wɒt ðɪ ɪksˈtʃeɪnʒˌreɪt ɪz təˈdeɪ pliːz]

Ich möchte … einlösen.
I'd like to change … [aɪd laɪk tə tʃeɪnʒ]

– ***diesen Reisescheck***
this traveller's-cheque. [ðɪs ˈtrævləz ˈtʃek]

Auf welchen Betrag kann ich ihn maximal ausstellen?
What's the maximum I can cash on one cheque?
[ˈwɒts ðə ˈmæksɪməm‿aɪ kən ˌkæʃ‿ɒn ˈwʌn ˈtʃek]

Ihre Scheckkarte, bitte.
Can I see your cheque card, please? [kən‿aɪ siː jɔː ˈtʃekkɑːd pliːz]

Darf ich bitte ... sehen?
May I see ..., please? [meɪ‿aɪ siː … pliːz]

- ***Ihren Ausweis***
  your identity card [jɔː aɪˈdentɪtɪkɑːd]
- ***Ihren Pass***
  your passport [jɔː ˈpɑːspɔːt]

Würden Sie bitte hier unterschreiben?
Sign here, please. [saɪn ˈhɪə pliːz]

Der Geldautomat akzeptiert meine Karte nicht.
The cashpoint does not accept my card.
[ðə ˈkæʃ pɔɪnt dʌz nɒt əkˈsept maɪ ˈkɑːd]

Der Geldautomat gibt meine Karte nicht mehr heraus.
The cashpoint has swallowed my card.
[ðə ˈkæʃ pɔɪnt həz ˈswɒləʊd maɪ ˈkɑːd]

abheben	withdraw [wɪθˈdrɔː]
auszahlen	pay out [ˌpeɪ‿ˈaʊt]
Bank	bank [bæŋk]
Bankkarte	bank card [ˈbæŋk kɑːd]
bar, Bargeld	cash [kæʃ]
Bearbeitungsgebühr	service charge [ˈsɜːvɪs ˈtʃɑːdʒ]
Betrag	amount [əˈmaʊnt]
Cent	cent [sent]
Chipkarte	chip card [tʃɪp kɑːd]
Devisen	foreign currency [ˈfɒrən ˈkʌrənsɪ]
Euro	euro [ˈjʊərəʊ]
Eurochequekarte	eurocheque card [ˈjʊərəʊtʃek kɑːd]
Formular	form [fɔːm]
Geheimzahl	Personal Identification Number (PIN) [ˈpɜːsnəl aɪˈdentɪfɪˈkeɪʃən ˌnʌmbə]
Geld	money [ˈmʌnɪ]
Geldautomat	cashpoint [ˈkæʃ pɔɪnt]
Geldanweisung	transfer [ˈtrænsfɜː]
Girokonto	current account [ˈkʌrənt əˈkaʊnt]
Geldschein	banknote [ˈbæŋknəʊt]
Geldwechsel	exchange [ɪksˈtʃeɪnʒ]
Kleingeld	change [tʃeɪnʒ]
Konto	account [əˈkaʊnt]

Kreditkarte	credit card [ˈkredɪt kɑːd]
überzogen	*(Konto)* overdrawn [əʊvədrɔːn]
Münze	coin [kɔɪn]
Quittung	receipt [rɪˈsiːt]
Reisescheck	traveller's cheque [ˈtrævləz ˈtʃek]
Scheck	cheque [tʃek]; *(Am)* check [tʃek]
Schweizer Franken	Swiss franc(s) [ˈswɪs ˈfræŋk(s)]
Überweisung	transfer [ˈtrænsfɜː]
– ***telegrafische Überweisung***	telegraphic transfer [ˌtelɪˈgræfɪk ˈtrænsfɜː]
umtauschen	change [tʃeɪnʒ]
Unterschrift	signature [ˈsɪgnɪtʃə]
Währung	currency [ˈkʌrənsɪ]
Wechselkurs	exchange rate [ɪksˈtʃeɪnʒ ˌreɪt]
Zahlung	payment [ˈpeɪmənt]

FILMEN UND FOTOGRAFIEREN

Wären Sie wohl so freundlich, ein Foto von uns zu machen?
Would you mind taking a photo of us?
[wʊd jʊ maɪnd teɪkɪŋ ə ˌfəʊtəʊ əv ʌs]

Sie müssen auf diesen Knopf drücken.
You only have to press this button. [jʊ ˈəʊnlɪ hæf‿tə pres θɪs ˈbʌtn]

Die Entfernung/Blende stellt man so ein.
You set the distance/aperture like this.
[jʊ set ðə dɪstəns/ˈæpətʃjʊə laɪk θɪs]

Dürfte ich Sie fotografieren?
May I take a picture of you? [ˈmeɪ‿aɪ‿ teɪk‿ə ˈpɪktʃə‿əv jʊ]

Foto	photo(graph) [ˈfəʊtəʊ (grɑːf)]
Fotoapparat	camera [ˈkæmrə]
fotografieren	take a photo [ˈteɪk ə ˈfəʊtəʊ]
Hochformat	portrait format [ˈpɔːtreɪt ˌfɔːmæt]
Querformat	landscape format [ˈlænskeɪp ˌfɔːmæt]

ETWAS VERLOREN?

Wo ist das Fundbüro, bitte?
Where's the lost-property office, please?
[ˈweəz ðə ˌlɒstˈprɒpətɪ‿ˌɒfɪs pliːz]

Ich habe ... verloren.
I've lost ... [aɪv ˈlɒst]

Ich habe meine Handtasche im Zug vergessen.
I left my handbag on the train. [aɪ left maɪ ˈhænbæg ɒn ðə ˈtreɪn]

Würden Sie mich bitte benachrichtigen, wenn sie gefunden werden sollte?
Would you let me know if it turns up, please?
[wʊd‿jʊ let mɪ ˈnəʊ‿ɪf ɪt tɜːnz‿ʌp ˈpliːz]

Hier ist meine Hotelanschrift/Heimatadresse.
Here's the address of my hotel/my home address.
[ˈhɪəz ðɪ‿əˈdres‿əv maɪ həʊˈtel/maɪ ˈhəʊm‿əˈdres]

IM INTERNETCAFÉ

Wo gibt es in der Nähe ein Internetcafé?
Is there an Internet café near here? [ɪz ðeə ən ˈɪntənet ˈkæfeɪ nɪə hɪə]

Ich möchte ...
I'd like to ... [aɪd laɪk tə ...]

- ***im Internet surfen.***
  use the Internet. [juːz ðiː ˈɪntənet]
- ***einen Drucker benutzen.***
  use a printer. [juːz‿ ə ˈprɪntə]
- ***einen Scanner benutzen.***
  use a scanner. [juːz‿ ə ˈskænə]
- ***eine CD brennen.***
  burn a CD. [bɜːn‿ ə siː ˈdiː]

Wieviel kostet eine Stunde?/Viertelstunde?
What does it cost for an hour/a quarter of an hour?
[wɒt dəz‿ɪt ˈkɒst fə ən‿ˈaʊə/fə əˈ ˈkwɔːtə əv‿ən‿ˈaʊə]

Kann ich ... mit diesem Computer verbinden?
Can I connect ... to this computer?
[kən‿ aɪ kəˌnekt ... tə ðɪs kəmˌpjutə]

- ***meinen USB-Stick***
  my USB stick [maɪ juː es ˈbiː stɪk]
- ***meine Kamera***
  my camera [maɪ ˈkæmrə]

- ***meinen MP3-Player***
  my MP3 player [maɪ em piː ˈθriː pleɪə]

Gibt es einen Passwortschutz?
Is there password protection? [ɪz ðeə ˌpɑːswɜːd prəˈtekʃn]

Kann ich bei Ihnen skypen?
Can I skype here? [kən‿ aɪ ˈskaɪp hɪə]

Gibt es Kopfhörer mit Mikrofon?
Are there headphones with a microphone?
[ɑː ðeə ˌhedfəʊnz wɪð‿ə ˈmaɪkrəfəʊn]

Kann ich von hier ein Fax versenden?
Can I send a fax from here? [kən‿ˈaɪ send ə fæks frɒm hɪə]

Kann ich eine Seite ausdrucken?
Can I print out a page? [kən‿aɪ prɪnt ˈaʊt ə ˈpeɪdʒ]

Kann ich Daten herunterladen?
Can I download data? [kən‿aɪ daʊnləʊd deɪtə]

Kann ich ein(-e, -en) Speicherstick/Speicherkarte/iPod/Laptop/ Kamera/Mikrofon anschließen?
Can I connect a memory stick/memory card/iPod/laptop/camera/ microphone? [kən‿aɪ kəˈnekt ə ˈmemrɪ stɪk/ˈmemrɪ ˈkɑːd/aɪˈpɒd/ læptɒp/ˈkæmrə/ˈmaɪkrəʊfəʊn]

Bei mir klappt die Verbindung nicht.
I don't have a connection. [aɪ dəʊnt hæv ə kəˈnekʃn]

Ich habe Probleme mit dem Computer.
I have a problem with the computer.
[aɪ hæv ə ˈprɒblem wɪð ðə kəmˈpjuːtə]

Es gibt Probleme mit der Maus/mit dem Browser/Monitor.
There's a problem with the mouse/browser/monitor.
[ðeəz ə ˈprɒblem wɪð ðə maʊs/ˈbraʊzə/ˈmɒnətə]

Kann ich bei Ihnen Fotos von meiner Digitalkamera auf CD brennen?
Can I burn some photos from my digital camera onto CD here?
[kən‿aɪ ˈbɜːn sʌm fəʊtəʊz frɒm maɪ ˈdɪdʒɪtəl ˌkæmrə ɒntə siːˈdiː hɪə]

BEI DER POLIZEI

Könnten Sie mir bitte sagen, wo das nächste Polizeirevier ist?
Could you tell me where the nearest police station is, please?
[kʊd jʊ tel mi: ˈweə ðə ˈnɪərɪst pəˈli:s ˌsteɪʃn ɪz pli:z]

Ich möchte ... anzeigen.
I'd like to report ... [aɪd laɪk tə rɪˈpɔ:t‿]

- ***einen Diebstahl***
  a theft. [ə θeft]
- ***einen Überfall***
  a robbery. [ə ˈrɒbərɪ]

Mir ist ... gestohlen worden.
My ... has been stolen. [maɪ ... həz bɪn ˈstəʊlən]

- ***die Handtasche***
  handbag [ˈhænbæg]
- ***die Brieftasche***
  wallet [ˈwɒlɪt]
- ***mein Fotoapparat***
  camera [ˈkæmrə]
- ***mein Auto/mein Fahrrad***
  car/bike [ˈkɑ:/ˈbaɪk]

Mein Auto ist aufgebrochen worden.
My car has been broken into. [maɪ ˈkɑ: həz bɪn ˈbrəʊkn‿ˈɪntʊ]

Aus meinem Auto ist ... gestohlen worden.
... has been stolen from my car. [... həz bɪn ˈstəʊlən frəm maɪ ˈkɑ:]

Ich habe ... verloren.
I've lost ... [aɪv ˈlɒst]

Mein Sohn/Meine Tochter ist verschwunden.
My son/daughter is missing. [maɪ ˈsʌn/ˈdɔ:tə ɪz ˈmɪsɪŋ]

Dieser Mann belästigt mich.
This man is pestering me. [θɪs mæn ɪz ˈpestərɪŋ mɪ]

Ich bin überfallen/vergewaltigt worden.
I've been mugged/raped. [aɪv bɪn ˈmʌgd/ˈreɪpt]

Können Sie mir bitte helfen?
Can you help me, please? [ˈkən jʊ ˈhelp mɪ pli:z]

Ich möchte einen Anwalt sprechen.
I'd like to speak to a lawyer. [aɪd laɪk tə ˌspi:k tʊ ə ˈlɔ:jə]

Ihren Namen und Ihre Anschrift, bitte.
Your name and address, please. [jɔ: ˈneɪm‿ən‿əˈdres pli:z]

Wenden Sie sich bitte an das deutsche/österreichische/Schweizer Konsulat.
Please get in touch with the German/Austrian/Swiss consulate.
[pliːz get‿ɪn tʌtʃ wɪð ðə ˈdʒɜːmən/ðɪ‿ˈɒstrɪən/ðə ˈswɪs ˈkɒnsjʊlət]

anzeigen ... report [rɪˈpɔːt]
aufbrechen ... break into/open [breɪk‿ˈɪntʊ/ˈəʊpn]
Autoradio ... car radio [ˈkɑː ˈreɪdɪəʊ]
belästigen ... pester [ˈpestə]; harass [ˈhærəs]
beschlagnahmen ... confiscate [ˈkɒnfɪskeɪt]
Brieftasche ... wallet [ˈwɒlɪt]
Dieb ... thief [θiːf]
Diebstahl ... theft [θeft]
Gefängnis ... prison [ˈprɪzn]
Geldbörse ... purse [pɜːs]
Gericht ... court [kɔːt]
Kfz-Schein ... car registration documents [ˈkɑː ˌredʒɪsˈtreɪʃn ˈdɒkjʊmənts]
Kreditkarte ... credit card [ˈkredɪtkɑːd]
Papiere ... papers [ˈpeɪpəz]; documents [ˈdɒkjʊmənts]
Personalausweis ... identity card [aɪˈdentɪtɪ kɑːd]
Polizei ... police [pəˈliːs]
Polizeiwagen ... police car [pəˈliːs kɑː]
Polizist/in ... policeman/policewoman [pəˈliːsmən/pəˈliːsˌwʊmən]
Rauschgift ... drugs [drʌgz]
Rechtsanwalt/-anwältin ... lawyer [ˈlɔːjə]
Reisepass ... passport [ˈpɑːspɔːt]
Richter/in ... judge [dʒʌdʒ]
Scheck ... cheque (*Am* check) [tʃek]
Scheckkarte ... cheque card [ˈtʃekkɑːd]
Schlüssel ... key [kiː]
schmuggeln ... smuggle [ˈsmʌgl]
Schuld ... guilt [gɪlt]
sexuelle Belästigung ... sexual harassment [ˈseksjʊəl ˈhærəsmənt]
Taschendieb ... pickpocket [ˈpɪkˌpɒkɪt]
Überfall ... attack [əˈtæk]; mugging [ˈmʌgɪŋ]
Untersuchungshaft ... police custody [pəˈliːs ˈkʌstədɪ]
Verbrechen ... crime [kraɪm]
Vergewaltigung ... rape [reɪp]
verhaften ... arrest [əˈrest]
verlieren ... lose [luːz]
Zeuge ... witness [ˈwɪtnɪs]
zusammenschlagen ... beat up [ˈbiːt‿ˈʌp]

AUF DER POST

Können Sie mir bitte sagen, wo ... ist?
Can you tell me where ... is, please? [kən‿jʊ tel miː ˈweə … ɪz pliːz]

- ***das nächste Postamt***
  the nearest post office [ðə ˈnɪərɪst ˈpəʊst ˌɒfɪs]
- ***der nächste Briefkasten***
  the nearest postbox [ðə ˈnɪərɪst ˈpəʊst bɒks]

Was kostet ein Brief/eine Postkarte ...
How much is a letter/postcard ... [ˈhaʊ ˈmʌtʃ ɪz‿ə ˈletə/ˈpəʊstkɑːd]

- ***nach Deutschland?***
  to Germany? [tə ˈdʒɜːmənɪ]
- ***nach Österreich?***
  to Austria? [tʊ‿ˈɒstrɪə]
- ***in die Schweiz?***
  to Switzerland? [tə ˈswɪtsələnd]

Drei Briefmarken zu ... Pence, bitte.
Three ... p stamps, please. [ˈθriː … piː ˈstæmps pliːz]

Diesen Brief bitte per ...
I'd like to send this letter ... [aɪd laɪk tə send ðɪs ˈletə]

- ***Luftpost.***
  by airmail. [baɪ‿ˈeəmeɪl]
- ***Express.***
  express. [ɪksˈpres]

Haben Sie Sondermarken?
Do you have any special issue stamps?
[du jʊ ˈhæv enɪ ˈspeʃəl‿ˈɪʃuː stæmps]

Absender	sender [ˈsendə]
Adresse	address [əˈdres]
ausfüllen	fill in [fɪl‿ˈɪn]
Brief	letter [ˈletə]
Briefkasten	post-box [ˈpəʊstbɒks]
Briefmarke	stamp [stæmp]
Eilbrief	express letter [ɪksˈpres ˈletə]
Einschreibebrief	registered letter [ˈredʒɪstəd ˈletə]
Empfänger	addressee [ˌædreˈsiː]
Formular	form [fɔːm]
frankieren	stamp [stæmp]
Gebühr	charge [tʃɑːdʒ]; fee [fiː]
Gewicht	weight [weɪt]
Hauptpostamt	main post office [ˈmeɪn ˈpəʊstˌɒfɪs]
Leerung	collection [kəˈlekʃn]

Luftpost, mit	by airmail [baɪ‿ˈeəmeɪl]
nachsenden	forward [ˈfɔːwəd]
Päckchen	small packet [ˈsmɔːl ˌpækɪt]
Paket	parcel [ˈpɑːsl]
Porto	postage [ˈpəʊstɪdʒ]
Postamt	post office [ˈpəʊstˌɒfɪs]
Postanweisung	money order [ˈmʌnɪ ˌɔːdə]
Postkarte	postcard [ˈpəʊskɑːd]
postlagernd	poste restante [ˈpəʊst rɪˈstænt]
Postleitzahl	post code [ˈpəʊskəʊd]; *(Am)* zip code [ˈzɪpkəʊd]
Sondermarke	special issue stamp [ˈspeʃl‿ˈɪʃuː stæmp]
Telefax	fax [fæks]
Vordruck	form [fɔːm]
Wertangabe	declaration of value [ˌdekləˈreɪʃn‿əv ˈvæljuː]
Zollerklärung	customs declaration [ˈkʌstəmz ˌdekləˈreɪʃn]

Bitte warten Sie...

Beim Telefonieren mit Firmen und Büros brauchen Sie einen ganz eigenen Wortschatz. Meist muss man sich erst eine endlose Bandansage anhören (**Your call may be monitored for training and quality purposes**) und wird dann durch ein Menü geschleust, bis man dann (hoffentlich) mit der richtigen Person verbunden ist. (**Please select one of the following options: If you require tickets for today, press one. If you are calling to cancel your booking, press two.**) Wenn Sie dann endlich mit jemandem sprechen, dauert es wieder ewig, bis die richtigen Informationen auf dem Bildschirm aufgerufen sind (**Bear with me ... Bear with me ...**). Wenn Sie Pech haben, müssen Sie dann wieder warten (**I'll pop you on hold. I need to ask my manager.**) und sich dabei auch noch eine unsägliche Musik anhören ...

Ich möchte nach ... telefonieren.
I'd like to phone ... [aɪd laɪk tə fəʊn ...]

Wie viel kostet es pro Minute?
How much does it cost per minute? [haʊ mʌtʃ dəz‿ɪt kɒst pə ˈmɪnɪt]

In welche Kabine soll ich gehen?
Which booth shall I use? [wɪtʃ ˈbuːð ʃəl‿ aɪ ˌjuːz]

Ich möchte ...
I'd like ...

- ***eine Telefonkarte.***
  a phone card. [ə ˈfəʊn kɑːd]
- ***ein R-Gespräch führen.***
  to reverse the charges. [tə rɪˈvɜːs ðə ˈtʃɑːdʒɪz] *(Am)*
  to call collect. [tə kɔːl kəˈlekt]

Wie ist bitte die Vorwahl von ...?
What's the area code for ...? [ˈwɒts ðə ˈeərɪə ˈkəʊd fə]

Ein Telefongespräch führen

Hier spricht ...
This is ... speaking. [ˈðɪs‿ɪz ... ˈspiːkɪŋ]

Hallo, mit wem spreche ich, bitte?
Hello, who's speaking, please? [ˌhəˈləʊ ˈhuːz ˈspiːkɪŋ pliːz]

Kann ich bitte Herrn/Frau ... sprechen?
Can I speak to Mr/Mrs ..., please?
[kən‿aɪ ˈspiːk tə ˈmɪstə/ˈmɪsɪz ... pliːz]

Tut mir leid, er/sie ist nicht da.
I'm sorry, he's/she's not here. [aɪm ˈsɒrɪ hiːz/ʃiːz ˈnɒt ˈhɪə]

Möchten Sie eine Nachricht hinterlassen?
Would you like to leave a message? [wʊd‿jʊ ˈlaɪk tə ˈliːv‿ə ˈmesɪdʒ]

Anruf	(phone) call [(ˈfəʊn)kɔːl]
Anrufbeantworter	answering machine [ˈɑːnsərɪŋ məˈʃiːn]
anrufen	phone [fəʊn]; call [kɔːl]
Auskunft	directory enquiries [dɪˈrektrɪ‿ɪnˈkwaɪərɪz]
Auslandsgespräch	international call [ˌɪntəˈnæʃənl kɔːl]
besetzt	engaged [ɪnˈgeɪdʒd]
Ferngespräch	long-distance call [ˌlɒŋ ˈdɪstəns kɔːl]
Gebühr	charge [tʃɑːdʒ]
Gespräch	call [kɔːl]
Handy	mobile (phone) [ˈməʊbaɪl (ˈfəʊn)]
Hörer	receiver [rɪˈsiːvə]
Münzfernsprecher	payphone [ˈpeɪfəʊn]
Ortsgespräch	local call [ˈləʊkl kɔːl]
R-Gespräch	reverse charge call [rɪˈvɜːs ˈtʃɑːdʒ ˈkɔːl]
Telefon	telephone [ˈtelɪfəʊn]
Telefonbuch	telephone directory [ˈtelɪfəʊn dɪˈrektrɪ]
Telefonkarte	phonecard [ˈfəʊnkɑːd]
Telefonnummer	phone number [ˈfəʊn ˌnʌmbə]
Telefonzelle	phone box [ˈfəʊnbɒks]

Verbindung	line [laɪn]
Vorwahlnummer	area code [ˈeərɪə ˈkəʊd]
wählen	dial [ˈdaɪl]

MIT DEM HANDY

Mein Akku ist leer. Haben Sie ein Ladekabel für mich?
My phone needs charging. Do you have a charger cable for me?
[maɪ ˈfəʊn niːdz ˈtʃɑːʤɪŋ dʊ jʊ hæv‿ ə ˈtʃɑːdʒə keɪbl fə miː]

Ich möchte meine Karte aufladen.
I'd like to top up my card. [aɪd laɪk tə tɒp‿ʌp maɪ ˈkɑːd]

Mein Provider ist ...
My service provider is ... [maɪ ˌsɜːvɪs prəˈvaɪdə ɪs]

Ich hätte gerne ...
I'd like ..., please. [aɪd laɪk ... pliːz]

- *ein Handy mit einer Prepaid-Karte.*
  a mobile phone with a prepaid card.
  [ə ˌməʊbaɪl ˈfəʊn wɪð‿ə ˌpriːpeɪd ˈkɑːd]
  (Am) a cell phone with a prepaid card.
  [ə ˈsel fəʊn wɪð‿ə ˌpriːpeɪd ˈkɑːd]
- *eine SIM-Karte.*
  a SIM card. [ə sɪm ˈkɑːd]

Geben Sie mir bitte eine Tarifübersicht.
Please give me a list of charges. [pliːz gɪv mɪ ə lɪst əv ˈtʃɑːdʒɪz]

Haben Sie Guthabenkarten der Mobilfunkgesellschaft...?
Have you got prepaid cards of the mobile communications provider ...?
[həv jʊ gɒt prɪ peɪd ˈkɑːdz əv ðə ˈməʊbaɪl kɒmjuːˈnɪkeɪʃnz prəˈvaɪdə]

Ladegerät	charger [ˈtʃɑːdʒə]
Prepaid-Guthaben	prepaid credit [ˌpriːpeɪd ˈkredɪt]
SIM-Karte	SIM card [ˈsɪm kɑːd]
Smartphone	smartphone [ˈsmɑːtfəʊn]

TOILETTE UND BAD

Ich muss mal ...

... dürfen nur Kinder sagen – und schon wird ihnen der Weg gewiesen. Wie aber kommt man als Erwachsener zum besagten Ort? Sie erkundigen sich nach dem **ladies** oder **gents**; in öffentlichen Gebäuden wie Restaurants fragen Sie **Excuse me, please, where is the restroom/ ladies' room/men's room?**

Wo ist bitte die Toilette?
Where is the toilet, please? [weə ɪz ðə ˈtɔɪlɪt pliːz]

Dürfte ich bei Ihnen die Toilette benutzen?
May I use your toilet? [ˈmeɪ‿aɪ juːz jɔː ˈtɔɪlɪt] *(Am)*

May I use your bathroom? [ˈmeɪ‿aɪ juːz jɔː ˈbɑː θruːm]

Würden Sie mir bitte den Schlüssel für die Toiletten geben?
Would you give me the key for the toilet, please?
[ˈwʊd‿jʊ gɪv miː ðə kiː fə‿ðə ˈtɔɪlɪt pliːz]

Damen	Ladies [ˈleɪdɪz]
Damenbinden	sanitary towels [ˈsænɪtrɪ ˈtaʊəlz]
Handtuch	towel [ˈtaʊəl]
Handwaschbecken	washbasin [ˈwɒʃˌbeɪsn]
Herren	Gents [dʒents]
Kabine	cubicle [ˈkjuːbɪkəl]
sauber	clean [ˈkliːn]
schmutzig	dirty [ˈdɜːtɪ]
Seife	soap [səʊp]
Tampons	tampons [ˈtæmpɒnz]
Toilettenpapier	toilet-paper [ˈtɔɪlɪtˌpeɪpə]
die Toilette spülen	flush the toilet [flʌʃ ðə ˈtɔɪlɪt]

ÜBER DAS WETTER REDEN

Was für ein herrliches/schreckliches Wetter!
What wonderful/terrible weather! [ˈwɒt wʌndəfəl/ˈterəbl weðə]

Wie ist das Wetter?
What's the weather like? [wɒts ðə ˈweðə laɪk]

Es ist …
It is … [ɪt‿ ɪz]

Es ist sehr kalt/heiß/schwül.
It's very cold/hot/close. [ɪts verɪ ˈkəʊld/ˈhɒt/ˈkləʊs]

Es ist neblig/windig.
It's foggy/windy. [ɪts ˈfɒgɪ/ˈwɪndɪ]

Es bleibt schön/schlecht.
It's going to stay fine/bad. [ɪts ˈgəʊɪŋ tə steɪ ˈfaɪn/ˈbæd]

Es wird wärmer/kälter.
It's going to get warmer/colder. [ɪts ˈgəʊɪŋ tə get ˈwɔːmə/ˈkəʊldə]

Es wird regnen/schneien.
It's going to rain/snow. [ɪtsˈ gəʊɪŋ tə reɪn/ˈsnəʊ]

Es regnet in Strömen.
It's pouring (down). [ɪts ˈpɔːrɪŋ (daʊn)]

Es stürmt heftig.
It's blowing a gale. [ɪts ˈbləʊɪŋ‿ə geɪl]

Die Straßen sind glatt.
The roads are icy. [ðə ˈrəʊdz‿ər‿ˈaɪsɪ]

bewölkt	cloudy [ˈklaʊdɪ]
Blitz	lightning [ˈlaɪtnɪŋ]
Bö	gust of wind [ˌgʌst‿əv ˈwɪnd]
Donner	thunder [ˈθʌndə]
Ebbe	low tide [ˈləʊ ˈtaɪd]
Eis	ice [aɪs]
feucht	damp [dæmp]
Flaute	calm [kɑːm]
Flut	high tide [ˈhaɪ ˈtaɪd]
Frost	frost [frɒst]
Gewitter	thunderstorm [ˈθʌndəstɔːm]
Hagel	hail(stones) [heɪl (stəʊnz)]
heiß	hot [hɒt]
Hitze	heat [hiːt]
Hitzewelle	heatwave [ˈhiːtweɪv]
kalt	cold [kəʊld]
Luft	air [eə]
nass	wet [wet]
Nebel	fog [fɒg]
Nieselregen	drizzle [ˈdrɪzl]
Regen	rain [reɪn]
Regenschauer	shower [ˈʃaʊə]
regnerisch	rainy [ˈreɪnɪ]

Schnee	snow [snəʊ]
Schneematsch	slush [slʌʃ]
Schneeregen	sleet [sli:t]
Schneesturm	blizzard [blɪzəd]
schwül	humid ['hju:mɪd]
Sonne	sun [sʌn]
Sonnenschein	sunshine ['sʌnʃaɪn]
sonnig	sunny ['sʌnɪ]
Sturm	storm ['stɔ:m]; gale [geɪl]
Temperatur	temperature ['temprɪtʃə]
warm	warm [wɔ:m]
wechselhaft	changeable ['tʃeɪnʒəbl]
Wettervorhersage	weather forecast ['weðə ˌfɔ:kɑ:st]
Wind	wind [wɪnd]
Windstärke	wind-force ['wɪndfɔ:s]
Wolke	cloud [klaʊd]
Wolkenbruch	cloudburst [klaʊdbɜ:st]

Wörterbuch Englisch – Deutsch

A

abbey [ˈæbɪ] Abtei
abbreviation [əˌbriːvɪˈeɪʃn] Abkürzung
abdomen [ˈæbdəmən] Unterleib
able [ˈeɪbl]: **be ~ to** können
about [əˈbaʊt] etwa, ungefähr; *(zeitlich)* um, gegen; **~ noon/midday/lunch-time** [əˈbaʊt ˈnuːn/ˈmɪddeɪ/ˈlʌntʃtaɪm] gegen Mittag; **~ this time** [əˈbaʊt ðɪs ˈtaɪm] um diese Zeit
abroad [əˈbrɔːd] im Ausland
abscess [ˈæbsɪs] Abszess
accelerator [əkˈseləreɪtə] Gaspedal
accept [əkˈsept] *(Einladung)* zusagen
accessible [əkˈsesəbl] barrierefrei
accessibility [ækˌsesɪˈbɪlɪtɪ] Zugänglichkeit
accident [ˈæksɪdənt] Unfall
accommodation [əˌkɒməˈdeɪʃn] Unterkunft
accompany [əˈkʌmpənɪ] begleiten
accompanying person [əkʌmpənɪɪŋ pɜːsn] Begleitperson
account [əˈkaʊnt] Konto
acquaintance [əˈkweɪntəns] Bekannte/r
across [əˈkrɒs] (quer) durch
act [ˈækt] *(als Substantiv)* Handlung; *(als Verb)* handeln
action film [ˈækʃən ˈfɪlm] Actionfilm
activity tracker [ækˈtɪvətiˈtrækə] Fitnessarmband
actor, **actress** [ˈæktə/ˈæktrɪs] Schauspieler(in)
actual(ly) [ˈæktʃʊəl(ɪ)] eigentlich
acupuncture [ˈækjʊˈpʌŋktʃə] Akupunktur
adapter [əˈdæptə] Adapter
add [æd] hinzufügen
additional [əˈdɪʃənl] zusätzlich; **~ costs** [əˈdɪʃənl ˈkɒsts] Nebenkosten
address [əˈdres] Adresse
addressee [ˌædreˈsiː] Empfänger
administration [ədˌmɪnɪsˈtreɪʃn] Verwaltung
admission charge [ədˈmɪʃn ˈtʃɑːdʒ] Eintrittspreis
admission ticket [(ədˈmɪʃn) ˈtɪkɪt] Eintrittskarte
adult [ˈædʌlt] Erwachsene/r
advance booking [ədˈvɑːns ˈbʊkɪŋ] Vorverkauf
advantage [ədˈvɑːntɪdʒ] Vorteil
aerobics [eəˈrəʊbɪks] Aerobic
afraid (of) [əˈfreɪd] sich fürchten (vor)
after [ˈɑːftə] nach
afternoon [ˌɑːftəˈnuːn] Nachmittag
after-shave lotion [ˈɑːftəʃeɪv ˌləʊʃn] Rasierwasser
afterwards [ˈɑːftəwədz] danach
again [əˈgen] wieder
against [əˈgenst] gegen; **be ~ it** [biː əˈgenst‿ɪt] dagegen sein
age [eɪdʒ] Alter
agency [ˈeɪdʒənsɪ] Agentur
agree on [əˈgriː‿ɒn] vereinbaren
agreeable [əˈgrɪəbl] angenehm
aid [eɪd] Hilfe
aim [eɪm] Ziel
air [eə] Luft
airbed [ˈeəbed] Luftmatratze
air-conditioning [ˈeəkənˌdɪʃnɪŋ] Klimaanlage
airline [ˈeəlaɪn] Fluggesellschaft
airport [ˈeəpɔːt] Flughafen
airport bus [ˈeəpɔːt ˈbʌs] Flughafenbus
airport tax [ˈeəpɔːt ˈtæks] Flughafengebühr
alarm system [əˈlɑːm ˈsɪstəm] Alarmanlage
alarmed [əˈlɑːmd] erschrocken
allergy [ˈælədʒɪ] Allergie
alley [ˈælɪ] Gasse
allowed [əˈlaʊd] zulässig; **be ~ to** [biː əˈlaʊd tuː] dürfen
almond [ˈɑːmənd] Mandel
almost [ˈɔːlməʊst] fast
alone [əˈləʊn] allein
already [ɔːlˈredɪ] bereits, schon
also [ˈɔːlsəʊ] auch
altar [ˈɔːltə] Altar
although [ɔːlˈðəʊ] obwohl
always [ˈɔːlweɪz] immer
ambulance [ˈæmbjʊləns] Krankenwagen
America [əˈmerɪkə] Amerika
American [əˈmerɪkn] Amerikaner(in)
among [əˈmʌŋ] *(zwischen mehreren)* zwischen, unter
amount [əˈmaʊnt] Betrag, Summe
amphitheatre [ˈæmfɪˌθɪətə] Amphitheater
amusement park [əˈmjuːzmntpɑːk] Vergnügungspark
anaesthetic [ˌænɪsˈθetɪk] Narkose
ancient [ˈeɪnʃnt] antik
and [ænd] und
angina [ænˈdʒaɪnə] Angina
angry [ˈæŋgrɪ] verärgert, wütend
animal [ˈænɪml] Tier
ankle [ˈæŋkl] Knöchel

announce [əˈnaʊns] bekannt geben
announcement [əˈnaʊnsmənt] Mitteilung
annoying [əˈnɔɪɪŋ] lästig; ärgerlich
annual(ly) [ˈænjʊəl(ɪ)] jährlich
anorak [ˈænəræk] Anorak
answer [ˈɑːnsə] (be)antworten
answering machine [ˈɑːnsərɪŋ məˈʃiːn] Anrufbeantworter
antibiotics [ˌæntɪbaɪˈɒtɪks] Antibiotika
anti-freeze [ˈæntɪfriːz] Frostschutzmittel
antique shop [ænˈtiːk ʃɒp] Antiquitätengeschäft
any [ˈenɪ] jeder beliebige; *(bei Fragen, Bedingung)* irgendein(e); *(bei Verneinung)* kein(e)
anybody [ˈenɪˌbɒdɪ] *(jeder beliebige)* jede(r, -s); *(in Fragen)* irgendjemand; *(bei Verneinung)* niemand
apartment [əˈpɑːtmənt] Am Wohnung
apologize [əˈpɒlədʒaɪz] sich entschuldigen
appendicitis [əˌpendɪˈsaɪtɪs] Blinddarmentzündung
appetite [ˈæpɪtaɪt] Appetit
applause [əˈplɔːz] Beifall
apple [ˈæpl] Apfel
appointment [əˈpɔɪntmənt] Termin
apricot [ˈeɪprɪkɒt] Aprikose
April [ˈeɪprl] April
aqua cycling [ˈækwəˌsaɪklɪŋ] Aquacycling
aqua jogging [ˈækwə dʒɒgɪŋ] Aquajogging
arch [ɑːtʃ] Bogen
archaeology [ˌɑːkɪˈɒlədʒɪ] Archäologie
architect [ˈɑːkɪtekt] Architekt(in)
architecture [ˈɑːkɪtektʃə] Architektur
area [ˈeərɪə] Gegend
area code [ˈeərɪə ˈkəʊd] Vorwahlnummer
arm [ɑːm] Arm
armchair [ˈɑːmˈtʃeə] Sessel
aroma bath [ˈærəumæ ˈbɑːθ] Aromabad
around [əˈraʊnd] um; ungefähr
arrest [əˈrest] verhaften
arrival [əˈraɪvl] Ankunft
arrive [əˈraɪv] ankommen
art [ɑːt] Kunst
art dealer [ˈɑːt ˈdiːlə] Kunsthändler(in)
Art Nouveau [ˈɑː nuːˈvəʊ] Jugendstil
artichoke [ˈɑːtɪtʃəʊk] Artischocke
artifical limb [ˌɑːtɪˈfɪʃl ˈlɪm] Prothese
arts and crafts [ˈɑːts‿ən ˈkrɑːfts] Kunstgewerbe
as [æz] *(Grund)* da; **~ soon ~ possible** so bald wie möglich
ashtray [ˈæʃtreɪ] Aschenbecher
ask [ɑːsk] fragen; **ask for** bitten um
asparagus [əˈspærəgəs] Spargel
aspirin [ˈæsprɪn] Aspirin®
association [əˌsəʊsɪˈeɪʃn] Verein
asthma [ˈæsmə] Asthma
at [æt] *(Zeitangabe)* um
at best [ət ˈbest] höchstens
at ground level [ət graʊnd levl] ebenerdig
at least [ət ˈliːst] mindestens; wenigstens
at lunchtime [ət ˈlʌnʃtaɪm] mittags
at night [ət ˈnaɪt] nachts
at once [ət ˈwʌns] gleich, sofort
at short notice [ət ˈʃɔːt ˈnəʊtɪs] kurzfristig
at the most [ət ðə ˈməʊst] höchstens
at the weekend [ət ðə ˌwiːkˈend] am Wochenende
athletics [æθˈletɪks] Leichtathletik
Atlantic [ətˈlæntɪk] Atlantik
attack [əˈtæk] *(als Substantiv)* Überfall; *(als Verb)* überfallen
attendant [əˈtendənt] *(im Schwimmbad)* Bademeister, in
attention [əˈtenʃn] Achtung
au gratin [ˌəʊˈgrætæŋ] überbacken
aubergine [ˈəʊbəʒiːn] Aubergine
August [ˈɔːgəst] August
Austria [ˈɔːstrɪə] Österreich
Austrian [ˈɔːstrɪən] Österreicher(in)
authority [ɔːˈθɒrɪtɪ] Behörde
automated teller machine [ˈɔːtəmeɪtɪd ˈtelə məˈʃiːn] Geldautomat
automatic [ˌɔːtəˈmætɪk] automatisch
automatic (transmission) [ˌɔːtəˈmætɪk (trænzˈmɪʃn)] Automatik(getriebe)
autumn [ˈɔːtəm] Herbst
average [ˈævrɪdʒ] *(als Adjektiv)* durchschnittlich
avocado [ˌævəˈkɑːdəʊ] Avocado
awake [əˈweɪk] wach
aware of [əˈweər‿əv] bewusst
away [əˈweɪ] weg, fort
awful [ˈɔːfʊl] schrecklich
Ayurveda [aɪ jɔːv eɪdæ] Ayurveda

B

B road [ˈbiːrəʊd] Landstraße
baby [ˈbeɪbɪ] Baby
baby food [ˈbeɪbɪ fuːd] Babynahrung
baby intercom [beɪbɪ ˈɪntəkɒm] Babyfon®
baby lift [beɪbɪ lɪft] Babylift
baby seat [beɪbɪ siːt] Babyschale *(fürs Auto)*

baby's bottle [ˈbeɪbɪz bɒtl] Trinkflasche
baby's changing table [ˈbeɪbɪz tʃeɪndʒɪŋ teɪbl] Wickeltisch
babysitter [ˈbeɪbɪˌsɪtə] Babysitter(in)
babysitting service [ˈbeɪbɪˌsɪtɪŋ ˈsɜːvɪs] Kinderbetreuung
bachelor [ˈbætʃələ] Junggeselle
back [bæk] *(Körperteil)* Rücken; *(als Adverb)* zurück
backache [ˈbækeɪk] Rückenschmerzen
backwards [ˈbækwədz] rückwärts
bacon [beɪkn] (Frühstücks-)Speck
bad [bæd] *(als Adjektiv)* schlecht
badly [ˈbædlɪ] schlecht
badminton [ˈbædmɪntən] Badminton, Federball *(das Spiel)*
bag [bæg] Handtasche; *(aus Plastik)* Tüte
baggage [ˈbægɪdʒ] Am Gepäck
baggage check-in [ˈbægɪdʒ ˈtʃekɪn] Gepäckabfertigung
baggage reclaim [ˈbægɪdʒ ˌriːˈkleɪm] Gepäckausgabe
baked [beɪkt] gebacken
baker's [ˈbeɪkəz] Bäckerei
balcony [ˈbælkənɪ] Balkon
ball [bɔːl] Ball
ballet [ˈbæleɪ] Ballett
ballpoint pen [ˈbɔːlpɔɪnt ˈpen] Kugelschreiber
banana [bəˈnɑːnə] Banane
band [bænd] Band
bandage [ˈbændɪdʒ] Verband
bank [bæŋk] *(Geldinstitut)* Bank; *(bei Flüssen)* (Fluss-)Ufer
banknote [ˈbæŋknəʊt] Geldschein
bar [bɑː] Bar
bar of chocolate [ˈbɑːr‿əv ˈtʃɒklət] Schokoriegel
barber's [ˈbɑːbəz] Herrenfriseur
Baroque [bəˈrɒk] Barock; barock
basil [ˈbæzl] Basilikum
basket [ˈbɑːskɪt] Korb
basketball [ˈbɑːskɪtbɔːl] Basketball
bath [bɑːθ] Badewanne
bathing shoe [ˈbeɪðɪŋ ˈʃuː] Badeschuh
bathing trunks [ˈbeɪðɪŋ trʌŋks] Badehose
bathrobe [ˈbɑːθrəʊb] Bademantel
bathroom [ˈbɑːθruːm] Badezimmer
battery [ˈbætrɪ] Batterie
battery charger [ˈbætrɪ ˈtʃɑːdʒə] Ladegerät
bay [beɪ] Bucht
bay-leaf [ˈbeɪlɪf] Lorbeer
be [biː] sein; sich befinden
beach [biːtʃ] Strand
beach shoe [biːtʃ ˈʃuː] Strandschuh
beach volleyball [biːtʃ ˈvɒlɪbɔːl] Beachvolleyball
bean [biːn] Bohne
beard [bɪəd] Bart
beat up [ˈbiːt‿ˈʌp] zusammenschlagen
beautiful [ˈbjuːtəfl] schön
because [bɪˈkɒz] weil, da
because of [bɪˈkɒz‿əv] wegen
become [bɪˈkʌm] werden
bed [bed] Bett
bed linen [ˈbedˌlɪnɪn] Bettwäsche
bedroom [ˈbedruːm] Schlafzimmer
bedside table [ˈbedsaɪd ˈteɪbl] Nachttisch
bee [biː] Biene
beef [biːf] Rindfleisch
beer [bɪə] Bier
before [bɪˈfɔː] *(zeitlich)* (be)vor, vorher
begin [bɪˈgɪn] anfangen
beginning [bɪˈgɪnɪŋ] Anfang
behind [bɪˈhaɪnd] hinter
beige [beɪʒ] beige
Belgian [ˈbeldʒən] Belgier(in)
Belgium [ˈbeldʒəm] Belgien
believe [bɪˈliːv] glauben
bell [bel] Klingel
belong to [bɪˈlɒŋ tuː] gehören
below [bɪˈləʊ] unten, unterhalb
belt [belt] Gürtel
bench [bentʃ] Sitzbank
bend [bend] Kurve
beside [bɪˈsaɪd] neben
besides [bɪˈsaɪdz] außerdem
best [best] beste(r, -s); **~ before** [best bɪˈfɔː] haltbar bis
better [ˈbetə] besser
between [bɪˈtwiːn] zwischen
bicycle [ˈbaɪsɪkl] Fahrrad
big [bɪg] groß
bike [baɪk] Fahrrad
bikini [bɪˈkiːnɪ] Bikini
bill [bɪl] Rechnung
bin [bɪn] Abfalleimer
bin liner [ˈbɪnˌlaɪnə] Abfallbeutel
bird [bɜːd] Vogel
bird reserve [bɜːd rɪˈzɜːv] Vogelschutzgebiet
biro [ˈbaɪrəʊ] Kuli
birthday [ˈbɜːθdeɪ] Geburtstag
biscuit [ˈbɪskɪt] Keks
bit [bɪt]: **a ~** ein bisschen
bite [baɪt] beißen
bitter [ˈbɪtə] bitter
black [blæk] schwarz
blackberry [ˈblækbri] Brombeere
bladder [ˈblædə] Blase
blank [ˈblæŋk] Rohling
blanket [ˈblæŋkɪt] Bettdecke; Wolldecke
blazer [ˈbleɪzə] Blazer
bleed [bliːd] bluten
bleeding [ˈbliːdɪŋ] Blutung

blender [ˌblendə] Mixer
blind [blaɪnd] blind
blind person [blaɪnd pɜːsn] Blinde/r
blood [blʌd] Blut
blood group [ˈblʌd gruːp] Blutgruppe
blood pressure: (high/low) ~ [(ˈhaɪ/ˈləʊ) ˈblʌd ˌpreʃə] (hoher/niedriger) Blutdruck
blood-poisoning [ˈblʌdˌpɔɪznɪŋ] Blutvergiftung
blouse [blaʊz] Bluse
blow-dry [ˈbləʊˈdraɪ] föhnen
blue [bluː] blau
blues [bluːz] Blues
board: half/full ~ [ˈhɑːf/ˈfʊl ˈbɔːd] Halb-/Vollpension
boarding card [ˈbɔːdɪŋ kɑːd] Bordkarte
body [ˈbɒdɪ] Körper
bodybuilding [ˈbɒdɪbɪldɪŋ] Bodybuilding
boil [bɔɪl] *(Wasser, Ei)* kochen
boiled [bɔɪld] gekocht
bone [bəʊn] Knochen
bonnet [ˈbɒnɪt] Motorhaube
book [bʊk] *(zum Lesen)* Buch; *(Platz, Tisch)* buchen
booking [ˈbʊkɪŋ] Buchung
booking-office [ˈbʊkɪŋˌɒfɪs] *(im Theater)* Theaterkasse
bookshop [ˈbʊkʃɒp] Buchhandlung
boot [buːt] *(Schuh)* Stiefel; GB Kofferraum
border [ˈbɔːdə] Grenze
boring [ˈbɔːrɪŋ] langweilig
born [bɔːn] geboren
borrow [ˈbɒrəʊ] leihen von
boss [bɒs] Chef(in)
botanic gardens [bəˈtænɪk ˈgɑːdnz] Botanischer Garten
both [bəʊθ] beide
bother [ˈbɒðə] stören, belästigen
bottle [ˈbɒtl] Flasche
bottle opener [ˈbɒtlˌəʊpnə] Flaschenöffner
bottle warmer [bɒtl wɔːmə] Fläschchenwärmer
boules [ˈbuːl] Boulespiel
bowel movement [ˈbaʊəl ˌmuːvmənt] Stuhlgang
bowl [bəʊl] Schüssel
box [bɒks] Kiste, Dose; *(im Theater)* Loge
box-office [ˈbɒksˌɒfɪs] Theaterkasse
boy [bɔɪ] Junge
boyfriend [ˈbɔɪfrend] Freund
bracelet [ˈbreɪslɪt] Armband
braille [breɪl] Braille
brain [breɪn] Gehirn
braised [breɪzd] geschmort
brake [breɪk] Bremse
brake fluid [ˈbreɪk ˌfluɪd] Bremsflüssigkeit
brake light [ˈbreɪkˌlaɪt] Bremslicht
brand [brænd] *(Marke)* Sorte
bread [bred] Brot
break into [breɪk‿ˈɪntʊ] einbrechen
break open [breɪk‿ˈəʊpn] aufbrechen
breakdown [ˈbreɪkdaʊn] *(Kollaps)* Zusammenbruch; *(Auto)* Panne
breakdown service [ˈbreɪkdaʊn ˈsɜːvɪs] Abschleppdienst, Pannendienst
breakdown vehicle [ˈbreɪkdaʊn ˌviːɪkl] Abschleppwagen
breakfast [ˈbrekfəst] Frühstück
breakfast room [ˈbrekfəstruːm] Frühstücksraum
breathe [briːð] atmen
breathing apparatus [briːðɪŋ ˌæpəˈreɪtəs] Sauerstoffgerät
bridge [brɪdʒ] Brücke
briefs [briːfs] Slip *(für Herren)*
bring [brɪŋ] herbringen; mitbringen; bringen
bring back [ˈbrɪŋ ˈbæk] zurückbringen
broad [brɔːd] breit
brochure [ˈbrəʊʃə] Prospekt
broken [ˈbrəʊkn] gebrochen, kaputt
bronchial tubes [ˈbrɒŋkjəl ˈtjuːbz] Bronchien
bronchitis [brɒŋˈkaɪtɪs] Bronchitis
bronze [brɒnz] Bronze
brooch [brəʊtʃ] Brosche
broom [bruːm] Besen
brother [ˈbrʌðə] Bruder
brother-in-law [ˈbrʌðərɪnlɔː] Schwager
brown [braʊn] braun
brown rye bread [braʊn raɪ bred] Schwarzbrot
bruise [bruːz] Prellung
brush [brʌʃ] Bürste
bucket [ˈbʌkɪt] Eimer
buffet breakfast [ˈbʊfeɪ ˈbrekfəst] Frühstücksbüfett
building [ˈbɪldɪŋ] Bauwerk; Gebäude
bulb [bʌlb] Glühbirne
bumper [ˈbʌmpə] Stoßstange
bungalow [ˈbʌŋgələʊ] Bungalow
bungee jumping [bʌndʒɪ dʒʌmpɪŋ] Bungeejumping
bunk bed [ˈbʌŋk ˌbed] Etagenbett
bureau de change [ˈbjʊərəʊ də ˈʃɔ̃ːnʒ] Wechselstube
burn [bɜːn] *(Wunde)* Verbrennung; *(in Flammen stehen)* brennen
bus [bʌs] Bus
bus station [ˈbʌs‿ˌsteɪʃn] Busbahnhof
bush [bʊʃ] Busch
but [bʌt] aber

butcher's [ˈbʊtʃəz] Metzgerei
butter [ˈbʌtə] Butter
buttermilk [ˈbʌtəmɪlk] Buttermilch
button [ˈbʌtn] Knopf
buy [baɪ] kaufen
by chance [baɪ ˈtʃɑːns] zufällig
bypass (operation) [ˈbaɪpɑːs‿(ˌɒpəˈreɪʃn)] Bypass

C

cabaret [ˈkæbəreɪ] Kabarett
cabbage [ˈkæbɪdʒ] Kohl
cabin [ˈkæbɪn] Kabine
cable railway [ˈkeɪbl ˈreɪlweɪ] Seilbahn
café [ˈkæfeɪ] Café
cake [keɪk] Kuchen
cake shop [ˈkeɪk ʃɒp] Konditorei
calculate [ˈkælkjʊleɪt] berechnen
call [kɔːl] Anruf; anrufen
call for [ˈkɔːl fɔː] abholen
call on [ˈkɔːl‿ɒn] besuchen
called: be ~ [bɪ ˈkɔːld] heißen
calm [kɑːm] still, ruhig; *(innere Ruhe)* Ruhe; *(Windstille)* Flaute
calm down [ˈkɑːm ˈdaʊn] sich beruhigen
camcorder [kæm‿kɔːdə] Camcorder
camera [ˈkæmrə] Fotoapparat
camomile tea [ˈkæməˌmaɪl tiː] Kamillentee
camp [kæmp] zelten
camper (van) [ˈkæmpə (væn)] Wohnmobil
camping [ˈkæmpɪŋ] Camping
camping guide [ˈkæmpɪŋ gaɪd] Campingführer
camping site [ˈkæmpɪŋsaɪt] Campingplatz
can [kæn] können; *(Behälter)* Dose
canal [kəˈnæl] Kanal
cancel [ˈkænsl] *(Zimmer, Fahrkarte, Flugtickets)* stornieren
cancer [ˈkænsə] Krebs
candle [ˈkændl] Kerze
cane [keɪn] (Tast-)Stock
canoe [kəˈnuː] Kanu, Paddelboot
capital [ˈkæpɪtl] Hauptstadt
captain [ˈkæptɪn] Kapitän(in)
car [kɑː] Auto
car park [ˈkɑːpɑːk] Parkplatz
car radio [ˈkɑː ˈreɪdɪəʊ] Autoradio
car registration document [ˈkɑː ˌredʒɪsˈtreɪʃn ˈdɒkjʊmənt] Kfz-Schein
carafe [kəˈræf] Karaffe
caravan [ˈkærəvæn] Wohnwagen
caraway seed(s) [ˈkærəweɪ siːd(z)] Kümmel
cardiac infarction [ˈkɑːdɪæk‿ɪnˈfɑːkʃn] Herzinfarkt
cardiac stimulant [ˈkɑːdɪæk ˈstɪmjʊlənt] Kreislaufmittel
cardigan [ˈkɑːdɪgən] Strickjacke
careful [ˈkeəfʊl] vorsichtig
carriage number [ˈkærɪdʒ ˈnʌmbə] *(Zug)* Wagennummer
carriage with wheelchair access [ˈkærɪdʒ wɪð wiːlˈtʃeə ækses] *(im Zug)* rollstuhlgängiger Wagen
carrot [ˈkærət] Karotte
carry [ˈkærɪ] tragen
cartoon [kɑːˈtuːn] Cartoon; *(Film)* Zeichentrickfilm
cash [kæʃ] bar; Bargeld
cash-desk [ˈkæʃdesk] Kasse
cashpoint [kæʃ pɔɪnt] Geldautomat
casino [kəˈsiːnəʊ] Spielkasino
cassette recorder [kəˈset rɪˈkɔːdə] Kassettenrekorder
castle [ˈkɑːsl] Burg, Schloss
cat [kæt] Katze
catch [kætʃ] fangen
cathedral [kəˈθiːdrl] Kathedrale, Dom
cauliflower [ˈkɒlɪˌflaʊə] Blumenkohl
cause [kɔːz] Grund; verursachen
caution [ˈkɔːʃn] Vorsicht
cautious [ˈkɔːʃəs] vorsichtig
cave [keɪv] Höhle
ceiling [ˈsiːlɪŋ] Decke
celebration [seleˈbreɪʃn] Feier
celeriac [səˈlerɪæk] Sellerie
cemetery [ˈsemətrɪ] Friedhof
cent [sent] Cent
centimetre [ˈsentɪˌmiːtə] Zentimeter
central [ˈsentrl] zentral
central heating [ˈsentrəl ˈhiːtɪŋ] Zentralheizung
centre [ˈsentə] Zentrum
century [ˈsentʃʊrɪ] Jahrhundert
ceramics [sɪˈræmɪks] Keramik
certain(ly) [ˈsɜːtn(lɪ)] sicher, bestimmt; **certainly!** [ˈsɜːtnlɪ] unbedingt!
certificate [səˈtɪfɪkət] Bescheinigung; Attest
certify [ˈsɜːtɪfaɪ] bescheinigen
chair [tʃeə] Stuhl
chairlift [ˈtʃeəlɪft] Sessellift
chambermaid [ˈtʃeɪmbəmeɪd] Zimmermädchen
champagne [ˌʃæmˈpeɪn] Champagner
change [tʃeɪndʒ] umtauschen; sich umziehen; ändern
change [tʃeɪndʒ] Wechsel; Kleingeld, Wechselgeld
change the booking [tʃeɪndʒ ðə ˈbʊkɪŋ] umbuchen

changeable [ˈtʃeɪndʒəbl] wechselhaft
changing of the guard [ˈtʃeɪndʒɪŋ‿əv ðə ˈɡɑːd] Wachablösung
channel [ˈtʃænl] Kanal
chapel [ˈtʃæpl] Kapelle
charcoal [ˈtʃɑːkəʊl] Grillkohle
charming [ˈtʃɑːmɪŋ] bezaubernd, entzückend
cheap [tʃiːp] billig
check [tʃek] nachprüfen, kontrollieren
check in [ˌtʃek‿ˈɪn] einchecken
cheeky [ˈtʃiːkɪ] unverschämt
cheese [tʃiːz] Käse
chemist's [ˈkemɪsts] Apotheke, Drogerie
cherry [ˈtʃeri] Kirsche
chest [tʃest] Brust; Kiste
chicken [ˈtʃɪkɪn] Hähnchen
chickenpox [ˈtʃɪkɪnpɒks] Windpocken
chickpea [ˈtʃɪkpiː] Kichererbse
chicory [ˈtʃɪkərɪ] Chicorée
child [tʃaɪld] Kind
child reduction [tʃaɪld rɪˈdʌkʃn] Kinderermäßigung
child seat [tʃaɪld siːt] Kindersitz
children [ˈtʃɪldrən] *(Pluralform)* Kinder
children's portion [ˈtʃɪldrənz ˈpɔːʃn] Kinderteller
children's clothing [tʃɪldrənz kləʊðɪŋ] Kinderkleidung
childhood illness [ˈtʃaɪldhʊd ˈɪlnɪs] Kinderkrankheit
children's pool [tʃɪldrənz puːl] Kinderbecken
china [ˈtʃaɪnə] Porzellan
chip card [tʃɪp kɑːd] Chipkarte
chocolate [ˈtʃɒklət] Schokolade
chocolate bar [ˈtʃɒklət bɑː] Schokoriegel
choice [tʃɔɪs] Auswahl
choir [ˈkwaɪə] Chor
cholera [ˈkɒlərə] Cholera
choose [tʃuːz] wählen
chop [tʃɒp] Kotelett
chopping board [tʃɒpɪŋ ˈbɔːd] Schneidebrett
Christian name [ˈkrɪstjən neɪm] Vorname
Christianity [ˌkrɪstɪˈænɪtɪ] Christentum
Christmas [ˈkrɪsməs] Weihnachten
Christmas Eve [ˈkrɪsməs‿ˈiːv] Heiliger Abend
church [tʃɜːtʃ] Kirche
cigar [sɪˈɡɑː] Zigarre
cigarette [ˌsɪɡəˈret] Zigarette
cigarillo [ˌsɪɡəˈrɪləʊ] Zigarillo
cinema [ˈsɪnəmə] Kino
circulatory disorder [ˌsɜːkjʊˈleɪtrɪ dɪsˈɔːdə] Durchblutungsstörung
circus [ˈsɜːkəs] Zirkus
city bus [sɪtɪ bʌs] Stadtbus
city centre [ˈsɪtɪ ˈsentə] Stadtzentrum
city hall [ˈsɪtɪ ˈhɔːl] Am Rathaus
city map [ˈsɪtɪ ˈmæp] Stadtplan
class [klɑːs] Klasse
classic film [klæsɪk ˈfɪlm] Klassiker
classical [klæsɪkəl ˈmjuːzɪk] Klassik
classicism [ˈklæsɪsɪzm] Klassizismus
clean [kliːn] sauber; *(Wäsche)* frisch; reinigen, putzen
cleaning agent [kliːnɪŋ eɪdʒənt] Putzmittel
clear [klɪə] klar
clearance sale [ˈklɪərəns seɪl] Ausverkauf
clever [ˈklevə] klug
cliff [klɪf] Klippe
climate [ˈklaɪmɪt] Klima
clingfilm [ˈklɪŋfɪlm] Frischhaltefolie
cloakroom [ˈkləʊkruːm] Garderobe
cloister [ˈklɔɪstə] Kreuzgang
close (to) [kləʊs (tə)] nahe (bei)
closed [kləʊzd] zu, geschlossen
cloth [klɒθ] Tuch
clothes line [ˈkləʊðz laɪn] Wäscheleine
clothes peg [ˈkləʊðz lpeg] Wäscheklammer
clothing [ˈkləʊðɪŋ] Kleidung
cloud [klaʊd] Wolke
cloudy [ˈklaʊdɪ] bewölkt
clove [kləʊv] *(Gewürz)* Nelke
club [klʌb] Verein
clubhouse [klʌbˈhaʊs] Clubhaus
clutch [klʌtʃ] Kupplung
coach [kəʊtʃ] Überlandbus
coast [kəʊst] Küste
coat [kəʊt] Mantel
coathanger [ˈkəʊtˌhæŋə] Kleiderbügel
cobbler's [ˈkɒbləz] Schuhmacher
coconut [ˈkəʊkənʌt] Kokosnuss
coffee [ˈkɒfɪ] Kaffee
coffee filter [ˈkɒfɪ ˌfɪltə] Kaffeefilter
coffee machine [ˈkɒfɪ məˈʃiːn] Kaffeemaschine
coffee spoon [ˈkɒfɪ spuːn] Kaffeelöffel
coin [kɔɪn] Münze
cold [kəʊld] *(als Adjektiv)* kalt; **to be cold** [bi kəʊld] frieren; *(als Substantiv)* Erkältung; Schnupfen
cool bag [ˈkuːl bæɡ] Kühltasche
cold meat [ˈkəʊld ˈmiːt] Aufschnitt
cold water [ˈkəʊld ˈwɔːtə] kaltes Wasser
colic [ˈkɒlɪk] Kolik

collarbone [ˈkɒləbəʊn] Schlüsselbein
colleague [ˈkɒliːg] Kollege, Kollegin
collect [kəˈlekt] sammeln
collection [kəˈlekʃn] Leerung
collision [kəˈlɪʒn] Zusammenstoß
coloured [ˈkʌləd] farbig
coloured pencil [ˈkʌləd ˈpensl] Farbstift
colourful [ˈkʌləfʊl] bunt
column [ˈkɒləm] Säule
comb [kəʊm] Kamm; kämmen
come [kʌm] kommen
come back [ˌkʌm ˈbæk] zurückkehren, wiederkommen
come from [ˈkʌm frɒm] stammen aus
come in [ˈkʌm ˈɪn] hereinkommen; ~! [ˈkʌm ˈɪn] herein!
comedy [ˈkɒmɪdɪ] Komödie
comfortable [ˈkʌmftəbl] bequem
common [ˈkɒmən] gemeinsam; gebräuchlich
compact disc [ˈkɒmpækt ˈdɪsk] Compactdisc
company [ˈkʌmpənɪ] Firma
compartment [kəmˈpɑːtmənt] Abteil
compass [ˈkʌmpəs] Kompass
compensation [ˌkɒmpenˈseɪʃn] Ausgleich, Ersatz
complain (of/about) [kəmˈpleɪn‿(əv/əˈbaʊt)] sich beklagen (über), sich beschweren (über)
complete [kəmˈpliːt] ganz
composer [kəmˈpəʊzə] Komponist(in)
computer shop [kəmˈpjuːtə ʃɒp] Computerfachgeschäft
concert [ˈkɒnsət] Konzert
concussion [kənˈkʌʃn] Gehirnerschütterung
condom [ˈkɒndəm] Kondom
conductor [kənˈdʌktə] *(eines Orchesters)* Dirigent(in); *(im Zug)* Schaffner(in)
confidence [ˈkɒnfɪdəns] Vertrauen
confirm [kənˈfɜːm] bestätigen
confiscate [ˈkɒnfɪskeɪt] beschlagnahmen
congratulate [kənˈgrætjʊleɪt] gratulieren
congratulations [kənˌgrætjʊˈleɪʃnz] Glückwunsch
conjunctivitis [kənˌdʒʌŋtəvɪtɪs] Bindehautentzündung
connection [kəˈnekʃn] Verbindung, Anschluss
consist of [kənˈsɪst‿əv] bestehen aus
constipation [ˌkɒnstɪˈpeɪʃn] Verstopfung
consulate [ˈkɒnsjʊlɪt] Konsulat
contact [ˈkɒntækt] Kontakt
contagious [kənˈteɪdʒəs] ansteckend
container [kənˈteɪnə] Behälter
contents [ˈkɒntents] Inhalt
contest [ˈkɒntest] Wettkampf
contraceptive [ˌkɒntrəˈseptɪv] Verhütungsmittel
contraceptive pill [ˌkɒntrəˈseptɪv pɪl] Antibabypille
contract [ˈkɒntrækt] Vertrag
contrary: **on the ~** im Gegenteil
control [kənˈtrəʊl] kontrollieren; beherrschen
contusion [kənˈtjuːʒn] Prellung
convent [ˈkɒnvənt] (Nonnen-)Kloster
conversation [ˌkɒnvəˈseɪʃn] Gespräch, Unterhaltung
cook [kʊk] Koch; kochen
cookbook [ˈkʊkbʊk] Kochbuch
cooked ham [ˈkʊkt ˈhæm] gekochter Schinken
cooker [ˈkʊkə] Herd, Kocher
cool [kuːl] kühl, frisch
cooling water [ˈkuːlɪŋ ˈwɔːtə] Kühlwasser
copy [ˈkɒpɪ] Kopie
corkscrew [ˈkɔːkskruː] Korkenzieher
corner [ˈkɔːnə] Ecke
cornet [ˈkɔːnət] Eistüte
corridor [ˈkɒrɪdɔː] Flur, Gang
corrupt [kəˈrʌpt] *(Charakter)* verdorben
cost [kɒst] kosten
cosy [ˈkeʊzɪ] gemütlich
cot [kɒt] Kinderbett
cottage [ˈkɒtɪdʒ] Hütte
cotton [ˈkɒtn] Baumwolle
cotton bud [ˈkɒtn bʌd] Wattestäbchen
cotton wool [ˌkɒtnˈwʊl] Watte
couchette [kuːˈʃet] Liegewagenplatz
cough [kɒf] Husten; husten
cough mixture [ˈkɒf ˈmɪkstʃə] Hustensaft
count [kaʊnt] zählen
country [ˈkʌntrɪ] Land
country road [ˈkʌntrɪ ˌrəʊd] Landstraße
countryside [ˈkʌntrɪsaɪd] Landschaft
couple [ˈkʌpl] (Ehe-)Paar
courgette [kɔːˈʃet] GB Zucchini
course [kɔːs] Kurs; *(beim Essen)* Gang
cousin [ˈkʌzn] Cousin, Cousine
crab [kræb] Krebs
cramp [kræmp] Krampf
crash [kræʃ] Zusammenstoß
cycle helmet [ˈsaɪkl ˌhelmɪt] Sturzhelm

crazy [ˈkreɪzɪ] verrückt
crazy golf [ˈkreɪzɪgɒlf] Minigolf
cream [kriːm] Creme; Sahne
creative [kriːˈeɪtɪv] kreativ
credit card [ˈkredɪt kɑːd] Kreditkarte
crew [kruː] *(eines Flugzeugs, Schiffes)* Mannschaft
crime [kraɪm] Verbrechen
crockery [ˈkrɒkərɪ] Geschirr
cross [krɒs] Kreuz
crossing [ˈkrɒsɪŋ] Übergang
crossroads [ˈkrɒsrəʊdz] Kreuzung
crowded [ˈkraʊdɪd] *(Restaurant)* gerammelt voll
crown [kraʊn] Krone
cruise [kruːz] Kreuzfahrt; Segeltörn
crutch [krʌtʃ] Krücke
cry [kraɪ] weinen; schreien
crystal [ˈkrɪstl] Kristall
cubicle [ˈkjuːbɪkəl] Umkleidekabine
cucumber [ˈkjuːkʌmbə] Gurke
culture [ˈkʌltʃə] Kultur
cup [kʌp] Tasse
cupboard [ˈkʌbəd] Schrank
curious [ˈkjʊərɪəs] neugierig
curler [ˈkɜːlə] Lockenwickler
curling [ˈkɜːlɪŋ] Curling
curls [kɜːlz] Locken
currency [ˈkʌrənsɪ] Währung
current [ˈkʌrnt] *(Elektrizität)* Strom; *(im Wasser)* Strömung
customer [ˈkʌstəmə] Kunde, Kundin
customs [ˈkʌstəmz] Zoll(amt)
customs declaration [ˈkʌstəmz ˌdekləˈreɪʃn] Zollerklärung
cut [kʌt] Schnittwunde; schneiden
cutlery [ˈkʌtlərɪ] Besteck
cutlet [ˈkʌtlɪt] Kotelett
cycle [ˈsaɪkl] Rad fahren
cycle path [ˈsaɪkl pɑːθ] Fahrradweg
cycle tour [ˈsaɪkl ˌtʊə] Radtour
cycling [ˈsaɪklɪŋ] Radsport
cyst [sɪst] Zyste

D

daily [ˈdeɪlɪ] täglich
damage [ˈdæmɪdʒ] beschädigen; Schaden
damp [dæmp] feucht
dance [dɑːns] Tanz; tanzen
dance band [ˈdɑːns ˌbænd] Tanzkapelle
dance theatre [ˈdɑːns θɪətə] Tanztheater
dancer [ˈdɑːnsə] Tänzer(in)
dandruff [ˈdændrʌf] Schuppen
danger [ˈdeɪndʒə] Gefahr
dangerous [ˈdeɪndʒrəs] gefährlich
dark [dɑːk] dunkel
dark blue [dɑːk bluː] dunkelblau
darling [ˈdɑːlɪŋ] Liebling
date [deɪt] Datum; Verabredung; *(Frucht)* Dattel; **~ of birth** [ˈdeɪt‿əv ˈbɜːθ] Geburtsdatum
daughter [ˈdɔːtə] Tochter
day [deɪ] Tag; **the ~ after tomorrow** [ðə ˈdeɪ‿ˈɑːftə təˈmɒrəʊ] übermorgen; **the ~ before yesterday** [ðə ˈdeɪ bɪˈfɔː ˈjestədɪ] vorgestern
day excursion [deɪ ɪksˈkɜːʃn] Tagestour
day of arrival [deɪ‿əv‿əˈraɪvl] Anreisetag
day pass [deɪ pɑːs] Tagespass
day trip [ˈdeɪ trɪp] Tagesausflug
deadline [ˈdedlaɪn] Frist, Termin
deaf person [def pɜːsn] Gehörlose/r
deaf-mute [def mjuːt] taubstumm; Taubstumme/r
debt [det] Schuld
deceitful [dɪˈsiːtfʊl] betrügerisch
December [dɪˈsembə] Dezember
decide [dɪˈsaɪd] entscheiden, beschließen
deck [dek] Deck
declaration of value [ˌdekləˈreɪʃn‿əv ˈvæljuː] Wertangabe
decline [dɪˈklaɪn] ablehnen
deep [diːp] tief
definite(ly) [ˈdefɪnɪt(lɪ)] endgültig
delay [dɪˈleɪ] Verspätung
delicatessen [ˌdelɪkəˈtesn] Feinkostgeschäft
delightful [dɪˈlaɪtfʊl] entzückend
dent [dent] Delle
deodorant [diːˈəʊdərnt] Deo(dorant)
department store [dɪˈpɑːtmənt stɔː] Kaufhaus
departure [dɪˈpɑːtʃə] Abfahrt
deposit [dɪˈpɒzɪt] hinterlegen; Pfand
describe [dɪsˈkraɪb] beschreiben
dessert [dɪˈzɜːt] Nachtisch
destination [ˌdestɪˈneɪʃn] (Reise-)Ziel
detergent [dɪˈtɜːdʒnt] Spülmittel; Waschmittel
detour [ˈdiːtʊə] Umweg
detoxify [ˌdiːtɒksəfaɪ] entschlacken, entgiften
develop [dɪˈveləp] entwickeln
diabetes [ˌdaɪəˈbiːtiːz] Diabetes
diabetic [ˌdaɪəˈbetɪk] Diabetiker(in)
diagnosis [ˌdaɪəgˈnəʊsɪs] Diagnose
dial [ˈdaɪəl] *(Telefonnummer)* wählen
diarrhoea [ˌdaɪəˈrɪə] Durchfall
diet [ˈdaɪət] Ernährung; Diät
different(ly) [ˈdɪfrənt(lɪ)] anders
difficult [ˈdɪfɪkəlt] schwer, schwierig
difficulty in breathing [ˈdɪfɪkəltɪ‿ɪn ˈbriːðɪŋ] Atembeschwerden
digestion [dɪˈdʒestʃn] Verdauung

digital camera [ˈdɪdʒɪtəl ˌkæmrə] Digitalkamera
dining room [ˈdaɪnɪŋruːm] Speisesaal
dinner [ˈdɪnə] Abendessen
diphtheria [dɪpˈθɪərɪə] Diphtherie
dipped headlights [dɪpt ˈhedlaɪts] Abblendlicht
dipper [dɪpə] Am Schöpfkelle
direct [dɪˈrekt] direkt
directed by [dɪˈrekzɪd baɪ] Regie
direction [dɪˈrekʃn] Richtung
dirty [ˈdɜːtɪ] schmutzig
dirty washing [ˈdɜːtɪ ˈwɒʃɪŋ] Schmutzwäsche
disability [ˌdɪsəˈbɪlɪtɪ] Körperbehinderung
disabled person [dɪsˌeɪbld ˈpɜːsən] Mobilitätsbehinderte/r
disappointed [ˌdɪsəˈpɔɪntɪd] enttäuscht
disco(theque) [ˈdɪskəʊ, ˈdɪskətek] Disko(thek)
discount [ˈdɪskaʊnt] Rabatt
discover [dɪsˈkʌvə] entdecken
dish [dɪʃ] Schüssel; Gericht
dish of the day [ˈdɪʃ‿əv ðə ˈdeɪ] Tagesgericht
dishcloth [ˈdɪʃklɒθ] Spültuch
dishwasher [ˈdɪʃˌwɒʃə] Geschirrspülmaschine
disinfect [ˌdɪsɪnˈfekt] desinfizieren
disinfectant [ˌdɪsɪnˈfektənt] Desinfektionsmittel
distance [ˈdɪstəns] Entfernung
distinct [dɪsˈtɪŋkt] deutlich
distinguished [dɪsˈtɪŋgwɪʃt] vornehm
district [ˈdɪstrɪkt] Gegend; Stadtteil
disturb [dɪsˈtɜːb] stören
dive [daɪv] tauchen
diving equipment [ˈdaɪvɪŋ ɪˈkwɪpmənt] Taucherausrüstung
diving goggles [ˈdaɪvɪŋ ˌgɒglz] Taucherbrille
dizziness [ˈdɪzɪnəs] Schwindel
dizzy [ˈdɪzɪ] schwindlig
do [duː] machen, tun
dock at [ˈdɒk‿ət] anlegen in
documentary [ˌdɒkjʊˈmentərɪ] Dokumentarfilm
documents [ˈdɒkjʊmənts] Papiere
dog [dɒg] Hund
dome [dəʊm] Kuppel
domestic flight [dəˈmestɪk flaɪt] Inlandsflug
done [dʌn] *(Speisen)* gar
door [dɔː] Tür
door code [dɔː kəʊd] Türcode
door width [dɔː wɪdθ] Türbreite
doorstep [dɔːstep] Türschwelle
double [ˈdʌbl] doppelt
doubles [ˈdʌblz] *(Sport)* Doppel
drama [ˈdrɑːmə] Drama
draw [drɔː] zeichnen
drawing [ˈdrɔːɪŋ] Zeichnung
dreadful [ˈdredfʊl] fürchterlich, schrecklich
dream [driːm] Traum; träumen
dress [dres] Kleid
dress [dres] sich anziehen
dressing [ˈdresɪŋ] Dressing; Verband
dressmaker [ˈdresˌmeɪkə] Schneider(in)
drier [draɪə] Trockner
drink [drɪŋk] Getränk; trinken
drinking water [ˈdrɪŋkɪŋˌwɔːtə] Trinkwasser
drive [draɪv] fahren; ~ **a car** Auto fahren
drive back [ˌdraɪv ˈbæk] zurückfahren
drive-in cinema [ˈdraɪvˌɪn ˈsɪnəmə] Freilichtkino
driver [ˈdraɪvə] Fahrer(in)
driving licence [ˈdraɪvɪŋ ˈlaɪsns] Führerschein
drop [drɒp] Tropfen
drunk [drʌŋk] betrunken
dry [draɪ] trocken; trocknen
dry cleaner's [ˈdraɪˈkliːnəz] (chemische) Reinigung
dry land [ˈdraɪ ˈlænd] Festland
dry-clean [ˈdraɪˈkliːn] chemisch reinigen
dual carriageway [ˈdjʊəl kærɪdʒˈweɪ] Schnellstraße
dummy [ˈdʌmɪ] Schnuller
durable [ˈdjʊərəbl] haltbar
during [ˈdjʊərɪŋ] während; ~ **during the day** [ˈdjʊərɪŋ ðə ˈdeɪ] tagsüber; ~ **the morning** [ˈdjʊərɪŋ ðə ˈmɔːnɪŋ] vormittags
dust [dʌst] Staub
dustbin [ˈdʌstbɪn] Mülltonne
dustpan [ˈdʌsˈpæn] Kehrschaufel
duty [ˈdjuːtɪ] Zoll(gebühr)
duty-free [ˈdjuːtɪ ˈfriː] zollfrei
duty-free shop [ˈdjuːtɪˈfriː ʃɒp] zollfreier Laden
dye [daɪ] färben
dynamo [ˈdaɪnəməʊ] Dynamo
dynasty [ˈdɪnəstɪ] Dynastie

E

each [ɪːtʃ] jede(r, -s) einzelne
ear [ɪə] Ohr
earplugs [ˈɪə plʌgz] Ohropax®
ear drops [ˈɪədrɒps] Ohrentropfen
eardrum [ˈɪədrʌm] Trommelfell
earlier [ˈɜːlɪə] früher
early [ˈɜːlɪ] früh

earring [ˈɪərɪŋ] Ohrring
earth [ɜːθ] Erde
east [iːst] Osten
east of [iːst‿əv] östlich von
Easter [ˈiːstə] Ostern
Easter Monday [ˈiːstə ˈmʌndɪ] Ostermontag
easy [ˈiːzɪ] leicht
eat [iːt] essen
e-cigarette [ˈiːsɪgret] E-Zigarette
edible [ˈedɪbl] essbar
education [ˌedjʊˈkeɪʃn] (Schul-)Ausbildung
eel [iːl] Aal
egg cup [ˈeg kʌp] Eierbecher
egg [eg] Ei
Eire [ˈeərə] Irland
either ... or [ˈaɪðə ˈɔː] entweder ... oder
elastic bandage [ɪˈlæstɪk ˈbændɪdʒ] Elastikbinde
electric [ɪˈlektrɪk] elektrisch
electric point [ɪˈlektrɪk ˈpɔɪnt] Stromanschluss
electric wheelchair [ɪˈlektrɪk wiːlˈtʃeə] Elektrorollstuhl
electrolyte solution [ɪˈlektrəʊlaɪt səˈluːʃn] Elektrolytlösung
elevator [ˈelɪveɪtə] Aufzug, Fahrstuhl
elsewhere [ˈelsˈweə] anderswo
embassy [ˈembəsɪ] Botschaft
emblem [ˈembləm] Wahrzeichen
emergency [ɪˈmɜːdʒənsɪ] Notfall
emergency exit [ɪˈmɜːdʒənsɪ ˈeksɪt] Notausgang
emergency telephone [ɪˈmɜːdʒənsɪ ˈtelɪfəʊn] Notrufsäule
emperor, empress [ˈemprə/ˈemprɪs] Kaiser(in)
empty [ˈemptɪ] leer
enclosure [ɪnˈkləʊʃə] *(im Brief)* Anlage
end [end] Ende
engaged [ɪnˈgeɪdʒd] *(Telefon, Toilette)* besetzt; *(Person)* verlobt
engine [ˈendʒɪn] Motor
England [ˈɪŋglənd] England
English [ˈɪŋglɪʃ] englisch; **in ~** [ˈɪŋglɪʃ] auf Englisch
English Channel [ˈɪŋglɪʃ ˈtʃænl] Ärmelkanal
Englishman, Englishwoman [ˈɪŋglɪʃmən/ˈɪŋglɪʃˌwʊmən] Engländer(in)
enjoy [ɪnˈdʒɔɪ] genießen
enough [ɪˈnʌf] genug
entertainment [ˌentəˈteɪnmənt] Unterhaltung
enthusiastic (about) [ɪnˌθjuːzɪˈæstɪk (əˈbaʊt)] begeistert (von)
entire [ɪnˈtaɪə] vollständig, ganz
entrance [ˈentrəns] Eingang; Eintritt
envelope [ˈenvələʊp] Briefumschlag
environment [ɪnˈvaɪərnmənt] Umwelt
epilepsy [ˈepɪlepsɪ] Epilepsie
epoch [ˈiːpɒk] Epoche
especially [ɪˈspeʃlɪ] besonders
estate [ɪsˈteɪt] Landgut
etching [ˈetʃɪŋ] Radierung
EU citizen [iː jʊː ˈsɪtɪzn] EU-Bürger(in)
euro [jʊərəʊ] Euro
Europe [ˈjʊərəp] Europa
European [ˌjʊərəˈpɪən] Europäer(in); europäisch
evening [ˈiːvnɪŋ] Abend
evening wear [ˈiːvnɪŋ weə] Abendgarderobe
event [ɪˈvent] Veranstaltung
every [ˈevrɪ] jede(r, -s)
every day [ˈevrɪ ˈdeɪ] jeden Tag, täglich
every hour [ˈevrɪ‿ˈaʊə] stündlich
everybody [ˈevrɪˌbɒdɪ] jedermann
everything [ˈevrɪθɪŋ] alles
everywhere [ˈevrɪweə] überall
evil [ˈiːvl] böse
exact(ly) [ɪgˈzækt(lɪ)] genau
examination [ɪgˌzæmɪˈneɪʃn] Untersuchung
example [ɪgˈzɑːmpl] Beispiel
excavation [ˌekskəˈveɪʃn] Ausgrabung
excellent [ˈeksələnt] ausgezeichnet
except [ɪkˈsept] außer
exchange [ɪksˈtʃeɪndʒ] austauschen; Austausch, Wechsel
exchange rate [ɪksˈtʃeɪndʒ ˌreɪt] Wechselkurs
excursion [ɪkˈskɜːʃn] Ausflug
excuse [ɪksˈkjuːs] Entschuldigung
exhaust [ɪgˈzɔːst] Auspuff
exhausted [ɪgˈzɔːstɪd] erschöpft
exhibit [ɪgˈzɪbɪt] Exponat; ausstellen
exhibition [ˌeksɪˈbɪʃn] Ausstellung
exit [ˈegzɪt] Ausfahrt; Ausgang
expect [ɪksˈpekt] erwarten
expenses [ɪksˈpensɪz] Unkosten
expensive [ɪksˈpensɪv] teuer
experienced [ɪksˈpɪərɪənst] erfahren
experiment [ɪksˈperɪmnt] Probe
explicit(ly) [ɪksˈplɪsɪt(lɪ)] ausdrücklich
expression [ɪksˈpreʃn] Ausdruck
expressionism [ɪkˈspreʃənɪzəm] Expressionismus
extend [ɪkˈstend] verlängern
extension lead [ɪksˈtenʃən liːd] Verlängerungsschnur
extra [ˈekstrə] extra
extra charge [ekstrə ˈtʃɑːdʒ] Zuschlag
extraordinary [ɪksˈtrɔːdnrɪ] außergewöhnlich

extras [ˈekstrəz] Nebenkosten
eye drops [ˈaɪ drɒps] Augentropfen
eye [aɪ] Auge

F

façade [fəˈsɑːd] Fassade
facial treatment [ˈfeɪʃl triːtˈmənt] Gesichtsbehandlung
factory [ˈfæktərɪ] Fabrik
faint [ˈfeɪnt] in Ohnmacht fallen
fair [feə] fair; Fest
fairly [ˈfeəlɪ] ziemlich
fall [fɔːl] fallen
family [ˈfæmɪlɪ] Familie
famous [ˈfeɪməs] berühmt
fango [fæŋgəʊ] Fango
far [fɑː] weit (entfernt)
fare [feə] Fahrpreis
farm [fɑːm] Bauernhof
fascia training [ˈfeɪʃəˌtreɪnɪŋ] Faszientraining
fashion [ˈfæʃn] Mode
fashion jewellery [ˈfæʃən ˈdʒuːəlrɪ] Modeschmuck
fast [fɑːst] schnell; *(wenig essen)* fasten
fasting cure [ˈfɑːstɪŋ kjʊə] Heilfasten
fat [fæt] fett
father [ˈfɑːðə] Vater
fault [fɔːlt] Fehler, Defekt
favourite [ˈfeɪvrɪt] Lieblings-
fear [fɪə] (be)fürchten
February [ˈfebrʊərɪ] Februar
feeble [ˈfɪːbl] schwach
feeding bottle [ˈfiːdɪŋ ˌbɒtl] Saugflasche
feel [fiːl] fühlen, sich fühlen
feeling [ˈfiːlɪŋ] Gefühl
fee [fiː] Gebühr
feet [fiːt] *(Pluralform)* Füße
fellow countryman [ˈfeləʊ ˈkʌntrɪmən] Landsmann
fennel [ˈfenl] Fenchel
ferry [ˈferɪ] Fähre
festival [ˈfestɪvl] Festival
fever [ˈfiːvə] Fieber
few [fjuː] wenig; **a ~** [ə fjuː] ein paar
fiancé, fiancée [fɪˈɑːnseɪ] Verlobte/r
field [fiːld] Feld
fig [fɪg] Feige
figure [ˈfɪgə] Gestalt; *(Nummer)* Zahl
fill in [fɪl ˈɪn] ausfüllen
fill up [ˈfɪl ˈʌp] tanken
filled roll [ˈfɪld rəʊl] belegtes Brötchen
filling [ˈfɪlɪŋ] *(im Zahn)* Plombe
film [ˈfɪlm] Film
film actor, film actress [ˈfɪlm ˈæktə/æktrɪs] Filmschauspieler(in)
film speed [ˈfɪlm ˌspiːd] Filmempfindlichkeit
finally [ˈfaɪnəlɪ] endlich, schließlich
find [faɪnd] finden
finds [faɪndz] Funde
fine [faɪn] fein; Bußgeld, Geldstrafe
finger [ˈfɪŋgə] Finger
fire [ˈfaɪə] Feuer
fire alarm [ˈfaɪərəˌlɑːm] Feuermelder
fire brigade [ˈfaɪəbrɪˌgeɪd] Feuerwehr
fire extinguisher [ˈfaɪərɪksˌtɪŋgwɪʃə] Feuerlöscher
firelighter [ˈfaɪəˌlaɪtə] Grillanzünder
firewood [ˈfaɪəwʊd] Brennholz
fireworks [ˈfaɪəwɜːks] Feuerwerk
firm [fɜːm] fest; Firma
first [fɜːst] erste(r, s-); **(at) ~** [(ət) ˈfɜːst] zuerst
first aid [ˈfɜːst ˈeɪd] erste Hilfe
first-aid kit [fɜːstˈeɪd kɪt] Verbandskasten
first name [ˈfɜːst neɪm] Vorname
first of all [ˈfɜːst‿əv‿ˌɔːl] (zu)erst
fish [fɪʃ] Fisch
fishbone [ˈfɪʃbəʊn] Gräte
fishing permit [ˈfɪʃɪŋ pəˈmɪt] Angelschein
fishing rod [ˈfɪʃɪŋrɒd] Angel
fishing village [ˈfɪʃɪŋ ˈvɪlɪdʒ] Fischerort
fishmonger [ˈfɪʃˌmʌŋgə] Fischhändler(in)
fishmonger's [ˈfɪʃˌmʌŋgəz] Fischgeschäft
fit [fɪt] fit; passen
flannel [ˈflænl] Waschlappen
flash [flæʃ] Blitzgerät
flat [flæt] flach; Wohnung
flat rate [ˈflæt ˈreɪt] Pauschalpreis, Flatrate; **~ for electricity** [ˈflæt ˈreɪt fə ˌɪlekˈtrɪsɪtɪ] Strompauschale
flat tyre [ˈflæt ˈtaɪə] Platten; *(beim Auto auch)* Reifenpanne
flea market [ˈfliːˌmɑːkɪt] Flohmarkt
fleece [fliːs] (Schafs-)Fell
flexitarian [ˌfleksiˈteəriən] Flexitarier(in)
flight [flaɪt] Flug
flipper [ˈflɪpə] Schwimmflosse
floor [flɔː] Fußboden; Etage, Stockwerk
florist's [flɒrɪsts] Blumengeschäft
flour [ˈflaʊə] Mehl
flower [ˈflaʊə] Blume; **bunch of ~s** [ˈbʌntʃ‿əv ˈflaʊəz] Blumenstrauß
flu [fluː] Grippe
fly [flaɪ] fliegen
fog [fɒg] Nebel
folding wheelchair [fəʊldiŋ wiːlˈtʃeə] Faltrollstuhl

folklore evening [fəʊklɔː ˈiːvnɪŋ] Folkloreabend
fond: be ~ of [ˈfɒnd‿əv] liebhaben
food [fuːd] Essen
food poisoning [ˈfuːdˌpɔɪznɪŋ] Lebensmittelvergiftung
food store [ˈfuːd stɔː] Lebensmittelgeschäft
foot [fʊt] Fuß
football [ˈfʊtbɔːl] *(Spiel und Ball)* Fußball
football ground [ˈfʊtbɔːl graʊnd] Fußballplatz
football match [ˈfʊtbɔːl mætʃ] Fußballspiel
for [fɔː] für; *(Zeitraum)* seit
for example [fr‿ɪgˈzɑːmpl] zum Beispiel
forbidden [fəˈbɪdn] verboten
foreign [ˈfɒrən] ausländisch
foreign currency [ˈfɒrən ˈkʌrənsɪ] Devisen
foreigner [ˈfɒrənə] Ausländer(in)
forest [ˈfɒrɪst] Wald
forget [fəˈget] vergessen
fork [fɔːk] Gabel
form [fɔːm] Form; Formular, Vordruck
fortress [ˈfɔːtrɪs] Festung
forward(s) [ˈfɔːwəd(z)] vorwärts
fountain [ˈfaʊntɪn] Brunnen
fracture [ˈfræktʃə] (Knochen-)Bruch
fraud [frɔːd] Betrug
free [friː] frei; **~ (of charge)** [friː (əv ˈtʃɑːdʒ)] gratis, kostenlos
freeze [frɪːz] gefrieren
French [frentʃ] französisch
frequent(ly) [ˈfriːkwənt(lɪ)] häufig
fresh [freʃ] frisch
Friday [ˈfraɪdɪ] Freitag
fridge [frɪdʒ] Kühlschrank
friend [frend] Freund(in)
friendly [ˈfrendlɪ] freundlich
friend: be ~s [bi frendz] befreundet sein
frighten [ˈfraɪtn] erschrecken
fringe [frɪndʒ] *(Frisur)* Pony
from [frɒm] *(Herkunft)* aus, von; *(Anfangspunkt)* ab; **~ the outside** von außen
frost [frɒst] Frost
fruit [fruːt] Obst
full [fʊl] voll, besetzt; satt
full beam [ˈfʊlˈbiːm] Fernlicht
full board [ˈfʊl ˈbɔːd] Vollpension
full body massage [ˈfʊl‿ˈbɒdɪ ˈmæsɑːʒ] Ganzkörpermassage
fully comprehensive insurance [ˈfʊlɪ ˈkɒmprɪhensɪv‿ɪnˈʃʊərəns] Vollkasko
fun [fʌn] Vergnügen, Spaß
funfair [ˈfʌnfeə] Kirmes
fungal infection [ˈfʌŋgl ɪnˈfekʃn] Pilzinfektion
funicular [fjuːˈnɪkjʊlə] Seilbahn
funny [ˈfʌnɪ] lustig, erheiternd
fur [fɜː] Fell
furious [ˈfjʊərɪəs] wütend
furniture [ˈfɜːnɪtʃə] Möbel
fuse [fjuːz] *(Elektrizität)* Sicherung
future [ˈfjuːtʃə] Zukunft; zukünftig

G

gable [ˈgeɪbl] Giebel
gadget [ˈgædʒɪt] Apparat
gale [geɪl] Sturm
gall-bladder [ˈgɔːlˌblædə] Gallenblase
gallery [ˈgælərɪ] Galerie
game [geɪm] Spiel
garage [ˈgærɑːdʒ] Garage; (Auto-)Werkstatt
garbage [ˈgɑːbɪdʒ] Am Müll
garden [ˈgɑːdn] Garten
garlic [ˈgɑːlɪk] Knoblauch
gas canister [ˈgæs ˈkænɪstə] Gasflasche
gas cartridge [ˈgæs ˈkɑːtrɪdʒ] Gaskartusche
gas cooker [ˈgæsˌkʊkə] Gaskocher
gate [geɪt] Tor; Flugsteig
gauze bandage [ˈgɔːz ˈbændɪdʒ] Mullbinde
gear [gɪə] Gang; **first/bottom ~** [ˈfɜːst/ˈbɒtəm ˈgɪə] erster Gang
gearbox [ˈgɪəbɒks] Getriebe
gentleman [ˈdʒentlmən] Herr
Gents [dʒents] *(Toilette)* Herren
genuine [ˈdʒenjʊɪn] echt
German [ˈdʒɜːmən] Deutsche/r; deutsch
German measles [ˈdʒɜːmən ˈmiːzlz] Röteln
Germany [ˈdʒɜːmənɪ] Deutschland
get [get] bekommen, erhalten; besorgen
get lost [get ˈlɒst] sich verirren
get on [ˈget‿ˈɒn] einsteigen
get out [ˈget ˈaʊt] aussteigen
get up [ˈget ˈʌp] aufstehen
giddy [ˈgɪdɪ] schwindlig
gift [gɪft] Geschenk
girl [gɜːl] Mädchen
girlfriend [ˈgɜːlfrend] Freundin
give [gɪv] geben; **~ as a present** [ˈgɪv‿əz‿ə ˈpreznt] schenken
give back [ˌgɪv ˈbæk] zurückgeben
glad [glæd] froh
glad (of) [glæd(‿əv)] erfreut (über)
gladly [ˈglædlɪ] gern
glass [ˈglɑːs] Glas

glass painting [ˈglɑːs ˌpeɪntɪŋ] Glasmalerei
gliding [ˈglaɪdɪŋ] Segelfliegen
glorious [ˈglɔːrɪəs] herrlich
glove [glʌv] Handschuh
gnat [næt] Mücke
go [gəʊ] gehen; fahren
go away [ˈgəʊ‿əˈweɪ] weggehen
go fishing [gəʊ ˈfɪʃɪŋ] angeln gehen
go for a walk [ˈgəʊ fər‿ə ˈwɔːk] spazieren gehen
go jogging [gəʊ ˈdʒɒgɪŋ] joggen gehen
go on a journey [ˈdʒɜːnɪ] verreisen
go out [ˈgəʊ ˈaʊt] ausgehen
go riding [gəʊ ˈraɪdɪŋ] reiten gehen
go shopping [gəʊ ˈʃɒpɪŋ] einkaufen gehen
go to bed [ˈgəʊ tə ˈbed] zu Bett gehen
goal [gəʊl] Tor
goalkeeper [ˈgəʊlˌkiːpə] Torwart
God [gɒd] Gott
gold [gəʊld] Gold; goldfarben
gold work [ˈgəʊld wɜːk] Goldschmiedekunst
golf [gɒlf] Golf
golf club [ˈgɒlfklʌb] Golfclub
golf club [ˈgɒlfklʌb] *(Ausrüstung)* Golfschläger
good [gʊd] gut
goodbye [gʊdˈbaɪ] auf Wiedersehen; **say ~** [seɪ ˌgʊdˈbaɪ] sich verabschieden
Good Friday [ˈgʊd ˈfraɪdɪ] Karfreitag
Google Glass [ˈguːglˈglɑːs] Google Brille
gorge [gɔːdʒ] Schlucht
Gothic [ˈgɒθɪk] Gotik
government [ˈgʌvnmənt] Regierung
gram(s) [græm(z)] Gramm
granddaughter [ˈgrænˌdɔːtə] Enkelin
grandfather [ˈgrænˌfɑːðə] Großvater
grandmother [ˈgrænˌmʌðə] Großmutter
grandson [ˈgrænsʌn] Enkel
grape [greɪp] Weintraube
graphic arts [ˈgræfɪk ˈɑːts] Grafik
grass [grɑːs] Gras; Rasen
grater [ˈgrɪtə] Reibe
grave [greɪv] Grab
graveyard [ˈgreɪvjɑːd] Friedhof
gravy [ˈgreɪvɪ] Soße (*als Bratenbeilage*)
great [greɪt] groß
Greek [griːk] griechisch
green [griːn] grün
green beans [ˈgriːn ˈbiːnz] grüne Bohnen
green card [ˈgriːn ˈkɑːd] grüne Versicherungskarte
greengrocer's [griːnˈgrəʊsəz] Obst- und Gemüsehändler
greet [griːt] (be)grüßen, empfangen
grey [greɪ] grau
gridlock [grɪdlɒk] Stau
grill [grɪl] Grill
grilled [grɪld] vom Grill, gegrillt
grocer's [ˈgrəʊsəz] Lebensmittelgeschäft
grotto [ˈgrɒtəʊ] Grotte
ground [graʊnd] Boden; Gelände
ground floor [ˈgraʊnd ˈflɔː] Erdgeschoss
group [gruːp] Gruppe
growth [grəʊθ] Wachstum; *(Medizin)* Geschwulst
guarantee [ˌgærənˈtiː] Garantie
guest [gest] Gast
guest house [ˈgesthaʊs] Pension
guide [gaɪd] (Fremden-)Führer(in); *(Buch)* Reiseführer
guide dog [gaɪddɒg] Blindenhund
guided tour [ˈgaɪdɪd ˈtʊə] Führung
guilt [gɪlt] Schuld
gullet [ˈgʌlɪt] Speiseröhre
gums [gʌmz] Zahnfleisch
gust of wind [ˌgʌst‿əv ˈwɪnd] Bö
gym [dʒɪm] Fitnesscenter
gymnastics [dʒɪmˈnæstɪks] Gymnastik

H

hair [heə] Haar
hair dryer [ˈheəˌdraɪə] Föhn
hair gel [ˈheə dʒel] Haargel
hairband [ˈheəbænd] Haargummi
hairdresser's [ˈheəˌdresəz] Friseur
hairpin [ˈheəpɪn] Haarklammer
hairstyle [ˈheəstaɪl] Frisur
half [hɑːf] halb; Hälfte
half board [ˈhɑːf ˈbɔːd] Halbpension
hall [hɔːl] Saal
ham [hæm] Schinken
hand [ˈhænd] Hand
hand in [ˈhænd ˈɪn] abgeben
hand throttle [hænd θrɒtl] *(Auto)* Handgas
handbag [ˈhændbæg] Handtasche
handball [ˈhændbɔːl] Handball
handbrake [ˈhændbreɪk] Handbremse
handle [ˈhændl] Haltegriff
handmade [ˈhændˈmeɪd] handgemacht
hand-operated bike [hændˈɒpəreɪtɪd baɪk] Handbike
handwriting [(ˈhænd)ˌraɪtɪŋ] Handschrift
hang-gliding [ˈhæŋˌglaɪdɪŋ] Drachenfliegen
happy [ˈhæpɪ] glücklich, froh
hard [hɑːd] hart

hard of hearing [hɑ:d‿əv ˈhɪərɪŋ] hörgeschädigt
hardly [ˈhɑ:dlɪ] kaum
hat [hæt] Hut
have [hæv] haben; **~ an accident** [hæv‿ən ˈæksɪdənt] verunglücken; **~ breakfast** [hæv ˈbrekfəst] frühstücken
have to [ˈhæv tʊ] sollen, müssen
hay bath [heɪ ˈbɑ:θ] Heubad
hay fever [ˈheɪ ˌfi:və] Heuschnupfen
hazard warning lights [ˈhæzəd ˈwɔ:nɪŋ ˌlaɪtz] Warnblinkanlage
he [hi:] er
head [hed] Kopf
headache [ˈhedeɪk] Kopfschmerzen
headache tablet [ˈhedeɪk ˈtæblɪt] Kopfschmerztablette
headlight [ˈhedlaɪt] Scheinwerfer
headphones [ˈhedfəʊnz] Kopfhörer
headquarters [ˌhedˈkwɔ:təz] *(einer Firma usw.)* Sitz
health food shop [ˈhelθˌfu:d ʃɒp] Reformhaus
healthy [ˈhelθɪ] gesund
hear [hɪə] hören
hearing [ˈhɪərɪŋ] Gehör
heart [hɑ:t] Herz
heart attack [ˈhɑ:t‿əˈtæk] Herzanfall, Herzinfarkt
heart trouble [ˈhɑ:t ˌtrʌbl] Herzbeschwerden
heartburn [ˈhɑ:tbɜ:n] Sodbrennen
heat [hi:t] Hitze
heath [hi:θ] Heide
heating [ˈhi:tɪŋ] Heizung
heatwave [ˈhi:tweɪv] Hitzewelle
heaven [ˈhevn] Himmel
heavy [ˈhevɪ] schwer
heel [hi:l] Absatz; *(Körperteil)* Ferse
height [haɪt] Höhe, Größe
help [help] Hilfe; helfen
her [hɜ:] ihr
herbs [hɜ:bz] Kräuter
here [hɪə] hier
hernia [ˈhɜ:njə] Leistenbruch
herpes [həp:iz] Herpes
herring [ˈherɪŋ] Hering
high [haɪ] hoch
high season [ˈhaɪ ˌsi:zn] Hauptsaison
high tide [ˈhaɪ ˈtaɪd] Flut
highlight [ˈhaɪlaɪt] Höhepunkt
highlights [ˈhaɪlaɪts] *(im Haar)* Strähnchen
hike [haɪk] wandern
hiking map [ˈhaɪkɪŋ mæp] Wanderkarte
hill [hɪl] Hügel
hinder [ˈhɪndə] behindern
hip [hɪp] Hüfte
hire [ˈhaɪə] mieten
his [hɪz] sein
history [ˈhɪstərɪ] Geschichte
hitchhike [ˈhɪtʃhaɪk] trampen
HIV positive [eɪtʃ aɪ vi: ˈpɒzɪtɪv] HIV-positiv
hoarse [hɔ:s] heiser
holdall [ˈhəʊldɔ:l] Reisetasche
hole [həʊl] Loch
holiday home [ˈhɒlədɪ ˌhəʊm] Ferienhaus
holiday park [ˈhɒlədɪ pɑ:k] Ferienanlage
holidays [ˈhɒlədɪz] Ferien, Urlaub
holy [ˈhəʊlɪ] heilig
home [həʊm] Heim; Heimat; **at ~** [ət‿ˈhəʊm] daheim
home-made [ˌhəʊmˈmeɪd] hausgemacht
honey [ˈhʌnɪ] Honig
hook [hʊk] Haken
horn [hɔ:n] Hupe
hors d'œuvre [ɔ:ˈdɜ:vr] Vorspeise
horse [hɔ:s] Pferd
hospital [ˈhɒspɪtl] Krankenhaus
hospitality [ˌhɒspɪˈtælɪtɪ] Gastfreundschaft
host, hostess [həʊst/ˈhəʊstɪs] Gastgeber(in)
hot [hɒt] heiß; scharf
hot water [hɒt ˈwɔ:tə] warmes Wasser
hour [ˈaʊə] Stunde; **half an ~** [ˈhɑ:fənˈaʊə] eine halbe Stunde; **a quarter of an ~** [ˈkwɔ:tr‿əv‿ən ˈaʊə] eine Viertelstunde
hourly [ˈaʊəlɪ] stündlich
hours of business [ˈaʊəz‿əv ˈbɪznɪs] Öffnungszeiten
house [haʊs] Haus
house number [ˈhaʊs ˌnʌmbə] Hausnummer
houseboat [ˈhaʊsbəʊt] Hausboot
hovercraft [ˈhɒvəkrɑ:ft] Luftkissenboot
how [haʊ] wie
however [haʊˈevə] jedoch
humid [ˈhju:mɪd] schwül
hungry [ˈhʌŋgrɪ] hungrig
hurry [ˈhʌrɪ] sich beeilen; **be in a ~** [bi ɪn ə ˈhʌrɪ] es eilig haben
hurt [hɜ:t] verletzen; weh tun
husband [ˈhʌzbənd] (Ehe-)Mann
hut [hʌt] Hütte
hydrofoil [ˈhaɪdrəfɔɪl] Tragflügelboot

I

I [aɪ] ich
ice [aɪs] Eis
ice hockey [ˈaɪsˌhɒkɪ] Eishockey
ice pack [ˈaɪspæk] Kühlelement
ice rink [ˈaɪsrɪŋk] Eisbahn

ice skate [ˈaɪsˌskeɪt] Schlittschuh
ice skating [ˈaɪsˌskeɪtɪŋ] Eislaufen; **go ~** [gəʊ ˈaɪsˌskeɪtɪŋ] Schlittschuh laufen gehen
idea [aɪˈdɪə] Idee; Vorstellung
identity card [aɪˈdentɪtɪ kɑːd] Personalausweis
if [ɪf] falls, wenn *(Bedingung)*
ignition [ɪgˈnɪʃn] Zündung
ignition key [ɪgˈnɪʃn kiː] Zündschlüssel
ill [ɪl] krank
illness [ˈɪlnɪs] Krankheit
illustration [ˌɪləsˈtreɪʃn] Abbildung
immediately [ɪˈmiːdjətlɪ] gleich, sofort
impertinent [ɪmˈpɜːtɪnənt] unverschämt
important [ɪmˈpɒtnt] wichtig
impossible [ɪmˈpɒsəbl] unmöglich
impressionism [ɪmˈpreʃənɪzm] Impressionismus
impressive [ɪmˈpresɪv] beeindruckend
improbable [ɪmˈprɒbəbl] unwahrscheinlich
in [ɪn] in
in addition [ɪn‿əˈdɪʃn] zusätzlich
in advance [ɪn‿ədˈvɑːns] im Voraus
in case [ɪn ˈkeɪs] falls
indoor cycling [ˌɪnˈdɔːˈsaɪklɪŋ] Indoorcycling
in front of [ɪn ˈfrʌnt‿əv] *(räumlich)* vor
in need of care [ɪn niːd‿əv keə] pflegebedürftig
in the afternoon [ɪn ðɪ‿ˌɑːftəˈnuːn] nachmittags
in the evening [ɪn ðiː‿ˈiːvnɪŋ] abends
in the morning [ɪn ðə ˈmɔːnɪŋ] morgens, am Vormittag
in time [ɪn ˈtaɪm] rechtzeitig
in writing [ɪn ˈraɪtɪŋ] schriftlich
incident [ˈɪnsɪdnt] Zwischenfall
included [ɪnˈkluːdɪd] inbegriffen
incredible [ɪnˈkredəbl] unglaublich
indicator [ˈɪndɪkeɪtə] Blinklicht
indigestion [ˌɪndɪˈdʒestʃn] Verdauungsstörung
indoors [ˌɪnˈdɔːz] drinnen
infection [ɪnˈfekʃn] Infektion
inflammable [ɪnˈflæməbl] feuergefährlich
inflammation [ˌɪnfləˈmeɪʃn] Entzündung; **~ of the middle ear** [ˌɪnfləˈmeɪʃn‿əv ðə ˈmɪdl‿ˈɪə] Mittelohrentzündung
influenza [ˌɪnflʊˈenzə] Grippe
inform [ɪnˈfɔːm] benachrichtigen, informieren
information [ɪnfəˈmeɪʃn] Auskunft; Information
infusion [ɪnˈfjuːzn] Infusion
inhabitant [ɪnˈhæbɪtənt] Einwohner(in)
injection [ɪnˈdʒekʃn] Spritze
injure [ˈɪndʒə] verletzen
injured person [ˈɪndʒəd ˈpɜːsn] Verletzte/r
injury [ˈɪndʒərɪ] Verletzung
inner courtyard [ˈɪnə ˈkɔːtjɑːd] Innenhof
inner tube [ˈɪnə tjuːb] *(eines Reifens)* Schlauch
in-room telephone [ɪn ruːm telɪfəʊn] Zimmertelefon
inscription [ɪnˈskrɪpʃn] Inschrift
insect [ˈɪnsekt] Insekt
insect repellent [ˈɪnsekt rɪˈpelənt] Mückenschutz
inside [ˌɪnˈsaɪd] drinnen, innen
insist [ɪnˈsɪst‿(ˈɒn/əˈpɒn)] bestehen (auf)
insomnia [ɪnˈsɒmnɪə] Schlaflosigkeit
instead of [ɪnˈsted‿əv] anstatt
insulin [ˈɪnsjʊlɪn] Insulin
insult [ˈɪnsʌlt] Beleidigung
insurance [ɪnˈʃʊərns] Versicherung
intelligent [ɪnˈtelɪdʒənt] klug
interested: be ~ (in) [ˈɪntrɪstɪd] sich interessieren (für)
interesting [ˈɪntrɪstɪŋ] interessant
international [ˌɪntəˈnæʃənl] international
international call [ˌɪntəˈnæʃənl ˈkɔːl] Auslandsgespräch
international car index mark [ˌɪntəˈnæʃənl ˈkɑːr‿ˌɪndeks mɑːk] Nationalitätskennzeichen
international flight [ˌɪntəˈnæʃənl flaɪt] Auslandsflug
interrail [ɪntəˈreɪl] InterRail
interrupt [ˌɪntəˈrʌpt] unterbrechen
interval [ˈɪntəvl] *(Theater)* Pause
intestine [ɪnˈtestɪn] Darm
intolerable [ɪnˈtɒlrəbl] unerträglich
introduce [ˌɪntrəˈdjuːs] bekannt machen
introduction [ˌɪntrəˈdʌkʃn] Vorstellung; Einführung
invite [ɪnˈvaɪt] einladen
iodine [ˈaɪədiːn] Jod
iPod [aɪˈ pɒd] iPod®
Ireland [ˈaɪələnd] Irland
Irish [ˈaɪrɪʃ] irisch
Irishman [ˈaɪrɪʃmən] Ire
Irishwoman [ˈaɪrɪʃˌwʊmən] Irin
iron [ˈaɪən] Eisen; Bügeleisen; bügeln
island [ˈaɪlənd] Insel
isolated [ˈaɪsəleɪtɪd] einsam; abgelegen
itch [ɪtʃ] jucken
item [ˈaɪtəm] Gegenstand
its [ɪts] *(sächliches Possessivpronomen)* sein

J

jack [dʒæk] Wagenheber
jacket [ˈdʒækɪt] Jacke
jam [dʒæm] Marmelade
January [ˈdʒænjʊərɪ] Januar
jaw [dʒɔː] Kiefer
jazz [dʒæz] Jazz
jeans [dʒiːnz] Jeans
jeggings [ˈdʒegɪŋz] Jeggings
jellyfish [ˈdʒelɪfɪʃ] Qualle
jetfoil [ˈdʒetfɔɪl] Tragflügelboot
jeweller's [ˈdʒuːələz] Juwelier
jewellery [ˈdʒuːəlrɪ] Schmuck
job [dʒɒb] Beruf, Arbeit
jog [dʒɒg] joggen
joint [dʒɔɪnt] Gelenk
joke [dʒəʊk] Witz, Scherz; scherzen
journey [ˈdʒɜːnɪ] Reise; Fahrt
journey home [ˈdʒɜːnɪ ˈhəʊm] Heimreise
judge [dʒʌdʒ] Richter(in); beurteilen
juicy [ˈdʒuːsɪ] saftig
July [dʒuːˈlaɪ] Juli
jump leads [ˈdʒʌmp ˌliːdz] Starthilfekabel
jumper [ˈdʒʌmpə] Pullover
junction [ˈdʒʌŋʃn] Kreuzung
June [dʒuːn] Juni
just [dʒʌst] *(zeitlich)* gerade
just as ... as [ˈdʒʌst‿əz əz] genau so ... wie

K

keep [kiːp] behalten
ketchup [ˈketʃʌp] Ketchup
kettle [ketl] Wasserkocher
key [kiː] Schlüssel
kidney [ˈkɪdnɪ] Niere
kidney belt [ˈkɪdnɪ belt] Nierengurt
kidney stone [ˈkɪdnɪstəʊn] Nierenstein
kilogram(s) [ˈkɪləgræm(z)] Kilogramm
kilometre [ˈkɪləˌmiːtə] Kilometer
kind [kaɪnd] Art, Sorte; freundlich
king [kɪŋ] König
kiss [kɪs] Kuss; küssen
kitchen [ˈkɪtʃɪn] Küche
kitchenette [ˌkɪtʃɪˈnet] Kochnische
kiwi fruit [ˈkiːwiː ˈfruːt] Kiwi
knee [niː] Knie
Kneippism [knaɪpɪzəm] Kneippanwendung
knife [naɪf] Messer
know [nəʊ] wissen; kennen

L

laces [leɪsɪs] Schnürsenkel
Ladies [ˈleɪdɪz] *(Toilette)* Damen
ladle [leɪdl] Am Schöpfkelle
lake [leɪk] See
lamb [læm] Lamm(fleisch)
lamp [læmp] Lampe
land [lænd] Land
land at [ˈlænd‿ət] anlegen in
landing [ˈlændɪŋ] Landung
landing stage [ˈlændɪŋ steɪdʒ] Landungssteg
landlady [ˈlænˌleɪdɪ] Hausbesitzerin
landlord [ˈlænlɔːd] Hausbesitzer
landmark [ˈlændmɑːk] Wahrzeichen
landscape format [ˈlænskeɪp ˌfɔːmæt] Querformat
lane [leɪn] Gasse
language [ˈlæŋgwɪdʒ] Sprache
laptop [ləptɒp] Laptop
large [lɑːdʒ] groß
last [lɑːst] halten, dauern; letzte(r, -s); zuletzt; ~ **but one** [ˈlɑːst bʌt ˈwʌn] vorletzte(r, -s); ~ **Monday** [ˈlɑːst ˈmʌndɪ] letzten Montag
late [leɪt] spät
later [ˈleɪtə] später
laugh [lɑːf] lachen
launderette [ˌlɔːndəˈret] Waschsalon
laundry [ˈlɔːndrɪ] Wäscherei
lavatory [ˈlævətrɪ] Toilette
lawn [lɔːn] Rasen
lawyer [ˈlɔːjə] Rechtsanwalt, -anwältin
laxative [ˈlæksətɪv] Abführmittel
laze around [leɪz‿əˈraʊnd] faulenzen
lazy [ˈleɪzɪ] faul
leading role [ˈliːdɪŋ ˈrəʊl] Hauptrolle
leaf [liːf] Blatt
leaflet [ˈliːflɪt] Prospekt
lean [liːn] mager
learn [lɜːn] lernen
leather jacket [ˈleðə ˈdʒækɪt] Lederjacke
leather shop [ˈleðə ʃɒp] Lederwarengeschäft
leave [lɪːv] weggehen; verlassen; abfahren (von)
leave (for) [ˈliːv fɔː] abreisen (nach)
leek [liːk] Lauch
left [left]: **on the ~ to the ~** links
left [left]: **be ~** übrig bleiben
left(-hand) [ˈleft(ˌhænd)] linke(r, -s)
left-luggage locker [ˈleft ˈlʌgɪdʒ ˌlɒkə] Schließfach
left-luggage office [ˈleft ˈlʌgɪdʒ ˌɒfɪs] Gepäckaufbewahrung
leg [leg] Bein
legal alcohol limit [ˈlɪːgl ˈælkəhɒl ˈlɪmɪt] Promillegrenze

leggings [ˈlegɪŋz] Leggins
lemonade [ˌleməˈneɪd] Limonade
lemon [ˈlemən] Zitrone
lend [lend]: ~ **someone something** jemandem etwas leihen
lens [lenz] Linse, Objektiv
lentil [ˈlentɪl] *(Essen)* Linse
lesson [ˈlesn] Unterrichtsstunde
let [let] vermieten
letter [ˈletə] Brief
lettuce [ˈletɪs] Kopfsalat
level [ˈlevl] flach, eben; Ebene
liable to duty [ˈlaɪəbl tə ˈdju:tɪ] zollpflichtig
lice [laɪs] Läuse
lie [laɪ] liegen; lügen
lie down [ˈlaɪ ˈdaʊn] sich hinlegen
life jacket [ˈlaɪfˌdʒækɪt] Schwimmweste
lifebelt [ˈlaɪfbelt] Rettungsring
lifeboat [ˈlaɪfbəʊt] Rettungsboot
lifeguard [ˈlaɪfgɑ:d] Bademeister(in)
lift [lɪft] Aufzug, Fahrstuhl
lifting ramp [lɪftɪŋ ræmp] Hublift
light [laɪt] Licht; leicht; anzünden
light blue [laɪt] hellblau
light meter [ˈlaɪt ˌmi:tə] Belichtungsmesser
light switch [ˈlaɪtswɪtʃ] Lichtschalter
lighthouse [ˈlaɪthaʊs] Leuchtturm
lightning [ˈlaɪtnɪŋ] Blitz
like [laɪk] mögen, gern haben; *(beim Vergleich)* wie
line [laɪn] Linie
linen [ˈlɪnɪn] Leinen
lip [lɪp] Lippe
lipstick [ˈlɪpstɪk] Lippenstift
liquid [ˈlɪkwɪd] Flüssigkeit
listen (to) [ˈlɪsn] zuhören; ~ **to music** [ˈlɪsn təˈmju:zɪk] Musik hören
litre [ˈli:tə] Liter
little [lɪtl] klein; **a** ~ [ə ˈlɪtl] ein wenig, etwas
live [lɪv] leben, wohnen; live
live music [ˈlaɪv ˈmju:zɪk] Livemusik
lively [ˈlaɪvlɪ] lebhaft
liver [ˈlɪvə] Leber
liver pâté [ˈlɪvəˌpæteɪ] Leberpastete
living room [ˈlɪvɪŋru:m] Wohnzimmer
local [ˈləʊkl] einheimisch
local call [ˈləʊkl kɔ:l] Ortsgespräch
local train [ˈləʊkl ˈtreɪn] Nahverkehrszug
loch [lɒk] *(in Schottland)* See
lock [lɒk] abschließen, verschließen; Türschloss
lonely [ˈləʊnlɪ] einsam
long [lɒŋ] lang
long-distance call [ˌlɒŋ ˈdɪstəns kɔ:l] Ferngespräch
look [lʊk] Blick; schauen
look after [ˌlʊk ˈɑ:ftə] aufpassen auf, sich kümmern um
look at [ˈlʊk ət] ansehen
look for [ˈlʊk fɔ:] suchen
look forward to [ˈlʊk ˈfɔ:wəd tu:] sich freuen auf
look out [ˈlʊkˈaʊt]: ~! Achtung!, Vorsicht!
lose [lu:z] verlieren; ~ **one's way** [ˈlu:z wʌnz ˈweɪ] sich verirren
lost-property office [ˈlɒstˈprɒpətɪ ˌɒfɪs] Fundbüro
lot: **a** ~ **of** [ə ˈlɒt əv] viel
loud [laʊd] laut
lounge [laʊndʒ] Aufenthaltsraum
love [lʌv] Liebe; lieben
low [ləʊ] niedrig
low season [ˈləʊ ˌsi:zn] Nebensaison; Vorsaison; Nachsaison
low tide [ˈləʊ ˈtaɪd] Ebbe
low-calorie [ləʊ ˈkælərɪ] kalorienarm
low-fat [ləʊ ˈfæt] fettarm
low-fat milk [ˈləʊˈfæt ˈmɪlk] fettarme Milch
luck [lʌk] Glück
lucky [ˈlʌkɪ] glücklich *(Glück gehabt)*
luggage [ˈlʌgɪdʒ] Gepäck
luggage check-in [ˈlʌgɪdʒ ˈtʃekɪn] Gepäckabfertigung
luggage counter [ˈlʌgɪdʒ kaʊntə] Gepäckschalter
luggage reclaim [ˈlʌgɪdʒ ˌri:ˈkleɪm] Gepäckausgabe
luggage trolley [ˈlʌgɪdʒ ˈtrɒlɪ] Gepäckwagen
lumbago [lʌmˈbeɪgəʊ] Hexenschuss
lunch [lʌntʃ] Mittagessen
lunchtime: **at** ~ [ət ˈlʌnʃtaɪm] mittags
lungs [lʌŋz] Lunge
luxurious [lʌgˈzjʊərɪəs] luxuriös
Lyme disease [ˈlaɪm dɪˌzi:z] Borreliose
lymphatic drainage [ˈlɪmfɑ:tɪk d reɪnɪdʒ] Lymphdrainage

M

machine [məˈʃi:n] Maschine
mackerel [ˈmækrl] Makrele
mad [mæd] verrückt
Madam [ˈmædəm] Frau *(Anrede)*
magazine [ˌmægəˈzi:n] Illustrierte, Zeitschrift
maid [meɪd] Zimmermädchen
maiden name [ˈmeɪdn neɪm] Geburtsname
main course [ˈmeɪn ˈkɔ:s] Hauptspeise
main post office [ˈmeɪn ˈpəʊstˌɒfɪs] Hauptpostamt

main station [ˈmeɪn ˈsteɪʃn] Hauptbahnhof
main street [ˈmeɪn ˈstriːt] Hauptstraße
mainland [ˈmeɪnlænd] Festland
maintain [meɪnˈteɪn] behaupten
make [meɪk] machen, herstellen; *(Kaffee, Tee)* kochen; **~ a mistake** [ˈmeɪk‿ə mɪsˈteɪk] einen Fehler machen; **~ a phone call** [meɪk‿ə ˈfəʊnkɔːl] telefonieren; **~ good** [ˈmeɪk ˈgʊd] *(Schaden)* ersetzen
making music [ˈmeɪkɪŋˈmjuːzɪk] musizieren
man [mæn] Mann; Mensch *(allgemein)*
manager [ˈmænɪdʒə] Leiter(in)
mandarin [ˈmændərɪn] Mandarine
mango [mɜːngəʊ] Mango
map [ˈmæp] Landkarte
March [mɑːtʃ] März
margarine [ˌmɑːdʒəˈriːn] Margarine
market [ˈmɑːkɪt] Markt
marmalade [ˈmɑːməleɪd] Orangenmarmelade
married (to) [ˈmærɪd] verheiratet (mit)
marry [ˈmærɪ] heiraten
marsh [mɑːʃ] Sumpf
marvellous [ˈmɑːvləs] wunderbar
mascara [mæˈskɑːrə] Wimperntusche
mass [mæs] Messe *(in der Kirche)*
massage [ˈmæsɑːʒ] Massage
match [mætʃ] *(Sport)* Spiel, Partie; Streichholz
matchbox [ˈmætʃbɒks] Streichholzschachtel
material [məˈtɪərɪəl] Material, Stoff
matter [ˈmætə] Sache, Angelegenheit
mattress [ˈmætrɪs] Matratze
mature [məˈtjʊə] *(geistig, körperlich; Käse)* reif
May [meɪ] Mai
maybe [ˈmeɪbiː] vielleicht
mayonnaise [ˌmeɪəˈneɪz] Mayonnaise
me [miː] mich; mir
meadow [ˈmedəʊ] Wiese
meal [miːl] Mahlzeit, Essen
meaning [ˈmiːnɪŋ] Sinn, Bedeutung
means [miːnz] Mittel
measles [ˈmiːzlz] Masern
meat [miːt] Fleisch
medical insurance [ˈmedɪkl‿ɪnˈʃʊərns] Krankenversicherung
medicine [ˈmedsn] Medikament
meditation [medɪˈteɪʃn] Meditation
meet [miːt] treffen; kennen lernen
melon [ˈmelən] Melone
memorial [mɪˈmɔːrɪəl] Gedenkstätte
memory card [ˈmemrɪˈ ˈkɑːd] Speicherkarte
memory stick [ˈmemrɪˈ stɪk] Memorystick
men [men] *(Pluralform)* Männer
meningitis [menəndʒ aɪˌtɪs] Hirnhautentzündung
menstruation [ˌmenstrʊˈeɪʃn] Menstruation
menu [ˈmenjuː] Speisekarte
merry [ˈmerɪ] lustig, froh
message [ˈmesɪdʒ] Nachricht
methylated spirits [ˈmeθɪleɪtɪd ˈspɪrɪts] Brennspiritus
metre [ˈmiːtə] Meter
microwave [maɪkrəʊweɪv] Mikrowelle
middle [ˈmɪdl] Mitte
Middle Ages [ˈmɪdl‿ˈeɪdʒɪz] Mittelalter
midge [mɪdʒ] Mücke
migraine [ˈmiːgreɪn] Migräne
mild [maɪld] mild
mile [maɪl] Meile
milk [mɪlk] Milch
millimetre [ˈmɪlɪˌmiːtə] Millimeter
mince [mɪns] Hackfleisch
minced meat [ˈmɪnst ˈmiːt] Hackfleisch
mind: **I don't ~** [ˈaɪ dəʊnt ˈmaɪnd] meinetwegen
mini-bar [ˈmɪnɪbɑː] Minibar
minute [ˈmɪnɪt] Minute
mirror [ˈmɪrə] Spiegel
miscalculate [ˌmɪsˈkælkjʊleɪt] sich verrechnen
miscarriage [ˌmɪsˈkærɪdʒ] Fehlgeburt
misfortune [mɪsˈfɔːtʃən] Unglück
Miss [mɪs] Fräulein *(Anrede: vor Namen)*
miss [mɪs] verpassen
missing: **be ~** [ˈmɪsɪŋ] fehlen
mistake [mɪsˈteɪk] Fehler, Irrtum
mistake for [mɪsˈteɪk fɔː] verwechseln mit
mistaken: **be ~** [mɪsˈteɪkn] sich täuschen
misunderstanding [ˌmɪsʌndəˈstændɪŋ] Missverständnis
mix [mɪks] mischen; *(Getränke)* zubereiten, mixen
mixed [mɪkst] gemischt
mobile communications store [ˈməʊbaɪl kɒmjuːˈnɪkeɪʃnz ˈstɔː] Handygeschäft
model [ˈmɒdl] Modell
modern [ˈmɒdn] modern
moist [mɔɪst] feucht, nass
moment [ˈməʊmənt] Augenblick

monastery [ˈmɒnəstrɪ] (Mönchs-) Kloster
Monday [ˈmʌndɪ] Montag
money [ˈmʌnɪ] Geld
month [mʌnθ] Monat
monthly [ˈmʌnθlɪ] monatlich
monument [ˈmɒnjʊmənt] Denkmal, Grabmal
moon [muːn] Mond
moor [mɔː] Heide
mop [mɒp] Wischmopp
more [mɔː] mehr; **~ than** [mɔː ðæn] mehr als
morning [ˈmɔːnɪŋ] Morgen; *(später)* Vormittag
mosaic [məʊˈzeɪɪk] Mosaik
motel [məʊˈtel] Motel
mother [ˈmʌðə] Mutter
motive [ˈməʊtɪv] (Beweg-)Grund
motor [ˈməʊtə] Motor
motorail service [ˈməʊtəreɪl ˈsɜːvɪs] Autoreisezug
motorboat [ˈməʊtəbəʊt] Motorboot
motorway [ˈməʊtəweɪ] Autobahn
motorway exit [ˈməʊtəweɪ ˈeksɪt] Autobahnausfahrt
motorway services [ˈməʊtəweɪ ˈsɜːvɪsɪz] Raststätte
motorway toll [ˈməʊtəweɪ təʊl] Autobahngebühr
mountain [ˈmaʊntɪn] Berg
mountain bike [ˈmaʊntɪn baɪk] Mountainbike
mountain village [ˈmaʊntɪn ˈvɪlɪdʒ] Bergdorf
mountaineering [ˌmaʊntɪˈnɪərɪŋ] Bergsteigen
mountains [ˈmaʊntɪnz] Gebirge
mouth [maʊθ] Mund; *(eines Flusses)* Mündung
MP3 player [ˈem piː θriː pleɪə] MP3-Player
Mr [ˈmɪstə] Herr *(vor Namen)*
Mrs [ˈmɪsɪz] Frau *(vor Namen)*
much [mʌtʃ] *(Frage, Verneinung)* viel
muesli [ˈmjuːzlɪ] Müsli
mugging [ˈmʌgɪŋ] Überfall
mumps [mʌmps] Mumps
muscle [ˈmʌsl] Muskel
museum [mjuːˈzɪəm] Museum
museum of ethnology [mjʊˈzɪəm‿əv eθˈnɒlədʒɪ] Völkerkundemuseum
music [ˈmjuːzɪk] Musik
music hall [ˈmjuːzɪkhɔːl] Varietee
musical [ˈmjuːzɪkl] Musical
mussel [ˈmʌsl] Miesmuschel
mustard [ˈmʌstəd] Senf
mute [mjuːt] stumm
mutton [ˈmʌtn] Hammelfleisch
my [maɪ] mein(e)
myself: I did it ~ [aɪ dɪd ɪt maɪˈself] ich habe es selbst gemacht

N

nail scissors [ˈneɪlˌsɪzəz] Nagelschere
nail polish [ˈneɪl ˌpɒlɪʃ] Nagellack
nail polish remover [ˈneɪl ˌpɒlɪʃ rɪˈmuːvə] Nagellackentferner
naked [ˈneɪkɪd] nackt
name [neɪm] Name
napkin [ˈnæpkɪn] Serviette
nappy [ˈnæpi] Windel
narrow [ˈnærəʊ] schmal, eng
national costume [ˌnæʃəˈnæl ˈkɒstjuːm] Volkstracht
national park [ˈnæʃnl ˈpɑːk] Nationalpark
nationality [ˌnæʃəˈnælɪtɪ] Staatsangehörigkeit
native [ˈneɪtɪv] einheimisch
native country [ˈneɪtɪv ˈkʌntrɪ] Heimat
natural [ˈnætʃrəl] natürlich
nature [ˈneɪtʃə] Natur
nature reserve [ˈneɪtʃə rɪˈzɜːv] Naturschutzgebiet
naughty [ˈnɔːtɪ] ungezogen, böse
nausea [ˈnɔːsjə] Brechreiz, Übelkeit
nautical mile [ˈnɔːtɪkl ˌmaɪl] Seemeile
near [nɪə] nah(e), bei
nearly [ˈnɪəlɪ] fast
necessary [ˈnesɪsrɪ] notwendig
neck [nek] Hals
necklace [ˈneklɪs] (Hals-)Kette
need [niːd] brauchen
needle [ˈniːdl] Nadel
negative [ˈnegətɪv] negativ
neighbour [ˈneɪbə] Nachbar(in)
neither [ˈnaɪðə] auch nicht
nerve [nɜːv] Nerv
nervous [ˈnɜːvəs] nervös
net [net] Netz
neutral [ˈnjuːtrəl] Leerlauf
never [ˈnevə] nie
nevertheless [ˌnevəðəˈles] trotzdem
new [njuː] neu
New Year's Day [ˈnjuː ˌjɜːz ˈdeɪ] Neujahr
New Year's Eve [ˈnjuː ˌjɜːz‿ˈiːv] Silvesterabend
newsagent's [ˈnjuːzˌeɪdʒənts] Zeitungshändler
newspaper [ˈnjuːsˌpeɪpə] Zeitung
next [nekst] nächste(r, -s); **~ year** [ˈnekst ˈjɜː] nächstes Jahr
next to [nekst tʊ] neben
nice [naɪs] schön; *(Person)* nett, lieb, sympathisch
night [naɪt] Abend; *(später)* Nacht
nightclub [ˈnaɪtklʌb] Nachtklub
ninepins [ˈnaɪnpɪnz] Kegeln

no [nəʊ] nein
nobody [ˈnəʊbədɪ] niemand
noise [nɔɪz] Geräusch; Lärm
noisy [ˈnɔɪzɪ] laut
non-alcoholic [ˈnɒnælkəˈhɒlɪk] alkoholfrei
noon [nuːn] Mittag
nor [nɔː] auch nicht
normal [ˈnɔːml] normal
normally [ˈnɔːməlɪ] normalerweise
north [nɔːθ] Norden; **~ of** [ˈnɔːθ‿əv] nördlich von; **to the ~ of** [tuː ðə ˈnɔːθ‿əv] nördlich von
North Sea [ˈnɔːθ ˈsiː] Nordsee
Northern Ireland [ˈnɔːðən ˈaɪələnd] Nordirland
nose [nəʊz] Nase
nose bleed [ˈnəʊz bliːd] Nasenbluten
no-smoking compartment [ˈnəʊˈsməʊkɪŋ kəmˈpɑːtmənt] Nichtraucherabteil
not [nɒt] nicht
not at all [ˈnɒt‿ət ˈɔːl] gar nicht
not yet [ˈnɒt ˈjet] noch nicht
notebook [nəʊtbʊk] Notizbuch
nothing [ˈnʌθɪŋ] nichts
notice [ˈnəʊtɪs] bemerken
notion [ˈnəʊʃn] Begriff, Vorstellung
novel [ˈnɒvl] Roman
November [nəʊˈvembə] November
now [naʊ] jetzt
nowhere [ˈnəʊweə] nirgends
nude [njuːd] nackt; Akt
nudist beach [ˈnjuːdɪst biːtʃ] FKK-Strand
number [ˈnʌmbə] Nummer, Zahl
number plate [ˈnʌmbə pleɪt] Nummernschild
nurse [nɜːs] Krankenschwester
nutmeg [ˈnʌtmeg] Muskatnuss
nut [nʌt] Nuss

O

oats [əʊts] Haferflocken
object [ˈɒbdʒɪkt] Gegenstand
objective [əbˈdʒektɪv] Objektiv
observatory [əbˈzɜːvətrɪ] Sternwarte
occasionally [əˈkeɪʒnəlɪ] gelegentlich
occupied [ˈɒkjʊpaɪd] *(Toilette, Sitzplatz)* besetzt
October [ɒkˈtəʊbə] Oktober
of [ɒv] von; *(Material)* aus
of course [əv ˈkɔːs] natürlich
off season [ɒf ˈsiːzn] Nebensaison
offer [ˈɒfə] bieten; Angebot
office [ˈɒfɪs] Büro; Amt, Dienststelle
official [əˈfɪʃl] offiziell; Beamte/r, Beamtin
off-licence [ˈɒfˌlaɪsns] Spirituosengeschäft
offside [ɒfsaɪd] abseits
often [ˈɒfn] oft
oil [ɔɪl] Öl
oil change [ˈɔɪl ˈtʃeɪndʒ] Ölwechsel
oil painting [ˈɔɪl ˈpeɪntɪŋ] Ölgemälde; Ölmalerei
ointment [ˈɔɪntmənt] Salbe; **~ for burns** [ˈɔɪntmənt fə ˈbɜːnz] Brandsalbe
old [əʊld] alt
olive oil [ˈɒlɪv‿ˈɔɪl] Olivenöl
olive [ˈɒlɪv] Olive
on [ɒn] an; auf
on time [ɒn ˈtaɪm] pünktlich
on weekdays [ˈwiːkdeɪz] werktags, wochentags
once [wʌns] einmal
once a week [ˈwʌns‿ə ˈwiːk] wöchentlich, einmal pro Woche
one [wʌn] ein(e); man
one-day travelcard [ˈwʌndeɪ ˈtrævlkɑːd] Tageskarte
onion [ˈʌnjən] Zwiebel
only [ˈəʊnlɪ] einzig, nur
open [ˈəʊpən] offen, auf, geöffnet; öffnen; **in the ~ air** [ˈəʊpən ˈeə] im Freien
opening hours [ˈəʊpnɪŋ ˌaʊəz] Öffnungszeiten
open-plan carriage [ˈəʊpnˈplæn ˈkærɪdʒ] Großraumwagen
opera [ˈɒprə] Oper
operation [ˌɒpəˈreɪʃn] Operation
operetta [ˌɒpəˈretə] Operette
opinion [əˈpɪnjən] Meinung
opposite [ˈɒpəzɪt] Gegenteil; entgegengesetzt; gegenüber
optician's [ɒpˈtɪʃənz] Optiker
or [ɔː] oder
orange [ˈɒrɪndʒ] orange; Orange
orange juice [ˈɒrɪndʒ dʒuːs] Orangensaft
orchestra [ˈɔːkɪstrə] Orchester
order [ˈɔːdə] Bestellung; *(im Kloster)* Orden
ordinary [ˈɒdnrɪ] gewöhnlich
organic food shop [ɔːˈgənɪk fuːd ʃɒp] Bioladen
original [əˈrɪdʒənl] Original
original version [əˈrɪdʒənl ˈvɜːʃən] Originalfassung
ought: **you ~ to** [jʊ ɔːt‿tʊ] Sie sollten/du solltest
our [ˈaʊə] unser(e)
out of order [aʊt‿əv ˈɔːdə] kaputt, defekt
outside [ˌaʊtˈsaɪd] außen, draußen, außerhalb
oven [ˈʌvən] Backofen
over [ˈəʊvə] über; vorüber

overtake [ˌəʊvəˈteɪk] überholen
own [əʊn] eigen; besitzen
owner [ˈəʊnə] Besitzer(in), Eigentümer(in)
oyster [ˈɔɪstə] Auster

P

pacemaker [ˈpeɪsˌmeɪkə] Herzschrittmacher
pack [pæk] einpacken
packing [ˈpækɪŋ] Verpackung
page [peɪdʒ] Seite
pain [peɪn] Schmerz(en)
painful [ˈpeɪnfʊl] schmerzhaft
pain-killing tablet [ˈpeɪnˌkɪlɪŋ ˈtæblɪt] Schmerztablette
paint [peɪnt] malen; Farbe
painter [ˈpeɪntə] Maler(in)
painting [ˈpeɪntɪŋ] Gemälde, Bild; Malerei
pair [ˈpeər] Paar
palace [ˈpælɪs] Palast
pan [pæn] Pfanne
panty [ˈpænti] Slip
pants [pænts] Am (lange) Hose
panty liner [ˈpæntɪ laɪnə] Slipeinlage
paper [ˈpeɪpə] Papier
paper handkerchief [ˈpeɪpə ˈhæŋkətʃɪf] Papiertaschentuch
paperback [ˈpeɪpəbæk] Taschenbuch
papers [ˈpeɪpəz] *(Ausweis usw.)* Papiere
paprika [ˈpæprɪkə] Paprika
parachuting [ˈpærəˌʃuːtɪŋ] Fallschirmspringen
paraffin [ˈpærəfɪn] Petroleum
paragliding [ˈpærə glaɪdɪŋ] Gleitschirmfliegen
paralysis [pəˈrælɪsɪs] Lähmung
parcel [ˈpɑːsl] Paket
pardon: **I beg your ~!** [aɪ ˈbeg jɔː ˈpɑːdn] (Ich bitte um) Entschuldigung!
parents [ˈpeərənts] Eltern
park [pɑːk] Parkanlage; parken
parsley [ˈpɑːslɪ] Petersilie
part [pɑːt] Teil
partially sighted [ˈpɑːʃəlɪ saɪtɪd] sehbehindert
particularly [pəˈtɪkjʊləlɪ] besonders
particulars [pəˈtɪkjʊləz] nähere Angaben; Personalien
parting [ˈpɑːtɪŋ] Scheitel
party [ˈpɑːtɪ] Party, Fest
pass [pɑːs] Pass
passenger [ˈpæsɪndʒə] Passagier, Fahrgast
passport [ˈpɑːspɔːt] Reisepass
passport control [ˈpɑːspɔːt kənˈtrəʊl] Passkontrolle
pass through [ˈpɑːs ˈθruː] auf der Durchreise sein
past [pɑːst] Vergangenheit; vorüber; **~ the sell-by date** [pɑːst ðə ˈselˈbaɪˈdeɪt] abgelaufen
pasta [ˈpæstə] Nudeln
path [pɑːθ] Pfad, Weg
patience [ˈpeɪʃns] Geduld
pay [peɪ] (be)zahlen; **~ (in) cash** [peɪ(ɪn) ˌkæʃ] bar zahlen
pay attention to [peɪ‿əˈtenʃn tuː] beachten
pay out [ˌpeɪ‿ˈaʊt] auszahlen
payment [ˈpeɪmənt] Zahlung
peach [ˈpiːtʃ] Pfirsich
pearl [pɜːl] Perle
pear [peə] Birne
pea [piː] Erbse
pedal boat [ˈpedlbəʊt] Tretboot
pedestrian [pɪˈdestrɪən] Fußgänger(in)
pedestrian precinct [pɪˈdestriən ˈpriːsɪŋkt] Fußgängerzone
peg [peg] (Kleider-)Haken
pendant [ˈpendənt] *(Schmuckstück)* Anhänger
people [ˈpiːpl] Leute; Volk
pepper [ˈpepə] Pfeffer
pepper mill [ˈpepəˌmɪl] Pfeffermühle
pepper [ˈpepə] Paprikaschote
per cent [pə ˈsent] Prozent
perch [pɜːtʃ] Barsch
performance [pəˈfɔːməns] *(im Theater)* Aufführung, Vorstellung
perfume [ˈpɜːfjuːm] Parfüm
perfumery [pəˈfjuːmərɪ] Parfümerie
perhaps [pəˈhæps] vielleicht
perm [pɜːm] Dauerwelle
permitted [pəˈmɪtɪd] zulässig, erlaubt
person [ˈpɜːsn] Person, Mensch
personal [ˈpɜːsnl] persönlich
Personal Identification Number [ˈpɜːsnl aɪˈdentɪfɪˈkeɪʃən ˌnʌmbə] Geheimzahl
perspire [pəsˈpaɪə] schwitzen
petrol can [ˈpetrəl kæn] Benzinkanister
petrol pump [ˈpetrəl pʌmp] Benzinpumpe
pet [pet] Haustier
phone [fəʊn] anrufen, telefonieren; Telefon
phone box [ˈfəʊnbɒks] Telefonzelle
phone call [ˈfəʊn ˌkɔːl] Anruf
phone number [ˈfəʊn ˌnʌmbə] Telefonnummer
phonecard [ˈfəʊnkɑːd] Telefonkarte
photo(graph) [ˈfəʊtəʊ(grɑːf)] Foto
photography [fəˈtɒgrəfɪ] Fotografie
physical handicap [fɪzɪkəl hændɪkæp] Körperbehinderung

pick out [ˈpɪk ˈaʊt] aussuchen
pickpocket [ˈpɪkˌpɒkɪt] Taschendieb(in)
pick-up service [ˈpɪkʌp ˈsɜːvɪs] Rückholservice
picture [ˈpɪktʃə] Bild
picture postcard [ˈpɪktʃə ˈpəʊstkɑːd] Ansichtskarte
piece [piːs] Stück
pier [pɪə] Pier
pill [pɪl] Tablette
pillar [ˈpɪlə] Säule
pillow [ˈpɪləʊ] Kopfkissen
pilot [ˈpaɪlət] Pilot(in)
PIN [pɪn] PIN, Geheimzahl
pineapple [ˈpaɪnˌæpl] Ananas
pink [pɪŋk] rosa
place [pleɪs] Platz, Ort
place of birth [ˈpleɪs‿əv ˈbɜːθ] Geburtsort
place of pilgrimage [pleɪs‿əv ˈpɪlgrɪmɪdʒ] Wallfahrtsort
place of residence [ˌpleɪs‿əv ˈrezɪdəns] Wohnort, Wohnsitz
plain [pleɪn] Ebene; einfach
plant [plɑːnt] Pflanze
plaster [ˈplɑːstə] Pflaster
plastic bag [ˈplæstɪk ˈbæg] Plastiktüte
plate [pleɪt] Teller
platform [ˈplætfɔːm] Bahnsteig, Gleis
play [pleɪ] (Theater-)Stück
playground [pleɪgraʊnd] Spielplatz
playmate [pleɪmeɪt] Spielkamerad(in)
pleasant [ˈpleznt] angenehm, sympathisch
please [pliːz] bitte; gefallen
be pleased (with/about) [ˈpliːzd (wɪð/əˈbaʊt)] sich freuen (über)
pleasure [ˈpleʒə] Vergnügen
plug [plʌg] Stecker
plum [plʌm] Pflaume
pneumonia [njuːˈməʊnjə] Lungenentzündung
pocket [ˈpɒkɪt] Tasche
pocket knife [ˈpɒkɪt naɪf] Taschenmesser
poison [ˈpɔɪzn] Gift
poisoning [ˈpɔɪznɪŋ] Vergiftung
poisonous [ˈpɔɪznəs] giftig
Polaroid camera [ˈpəʊlərɔɪdˌkæmrə] Sofortbildkamera
police [pəˈliːs] Polizei
police car [pəˈliːs kɑː] Polizeiwagen
police custody [pəˈliːs ˈkʌstədɪ] Untersuchungshaft
policeman [pəˈliːsmən] Polizist
policewoman [pəˈliːsˌwʊmən] Polizistin
polio [ˈpəʊlɪəʊ] Kinderlähmung
polite [pəˈlaɪt] höflich
poor [pʊə] arm
porcelain [pɔːslɪn] Porzellan
pork [pɔːk] Schweinefleisch
port [pɔːt] Hafen; Portwein
portable [ˈpɔːtəbl] tragbar
portal [ˈpɔːtl] Portal
porter [ˈpɔːtə] Portier
portion [ˈpɔːʃn] Portion
portrait [ˈpɔːtrɪt] Porträt
portrait format [ˈpɔːtreɪt ˌfɔːmæt] Hochformat
posh [pɒʃ] vornehm
position [pəˈzɪʃn] Lage, Standort
possible [ˈpɒsəbl] möglich
post code [ˈpəʊskəʊd] Postleitzahl
post office [ˈpəʊstˌɒfɪs] Postamt
postage [ˈpəʊstɪdʒ] Porto
postbox [ˈpəʊstbɒks] Briefkasten
postcard [ˈpəʊskɑːd] Postkarte
poste restante [ˈpəʊst rɪˈstænt] postlagernd
poster [ˈpəʊstə] Plakat
postpone [ˌpəʊsˈpəʊn] verschieben
pot [pɒt] Topf
potato [pəˈteɪtəʊ] Kartoffel
pottery [ˈpɒtərɪ] Töpferei; Töpferwaren
pound(s) [paʊnd(z)] Pfund
powder [ˈpaʊdə] Puder
powder snow [ˈpaʊdə snəʊ] Pulverschnee
power nap [ˈpaʊəʳ næp] Powernap
practical [ˈpræktɪkl] praktisch
practise [ˈpræktɪs] üben
prawn [prɔːn] Garnele
pray [preɪ] beten
pregnancy [ˈpregnənsɪ] Schwangerschaft
premiere [ˈpremɪeə] Premiere
prepare [prɪˈpeə] vorbereiten, zubereiten
prescribe [prɪsˈkraɪb] verschreiben
prescription [prɪsˈkrɪpʃn] Rezept
present: be ~ [bi ˈpreznt] da sein, anwesend sein
present [ˈpreznt] Geschenk
pretty [ˈprɪtɪ] hübsch; ziemlich
prevent [prɪˈvent] (ver)hindern
price [praɪs] Preis; **~ per kilometre/mile** [praɪs pə ˈkɪləˌmiːtə/maɪl] Kilometerpreis
priest [priːst] Priester
printer [prɪntə] Drucker
prison [ˈprɪzn] Gefängnis
private [ˈpraɪvɪt] privat
prize [praɪz] Gewinn, Preis
probable [ˈprɒbəbl] wahrscheinlich
probably [ˈprɒbəblɪ] *(als Adjektiv)* wahrscheinlich
problem [ˈprɒbləm] Problem
procession [prəˈseʃən] Prozession

product [ˈprɒdʌkt] Produkt
production [prəˈdʌkʃn] Inszenierung
profession [prəˈfeʃn] Beruf
profit [ˈprɒfɪt] Gewinn
programme [ˈprəʊgræm] Programm; Sendung (*im Radio/Fernsehen*)
prohibited [prəˈhɪbɪtɪd] verboten
pronounce [prəˈnaʊns] aussprechen
proper [ˈprɒpə] geeignet, richtig
prospectus [prəsˈpektəs] Prospekt
protection factor [prəˈtekʃn ˌfæktə] Lichtschutzfaktor
provisional [prəˈvɪʒənl] provisorisch
provisions [prəˈvɪʒəns] Vorrat
pub [pʌb] Kneipe
public [ˈpʌblɪk] öffentlich; **the ~** die Öffentlichkeit
pull [pʊl] ziehen
pulled muscle [ˈpʊld ˈmʌsl] Muskelzerrung
pullover [ˈpʊlˌəʊvə] Pullover
pulse [pʌls] Puls
pump [pʌmp] Luftpumpe
pumpkin [ˈpʌmpkɪn] Kürbis
punctual [ˈpʌŋktjʊəl] pünktlich
puncture [ˈpʌŋktʃə] Reifenpanne, Loch (*im Reifen*)
puncture repair kit [ˈpʌŋktʃə rɪˈpeə kɪt] Flickzeug
punishment [ˈpʌnɪʃmənt] Strafe
purify [pjʊrəfaɪ] entschlacken, entgiften
purple [ˈpɜːpl] lila, violett
purse [pɜːs] Geldbeutel
pus [pʌs] Eiter
put down [ˈpʊt ˈdaʊn] hinlegen
put off [ˈpʊt ˈɒf] (*zeitlich*) verschieben
put on [ˈpʊt ˈɒn] anziehen

Q

quality [ˈkwɒlɪtɪ] Qualität
quark [kwɑːk] Quark
quay [kiː] Kai
queen [kwiːn] Königin
question [ˈkwestʃn] Frage
queue (up) [ˈkjuː (ˈʌp)] Schlange stehen
quick [kwɪk] schnell
quiet [ˈkwaɪət] leise, ruhig, still
quite [kwaɪt] ziemlich

R

rabbit [ˈræbɪt] Kaninchen
race [reɪs] Rennen
racing bike [ˈreɪsɪŋ baɪk] Rennrad
racket [ˈrækɪt] Schläger
rack-railway [ræk ˈreɪlweɪ] Zahnradbahn
radar speed check [ˈreɪdɑː ˈspiːd tʃek] Radarkontrolle
radiator [ˈreɪdɪeɪtə] Kühler (*beim Auto*)
radio [ˈreɪdɪəʊ] Radio
rain [reɪn] Regen
raincoat [ˈreɪnkəʊt] Regenmantel
rainy [ˈreɪnɪ] regnerisch
ramble [ˈræmbl] wandern
ramp [ræmp] Rampe
rape [reɪp] Vergewaltigung
rare [reə] selten
rash [ræʃ] Ausschlag
rather [ˈrɑːðə] ziemlich
ravine [rəˈviːn] Schlucht
raw [rɔː] roh
razorblade [ˈreɪzəbleɪd] Rasierklinge
reach [riːtʃ] erreichen
read [riːd] lesen
ready [ˈredɪ] fertig, bereit
real [rɪəl] wirklich
really [ˈrɪəlɪ] unbedingt; wirklich
rear light [ˈrɪə ˈlaɪt] Rücklicht
rearview mirror [ˈriːəvjuː ˈmɪrə] Rückspiegel
reason [ˈriːzn] Grund
receipt [rɪˈsiːt] Quittung
receive [rɪˈsiːv] empfangen, erhalten
receiver [rɪˈsiːvə] Hörer
recently [ˈriːsntlɪ] kürzlich
reception [rɪˈsepʃn] Rezeption, Empfangshalle
rechargeable battery [riːˈtʃɑːdʒəbl ˈbætrɪ] Akku
recommend [ˌrekəˈmend] empfehlen
recover [rɪˈkʌvə] sich erholen
red [red] rot
red wine [red waɪn] Rotwein
reduction [rɪˈdʌkʃn] Ermäßigung
reflexology (foot) massage [ˌriːflˈeksˈɒlədʒɪ (ˈfʊt)ˈmæsɑːʒ] Fuß(reflexzonen)massage
refrigerator [rɪˈfrɪdʒəreɪtə] Kühlschrank
refuge [refjuːdʒ] Schutzhütte
refuse [rɪˈfjuːz] ablehnen
region [ˈriːdʒən] Region, Gegend
register [ˈredʒɪstə] sich anmelden
registered letter [ˈredʒɪstəd ˈletə] Einschreibebrief
registration [ˌredʒɪsˈtreɪʃn] Anmeldung
regret [rɪˈgret] bedauern
regular [ˈregjʊlə] regelmäßig
related [rɪˈleɪtɪd] verwandt
religion [rɪˈlɪdʒn] Religion
reluctantly [rɪˈlʌktəntlɪ] nicht gern
remain [rɪmeɪn] bleiben
remains [rɪˈmeɪnz] Überreste

remark [rɪˈmɑːk] sagen, bemerken
remedy [ˈremɪdɪ] Heilmittel
remember [rɪˈmembə] sich erinnern; **remember something** [rɪˈmembə] sich etwas merken
remind of [rɪˈmaɪnd ɒv] erinnern an
remittance [rɪˈmɪtəns] Überweisung
Renaissance [rəˈneɪsns] Renaissance
rent [rent] Miete; mieten, vermieten
repair [rɪˈpeə] reparieren
repeat [rɪˈpiːt] wiederholen
replace [rɪˈpleɪs] ersetzen
replacement [rɪˈpleɪsmənt] Ersatz
reply [rɪˈplaɪ] antworten, beantworten
report [rɪˈpɔːt] anzeigen
request [rɪˈkwest] Bitte
reservation [ˌrezəˈveɪʃn] Reservierung
reserve [rɪˈzɜːv] reservieren
residence [ˈrezɪdəns] Wohnsitz
responsible [rɪsˈpɒnsəbl] verantwortlich, zuständig
rest [rest] Ruhe; sich ausruhen
restaurant car [ˈrestərɔ̃ːŋ ˌkɑː] Speisewagen
return [rɪˈtɜːn] wiederkommen, zurückfahren; Rückkehr
return journey [rɪˈtɜːn ˈdʒɜːnɪ] Heimreise, Rückfahrt
return ticket [rɪˈtɜːn ˈtɪkɪt] Rückfahrkarte
reverse [rɪˈvɜːs] umgekehrt
reverse charge call [rɪˈvɜːs ˈtʃɑːdʒ ˈkɔːl] R-Gespräch
reverse gear [rɪˈvɜːs ˈgɪə] Rückwärtsgang
reward [rɪˈwɔːd] Belohnung
rheumatism [ˈruːmətɪzm] Rheuma
rice [reɪs] Reis
rich [rɪtʃ] reich
ride [raɪd] Ausritt; reiten
ridiculous [rɪˈdɪkjʊləs] lächerlich
riding school [ˈraɪdɪŋ ˈskuːl] Reitschule
right [raɪt] richtig
right(-hand) [ˈraɪt(ˌhænd)] rechte(r, -s); **on the right to the right** [raɪt] rechts
rigid [ˈrɪdʒɪd] hart, fest
ring (up) [ˈrɪn (ˈʌp)] anrufen
ripe [raɪp] reif
river [ˈrɪvə] Fluss
road [rəʊd] Straße
road map [ˈrəʊd mæp] Straßenkarte
roasted [ˈrəʊstɪd] gebraten
roasting tray [ˈrəʊstɪŋ treɪ] Bräter
rock [rɒk] Fels
rolled oats [ˈrəʊld ˈəʊts] Haferflocken
roller skates [ˈrəʊləˌskeɪts] Rollschuhe
Rollerblades® [ˈrəʊləbleɪdz] Inliner
roll [rəʊl] Rolle; Brötchen; rollen
roof [ruːf] Dach
room [ruːm] Zimmer; Räumlichkeit, Raum
rope [rəʊp] Seil
rosé [ˈrəʊzeɪ] *(Wein)* Rosé
rosemary [ˈrəʊzmərɪ] Rosmarin
rotten [ˈrɒtn] verdorben; *(Obst auch)* faul
rough sea [ˈrʌf ˈsiː] starker Seegang
round [raʊnd] rund
round trip [ˈraʊnd ˈtrɪp] Rundfahrt
route [ruːt] Route
row [ˈrəʊ] rudern
rowing boat [ˈrəʊɪŋbəʊt] Ruderboot
rubber boot [ˈrʌbə ˈbuːt] Gummistiefel
rubber dinghy [ˈrʌbə ˈdɪŋgɪ] Schlauchboot
rubber ring [ˈrʌbə rɪŋ] Schwimmring
rubbish [ˈrʌbɪʃ] Müll, Abfall
rucksack [ˈrʌksæk] Rucksack
rudder [ˈrʌdə] Ruder
ruin [ˈruːɪn] Ruine; ruinieren
rule [ruːl] Vorschrift; Regel
run [rʌn] rennen, laufen
rupture [ˈrʌptʃə] Leistenbruch

S

sad [sæd] traurig
safari park [səˈfɑːrɪ pɑːk] Wildpark
safe [seɪf] Safe
safe(ly) [seɪf(lɪ)] sicher
saffron [ˈsæfrn] Safran
sage [seɪdʒ] Salbei
sail [ˈseɪl] segeln
sailing boat [ˈseɪlɪŋbəʊt] Segelboot
salad [ˈsæləd] Salat
salad bar [ˈsæləd bɑː] Salatbar
salami [səˈlɑːmɪ] Salami
sale [seɪl] Ausverkauf
salmonella [ˈsælmnelə] Salmonellen
salt [sɔːlt] Salz
salt cellar [ˈsɔːltˌselə] Salzstreuer
same [seɪm] gleich
sand pit [sændpɪt] Sandkasten
sandal [ˈsændl] Sandale
sandcastle [sænd ˈkɑːsl] Sandburg
sanitary towel [ˈsænɪtrɪ ˈtaʊəl] Damenbinde
satisfied [ˈsætɪsfaɪd] zufrieden
Saturday [ˈsætədɪ] Samstag
sauce [sɔːs] Soße
saucer [ˈsɔːsə] Untertasse
sauna [ˈsɔːnə] Sauna
sausage [ˈsɒsɪdʒ] Wurst; *(kleiner)* Würstchen
say [seɪ] sagen
scar [skɑː] Narbe

scarcely [ˈskeəslɪ] kaum
scenery [ˈsiːnərɪ] Landschaft
scent [sent] Parfüm
school [skuːl] Schule
sciatica [saɪˈætɪkə] Ischias
scissors [ˈsɪzəz] Schere
scooter [ˈskuːtə] Roller
Scotland [ˈskɒtlənd] Schottland
Scotsman [ˈskɒtsmən] Schotte
Scotswoman [ˈskɒtsˌwʊmən] Schottin
Scottish [ˈskɒtɪʃ] schottisch
scratch [ˈskrætʃ] Kratzer
scream [skriːm] *(schrill)* schreien
screw [skruː] Schraube
sculptor, sculptress [ˈskʌlptə/ˈskʌlptrəs] Bildhauer(in)
sculpture [ˈskʌlptʃə] Skulptur, Plastik
sea [siː] Meer
seagull [ˈsiːgʌl] Möwe
seasick: **be ~** [biːˈsiːsɪk] seekrank sein
seaside resort [ˈsiːsaɪd rɪˈzɔːt] Badeort, Seebad
season [ˈsiːzn] Jahreszeit; Saison
seasoning [ˈsiːznɪŋ] Gewürz
seat [siːt] Sitz, Sitzplatz
seat belt [ˈsiːt belt] Sicherheitsgurt
seat reservation [ˈsiːt ˌrezəˈveɪʃn] Platzreservierung
secluded [sɪˈkluːdɪd] *(Haus, Gegend)* einsam
second [ˈseknd] Sekunde; zweite(r, -s)
second(ly) [ˈseknd(lɪ)] zweitens
second-hand shop [ˈsekndhænd ʃɒp] Trödler
security [sɪˈkjʊərɪtɪ] Sicherheit; Kaution
security charge [sɪˈkjʊərətɪ ˈtʃɑːdʒ] Sicherheitsgebühr
security control [sɪˈkjʊərətɪ kənˈtrəʊl] Sicherheitskontrolle
sedative [ˈsedətɪv] Beruhigungsmittel
see [siː] sehen
Segway [ˈsɛgweɪ] Segway
seldom [ˈseldəm] selten
selfie stick [ˈselfɪˈstɪk] Selfiestick
self-service [ˌselfˈsɜːvɪs] Selbstbedienung
self-timer [self ˈtaɪmə] Selbstauslöser
sell [sel] verkaufen
sell-by date [ˈselˈbaɪˈdeɪt/best bɪˈfɔː] Haltbarkeitsdatum
seminar [ˈsemɪnɑː] Seminar
send [send] schicken
send for [ˈsend fɔː] abholen lassen
send on [ˈsend ˈɒn] nachsenden
sender [ˈsendə] Absender
sentence [ˈsentəns] Satz
separation of rubbish [sepəreɪʃn əv ˈrʌbɪʃ] Mülltrennung
September [sepˈtembə] September
serious [ˈsɪərɪəs] ernst; *(Krankheit auch)* schwer
serve [sɜːv] servieren
service [ˈsɜːvɪs] Bedienung
service charge [ˈsɜːvɪs ˈtʃɑːdʒ] Bearbeitungsgebühr
serviette [ˌsɜːvɪˈet] Serviette
set [set] (Fernseh-)Apparat
set meal [ˈset ˈmiːl] Menü
set menu [ˈset ˈmenjuː] Menü
setting lotion [ˈsetɪŋ ˌləʊʃn] Haarfestiger
severe [sɪˈvɪə] *(Schmerzen)* stark
severely disabled person [sɪvɪəlɪ dɪsˌeɪbld pɜːsn] Schwerbehinderte/r
sexual harassment [ˈseksjʊəl ˈhærəsmnt] sexuelle Belästigung
shade [ʃeɪd] (Farb-)Ton
shadow [ˈʃædəʊ] Schatten
shampoo [ʃæmˈpuː] Shampoo
shape [ʃeɪp] Form
shaver [ˈʃeɪvə] Rasierapparat
shaving brush [ˈʃeɪvɪŋ brʌʃ] Rasierpinsel
shaving foam [ˈʃeɪvɪŋ fəʊm] Rasierschaum
she [ʃiː] sie (*Einzahl*)
shell [ʃel] Muschel
shelter [ˈʃeltə] Schutz; Schutzhütte
shin [ʃɪn] Schienbein
shirt [ʃɜːt] Hemd
shoe [ˈʃuː] Schuh
shoe shop [ˈʃuː ʃɒp] Schuhgeschäft
shoebrush [ˈʃuːbrʌʃ] Schuhbürste
shoecream [ˈʃuː kriːm] Schuhcreme
shoemaker's [ˈʃuːˌmeɪkəz] Schuhmacher
shop window [ˈʃɒp ˈwɪndəʊ] Schaufenster
shore [ʃɔː] Ufer (*an der Meeresküste*)
short [ʃɔːt] kurz
short film [ˈʃɔːt ˈfɪlm] Kurzfilm
short circuit [ˈʃɔːt ˈsɜːkɪt] Kurzschluss
short-cut [ˈʃɔːtkʌt] Abkürzung
shorts [ʃɔːts] Shorts
shoulder [ˈʃəʊldə] Schulter
shoulder bag [ˈʃəʊldə bæg] Umhängetasche
shout [ʃaʊt] schreien
show [ʃəʊ] Show; zeigen
shower [ˈʃaʊə] Regenschauer; Dusche
shower gel [ˈʃaʊə dʒel] Duschgel
shower seat [ʃaʊə siːt] Duschsitz
shrimp [ʃrɪmp] Garnele
shut [ʃʌt] schließen; zu, geschlossen

shutter [ˈʃʌtə] Auslöser
shuttlecock [ˈʃʌtlkɒk] Federball *(Ball)*
shy [ʃaɪ] schüchtern
sick [sɪk] krank
side [saɪd] Seite
sideboards [ˈsaɪdbɔːdz] Koteletten
sidelights [ˈsaɪdlaɪts] Standlicht
sieve [ˈsɪv] Sieb
sights [saɪts] Sehenswürdigkeiten
sightseeing tour of the town/city [ˈsaɪtˌsiːɪŋˈtʊər‿əv ðə ˈtaʊn/ˈsɪtɪ] Stadtrundfahrt
sign [saɪn] Zeichen; Schild, Wegweiser; unterschreiben
sign language [saɪn ˈlæŋgwɪdʒ] Zeichensprache
signature [ˈsɪgnɪtʃə] Unterschrift
silence [ˈsaɪləns] Ruhe, Stille
silent [ˈsaɪlənt] ruhig, still
silk [sɪlk] Seide
silk painting [ˈsɪlk ˈpeɪntɪŋ] Seidenmalerei
silly [ˈsɪlɪ] blöd(e)
silver [ˈsɪlvə] Silber; silberfarben
similar [ˈsɪmɪlə] ähnlich
simple [ˈsɪmpl] einfach
simultaneously [ˌsɪməlˈteɪnjəslɪ] gleichzeitig
since [sɪns] *(Zeitpunkt)* seit; *(Grund)* weil
sincere [sɪnˈsɪə] herzlich
sing [sɪŋ] singen
singer [ˈsɪŋə] Sänger(in)
single [ˈsɪŋgl] ledig
singles [ˈsɪŋglz] *(Sport)* Einzel
sink [sɪŋk] Geschirrspülbecken
sinusitis [ˌsaɪnəˈsaɪtɪs] Stirnhöhlenentzündung
sister [ˈsɪstə] Schwester
sister-in-law [ˈsɪstərɪnlɔː] Schwägerin
sit [sɪt] sitzen
situation [ˌsɪtjʊˈeɪʃn] Lage, Situation
size [saɪz] Größe, Umfang
skateboard [ˌskeɪtbɔːd] Skateboard
ski [ˈskiː] Ski
ski binding [ˈskiː baɪndɪŋ] Skibindung
ski boot [skiː buːt] Skistiefel
ski goggles [ˈski ˌgɒglz] Skibrille
ski instructor [ˈski ɪnˈstrktə] Skilehrer(in)
ski stick [ˈskiːstɪk] Skistock
ski tow [ˈskiː təʊ] Schlepplift
ski trousers Skihose
skiing [ˈskiːɪŋ] Ski laufen
skiing course [ˈskiːɪŋ ˌkɔːs] Skikurs
skin [skɪn] Haut
skirt [skɜːt] Rock
skittles [ˈskɪtlz] Kegeln
sky [skaɪ] Himmel

sledge [sledʒ] Schlitten
sleep [sliːp] schlafen
sleeping pill [ˈsliːpɪŋ pɪl] Schlaftablette
sleeplessness [ˈsliːplɪsnɪs] Schlaflosigkeit
sleeve [sliːv] Ärmel
slender [ˈslendə] schlank, dünn
slice [slaɪs] *(Brot, Wurst)* Scheibe; *(Kuchen)* Stück(chen)
slight [slaɪt] leicht, geringfügig
slim [slɪm] schlank, dünn, schmal
slip road [ˈslɪp rəʊd] Auffahrt
slow(ly) [ˈsləʊ(lɪ)] langsam
small [smɔːl] klein
small packet [ˈsmɔːl ˌpækɪt] Päckchen
smell [smel] Geruch; riechen
smoke [sməʊk] rauchen; Rauch
smoked [sməʊkt] *(Essen)* geräuchert
smoker [sməʊkə] Raucher(in)
smuggle [ˈsmʌgl] schmuggeln
snack [snæk] Imbiss
snake [sneɪk] Schlange
sneeze [sniːz] niesen
snore [snɔː] schnarchen
snorkel [ˈsnɔːkl] Schnorchel
snorkel: go snorkelling [gəʊ ˈsnɔːklɪŋ] schnorcheln
snow [snəʊ] Schnee; schneien
so [səʊ] also
soaked [səʊkt] nass; durchnässt
soap [səʊp] Seife
sober [ˈsəʊbə] nüchtern
social services centre [ˈsəʊʃəl sˈsɜːvɪsɪz ˈsentə] Sozialstation
socket [ˈsɒkɪt] Steckdose
socks [sɒk] Socken; bare ~ [ˈbeəsɒks], ankle ~ [ˈæŋklˌsɒks] Sneakersocken pl
sofa bed [ˈsəʊfə bed] Schlafcouch
soft [sɒft] weich
solarium [səˈleərɪəm] Solarium
sole [səʊl] Sohle; Seezunge
solid [ˈsɒlɪd] hart, fest; dauernd
soloist [ˈsəʊləʊɪst] Solist(in)
some [sʌm] einige
somebody [ˈsʌmbədɪ] jemand
something [ˈsʌmθɪŋ] etwas
sometimes [ˈsʌmtaɪmz] manchmal
son [sʌn] Sohn
song [sɒŋ] Lied
soon [suːn] bald
sore throat [ˈsɔː ˈθrəʊt] Halsschmerzen
sort [sɔːt] Art, Sorte
sound [saʊnd] Ton
soup [suːp] Suppe
soup plate [suːp pleɪt] Suppenteller
sour [ˈsaʊə] sauer
sour cream [ˈsaʊə skriːm] saure Sahne

source [sɔ:s] Quelle
south [saʊθ] Süden
south of [saʊθ‿əv] südlich von
souvenir [ˈsu:vənɪə] Mitbringsel
souvenir shop [ˈsu:vənɪə ʃɒp] Souvenirladen
space [speɪs] Raum
spare wheel [ˈspeə ˈwi:l] Ersatzrad
spark plug [ˈspɑ:kplʌg] Zündkerze
speak [spi:k] sprechen
speaker [ˈspi:kə] Lautsprecher
special [ˈspeʃl] speziell
special issue stamp [ˈspeʃl‿ˈɪʃu: stæmp] Sondermarke
specialist [ˈspeʃəlɪst] Facharzt, -ärztin
speciality [ˌspeʃɪˈælɪtɪ] Spezialität
spectator [spekˈteɪtə] Zuschauer(in)
speed [spi:d] Geschwindigkeit
speedometer [spɪˈdɒmɪtə] Tachometer
spell [spel] buchstabieren; Zauber
spend [spend] ausgeben; **~ the night** [ˈspend ðə ˈnaɪt] übernachten
spice [spaɪs] Gewürz
spinach [ˈspɪnɪdʒ] Spinat
spine [spaɪn] Wirbelsäule
splendid [ˈsplendɪd] herrlich
splint [splɪnt] Schiene
spoiled [ˈspɔɪlt] verdorben
spoon [spu:n] Löffel
sport [spɔ:t] Sport
sports ground [ˈspɔ:tsgraʊnd] Sportplatz
sports shop [ˈspɔ:ts ʃɒp] Sportgeschäft
spot [spɒt] Ort, Stelle; Pickel
sprained [spreɪnd] verstaucht
spring [sprɪŋ] Frühling; (Wasser-) Quelle
square metre [ˌskweə ˈmi:tə] Quadratmeter
squid [skwɪd] Tintenfisch
stadium [ˈsteɪdɪəm] Stadion
stain [steɪn] Fleck(en)
staircase [ˈsteəkeɪs] Treppe
stairs [steəz] Treppe
stalls [stɔ:lz] *(Theater)* Parkett
stamp [stæmp] Stempel; Briefmarke; frankieren
stand [stænd] stehen
star [stɑ:] Stern
start (from) [stɑ:t (frɒm)] abfahren (von)
starter [ˈstɑ:tə] Vorspeise
starter motor [ˈstɑ:tə ˈməʊtə] Anlasser
startle [ˈstɑ:tl] erschrecken
state [steɪt] Staat
statement [ˈsteɪtmənt] Angabe
station [ˈsteɪʃn] Bahnhof
stationer's [ˈsteɪʃnəz] Schreibwarengeschäft
statue [ˈstætʃu:] Statue
stay [steɪ] Aufenthalt; bleiben, sich aufhalten; übernachten, wohnen
steal [sti:l] stehlen
steamed [sti:md] *(Essen)* gedämpft, gedünstet
steamer [ˈsti:mə] *(Schiff)* Dampfer
steamship [ˈsti:mʃɪp] Dampfer
steep [sti:p] steil
steeple [ˈsti:pl] Kirchturm
step [step] Stufe
stepless access [steplɪs ækses] stufenloser Zugang
steps [steps] Treppe *(im Freien)*
stick [stɪk] Stock
still [stɪl] unbewegt, still; noch
still life [ˈstɪl ˈlaɪf] Stillleben
sting [stɪŋ] stechen; brennen
stink [stɪŋk] stinken
stitch (up) [ˈstɪtʃ(‿ˈʌp)] nähen
stock [stɒk] Vorrat
stomach [ˈstʌmək] Bauch, Magen
stomachache [ˈstʌməkˌeɪk] Magenschmerzen
stone [stəʊn] Stein
stony [ˈstəʊnɪ] steinig
stop [stɒp] Haltestelle; *(während Zugfahrt)* Aufenthalt; aufhören; (an)halten, stehen bleiben; **~!** [stɒp] halt!
stopover [ˈstɒpˌəʊvə] Zwischenlandung
store [stɔ:] Vorrat
storey [ˈstɔ:rɪ] Etage
storm [ˈstɔ:m] Sturm
story [ˈstɔ:rɪ] Erzählung, Geschichte
stove [stəʊv] Herd
straight [streɪt] gerade; **~ across/ through** [ˈstreɪt‿əˈkrɒs/ˈθru:] quer durch; **~ on** [ˌstreɪt‿ˈɒn] geradeaus
strange [streɪndʒ] fremd
stranger [ˈstreɪndʒə] Fremde/r
straw [strɔ:] Strohhalm
strawberry [ˈstrɔ:bri] Erdbeere
street [stri:t] Straße
strenuous [ˈstrenjʊəs] anstrengend
street food [ˈstri:tfu:d] Streetfood
string [strɪŋ] Bindfaden
stroke [strəʊk] Schlaganfall
stroll [strəʊl] Spaziergang; schlendern
strong [strɒŋ] stark
studio [ˈstju:dɪəʊ] Studio
study [ˈstʌdɪ] studieren
stuffed [stʌft] gefüllt; (sehr) satt
stupid [ˈstju:pɪd] dumm, blöd(e)
style [staɪl] Stil
subtitles [ˈsʌbtaɪtlz] Untertitel
suburb [ˈsʌbɜ:b] Vorort

subway [ˈsʌbweɪ] Unterführung; U-Bahn
success [səkˈses] Glück, Erfolg
suddenly [ˈsʌdnlɪ] plötzlich
sufficient [səˈfɪʃənt] genug
sugar [ˈʃʊgə] Zucker
suggestion [səˈdʒestʃn] Vorschlag
suit [su:t] Anzug; Kostüm; passen, gelegen kommen
suitable for the disabled [su:təbl fə ðə dɪsˈeɪbld] behindertengerecht
suitable for wheelchairs [su:təbl fə wi:lˈtʃeəz] rollstuhlgerecht
suitcase [su:tkeɪs] Koffer
sum [sʌm] Summe
summer [ˈsʌmə] Sommer
summit [ˈsʌmɪt] Gipfel
summit station [ˈsʌmɪt steɪʃn] Bergstation
sun [sʌn] Sonne
sun blocker [sʌn blɒkə] Sonnenschutz
sun cream [sʌn kri:m] Sonnencreme
sunbathing area [sʌnˈbeɪðɪŋˈeərɪə] Liegewiese
sunburn [ˈsʌn‿bɜ:n] Sonnenbrand
Sunday [ˈsʌndɪ] Sonntag
sunhat [ˈsʌnhæt] Sonnenhut
sunny [ˈsʌnɪ] sonnig
sunroof [ˈsʌnru:f] Schiebedach
sunstroke [ˈsʌnstrəʊk] Sonnenstich
suntan lotion [ˈsʌntæn ˌləʊʃn] Sonnenschutzlotion
suntan oil [ˈsʌntæn‿ɔɪl] Sonnenöl
supermarket [ˈsu:pəˌmɑ:kɪt] Supermarkt
supporter [səˈpɔ:tə] Anhänger
suppository [səˈpɒzɪtərɪ] Zäpfchen
sure(ly) [ʃʊə(lɪ)] gewiss, sicher
surf [ˈsɜ:f] surfen
surfboard [ˈsɜ:fbɔ:d] Surfbrett
surgeon [ˈsɜ:dʒn] Chirurg(in)
surgery [ˈsɜ:dʒərɪ] Sprechstunde; Arztpraxis
surname [ˈsɜ:neɪm] Familienname
surprised: be ~ (at) [səˈpraɪzd‿(ət)] sich wundern (über)
surroundings [səˈraʊndɪŋz] Umgebung
sweat [swet] schwitzen; Schweiß
sweater [ˈswetə] Pullover
sweet [swi:t] süß; Nachtisch
sweetcorn [ˈswi:tkɔ:n] Mais
sweetener [ˈswi:tnə] Süßstoff
sweets [swi:ts] Süßigkeiten, Bonbons
sweetshop [ˈswi:tʃɒp] Süßwarengeschäft
swelling [ˈswelɪŋ] Schwellung
swim [swɪm] schwimmen
swimmer [ˈswɪmə] Schwimmer(in)
swimming costume [ˈswɪmɪŋ ˈkɒstju:m] Badeanzug
swimming lessons [ˈswɪmɪŋ lesnz] Schwimmkurs
swimming pool [ˈswɪmɪŋpu:l] Swimmingpool
swindle [ˈswɪndl] Gaunerei, Betrug; betrügen
Swiss franc(s) [ˈswɪs ˈfræŋk(s)] Schweizer Franken
Swiss [ˈswɪs] Schweizer(in)
switch on [ˈswɪtʃ‿ˈɒn] einschalten
Switzerland [ˈswɪtsələnd] Schweiz
swollen [ˈswəʊlən] geschwollen
swordfish [sɔ:dfɪʃ] Schwertfisch
symbol [ˈsɪmbl] Wahrzeichen
symphony concert [ˈsɪmfənɪ ˈkɒnsət] Sinfoniekonzert

T

table [ˈteɪbl] Tisch
table tennis [ˈteɪbl ˈtenɪs] Tischtennis
tablecloth [ˈteɪblklɒθ] Tischtuch
tablet [ˈtæblɪt] Tablette
tail light [ˈteɪl ˈlaɪt] Rücklicht
tailback [teɪlbæk] Stau
tailor [ˈteɪlə] Schneider(in) *(für Herren)*
take [teɪk] (mit)nehmen; (weg)bringen; *(Verkehrsmittel)* benutzen; *(Zeit)* brauchen; **~ a photo** [ˈteɪk ə ˈfəʊtəʊ] fotografieren
take care (of) [teɪk ˈkeər‿(əv)] sich kümmern (um), aufpassen (auf)
take part (in) [ˈteɪk ˈpɑ:t (ɪn)] teilnehmen (an)
take place [ˈteɪk ˈpleɪs] stattfinden
taken [ˈteɪkn] besetzt; **be ~ ill** [ˈteɪkn ˈɪl] erkranken
take-off [ˈteɪk ɒf] Abflug
talk [tɔ:k] Gespräch; reden, sich unterhalten
tall [tɔ:l] *(Person)* groß; *(Gebäude)* hoch
tampon [ˈtæmpən] Tampon
tangerine [ˌtændʒəˈri:n] Mandarine
tank [tæŋk] Tank
tankini [tæŋˈki:ni] Tankini
tap [tæp] Wasserhahn
taste [teɪst] Geschmack; *(Speisen)* probieren; **~ good** [teɪst ˈgʊd] gut schmecken
taste (of) [ˈteɪst (əv)] schmecken (nach)
tasty [ˈteɪstɪ] lecker
taxi rank [ˈtæksɪ ræŋk] Taxistand
taxidriver [ˈtæksɪˌdraɪvə] Taxifahrer(in)
tea [ti:] Tee

tea bag [ˈti:bæg] Teebeutel
tea towel [ˈti: ˌtauəl] Geschirrtuch
teach [ti:tʃ] unterrichten *(an der Schule)*
team [ti:m] Mannschaft *(im Sport)*
teaspoon [ˈti:spu:n] Teelöffel
teat [ti:t] Sauger
teeth [ti:θ] *(Pluralform)* Zähne
telegraphic transfer [ˌtelɪˈgræfɪk ˈtrænsfɜ:] telegrafische Überweisung
telephone [ˈtelɪfəun] Telefon; telefonieren
telephone directory [ˈtelɪfəun dɪˈrektrɪ] Telefonbuch
telephoto lens [ˈtelɪˌfəutəu lenz] Teleobjektiv
television [ˈtelɪˌvɪʒn] Fernseher
television lounge [ˈtelɪˌvɪʒn laundʒ] Fernsehraum
tell [tel] sagen, mitteilen, erzählen
temperature [ˈtemprɪtʃə] Temperatur; Fieber
temple [ˈtempl] Tempel
temporary [ˈtemprərɪ] provisorisch
tender [ˈtendə] zart; zärtlich
tennis [ˈtenɪs] Tennis
tennis racket [ˈtenɪsˌrækɪt] Tennisschläger
tenpin bowling [ˈtenpɪn ˈbəulɪŋ] Bowling
tent [tent] Zelt
terminal [ˈtɜ:mɪnl] Terminal
terminus [ˈtɜ:mɪnəs] Endstation
terrace [ˈterəs] Terrasse
terracotta [ˌterəˈkɒtə] Terrakotta
terrible [ˈterəbl] schrecklich, fürchterlich
tetanus [ˈtetənəs] Tetanus
Thames [temz] Themse
than [ðæn] *(in Vergleichen)* als
thank [θæŋk] danken
that [ðæt] dass; jene(r, -s)
same: **the ~** [ðə ˈseɪm] dasselbe
theatre [ˈθɪətə] Theater
theatre group [θɪətə gru:p] Theatergruppe
theft [θeft] Diebstahl
their [ðeə] *(Pluralform)* ihr
then [ðen] dann; damals
therapeutic bath [ˈθerəpjutɪk ˈbɑ:θ] Heilbad
therapy [ˈθerəpɪ] Therapie
there [ðeə] da, dort
therefore [ˈðeəfɔ:] deshalb
thermal baths [θɜ:məl ˈbɑ:θz] Thermalbad
thermometer [θəˈmɒmɪtə] (Fieber-)Thermometer
thermos flask [ˈθɜ:məs flɑ:sk] Thermosflasche®
these [ði:z] *(Pluralform)* diese
they [ðeɪ] *(Pluralform)* sie
thick [θɪk] dick
thief [θi:f] Dieb(in)
thin [θɪn] dünn, mager
thing [θɪŋ] Ding, Sache
think [θɪŋk] denken; meinen
think of [ˈθɪŋk‿əv] denken an
third [θɜ:d] dritte(r, -s)
third-party, fire and theft insurance [θɜ:dˈpɑ:tɪ faɪə‿ənd θeft ɪnˈʃuərəns] Teilkasko
thirsty: **be ~** [bi ˈθɜ:stɪ] durstig sein
this [ðɪs] diese(r, -s); **~ morning/evening** [ðɪs ˈmɔ:nɪŋ/i:vnɪŋ] heute Morgen/Abend
those [ðəuz] *(Pluralform)* jene
thread [θrəd] Faden
thriller [ˈθrɪlə] Thriller
throat [θrəut] Kehle, Hals
throat lozenge [ˈθrəut ˈlɒzɪndʒ] Halstablette
through [θru:] durch
thunderstorm [ˈθʌndəstɔ:m] Gewitter
Thursday [ˈθɜ:zdɪ] Donnerstag
thus [ðʌs] also
thyme [taɪm] Thymian
tick [tɪk] Zecke
ticket [ˈtɪkɪt] Fahrkarte, Fahrschein
ticket collector [ˈtɪkɪtkəˈlektə] Schaffner(in)
ticket inspector [ˈtɪkɪt‿ɪnˌspektə] Kontrolleur(in)
ticket machine [ˈtɪkɪt məˈʃi:n] Fahrkartenautomat
ticket office [ˈtɪkɪt‿ˌɒfɪs] Fahrkartenschalter
tie [taɪ] Krawatte
tight [taɪt] *(Kleider)* eng
tights [taɪts] Strumpfhose
till [tɪl] *(zeitlich)* bis; **~ now** [tɪl ˈnau] bis jetzt
time [taɪm] Zeit
time of arrival [taɪm‿əv‿əˈraɪvl] Ankunftszeit
time of departure [taɪm‿əv dɪˈpɑ:tʃə] Abfahrtszeit
timetable [ˈtaɪmˌteɪbl] Fahrplan
tin [tɪn] (Konserven-)Dose
tin foil [ˈtɪnfɔɪl] Alufolie
tin opener [ˈtɪnˌəupnə] Dosenöffner
tincture of iodine [ˈtɪŋktʃər‿əv ˈaɪədi:n] Jodtinktur
tint [tɪnt] *(Haare)* tönen
tip [tɪp] Tipp; Trinkgeld
tired [ˈtaɪəd] müde
to [tu:] bis; *(Richtung)* zu, nach
toast [təust] Toast
toasted [ˈtəustɪd] *(Brot)* geröstet
toaster [ˈtəustə] Toaster
tobacco [təˈbækəu] Tabak

tobacconist's [tə'bækənɪsts] Tabakladen
toboggan [tə'bɒgən] Schlitten
today [tə'deɪ] heute
today week [tə'deɪ 'wi:k] (heute) in einer Woche
toe [təʊ] Zeh(e)
together [tə'geðə] gemeinsam, zusammen
toilet ['tɔɪlɪt] Toilette
toilet for the disabled [tɔɪlɪt fə ðə dɪs'eɪbld] Behindertentoilette
toilet paper ['tɔɪlɪt,peɪpə] Toilettenpapier
tomato [tə'mɑ:təʊ] Tomate
tomb [tu:m] Grab
tomorrow [tə'mɒrəʊ] morgen; ~ **morning/evening** [tə'mɒrəʊ 'mɔ:nɪŋ/i:vnɪŋ] morgen früh/Abend
tone [təʊn] (Umgangs-)Ton
tongue [tʌŋ] Zunge
tonight [tə'naɪt] heute Nacht
tonsilitis [,tɒnsɪ'laɪtɪs] Mandelentzündung
tonsils ['tɒnslz] Mandeln
too [tu:] *(nachgestellt)* auch; *(mit Adjektiv)* zu; ~ **much** ['tu: 'mʌtʃ] zu sehr, zu viel
tool [tu:l] Werkzeug
tooth [tu:θ] Zahn
toothache ['tu:θeɪk] Zahnschmerzen
toothbrush ['tu:θbrʌʃ] Zahnbürste
toothpaste ['tu:θpeɪst] Zahnpasta
toothpick ['tu:θpɪk] Zahnstocher
torn ligament ['tɔ:n 'lɪgəmənt] Bänderriss
touch [tʌtʃ] berühren
tough [tʌf] zäh
tour [tʊə] Rundfahrt, Tour; ~ **around the island** [tʊə ə'raʊnd ðə 'aɪlnəd] Inselrundfahrt
tourist ['tʊərɪst] Tourist(in)
tourist information office ['tʊərɪst‿ɪnfə'meɪʃn‿,ɒfɪs] Verkehrsamt
tow (away) [təʊ (ə'weɪ)] abschleppen
towel ['taʊəl] Handtuch
tower ['taʊə] Turm
town [taʊn] Ortschaft, Stadt
town centre ['taʊn 'sentə] Stadtzentrum
town hall ['taʊn 'hɔ:l] Rathaus
town plan ['taʊn 'plæn] Stadtplan
town wall ['taʊn 'wɔ:l] Stadtmauer
towrope ['təʊrəʊp] Abschleppseil
toy shop ['tɔɪ ʃɒp] Spielwarengeschäft
toys ['tɔɪz] Spielsachen
tracksuit bottoms ['træksu:t 'bɒtəmz] Jogginghose
traffic ['træfɪk] Verkehr
traffic jam ['træfɪk dʒæm] Stau
traffic lights ['træfɪk ,laɪts] Ampel
tragedy ['trædʒɪdɪ] Tragödie
train [treɪn] Zug
trainer ['treɪnə] *(Schuh)* Turnschuh
training ['treɪnɪŋ] Ausbildung
tram [træm] Straßenbahn
tranquillizer ['trænkwɪlaɪzə] Beruhigungsmittel
transfer ['trænsfɜ:] Geldanweisung, Überweisung
transfer bus ['trænsfɜ: bʌs] Transferbus
transition [træn'zɪʃn] Wechsel, Übergang
translate [træns'leɪt] übersetzen
transmission [trænz'mɪʃn] Am Getriebe
transport service ['trænspɔ:t sɜ:vɪs] Fahrdienst
travel ['trævl] reisen
travel agency ['trævl 'eɪdʒənsɪ] Reisebüro
traveller's cheque ['trævləz 'tʃek] Reisescheck
travelling bag [trævlɪŋ bæg] Reisetasche
treat [tri:t] behandeln
treatment [tri:t'mənt] Behandlung
tree [tri:] Baum
trekking bike ['trekɪŋ baɪk] Trekkingrad
trial ['traɪəl] Probe
trip [trɪp] Ausflug, Fahrt, Tour
tripod ['traɪpɒd] Stativ
trousers ['traʊzəz] Hose
true [tru:] wahr, echt, wirklich
try [traɪ] versuchen
try hard ['traɪ 'hɑ:d] sich bemühen
tube scarf ['tju:bskɑ:f] Loop
Tuesday ['tju:zdɪ] Dienstag
tumbler ['tʌmblə] Trinkglas
tumour ['tju:mə] Geschwulst
tuna ['tu:nə] Thunfisch
tunnel ['tʌnl] Tunnel
turn back ['tɜ:n 'bæk] umkehren
turquoise ['tɜ:kwɔɪz] türkis
TV [,ti:'vi:] Fernseher
tweezers ['twi:zəz] Pinzette
twice [twaɪs] zweimal, doppelt
typhoid ['taɪfɔɪd] Typhus
typical ['tɪpɪkl] typisch
tyre ['taɪə] Reifen

U

ugly ['ʌglɪ] hässlich
ulcer ['ʌlsə] Geschwür
umbrella [ʌm'brelə] Schirm

unbearable [ʌnˈbeərəbl] unerträglich
unconscious [ʌnˈkɒnʃəs] bewusstlos
under [ˈʌndə] unter
underground [ˈʌndəgraʊnd] U-Bahn
understand [ˌʌndəˈstænd] verstehen
underwater camera [ˈʌndəˈwɔːtə ˈkæmrə] Unterwasserkamera
underwear [ˈʌndəweə] Unterwäsche
unemployed [ˌʌnɪmˈplɔɪd] arbeitslos
unfit [ˌʌnˈfɪt] ungeeignet; nicht fit
unfortunately [ʌnˈfɔːtʃnɪtlɪ] leider
unimportant [ˌʌnɪmˈpɔːtənt] unwichtig
university [ˌjuːnɪˈvɜːsɪtɪ] Universität
unlikely [ʌnˈlaɪklɪ] unwahrscheinlich
unpleasant [ʌnˈpleznt] unangenehm
unsuited [ˌʌnˈsuːtɪd] ungeeignet
until [ənˈtɪl] *(zeitlich)* bis
unusual [ʌnˈjuːʒʊəl] ungewöhnlich
up [ʌp] aufwärts; oben
up to date [ˈʌp tə ˈdeɪt] modern, zeitgemäß
urgent [ˈɜːdʒənt] dringend, eilig
urine [ˈjʊərɪn] Urin
us [ʌs] uns
use [juːz] benutzen
used: be ~ to [bi ˈjʊːst tʊ] gewohnt sein
usual [ˈjuːʒʊəl] üblich, gewöhnlich
usually [ˈjuːʒʊəli] gewöhnlich, normalerweise

V

vaccination [ˌvæksɪˈneɪʃn] Impfung
vaccination card [ˌvæksɪˈneɪʃn ˌkɑːd] Impfpass
vacuum cleaner [ˈvækjʊm kliːnə] Staubsauger
valid [ˈvælɪd] gültig
valley [ˈvælɪ] Tal
valuables [ˈvæljʊəblz] Wertsachen
vantage point [ˈvæntɪdʒ pɔɪnt] Aussichtspunkt
variety theatre [vəˈraɪətɪ θɪˈetə] Varietee
vase [vɑːz] Vase
vault(s) [vɔːlt(s)] Gewölbe
veal [viːl] Kalbfleisch
vegetable [ˈvedʒtəbl] Gemüse
vegetarian [ˌvedʒɪˈteərɪən] vegetarisch; Vegetarier(in)
vending machine [ˈvendɪŋ məˈʃiːn] (Waren-)Automat
ventilator [ˈventɪˌleɪtə] Ventilator
very [ˈverɪ] sehr
view [vjuː] Ausblick, Blick, Aussicht; Meinung
viewer [ˈvjuːə] (Fernseh-)Zuschauer(in)
viewfinder [ˈvjuːˌfaɪndə] Sucher
villa [ˈvɪlə] Villa
village [ˈvɪlɪdʒ] Dorf, Ortschaft
vinegar [ˈvɪnɪgə] Essig
vineyard [ˈvɪnjəd] Weinberg
violet [ˈvaɪəlɪt] violett
virus [ˈvaɪərəs] Virus
visa [ˈviːzə] Visum
visit [ˈvɪzɪt] Besuch; besuchen, besichtigen
visiting hours [ˈvɪzɪtɪŋ ˌaʊəz] Besuchszeit
visitor's tax [ˈvɪzɪtəz ˈtæks] Kurtaxe
volcano [vɒlˈkeɪnəʊ] Vulkan
volleyball [ˈvɒlɪbɔːl] Volleyball
voltage [ˈvəʊltɪdʒ] Stromspannung
vote [vəʊt] *(Politik)* wählen
voucher [ˈvaʊtʃə] Gutschein
voyage [ˈvɔɪɪdʒ] Reise; *(mit dem Schiff)* Schiffsreise, Seefahrt
vulgar [ˈvʌlgə] ordinär

W

waistcoat [ˈweɪskəʊt] Weste
wait (for) [weɪt] warten (auf)
waiter [ˈweɪtə] Kellner
waitress [ˈweɪtrɪs] Kellnerin
waiting room [ˈweɪtɪŋruːm] Wartezimmer
wake [weɪk] wecken
wake up [ˈweɪk ˈʌp] aufwachen
Wales [weɪlz] Wales
walk [wɔːk] Spaziergang; *(als Verb)* gehen, laufen
wall [wɔːl] Mauer, Wand
wallet [ˈwɒlɪt] Brieftasche
want [wɒnt] wollen, wünschen
ward [wɔːd] Station
warm [wɔːm] warm; herzlich
warning triangle [ˈwɔːnɪŋ ˈtraɪæŋgl] Warndreieck
wash [wɒʃ] waschen
washbasin [ˈwɒʃˌbeɪsn] (Hand-)Waschbecken
washing machine [ˈwɒʃɪŋ məˈʃiːn] Waschmaschine
washing-up brush [ˈwɒʃɪŋ‿ʌp brʌʃ] Spülbürste
washroom [ˈwɒʃruːm] Waschraum
wasp [wɒsp] Wespe
watch [wɒtʃ] (Armband-)Uhr; zuschauen
watchmaker's [ˈwɒtʃˌmeɪkəz] Uhrmacher
water [ˈwɔːtə] Wasser
water canister [ˈwɔːtə ˈkænɪstə] Wasserkanister
water consumption [wɔːtə kənˈsʌmpʃən] Wasserverbrauch

water skiing [ˈwɔːtə skiːɪŋ] Wasserski
water wings [ˈwɔːtəwɪŋz] Schwimmflügel *(Plural)*
watercolour [ˈwɔːtəˌkʌlə] Aquarell
waterfall [ˈwɔːtəfɔːl] Wasserfall
waterproof [ˈwɔːtəpruːf] wasserdicht
wave pool [weɪv puːl] Wellenbad
way [weɪ] Weg
way out [ˈweɪ ˈaʊt] Ausgang
we [wiː] wir
weak [wiːk] schwach
wear [weə] *(Kleidung)* tragen
weather forecast [ˈweðə ˌfɔːkɑːst] Wettervorhersage
wedding [ˈwedɪŋ] Hochzeit
Wednesday [ˈwenzdɪ] Mittwoch
week [wiːk] Woche
weekend rate [ˌwiːkˈend reɪt] Wochenendpauschale
weekly [ˈwiːklɪ] wöchentlich
weight [weɪt] Gewicht
welcome [ˈwelkəm] empfangen, begrüßen; **~!** [ˈwelkəm] willkommen!
well [wel] gut
well-done [ˈwelˈdʌn] durchgebraten
wellingtons [ˈwelɪŋtənz] Gummistiefel
well-known [ˈwelˈnəʊn] bekannt
Welsh [welʃ] walisisch
Welshman [ˈwelʃmən] Waliser
Welshwoman [ˈwelʃˌwʊmən] Waliserin
west [west] Westen
west of [west‿əv] westlich von
western [ˈwestən] Western
wet [wet] nass
wetsuit [wetsuːt] Neoprenanzug
what [wɒt] was; **~ a pity!** [ˈwɒt‿ə ˈpɪtɪ] Wie schade!; **~ sort of ...?** [ˈwɒt ˈsɔːt‿əv] was für ein/eine ...?
wheel [wiːl] Rad
wheelchair [wiːlˈtʃeə] Rollstuhl
wheelchair cabin [wiːlˈtʃeə ˈkæbɪn] Rollstuhlkabine *(im Schiff)*
wheelchair user [wiːlˈtʃeə juːzə] Rollstuhlfahrer(in)
when [wen] wann; als; *(zeitlich)* wenn
whether [ˈweðə] ob
while [waɪl] während
whipping cream [wɪpɪŋ kriːm] Schlagsahne
whisk [ˈwɪsk] Schneebesen
white [waɪt] weiß
white bread [ˈwaɪt ˌbred] Weißbrot
white wine [waɪt waɪn] Weißwein
whole [həʊl] ganz
wholemeal bread [həʊlmiːl bred] Vollkornbrot
whooping-cough [ˈhuːpɪŋkɒf] Keuchhusten
wide [waɪd] breit, weit
widow [ˈwɪdəʊ] Witwe
widower [ˈwɪdəʊə] Witwer
width [wɪdθ] Breite
wife [waɪf] Ehefrau
Wi-Fi® [ˈwaɪfaɪ] WLAN
wild(ly) [waɪld(lɪ)] wild
wild animal [waɪld ˈænɪməl] wildes Tier
win [wɪn] gewinnen
wind [wɪnd] Wind; Blähungen
wind-force [ˈwɪndfɔːs] Windstärke
window [ˈwɪndəʊ] Fenster
window seat [ˈwɪndəʊ siːt] Fensterplatz
windscreen [ˈwɪndskriːn] Windschutzscheibe
windscreen wiper [ˈwɪndskriːn ˈwaɪpə] Scheibenwischer
windsurf [ˈwɪnd ˈsɜːf] windsurfen
wine [waɪn] Wein
wine merchant's [ˈwaɪn ˌmɜːtʃənts] Weinhandlung
wineglass [ˈwaɪnglɑːs] Weinglas
wing [wɪŋ] Flügel
winter [ˈwɪntə] Winter
winter tyre [ˈwɪntə ˈtaɪə] Winterreifen
wire [ˈwaɪə] Draht
wisdom tooth [ˈwɪzdəm tuːθ] Weisheitszahn
wish for [wɪʃ] wünschen
with [wɪð] mit
without [wɪˈðaʊt] ohne
witness [ˈwɪtnɪs] Zeuge, Zeugin
woman [ˈwʊmən] Frau
wonderful [ˈwʌndəfʊl] wunderbar
wood [wʊd] Holz
wood-carving [ˈwʊdˌkɑːvɪŋ] Schnitzerei
woodcut [ˈwʊdkʌt] Holzschnitt
wood(s) [wʊd(z)] Wald
wool [wʊl] Wolle
word [wɜːd] Wort
work [wɜːk] Arbeit; arbeiten; funktionieren
world [wɔːld] Welt
worm [wɜːm] Wurm
worried: be ~ about [bi ˈwʌrɪd‿əˈbaʊt] sich sorgen um
worry [ˈwʌrɪ] sich Sorgen machen
worthless [ˈwɜːθlɪs] wertlos
wound [wuːnd] Wunde
wrap [ræp] einpacken
wrap [ræp] Wrap
wrapping [ˈræpɪŋ] Verpackung
wristwatch [ˈrɪstwɒtʃ] Armbanduhr
write [raɪt] schreiben
write down [ˈraɪt ˈdaʊn] aufschreiben

writing pad [ˈraɪtɪŋ pæd] Block
writing paper [ˈraɪtɪŋˌpeɪpə] Briefpapier
wrong [rɒŋ] falsch; **be ~** [rɒŋ] sich täuschen

X

X-ray [ˌeksˈreɪ] Röntgenaufnahme; röntgen

Y

yacht [jɒt] Jacht
yard [jɑːd] Hof
year [jɜː] Jahr
yellow [ˈjeləʊ] gelb
yesterday [ˈjestədɪ] gestern
yet [jet] doch; **not ~** [nɒt ˈjet] noch nicht
yoga [ˈjəʊgə] Yoga
yoghurt [ˈjɒgət] Joghurt
you [juː] du, Sie; dich; euch; *(unmittelbar hinter dem Verb)* dir
young [jʌŋ] jung
your [jɔː] dein; euer
youth [ˈjuːθ] Jugend; Jugendliche/r

Z

zoo [zuː] Zoo
zucchini [suˈkiːnɪ] Zucchini

Wörterbuch Deutsch – Englisch

A

Aal eel [iːl]
ab from [frɒm]
Abblendlicht dipped headlights [dɪpt ˈhedlaɪts]
Abend evening [ˈiːvnɪŋ], night [naɪt]
Abendessen dinner [ˈdɪnə]
Abendgarderobe evening wear [ˈiːvnɪŋ weə]
abends in the evening [ɪn ðiː‿ˈiːvnɪŋ]
aber but [bʌt]
abfahren (von) to start (from) [stɑːt (frɒm)], to leave [liːv]
Abfahrt departure [dɪˈpɑːtʃə]; (*Autobahnausfahrt*) (motorway) exit [(ˈməʊtəweɪ) ˈeksɪt]
Abfahrtszeit time of departure [taɪm‿əv dɪˈpɑːtʃə]
Abfall rubbish [ˈrʌbɪʃ]
Abfallbeutel bin liner [ˈbɪnˌlaɪnə]
Abflug take-off [ˈteɪkɒf]
Abführmittel laxative [ˈlæksətɪv]
abgeben to hand in [ˈhænd ˈɪn]; (*hinterlassen*) to leave [liːv]
abgelaufen past the sell-by date [pɑːst ðə ˈselˈbaɪˈdeɪt]
abholen to call for [ˈkɔːl fɔː]; **~ lassen** to send for [ˈsend fɔː]
Abkürzung abbreviation [əˌbriːvɪˈeɪʃn]; (*Weg*) short-cut [ˈʃɔːtkʌt]
ablehnen to decline [dɪˈklaɪn], to refuse [rɪˈfjuːz]
abreisen (nach) to leave (for) [ˈliːv (fɔː)]
Absatz heel [hiːl]
Abschleppdienst breakdown service [ˈbreɪkdaʊn ˈsɜːvɪs]
abschleppen tow (away) [təʊ (əˈweɪ)]
Abschleppseil towrope [ˈtəʊrəʊp]
Abschleppwagen breakdown vehicle [ˈbreɪkdaʊn ˌviːɪkl]
abschließen to lock [lɒk]
abseits offside [ɒfsaɪd]
Absender sender [ˈsendə]
Abszess abscess [ˈæbsɪs]
Abtei abbey [ˈæbɪ]
Abteil compartment [kəmˈpɑːtmənt]
Achtung attention [əˈtenʃn]; **~!** (*Vorsicht!*) look out! [ˈlʊkˈaʊt]
Actionfilm action film [ˈækʃən ˈfɪlm]
Adapter adapter [əˈdæptə]
Adresse address [əˈdres]
Aerobic aerobics [eəˈrəʊbɪks]
Agentur agency [ˈeɪdʒənsɪ]
ähnlich similar [ˈsɪmɪlə]
akklimatisieren: sich ~ to become acclimatised [bɪˈkʌm‿əˈklaɪmətaɪzd]
Akku rechargeable battery [riːˈtʃɑːdʒəbl ˈbætrɪ]
Akt act [ˈækt]; (*Kunstwerk*) nude [njuːd]
Aktzeichnen drawing nudes [ˈdrɔːɪŋ njuːdz]
Akupunktur acupuncture [ˈækjʊˈpʌŋktʃə]
Alarmanlage alarm system [əˈlɑːm ˈsɪstəm]
alkoholfrei non-alcoholic [ˈnɒnælkəˈhɒlɪk]; **~es Bier** non-alcoholic beer [ˈnɒnˌælkəˌhɒlɪk ˈbɪə]
alle all [ɔːl]
allein alone [əˈləʊn]
Allergie allergy [ˈælədʒɪ]
Allergiker(in): ~ sein to be prone to allergies [ˌprəʊn tu ˈælədʒɪz]
alles everything [ˈevrɪθɪŋ]
als (*zeitlich*) when [wen]; (*Vergleich*) than [ðæn]
also so [səʊ], thus [ðʌs]
alt old [əʊld]
Altar altar [ˈɔːltə]
Alter age [eɪdʒ]
Altstadt old town [ˈəʊld ˈtaʊn]
Alufolie tin foil [ˈtɪnfɔɪl]
Amerika America [əˈmerɪkə]
Amerikaner(in) American [əˈmerɪkn]
Ampel traffic lights [ˈtræfɪk ˌlaɪts]
Amphitheater amphitheatre [ˈæmfɪˌθɪətə]
Amt (*Behörde*) office [ˈɒfɪs], department [dɪˈpɑːtmənt]
amüsieren: sich ~ to have a good time [ˈhæv ə ˈgʊd ˈtaɪm]
an on [ɒn]; **~ der Themse** on the Thames [ɒn ðə ˈtemz]
Ananas pineapple [ˈpaɪnˌæpl]
andere: der/die/das ~ the other [ˈʌðə]
anders different(ly) [ˈdɪfrənt(lɪ)]
anderswo elsewhere [ˈelsˈweə]
Anfang beginning [bɪˈgɪnɪŋ]
anfangen to begin [bɪˈgɪn]
Angabe statement [ˈsteɪtmənt]; **~n machen** to make a statement [meɪk ə ˈsteɪtmənt]; **nähere ~n** particulars [pəˈtɪkjʊləz]
Angel fishing rod [ˈfɪʃɪŋrɒd]
angeln go fishing [gəʊ ˈfɪʃɪŋ]
Angelschein fishing licence [ˈfɪʃɪŋ ˈlaɪsns]

angenehm agreeable [əˈgrɪəbl], pleasant [ˈpleznt]
Angina angina [ænˈdʒaɪnə]
anhalten to stop [stɒp]
Anhänger (*Schmuck*) pendant [ˈpendənt]; (*Fans*) supporters [səˈpɔːtəz]
ankommen arrive [əˈraɪv]
Ankunft arrival [əˈraɪvl]
Ankunftszeit time of arrival [taɪm‿əv‿əˈraɪvl]
Anlage (*Park*) park [pɑːk]; (*im Brief*) enclosure [ɪnˈkləʊʃə]
Anlasser starter [ˈstɑːtə]
anlegen in land at [ˈlænd‿ət], dock at [ˈdɒk‿ət]
anmelden (*bekanntgeben*) to announce [əˈnaʊns]; **sich ~** to register [ˈredʒɪstə]
Anmeldung registration [ˌredʒɪsˈtreɪʃn]
Anorak anorak [ˈænəræk]
Anreisetag day of arrival [deɪ‿əv‿əˈraɪvl]
Anruf (phone) call [(ˈfəʊn)kɔːl]
Anrufbeantworter answering machine [ˈɑːnsərɪŋ məˈʃiːn]
anrufen phone [fəʊn], call [kɔːl], ring up [ˈrɪŋ‿ˈʌp]
Anschluss connection [kəˈnekʃn]
ansehen to look at [ˈlʊk‿ət]
Ansichtskarte picture postcard [ˈpɪktʃə ˈpəʊstkɑːd]
anstatt instead of [ɪnˈsted‿əv]
ansteckend contagious [kənˈteɪdʒəs]
anstrengend strenuous [ˈstrenjʊəs]
Antibabypille the pill [ðə ˈpɪl]
Antibiotika antibiotics [ˌæntɪbaɪˈɒtɪks]
antik ancient [ˈeɪnʃnt]
Antiquitätengeschäft antique shop [ænˈtiːk ʃɒp]
antworten to answer [ˈɑːnsə], to reply [rɪˈplaɪ]
Anzahlung deposit [dɪˈpɒzɪt]
anzeigen (*Strafanzeige erstatten*) to report [rɪˈpɔːt]
anziehen to put on [ˈpʊt ˈɒn]; **sich ~** to dress [dres]
Anzug suit [suːt]
anzünden to light [laɪt]
Apartment flat [flæt], apartment [əˈpɑːtmənt] am
Apfel apple [ˈæpl]
Apfelsine orange [ˈɒrɪndʒ]
Apotheke chemist's [ˈkemɪsts]
Apparat gadget [ˈgædʒɪt]; (*Fotoapparat*) camera [ˈkæmərə]; (*Fernseher*) set [set]
Appetit appetite [ˈæpɪtaɪt]
Aprikose apricot [ˈeɪprɪkɒt]
April April [ˈeɪprl]
Aquacycling aqua cycling [ˈækwəˌsaɪklɪŋ]
Aquajogging aqua jogging [ˈækwə dʒɒgɪŋ]
Aquarell watercolour [ˈwɔːtəˌkʌlə]
Aquarellmalen watercolour painting [ˈwɔːtəˌkʌlə ˈpeɪntɪŋ]
Arbeit work [wɜːk]; (*Job*) job [dʒɒb]
arbeiten to work [wɜːk]
arbeitslos unemployed [ˌʌnɪmˈplɔɪd]
Archäologie archaeology [ˌɑːkɪˈɒlədʒɪ]
Architekt(in) architect [ˈɑːkɪtekt]
Architektur architecture [ˈɑːkɪtektʃə]
ärgern: sich ~ (über) to be angry (about/at) [biː ˈæŋgrɪ (əˈbaʊt/ət)]
Arm arm [ɑːm]
arm poor [pʊə]
Armband bracelet [ˈbreɪslɪt]
Armbanduhr wristwatch [ˈrɪstwɒtʃ]
Ärmel sleeve [sliːv]
Ärmelkanal the English Channel [ˈɪŋglɪʃ ˈtʃænl]
Aromabad aroma bath [əˈrəʊmə ˈbɑːθ]
Art kind [kaɪnd], sort [sɔːt]
Artischocke artichoke [ˈɑːtɪtʃəʊk]
Aschenbecher ashtray [ˈæʃtreɪ]
Aspirin® aspirin [ˈæsprɪn]
Asthma asthma [ˈæsmə]
Atembeschwerden difficulty in breathing [ˈdɪfɪkəltɪ‿ɪn ˈbriːðɪŋ]
Atlantik Atlantic [ətˈlæntɪk]
atmen to breathe [briːð]
Attest certificate [səˈtɪfɪkət]
Aubergine aubergine [ˈəʊbəʒiːn]
auch also [ˈɔːlsəʊ]; (*nachgestellt*) too [tuː]; **~ nicht** nor [nɔː] neither [ˈnaɪðə]
auf (*oben drauf*) on [ɒn]; (*offen*) open [ˈəʊpən]; **~ Englisch** in English [ɪn ˈɪŋglɪʃ]
aufbewahren to keep [kiːp]
aufbrechen break into [breɪk‿ˈɪntʊ]
Aufenthalt (*Verweilen*) stay [steɪ]; (*Reisewartezeit*) stop [stɒp]
Aufenthaltsraum lounge [laʊndʒ]
Auffahrt (motorway) slip road [(ˈməʊtəweɪ) ˈslɪp rəʊd]
Auffahrtrampe ramp (for wheelchair users) [ræmp (fə wiːlˈtʃeə juːzəz)]
Aufführung performance [pəˈfɔːməns]
aufhalten (*stoppen*) to stop [stɒp]; **sich ~** to stay [steɪ]
aufhören to stop [stɒp]
aufpassen auf to take care of [teɪk ˈkeər‿əv], to look after [lʊk ˈɑːftə]
Aufschnitt cold meat [ˈkəʊld ˈmiːt]

aufschreiben to write down [ˈraɪt ˈdaʊn]
aufstehen to get up [ˈget ˈʌp]
aufwachen to wake up [ˈweɪk ˈʌp]
aufwärts up [ʌp]
Aufzug lift [lɪft], elevator [ˈelɪveɪtə] am
Auge eye [aɪ]
Augenblick moment [ˈməʊmənt]
Augentropfen eye drops [ˈaɪ drɒps]
August August [ˈɔ:gəst]
aus (*Herkunft*) from [frɒm]; (*Material*) of [ɒv]; ~ **Angst** for fear [fə ˈfɪə]
Ausbildung training [ˈtreɪnɪŋ]; (*Schulausbildung*) education [ˌedjʊˈkeɪʃn]
Ausdruck expression [ɪksˈpreʃn]
ausdrücklich explicit(ly) [ɪksˈplɪsɪt(lɪ)]
Ausfahrt exit [ˈegzɪt]
Ausflug excursion [ɪkˈskɜ:ʃn], trip [trɪp]
ausfüllen to fill in [fɪl‿ˈɪn]
Ausgang exit [ˈegzɪt], way out [ˈweɪ ˈaʊt]
ausgeben to spend [spend]
ausgehen to go out [ˈgəʊ ˈaʊt]
ausgezeichnet excellent [ˈeksələnt]
Ausgrabung excavation [ˌekskəˈveɪʃn]
Auskunft information [ɪnfəˈmeɪʃn]
Ausland foreign countries [ˈfɒrən ˈkʌntrɪz]; **im/ins** ~ abroad [əˈbrɔ:d]
Ausländer(in) foreigner [ˈfɒrənə]
ausländisch foreign [ˈfɒrən]
Auslandsflug international flight [ˌɪntəˈnæʃənl flaɪt]
Auslandsgespräch international call [ˌɪntəˈnæʃənl kɔ:l]
Auslöser (*Kamera*) shutter [ˈʃʌtə]
Auspuff exhaust [ɪgˈzɔ:st]
Ausreise: **bei der** ~ on leaving the country [ɒn ˈli:vɪŋ ðə ˈkʌntrɪ]
Ausritt ride [raɪd]
ausruhen: **sich** ~ to rest [rest]
Ausschlag rash [ræʃ]
außen outside [ˌaʊtˈsaɪd]; **von** ~ from the outside [frɒm ði ˌaʊtˈsaɪd]
außer except [ɪkˈsept]
außerdem besides [bɪˈsaɪdz]
außergewöhnlich extraordinary [ɪksˈtrɔ:dnrɪ]
außerhalb outside [ˌaʊtˈsaɪd]
Aussicht view [vju:]
Aussichtspunkt vantage point [ˈvæntɪdʒ pɔɪnt]
aussprechen to pronounce [prəˈnaʊns]
aussteigen to get out [ˈget ˈaʊt]
Ausstellung exhibition [ˌeksɪˈbɪʃn]
aussuchen to pick out [ˈpɪk ˈaʊt]
austauschen to exchange [ɪksˈtʃeɪndʒ]
Auster oyster [ˈɔɪstə]
Ausverkauf (clearance) sale [(ˈklɪərəns) seɪl]
Auswahl choice [tʃɔɪs]
auszahlen to pay out [ˌpeɪ‿ˈaʊt]
Auto car [kɑ:]; ~ **fahren** to drive a car [draɪv ə ˈkɑ:]
Autobahn motorway [ˈməʊtəweɪ]
Autobahnausfahrt motorway exit [ˈməʊtəweɪ ˈeksɪt]
Autobahngebühr motorway toll [ˈməʊtəweɪ təʊl]
Automat (*für Waren*) vendingmachine [ˈvendɪŋ məˈʃi:n]
Automatik(getriebe) automatic (transmission) [ˌɔ:təˈmætɪk (trænzˈmɪʃn)]
automatisch automatic [ˌɔ:təˈmætɪk]; ~**e Tür** automatic door [ˌɔ:təˈmætɪk ˈdɔ:]; ~**er Türöffner** automatic door opener [ˌɔ:təˈmætɪk ˈdɔ: ˌəʊpnə]
Autoradio car radio [ˈkɑ: ˈreɪdɪəʊ]
Autoreisezug motorail service [ˈməʊtəreɪl ˈsɜ:vɪs]
Avocado avocado [ˌævəˈkɑ:dəʊ]
Ayurveda Ayurveda [aɪjɔ:veɪdæ]

B

Baby baby [ˈbeɪbɪ]
Babyfon baby intercom [beɪbɪ ˈɪntəkɒm]
Babylift baby lift [ˈbeɪbɪ lɪft]
Babynahrung baby food [ˈbeɪbɪ fu:d]
Babyschale (*fürs Auto*) baby seat [ˈbeɪbɪ si:t]
Babysitter(in) babysitter [ˈbeɪbɪˌsɪtə]
Bäckerei baker's [ˈbeɪkəz]
Badeanzug swimming costume [ˈswɪmɪŋ ˌkɒstju:m]
Badehose bathing trunks [ˈbeɪðɪŋ trʌŋks]
Backofen oven [ˈʌvən]
Bademantel bathrobe [ˈbɑ:θrəʊb]
Bademeister(in) (*im Schwimmbad*) attendant [əˈtendənt]; (*am Strand*) lifeguard [ˈlaɪfgɑ:d]
Badeort seaside resort [ˈsi:saɪd rɪˈzɔ:t]
Badeschuhe bathing shoes [ˈbeɪðɪŋ ˈʃu:z]
Badewanne bath [bɑ:θ]
Badezimmer bathroom [ˈbɑ:θru:m]
Badminton badminton [ˈbædmɪntən]
Bahnhof station [ˈsteɪʃn]
Bahnsteig platform [ˈplætfɔ:m]

bald soon [suːn]; **so ~ wie möglich** as soon as possible [əz suːn əz ˈpɒsəbl]
Balkon balcony [ˈbælkənɪ]
Ball (*Spiel, Sport*) ball [bɔːl]; (*Fest*) ball [bɔːl], dance [dɑːns]
Ballett ballet [ˈbæleɪ]
Banane banana [bəˈnɑːnə]
Band (*Musik*) band [bænd]
Bänderriss torn ligament [ˌtɔːn ˈlɪgəmənt]
Bank (*Geldinstitut*) bank [bæŋk]; (*Sitzmöbel*) bench [bentʃ]
Bar bar [bɑː]
bar cash [kæʃ]; **~ zahlen** to pay (in) cash [peɪ (ɪn) ˈkæʃ]
Bargeld cash [kæʃ]
Barock Baroque [bəˈrɒk]
barock Baroque [bəˈrɒk]
barrierefrei accessible [əkˈsesəbl]
Barsch perch [pɜːtʃ]
Bart beard [bɪəd]
Basilikum basil [ˈbæzl]
Basketball basketball [ˈbɑːskɪtbɔːl]
Batterie battery [ˈbætrɪ]
Bauch (*Magen*) stomach [ˈstʌmək]
Bauernhof farm [fɑːm]
Baum tree [triː]
Baumwolle cotton [ˈkɒtn]
Bauwerk building [ˈbɪldɪŋ]
beachten to pay attention to [peɪ‿əˈtenʃn tuː]
Beachvolleyball beach volleyball [biːtʃ ˈvɒlɪbɔːl]
beantworten to reply [rɪˈplaɪ], to answer [ˈɑːnsə]
Bearbeitungsgebühr service charge [ˈsɜːvɪs ˈtʃɑːdʒ]
bedauern to regret [rɪˈgret]
Bedeutung (*Sinn*) meaning [ˈmiːnɪŋ]
Bedienung service [ˈsɜːvɪs]
beeilen: sich ~ to hurry [ˈhʌrɪ]
beeindruckend impressive [ɪmˈpresɪv]
befinden: sich ~ (*sein*) to be [biː]; (*sich fühlen*) to feel [fiːl]
befreundet: ~ sein to be friends [biː frendz]
befürchten to fear [fɪə]
begegnen to meet [miːt]
begeistert (von) enthusiastic (about) [ɪnˌθjuːzɪˈæstɪk (əˈbaʊt)]
begleiten to accompany [əˈkʌmpənɪ]
Begleitperson accompanying person [əkʌmpənɪɪŋ pɜːsn]
begrüßen to greet [griːt], to welcome [ˈwelkəm]
behalten to keep [kiːp]
Behälter container [kənˈteɪnə]
behandeln to treat [triːt]
Behandlung treatment [triːtˈmənt]
behaupten (*bestimmt*) to insist [ɪnˈsɪst]; (*bewahren*) to maintain [meɪnˈteɪn]
Behindertenausweis disabled persons' card [dɪsˈeɪbld pɜːsnz kɑːd]
behindertengerecht suitable for the disabled [suːtəbl fə ðə dɪsˈeɪbld]
Behindertenparkplatz parking space for the disabled [ˈpɑːkɪŋ speɪs fə ðə dɪsˈeɪbld]
Behindertentoilette toilet for the disabled [tɔɪlɪt fə ðə dɪsˈeɪbld]
Behörde authorities [ɔːˈθɒrɪtɪz]
bei (*örtlich*) near [nɪə]
beide both [bəʊθ]
Beifall applause [əˈplɔːz]
beige beige [beɪʒ]
Bein leg [leg]
Beispiel example [ɪgˈzɑːmpl]; **zum ~** for example [fər‿ɪgˈzɑːmpl]
beißen to bite [baɪt]
bekannt well-known [ˈwelˈnəʊn]; **~ machen** to introduce [ˌɪntrəˈdjuːs]
Bekannte: der/die ~ acquaintance [əˈkweɪntəns], friend [frend]
Bekanntschaft acquaintance [əˈkweɪntəns]
beklagen: sich ~ (über) to complain (of/about) [kəmˈpleɪn‿(əv/əˈbaʊt)]
bekommen to get [get]
belästigen to bother [ˈbɒðə]
Beleidigung insult [ˈɪnsʌlt]
Belgien Belgium [ˈbeldʒəm]
Belgier(in) Belgian [ˈbeldʒən]
Belichtungsmesser light meter [ˈlaɪt ˌmiːtə]
Belohnung reward [rɪˈwɔːd]
bemerken to notice [ˈnəʊtɪs]; (*sagen*) to remark [rɪˈmɑːk]
bemühen: sich ~ to try hard [ˈtraɪ ˈhɑːd]
benachrichtigen to inform [ɪnˈfɔːm]
benutzen to use [juːz]; (*Verkehrsmittel*) to take [teɪk]
Benzinkanister petrol can [ˈpetrəl kæn]
Benzinpumpe petrol pump [ˈpetrəl pʌmp]
bequem comfortable [ˈkʌmftəbl]
berechnen to calculate [ˈkælkjʊleɪt]
bereits already [ɔːlˈredɪ]
Berg mountain [ˈmaʊntɪn]
Bergdorf mountain village [ˈmaʊntɪn ˈvɪlɪdʒ]
Bergstation top station [tɒp steɪʃn], summit station [ˈsʌmɪt steɪʃn]
Bergsteigen rock climbing [ˈrɒkˌklaɪmɪŋ], mountaineering [ˌmaʊntɪˈnɪərɪŋ]
Beruf job [dʒɒb], profession [prəˈfeʃn]

beruhigen: sich ~ to calm down ['kɑ:m 'daʊn]
Beruhigungsmittel sedative ['sedətɪv], tranquillizer ['træŋkwɪlaɪzə]
berühmt famous ['feɪməs]
berühren to touch [tʌtʃ]
beschädigen to damage ['dæmɪdʒ]
bescheinigen to certify ['sɜ:tɪfaɪ]
Bescheinigung certificate [sə'tɪfɪkət]
beschlagnahmen to confiscate ['kɒnfɪskeɪt]
beschließen to decide [dɪ'saɪd]
beschreiben to describe [dɪs'kraɪb]
beschweren: sich ~ (über) to complain (about) [kəm'pleɪn (ə'baʊt)]
Besen broom [bru:m]
besetzt (*Platz*) occupied ['ɒkjʊpaɪd], taken ['teɪkn]; (*voll*) full [fʊl]; (*Telefon; Toilette*) engaged [ɪn'geɪdʒd]
besichtigen to visit ['vɪzɪt]
Besichtigung tour [tʊə]
Besitzer(in) owner ['əʊnə]
besonders particularly [pə'tɪkjʊləlɪ], especially [ɪ'speʃlɪ]
besorgen to get [get]
besser better ['betə]
bestätigen to confirm [kən'fɜ:m]
beste(r, -s) best [best]
Besteck cutlery ['kʌtlərɪ]
bestehen: ~ auf to insist on [ɪn'sɪst_ɒn]; **~ aus** to consist of [kən'sɪst_əv]
Bestellung order ['ɔ:də]
bestimmt certain(ly) ['sɜ:tn(lɪ)]
Besuch visit ['vɪzɪt]
besuchen to visit ['vɪzɪt], to call on ['kɔ:l_ɒn]
Besuchszeit visiting hours ['vɪzɪtɪŋ ˌaʊəz]
beten to pray [preɪ]
Betrag amount [ə'maʊnt]
Betrug (*Gaunerei*) swindle ['swɪndl]; (*professioneller*) fraud [frɔ:d]
betrunken drunk [drʌŋk]
Bett bed [bed]; **zu ~ gehen** to go to bed ['gəʊ tə 'bed]
Bettdecke blanket ['blæŋkɪt]
Bettwäsche bed linen ['bedˌlɪnɪn]
beunruhigen: sich ~ to worry about ['wʌrɪ ə'baʊt]
bevor before [bɪ'fɔ:]
bewölkt cloudy ['klaʊdɪ]
bewusstlos unconscious [ʌn'kɒnʃəs]
bezahlen to pay [peɪ]
bezaubernd charming ['tʃɑ:mɪŋ]
Biene bee [bi:]
Bier beer [bɪə]
bieten to offer ['ɒfə]
Bikini bikini [bɪ'ki:nɪ]
Bild picture ['pɪktʃə]; (*Abbildung*) illustration [ˌɪləs'treɪʃn]; (*Gemälde*) painting ['peɪntɪŋ]
Bildhauer(in) sculptor, sculptress ['skʌlptə/'skʌlptrəs]
billig cheap [tʃi:p]
Bindehautentzündung conjunctivitis [kənˌdʒʌŋtəvɪtɪs]
Bindfaden string [strɪŋ]
Bioladen organic food shop [ɔ:'gənɪk fu:d ʃɒp]
Birne pear [peə]
bis to [tu:]; (*zeitlich*) till [tɪl], until [ən'tɪl]; **~ jetzt** till now [tɪl 'naʊ]
bisschen: ein ~ a bit [ə bɪt]
Bitte request [rɪ'kwest]
bitten (um) to ask (for) ['ɑ:sk ('fɔ:)]
bitter bitter ['bɪtə]
Blähung(en) wind [wɪnd]
Blase bladder ['blædə]
Blatt leaf [li:f]
blau blue [blu:]
Blazer blazer ['bleɪzə]
bleiben to remain [rɪmeɪn], to stay [steɪ]
Blick look [lʊk]; (*Ausblick*) view [vju:]
blind blind [blaɪnd]
Blinddarmentzündung appendicitis [əˌpendɪ'saɪtɪs]
Blinde/r blind person [blaɪnd pɜ:sn]
Blindenhund guide dog [gaɪddɒg]
Blinklicht indicator ['ɪndɪkeɪtə]
Blitz lightning ['laɪtnɪŋ]
Blitzgerät flash [flæʃ]
Block writing pad ['raɪtɪŋ pæd]
blöd(e) silly ['sɪlɪ], stupid ['stju:pɪd]
Blues blues [blu:z]
Blume flower ['flaʊə]
Blumengeschäft florist's [flɒrɪsts]
Blumenkohl cauliflower ['kɒlɪˌflaʊə]
Bluse blouse [blaʊz]
Blut blood [blʌd]
Blutdruck : hoher/niedriger ~ high/low blood pressure [haɪ/ləʊ 'blʌd ˌpreʃə]
bluten to bleed [bli:d]
Blutgruppe blood group ['blʌd gru:p]
Blutung bleeding ['bli:dɪŋ]
Blutvergiftung blood-poisoning ['blʌdˌpɔɪznɪŋ]
Bö gust of wind [ˌgʌst_əv 'wɪnd]
Boden ground [graʊnd]; (*Fußboden*) floor [flɔ:]
Bodybuilding bodybuilding ['bɒdɪbɪldɪŋ]
Bogen arch [ɑ:tʃ]
Bohne bean [bi:n]; **grüne ~n** green beans ['gri:n 'bi:nz]
Bonbon sweet [swi:t], candy ['kændɪ] am

Bordkarte boarding card [ˈbɔ:dɪŋ kɑ:d]
Borreliose Lyme disease [ˈlaɪm dɪˌzi:z]
böse evil [ˈi:vl]; (*ungezogen*) naughty [ˈnɔ:tɪ]; (*verärgert*) angry [ˈæŋgrɪ]
Botanischer Garten botanic gardens [bəˈtænɪk ˈgɑ:dnz]
Botschaft (*diplomatische Vertretung*) embassy [ˈembəsɪ]
Boulespiel boules [ˈbu:l]
Bowling tenpin bowling [ˈtenpɪn ˈbəʊlɪŋ]
Braille braille [breɪl]
Brandsalbe ointment for burns [ˈɔɪntmənt fə ˈbɜ:nz]
Bräter roasting tray [ˈrəʊstɪŋ treɪ]
brauchen to need [ni:d], to want [wɒnt]; **seine Zeit ~** to take time [teɪk ˈtaɪm]
braun brown [braʊn]
Brechreiz nausea [ˈnɔ:sjə]
breit broad [brɔ:d], wide [waɪd]
Breite width [wɪdθ]
Bremse brake [breɪk]
Bremsflüssigkeit brake fluid [ˈbreɪk ˌflʊɪd]
Bremslichter brake lights [ˈbreɪkˌlaɪts]
brennen to sting [stɪŋ]
Brennspiritus methylated spirits [ˈmeθɪleɪtɪd ˈspɪrɪts]
Brief letter [ˈletə]
Briefkasten postbox [ˈpəʊstbɒks], mailbox [ˈmeɪlbɑ:ks] am
Briefmarke stamp [stæmp]
Briefpapier writing paper [ˈraɪtɪŋˌpeɪpə]
Brieftasche wallet [ˈwɒlɪt]
Briefumschlag envelope [ˈenvələʊp]
bringen (*herbringen*) to bring [brɪŋ]; (*wegbringen*) to take [teɪk]
Brombeere blackberry [ˈblækbrɪ]
Bronchien bronchial tubes [ˈbrɒŋkjəl ˈtju:bz]
Bronchitis bronchitis [brɒŋˈkaɪtɪs]
Bronze bronze [brɒnz]
Brosche brooch [brəʊtʃ]
Brot bread [bred]
Brötchen roll [rəʊl]; **belegte ~** filled rolls [ˈfɪld rəʊlz]
Bruch (*Leistenbruch*) hernia [ˈhɜ:njə]; (*Knochenbruch*) fracture [ˈfræktʃə]
Brücke bridge [brɪdʒ]
Bruder brother [ˈbrʌðə]
Brunnen fountain [ˈfaʊntɪn]
Brust chest [tʃest]; (*weibliche Brust*) breast [brest]
Buch book [bʊk]
buchen (*Platz; Tisch*) to book [bʊk]
Buchhandlung bookshop [ˈbʊkʃɒp]
buchstabieren to spell [spel]
Bucht bay [beɪ]
Buchung booking [ˈbʊkɪŋ]
Bügeleisen iron [ˈaɪən]
bügeln to iron [ˈaɪən]
Bungalow bungalow [ˈbʌŋgələʊ]
Bungeejumping bungee jumping [bʌndʒɪ dʒʌmpɪŋ]
bunt colourful [ˈkʌləfʊl]
Burg castle [ˈkɑ:sl]
Büro office [ˈɒfɪs]
Bürste brush [brʌʃ]
Bus bus [bʌs]
Busbahnhof bus station [ˈbʌs‿ˌsteɪʃn]
Busch bush [bʊʃ]
Bußgeld fine [faɪn]
Butter butter [ˈbʌtə]
Buttermilch buttermilk [ˈbʌtəmɪlk]
Bypass bypass (operation) [ˈbaɪpɑ:s‿(ˌɒpəˈreɪʃn)]

C

Café café [ˈkæfeɪ]
Camcorder camcorder [kæmˌkɔ:də]
Camping camping [ˈkæmpɪŋ]
Campingführer camping guide [ˈkæmpɪŋ gaɪd]
Campingplatz camping site [ˈkæmpɪŋsaɪt]
Cent cent [sent]
Champagner champagne [ˌʃæmˈpeɪn]
Chef head [hed], boss [bɒs]
Chicorée chicory [ˈtʃɪkərɪ]
Chipkarte chip card [tʃɪp kɑ:d]
Chirurg(in) surgeon [ˈsɜ:dʒn]
Cholera cholera [ˈkɒlərə]
Chor choir [ˈkwaɪə]
Christentum Christianity [ˌkrɪstɪˈænɪtɪ]
Clubhaus clubhouse [klʌbˈhaʊs]
Computerfachgeschäft computer shop [kəmˈpju:tə ʃɒp]
Cousin, **Cousine** cousin [ˈkʌzn]
Creme (*Salbe*) cream [kri:m]
Curling curling [ˈkɜ:lɪŋ]

D

da (*dort*) there [ðeə]; (*Grund*) as [æz], because [bɪˈkɒz]; **~ sein** to be present [ˈpreznt], to be there [ðeə]
Dach roof [ru:f]
dafür: **~ sein** to be for it [bi ˈfɔ:r‿ɪt]
dagegen: **~ sein** to be against it [bi əˈgenst‿ɪt]
daheim at home [ət‿ˈhəʊm]

damals then [ðen], at that time [taɪm]
Damen (*Toilette*) Ladies [ˈleɪdɪz]
Damenbinde sanitary towel [ˈsænɪtrɪ ˈtaʊəl]
Dampfer steamer [ˈstiːmə], steamship [ˈstiːmʃɪp]
danach afterwards [ˈɑːftəwədz]
danken to thank [θæŋk]
dann then [ðen]
Darm intestines [ɪnˈtestɪnz]
dass that [ðæt]
dasselbe the same [ðə ˈseɪm]
Dattel date [deɪt]
Datum date [deɪt]
dauern to last [lɑːst]
Dauerwelle perm [pɜːm]
Deck deck [dek]
Decke ceiling [ˈsiːlɪŋ]
Defekt fault [fɔːlt]
dein your [jɔː]
denken (an) to think (of) [ˈθɪŋk‿əv]
Denkmal monument [ˈmɒnjʊmənt]
Denkmalschutz protection of historical monuments [prəˈtekʃn‿əv hɪsˈtɒrɪkəlˈmɒnjʊmənts]
Delle dent [dent]
denn for [fɔː]
Deo(dorant) deodorant [diːˈəʊdərnt]
deshalb therefore [ˈðeəfɔː]
Desinfektionsmittel disinfectant [ˌdɪsɪnˈfektənt]
desinfizieren to disinfect [ˌdɪsɪnˈfekt]
deutlich distinct [dɪsˈtɪŋkt]
deutsch German [ˈdʒɜːmən]
Deutsche/r German [ˈdʒɜːmən]
Deutschland Germany [ˈdʒɜːmənɪ]
Devisen foreign currency [ˈfɒrən ˈkʌrənsɪ]
Dezember December [dɪˈsembə]
Diabetes diabetes [ˌdaɪəˈbiːtiːz]
Diabetiker(in) diabetic [ˌdaɪəˈbetɪk]
Diagnose diagnosis [ˌdaɪəgˈnəʊsɪs]
Diät diet [ˈdaɪət]
dich you [juː]
dick thick [θɪk]
Dieb(in) thief [θiːf]
Diebstahl theft [θeft]
Dienstag Tuesday [ˈtjuːzdɪ]
diese(r, -s) this [ðɪs]; (*Pluralform*) these [ðiːz]
Digitalkamera digital camera [ˈdɪdʒɪtəl ˌkæmrə]
Ding thing [θɪŋ]
Diphtherie diphtheria [dɪpˈθɪərɪə]
dir to you [ˈtə‿ˈjuː]; (*direkt nach dem Verb*) you [juː]
direkt direct [dɪˈrekt]; (*sofort*) immediately [ɪˈmiːdjətlɪ]
Direktion management [ˈmænɪdʒmənt]
Dirigent(in) conductor [kənˈdʌktə]
Disko disco [ˈdɪskəʊ]
doch yet [jet], however [haʊˈevə]; (*jedoch*) but
Dokumentarfilm documentary [ˌdɒkjʊˈmentərɪ]
Dom cathedral [kəˈθiːdrl]
Donnerstag Thursday [ˈθɜːzdɪ]
Doppel (*Sport*) doubles [ˈdʌblz]
doppelt (*als Adjektiv*) double [ˈdʌbl]; (*als Adverb*) twice [twaɪs]
Dorf village [ˈvɪlɪdʒ]
dort there [ðeə]
Dose box [bɒks]; (*Konserve*) tin [tɪn], can [kæn] am
Dosenöffner tin opener [ˈtɪnˌəʊpnə]
Drachenfliegen hang-gliding [ˈhæŋˌglaɪdɪŋ]
Draht wire [ˈwaɪə]
Drama drama [ˈdrɑːmə]
draußen outside [ˌaʊtˈsaɪd]
Dressing dressing [ˈdresɪŋ]
drin inside [ˌɪnˈsaɪd], indoors [ˌɪnˈdɔːz]
drinnen inside [ˌɪnˈsaɪd], indoors [ˌɪnˈdɔːz]
dringend urgent [ˈɜːdʒənt]
dritte(r, -s) third [θɜːd]
Drogerie chemist's [ˈkemɪsts]
Drucker printer [prɪntə]
du you [juː]
dumm stupid [ˈstjuːpɪd]
dunkel dark [dɑːk]
dunkelblau dark blue [dɑːk ˈbluː]
dunkelgrün dark green [dɑːk ˈgriːn]
dünn thin [θɪn]; (*schlank*) slim [slɪm], slender [ˈslendə]
durch through [θruː]; (*quer durch*) across [əˈkrɒs]; (*mittels*) by (means of) [baɪ (ˈmiːnz‿əv)]
Durchfall diarrhoea [ˌdaɪəˈrɪə]
durchgebraten well-done [ˈwelˈdʌn]
Durchreise: **auf der ~ sein** to be passing through [ˈpɑːsɪŋ ˈθruː]
durchschnittlich (*als Adjektiv*) average [ˈævərɪʤ]; (*als Adverb*) on average [ɒn ˈævrɪdʒ]
dürfen to be allowed [bi əˈlaʊd]
durstig: **~ sein** to be thirsty [bi ˈθɜːstɪ]
Dusche shower [ˈʃaʊə]
Duschgel shower gel [ˈʃaʊə dʒel]
Duschsitz shower seat [ʃaʊə siːt]
Dynastie dynasty [ˈdɪnəstɪ]

E

Ebbe low tide [ləʊ ˈtaɪd]
Ebene plain [pleɪn]
ebenerdig at ground level [ət graʊnd levl]
echt genuine [ˈdʒenjʊɪn]

Ecke corner [ˈkɔːnə]
Ehefrau wife [waɪf]
Ehemann husband [ˈhʌzbənd]
Ei egg [eg]
Eierbecher egg cup [ˈeg kʌp]
eigen own [əʊn]
eigentlich actual(ly) [ˈæktʃʊəl(ɪ)]
Eigentümer(in) owner [ˈəʊnə]
Eilbrief express letter [ɪksˈpres ˈletə]
eilig urgent [ˈɜːdʒənt]; **es ~ haben** to be in a hurry [bi ɪn ə ˈhʌrɪ]
Eimer bucket [ˈbʌkɪt]
ein(e) one [wʌn]
einchecken to check in [ˌtʃek‿ˈɪn]
einfach simple [ˈsɪmpl]
einfarbig plain [pleɪn]
Eingang entrance [ˈentrəns]
einheimisch native [ˈneɪtɪv], local [ˈləʊkl]
einige some [sʌm]; (*in Fragen, bei Verneinung, Bedingung*) any [ˈenɪ]
einkaufen to buy [baɪ]; **~ gehen** to go shopping [gəʊ ˈʃɒpɪŋ]
einladen to invite [ɪnˈvaɪt]
einmal once [wʌns]
einpacken (*Geschenk*) to wrap [ræp]; (*Koffer*) to pack [pæk]
Einreise: **bei der ~** on entering the country [ɒn ˈentəɪŋ ðə ˈkʌntrɪ]
einsam (*Mensch*) lonely [ˈləʊnlɪ]; (*Haus, Gegend*) secluded [sɪˈkluːdɪd], isolated [ˈaɪsəleɪtɪd]
einschalten to switch on [ˈswɪtʃ‿ˈɒn]
Einschreibebrief registered letter [ˈredʒɪstəd ˈletə]
einsteigen to get on [ˈget‿ˈɒn]
Eintritt entrance [ˈentrəns]
Eintrittskarte (admission) ticket [(ədˈmɪʃn) ˈtɪkɪt]
Eintrittspreis admission charge [ədˈmɪʃn ˈtʃɑːdʒ]
Einwohner(in) inhabitant [ɪnˈhæbɪtənt]
Einzel (*Sport*) singles [ˈsɪŋglz]
einzig only [ˈəʊnlɪ]
Eis ice [aɪs]
Eisbahn ice rink [ˈaɪsrɪŋk]
Eishockey ice hockey [ˈaɪsˌhɒkɪ]
Eislauf ice skating [ˈaɪsˌskeɪtɪŋ]
Eiter pus [pʌs]
Elastikbinde elastic bandage [ɪˈlæstɪk ˈbændɪdʒ]
elektrisch electric [ɪˈlektrɪk]
Elektroladen electrical shop [ɪˈlektrɪkəlʃɒp]
Elektrolytlösung electrolyte solution [ɪˈlektrəʊlaɪt səˈluːʃn]
Elektrorollstuhl electric wheelchair [ɪˈlektrɪk wiːlˈtʃeə]
Eltern parents [ˈpeərənts]
empfangen to receive [rɪˈsiːv]; (*begrüßen*) to greet [griːt], to welcome [ˈwelkəm]
Empfänger(in) addressee [ˌædreˈsiː]
Empfangshalle reception [rɪˈsepʃn]
empfehlen to recommend [ˌrekəˈmend]
Ende end [end]
endgültig (*als Adjektiv*) definite [ˈdefɪnɪt]; (*als Adverb*) definitely [ˈdefɪnɪtlɪ]
endlich finally [ˈfaɪnəlɪ]
Endstation terminus [ˈtɜːmɪnəs]
eng narrow [ˈnærəʊ]; (*Kleider*) tight [taɪt]
England England [ˈɪŋglənd]
Engländer(in) Englishman, Englishwoman [ˈɪŋglɪʃmən/ˈɪŋglɪʃˌwʊmən]
englisch English [ˈɪŋglɪʃ]
Enkel(in) grandson, granddaughter [ˈgrænsʌn/ˈgrænˌdɔːtə]
entdecken to discover [dɪsˈkʌvə]
Entfernung distance [ˈdɪstəns]
entgegengesetzt opposite [ˈɒpəzɪt]
entscheiden to decide [dɪˈsaɪd]
entschlacken to purify [pjʊrəfaɪ], to detoxify [ˌdiːtɒksəfaɪ]
entgiften to purify [pjʊrəfaɪ], to detoxify [ˌdiːtɒksəfaɪ]
entschuldigen: **sich ~** to apologise [əˈpɒlədʒaɪz]
Entschuldigung excuse [ɪksˈkjuːs]; **ich bitte um ~!** I beg your pardon! [aɪ ˈbeg jɔː ˈpɑːdn]
enttäuscht disappointed [ˌdɪsəˈpɔɪntɪd]
entweder ... oder either ... or [ˈaɪðə ˈɔː]
entwickeln to develop [dɪˈveləp]
entzückend charming [ˈtʃɑːmɪŋ], delightful [dɪˈlaɪtfʊl]
Entzündung inflammation [ˌɪnfləˈmeɪʃn]
Epilepsie epilepsy [ˈepɪlepsɪ]
Epileptiker(in) epileptic [epɪˈleptɪk]
Epoche epoch [ˈiːpɒk]
er he [hiː]
Erbse pea [piː]
Erdbeere strawberry [ˈstrɔːbrɪ]
Erde earth [ɜːθ]
Erdgeschoss ground-floor [ˈgraʊndˈflɔː]
erfahren (*als Verb*) to learn [lɜːn], to hear [hɪə]; (*als Adjektiv*) experienced [ɪksˈpɪərɪənst]
erfreut (über) pleased (with) [pliːzd (wɪð)], glad (of) [glæd (‿əv)]
erhalten to receive [rɪˈsiːv], to get [get]
erholen: **sich ~** to recover [rɪˈkʌvə]

erinnern: **jemanden an etwas ~** to remind someone of something [rɪˈmaɪnd]; **sich ~** to remember [rɪˈmembə]
Erkältung cold [kəʊld]
Ermäßigung reduction [rɪˈdʌkʃn]
ernst serious [ˈsɪərɪəs]
erreichen to reach [riːtʃ]
Ersatz replacement [rɪˈpleɪsmənt]; (*Ausgleich*) compensation [ˌkɒmpenˈseɪʃn]
Ersatzrad spare wheel [ˈspeə ˈwiːl]
erschöpft exhausted [ɪgˈzɔːstɪd]
erschrecken to frighten [ˈfraɪtn], to startle [ˈstɑːtl]; **erschrocken sein** to be terrified [ˈterəfaɪd]
ersetzen to replace [rɪˈpleɪs]; (*Schaden*) to make good [ˈmeɪk ˈgʊd]
erst (*zuerst*) first of all [ˈfɜːst‿əv‿ˌɔːl]; (*nicht früher als*) only [ˈəʊnlɪ]
erste(r, -s) first [fɜːst]
Erwachsene/r adult [ˈædʌlt]
erwarten (*rechnen mit*) to expect [ɪksˈpekt]
erzählen to tell [tel]
essbar edible [ˈedɪbl]
Essen (*Mahlzeit*) meal [miːl]; (*Nahrung*) food [fuːd]
essen to eat [iːt]
Essig vinegar [ˈvɪnɪgə]
Etage floor [flɔː], storey [ˈstɔːrɪ]
Etagenbett bunk bed [ˈbʌŋk ˌbed]
etwa about [əˈbaʊt]
etwas something [ˈsʌmθɪŋ]; (*ein wenig*) a little [ə ˈlɪtl]
EU-Bürger(in) EU citizen [iː jʊː ˈsɪtɪzn]
euch you [juː]
euer your [jɔː]
Euro euro [jʊərəʊ]
Europa Europe [ˈjʊərəp]
Europäer(in) European [ˌjʊərəˈpɪən]
europäisch European [ˌjʊərəˈpɪən]
Exponat exhibit [ɪgˈzɪbɪt]
Expressionismus expressionism [ɪkˈspreʃənɪzəm]
extra extra [ˈekstrə], special [ˈspeʃl]
E-Zigarette e-cigarette [ˈiːsɪgret]

F

Fabrik factory [ˈfæktərɪ]
Facharzt, **-ärztin** specialist [ˈspeʃəlɪst]
Faden thread [θrəd]
Fahrdienst transport service [ˈtrænspɔːt sɜːvɪs]
Fähre ferry [ˈferɪ]
fahren (*mit dem Zug, Auto*) to go by train, car [gəʊ]; (*lenken*) to drive [draɪv]
Fahrer(in) driver [ˈdraɪvə]
Fahrgast passenger [ˈpæsɪndʒə]
Fahrkarte ticket [ˈtɪkɪt]
Fahrkartenautomat ticket machine [ˈtɪkɪt məˈʃiːn]
Fahrkartenschalter ticketoffice [ˈtɪkɪt‿ˌɒfɪs]
Fahrplan timetable [ˈtaɪmˌteɪbl]
Fahrpreis fare [feə]
Fahrrad bicycle [ˈbaɪsɪkl], bike [baɪk]
Fahrradhelm cycle helmet [ˈsaɪkl ˌhelmɪt]
Fahrradweg cycle path [ˈsaɪkl pɑːθ]
Fahrschein ticket [ˈtɪkɪt]
Fahrstuhl lift [lɪft], elevator [ˈelɪveɪtə] am
Fahrt (*Reise*) journey [ˈdʒɜːnɪ], trip [trɪp]; (*mit dem Schiff*) voyage [ˈvɔɪɪdʒ]; (*mit dem Auto*) drive [draɪv]
fair fair [feə]
fallen to fall [fɔːl]
falls in case [ɪn ˈkeɪs], if [ɪf]
Fallschirmspringen parachuting [ˈpærəˌʃuːtɪŋ]
falsch wrong [rɒŋ]; (*betrügerisch*) deceitful [dɪˈsiːtfʊl]
Faltrollstuhl folding wheelchair [fəʊldiŋ wiːlˈtʃeə]
Familie family [ˈfæmɪlɪ]
Familienname surname [ˈsɜːneɪm]
fangen to catch [kætʃ]
Fango fango [fængəʊ]
färben to dye [daɪ]
farbig coloured [ˈkʌləd]
Farbstift coloured pencil [ˈkʌləd ˈpensl]
Fassade façade [fəˈsɑːd]
fast almost [ˈɔːlməʊst], nearly [ˈnɪəlɪ]
fasten to fast [fɑːst]
Faszientraining fascia training [ˈfeɪʃəˌtreɪnɪŋ]
faul lazy [ˈleɪzɪ]; (*Obst*) rotten [ˈrɒtn]
faulenzen to laze around [leɪz əˈraʊnd]
Februar February [ˈfebrʊərɪ]
Federball (*Ball*) shuttlecock [ˈʃʌtlkɒk]; (*Spiel*) badminton [ˈbædmɪntən]
fehlen to be missing [ˈmɪsɪŋ]
Fehler (*den man macht*) mistake [mɪsˈteɪk]; (*den man hat*) fault [fɔːlt]
Fehlgeburt miscarriage [ˌmɪsˈkærɪdʒ]
Feige fig [fɪg]
fein (*dünn*) fine [faɪn]
Feinkostgeschäft delicatessen [ˌdelɪkəˈtesn]

Feld field [fiːld]
Fell fur [fɜː]; (*Schafsfell*) fleece [fliːs]
Fels rock [rɒk]; (*Klippe*) cliff [klɪf]
Fenchel fennel [ˈfenl]
Fenster window [ˈwɪndəʊ]
Fensterplatz window seat [ˈwɪndəʊ siːt]
Ferien holidays [ˈhɒlədɪz], vacation [vəˈkeɪʃən] am
Ferienanlage holiday park [ˈhɒlədɪ pɑːk]
Ferienhaus holiday home [ˈhɒlədɪ ˌhəʊm]
Ferngespräch long-distance call [ˌlɒŋ ˈdɪstəns kɔːl]
Fernlicht full beam [ˈfʊlˈbiːm]
Fernseher television [ˈtelɪˌvɪʒn], TV [ˌtiːˈviː]
Fernsehraum television lounge [ˈtelɪˌvɪʒn laʊndʒ]
fertig (*bereit*) ready [ˈredɪ]
fest (*entschlossen*) firm [fɜːm]; (*hart*) rigid [ˈrɪdʒɪd]; (*nicht flüssig*) solid [ˈsɒlɪd]
Fest celebration [seleˈbreɪʃn], party [ˈpɑːtɪ]
Festival festival [ˈfestɪvl]
Festland mainland [ˈmeɪnlænd], dry land [ˈdraɪ ˈlænd]
Festung fortress [ˈfɔːtrɪs], castle [ˈkɑːsl]
fett fat [fæt]
fettarm low-fat [ləʊ ˈfæt]; **~e Milch** low-fat milk [ˈləʊˈfæt ˈmɪlk]
feucht moist [mɔɪst], damp [dæmp]
Feuer fire [ˈfaɪə]
feuergefährlich inflammable [ɪnˈflæməbl]
Feuerlöscher fire extinguisher [ˈfaɪərɪksˌtɪŋgwɪʃə]
Feuermelder fire alarm [ˈfaɪərəˌlɑːm]
Feuerwehr fire brigade [ˈfaɪəbrɪˌgeɪd]
Feuerwerk fireworks [ˈfaɪəwɜːks]
Fieber fever [ˈfiːvə], temperature [ˈtemprɪtʃə]
Fieberthermometer thermometer [θəˈmɒmɪtə]
Film film [ˈfɪlm], movie [ˈmuːvɪ] am
Filmempfindlichkeit film speed [ˈfɪlm ˌspiːd]
Filmschauspieler(in) film actor, actress [ˈfɪlm ˈæktə/æktrɪs]
finden to find [faɪnd]
Finger finger [ˈfɪŋgə]
Firma firm [fɜːm], company [ˈkʌmpənɪ]
Fisch fish [fɪʃ]
Fischerort fishing village [ˈfɪʃɪŋ ˈvɪlɪdʒ]
Fischgeschäft fishmonger's [ˈfɪʃˌmʌŋgəz]
Fischhändler fishmonger [ˈfɪʃˌmʌŋgə]
fit fit [fɪt]
Fitnessarmband activity tracker [ækˈtɪvətiˈtrækə]
Fitnesscenter gym [dʒɪm]
FKK-Strand nudist beach [ˈnjuːdɪst biːtʃ]
flach (*eben, platt*) flat [flæt]; (*Gelände*) level [ˈlevl]
Fläschchenwärmer bottlewarmer [ˈbɒtl wɔːmə]
Flasche bottle [ˈbɒtl]
Flaschenöffner bottle opener [ˈbɒtlˌəʊpnə]
Flaute calm [kɑːm]
Fleck(en) stain [steɪn]
Fleisch meat [miːt]
Flexitarier(in) flexitarian [ˌfleksiˈteəriən]
Flickzeug (puncture) repair kit [(ˈpʌŋktʃə) rɪˈpeə kɪt]
fliegen to fly [flaɪ]
Flohmarkt flea market [ˈfliːˌmɑːkɪt]
Flug flight [flaɪt]
Flügel wing [wɪŋ]
Fluggesellschaft airline [ˈeəlaɪn]
Flughafen airport [ˈeəpɔːt]
Flughafenbus airport bus [ˈeəpɔːt ˈbʌs]
Flughafengebühr airport tax [ˈeəpɔːt ˈtæks]
Flugsteig gate [geɪt]
Fluss river [ˈrɪvə]
flüssig liquid [ˈlɪkwɪd]
Flut high tide [ˈhaɪ ˈtaɪd]
Föhn hair dryer [ˈheəˌdraɪə]
föhnen to blow-dry [ˈbləʊˈdraɪ]
Folklore folklore [fəʊklɔː]
Folkloreabend folklore evening [fəʊklɔː ˈiːvnɪŋ]
Form form [fɔːm], shape [ʃeɪp]
Formular form [fɔːm]
fort away [əˈweɪ]
Foto photo(graph) [ˈfəʊtəʊ(grɑːf)]
Fotoapparat camera [ˈkæmrə]
Fotografie photography [fəˈtɒgrəfɪ]
fotografieren to take a photo [ˈteɪk ə ˈfəʊtəʊ]
Frage question [ˈkwestʃn]
fragen to ask [ɑːsk]
frankieren to stamp [stæmp]
französisch French [frentʃ]
Frau woman [ˈwʊmən]; (*Ehefrau*) wife [waɪf]; (*Anrede*) Madam [ˈmædəm]; (*vor Namen*) Mrs [ˈmɪsɪz]
Fräulein young lady [ˈjʌŋ ˈleɪdɪ]; (*Anrede, vor Namen*) Miss [mɪs]
frei free [friː]; (*von Abgaben*) exempt [ɪgˈzempt]; **im Freien** in the open air [ɪn ði ˈəʊpən ˈeə]

Freilichtkino drive-in cinema [ˈdraɪvˌɪn ˈsɪnəmə]
Freitag Friday [ˈfraɪdɪ]
Freizeitpark amusement park [əˈmju:zmnt pɑ:k]
fremd strange [streɪndʒ]
Fremde/r stranger [ˈstreɪndʒə]; (*Ausländer*) foreigner [ˈfɒrənə]
Fremdenführer(in) guide [gaɪd]
freuen: sich ~ (über) to be pleased (with/about) [bi ˈpli:zd (wɪð/əˈbaʊt)]; **sich ~ auf** to look forward to [ˈlʊk ˈfɔ:wəd tu:]
Freund(in) (boy)friend, (girl)friend [(ˈbɔɪ)frend/(ˈgɜ:l)frend]
freundlich friendly [ˈfrendlɪ], kind [kaɪnd]
Friedhof graveyard [ˈgreɪvjɑ:d], cemetery [ˈsemətəri]
frieren to be cold [kəʊld], to freeze [frɪ:z]
frisch fresh [freʃ]; (*kühl*) cool [ku:l]; (*neu*) new [nju:]; (*Wäsche*) clean [kli:n]
Frischhaltefolie clingfilm [ˈklɪŋfɪlm]
Friseur hairdresser's [ˈheəˌdresəz]; (*für Herren*) barber's [ˈbɑ:bəz]
frisieren to do someone's hair [du: ˈsʌmwʌnz ˈheə]
Frisur hairstyle [ˈheəstaɪl]
froh glad [glæd]; (*glücklich*) happy [ˈhæpɪ]; (*lustig*) merry [ˈmerɪ]
Frost frost [frɒst]
Frostschutzmittel anti-freeze [ˈæntɪfri:z]
früh early [ˈɜ:lɪ]
früher (*eher*) earlier [ˈɜ:lɪə]
Frühling spring [sprɪŋ]
Frühstück breakfast [ˈbrekfəst]
frühstücken to have breakfast [hæv ˈbrekfəst]
Frühstücksbüfett buffet breakfast [ˈbʊfeɪ ˈbrekfəst]
Frühstücksraum breakfast room [ˈbrekfəstru:m]
fühlen to feel [fi:l]
Führer(in) (*für Fremde*) guide [gaɪd]
Führerschein driving licence [ˈdraɪvɪŋ ˈlaɪsns]
Führung guided tour [ˈgaɪdɪd ˈtʊə]
Fundbüro lost-property office [lɒstˈprɒpətɪ ˌɒfɪs]
Fundsachen lost property [lɒstˈprɒpətɪ]
funktionieren to work [wɜ:k]
für for [fɔ:]
fürchten to fear [fɪə]; **sich ~ vor** to be afraid of [bi əˈfreɪd]
fürchterlich terrible [ˈterəbl], dreadful [ˈdredfʊl]
Fuß foot [fʊt]
Fußball (*Spiel; Ball*) football [ˈfʊtbɔ:l]
Fußballplatz football ground [ˈfʊtbɔ:l graʊnd]
Fußballspiel football match [ˈfʊtbɔ:l mætʃ]
Fußgänger(in) pedestrian [pɪˈdestrɪən]
Fußgängerzone pedestrian precinct [pɪˈdestriən ˈpri:sɪŋkt]
Fuß(reflexzonen)massage reflexology (foot) massage [ˌri:flˈeksˈɒlədʒɪ (ˈfʊt)ˈmæsɑ:ʒ]

G

Gabel fork [fɔ:k]
Galerie gallery [ˈgælərɪ]
Gallenblase gall-bladder [ˈgɔ:lˌblædə]
Gang (*Essen*) course [kɔ:s]; (*Flur*) corridor [ˈkɒrɪdɔ:]; (*Auto*) gear [gɪə]; **erster ~** first gear [ˈfɜ:st ˈgɪə]
ganz (*als Adjektiv*) whole [həʊl]; (*vollständig*) entire [ɪnˈtaɪə], complete [kəmˈpli:t]; **den ~en Tag** all day [ɔ:l ˈdeɪ]; (*als Adverb*) quite [kwaɪt]
Ganzkörpermassage full body massage [ˈfʊl‿ˈbɒdɪ ˈmæsɑ:ʒ]
gar (*Speisen*) done [dʌn]
Garage garage [ˈgærɑ:dʒ]
Garantie guarantee [ˌgærənˈti:]
Garderobe cloakroom [ˈkləʊkru:m]
Garnele prawn [prɔ:n]
Garten garden [ˈgɑ:dn]
Gasflasche gas canister [ˈgæs ˈkænɪstə]
Gasherd gas cooker [ˈgæsˌkʊkə]
Gaskartusche gas cartridge [ˈgæs ˈkɑ:trɪdʒ]
Gaskocher gas cooker [ˈgæsˌkʊkə]
Gaspedal accelerator [əkˈseləreɪtə]
Gasse alley [ˈælɪ], lane [leɪn]
Gast guest [gest]
Gastfreundschaft hospitality [ˌhɒspɪˈtælɪtɪ]
Gastgeber(in) host, hostess [həʊst/ˈhəʊstɪs]
Gebäck pastries [ˈpeɪstriz], biscuits [ˈbɪskɪts] gb
gebacken baked [beɪkt]
Gebäude building [ˈbɪldɪŋ]
geben to give [gɪv]
Gebirge mountains [ˈmaʊntɪnz]
geboren born [bɔ:n]
gebraten fried [fraɪd], roasted [ˈrəʊstɪd]
gebräuchlich common [ˈkɒmən]
gebrochen broken [ˈbrəʊkn]

Gebühr fee [fiː]
Geburtsdatum date of birth [ˈdeɪt‿əv ˈbɜːθ]
Geburtsname maiden name [ˈmeɪdn neɪm]
Geburtsort place of birth [ˈpleɪs‿əv ˈbɜːθ]
Geburtstag birthday [ˈbɜːθdeɪ]
gedämpft (*Speisen*) steamed [stiːmd]
Gedeck cover [kʌvər]
Gedenkstätte memorial [mɪˈmɔːrɪəl]
Geduld patience [ˈpeɪʃns]
gedünstet (*Speisen*) steamed [stiːmd]
Gefahr danger [ˈdeɪndʒə]
gefährlich dangerous [ˈdeɪndʒrəs]
gefallen to please [pliːz]
Gefängnis prison [ˈprɪzn]
Gefühl feeling [ˈfiːlɪŋ]
gefüllt (*Speisen*) stuffed [stʌft]
gegen against [əˈgenst]; (*zeitlich*) about [əˈbaʊt]; **~ Mittag** about lunchtime [əˈbaʊt ˈlʌntʃtaɪm]
Gegend region [ˈriːdʒən], area [ˈeərɪə], district [ˈdɪstrɪkt]
Gegenstand object [ˈɒbdʒɪkt], item [ˈaɪtəm]
Gegenteil opposite [ˈɒpəzɪt], contrary [ˈkɒntrərɪ]; **im ~** on the contrary [ɒn ðə ˈkɒntrərɪ]
gegenüber opposite [ˈɒpəzɪt]
Geheimzahl Personal Identification Number [ˈpɜːsnl aɪˈdentɪfɪˈkeɪʃən ˌnʌmbə], PIN [pɪn]
gehen to go [gəʊ]; (*zu Fuß*) to walk [wɔːk]
Gehirn brain [breɪn]
Gehirnerschütterung concussion [kənˈkʌʃn]
Gehirnschlag stroke [strəʊk]
Gehör hearing [ˈhɪərɪŋ]
gehören to belong to [bɪˈlɒŋ tuː]
Gehörlose/r deaf person [def pɜːsn]
gekocht (*Speisen*) boiled [bɔɪld]; **~er Schinken** cooked ham [ˈkʊkt ˈhæm]
Gelände ground [graʊnd]
gelb yellow [ˈjeləʊ]
Geld money [ˈmʌnɪ]
Geldanweisung transfer [ˈtrænsfɜː]
Geldautomat automated teller machine [ˈɔːtəmeɪtɪd ˈtelə məˈʃiːn], ATM [ˌeɪtiːˈem], cashpoint [ˌkæʃ pɔɪnt]
Geldbeutel purse [pɜːs]
Geldschein banknote [ˈbæŋknəʊt]
Geldwechsel exchange [ɪksˈtʃeɪndʒ]
gelegentlich occasional(ly) [əˈkeɪʒnəl(ɪ)]
Gelenk joint [dʒɔɪnt]
Gemälde painting [ˈpeɪntɪŋ]
gemeinsam (*als Adjektiv*) common [ˈkɒmən]; (*als Adverb*) together [təˈgeðə]
gemischt mixed [mɪkst]
Gemüse vegetables [ˈvedʒtəblz]
gemütlich cosy [ˈkeʊzɪ]
genau exact(ly) [ɪgˈzækt(lɪ)]; **~ so ... wie** just as ... as [ˈdʒʌst‿əz … əz]
genießen to enjoy [ɪnˈdʒɔɪ]
genug enough [ɪˈnʌf], sufficient [səˈfɪʃənt]
geöffnet open [ˈəʊpn]
Gepäck luggage [ˈlʌgɪdʒ], baggage [ˈbægɪdʒ] am
Gepäckabfertigung luggage check-in [ˈlʌgɪdʒ ˈtʃekɪn], baggage check-in [ˈbægɪdʒ ˈtʃekɪn] am
Gepäckaufbewahrung left-luggage office [ˈleft ˈlʌgɪdʒ ˌɒfɪs], baggage room [ˈbægɪdʒ ˌruːm] am
Gepäckausgabe baggage reclaim [ˈbægɪdʒ ˌriːˈkleɪm], baggage claim [ˈbægɪdʒ ˈkleɪm] am
Gepäckschalter luggage counter [ˈlʌgɪdʒ kaʊntə], baggage room [ˈbægɪdʒ ˌruːm] am
Gepäckwagen (*Flughafen*) luggage trolley [ˌlʌgɪdʒ ˈtrɒlɪ], baggage car [ˈbægɪdʒ trolley] am
gerade straight [streɪt]; (*zeitlich*) just [dʒʌst]
geradeaus straight on [ˌstreɪt‿ˈɒn]
geräuchert (*Speisen*) smoked [sməʊkt]
Geräusch noise [nɔɪz]
gern gladly [ˈglædlɪ]; **nicht ~** reluctantly [rɪˈlʌktəntlɪ]
geröstet (*Brot*) toasted [ˈtəʊstɪd]
Geruch smell [smel]
Geschenk present [ˈpreznt], gift [gɪft]
Geschichte history [ˈhɪstərɪ]; (*Erzählung*) story [ˈstɔːrɪ]
Geschirr crockery [ˈkrɒkərɪ]
Geschirrspülbecken sink [sɪŋk]
Geschirrspülmaschine dishwasher [ˈdɪʃˌwɒʃə]
Geschirrtuch tea towel [ˈtiː ˌtaʊəl]
geschlossen shut [ʃʌt], closed [kləʊzd]
Geschmack taste [teɪst]
geschmort braised [breɪzd]
Geschwindigkeit speed [spiːd]
geschwollen swollen [ˈswəʊlən]
Geschwulst growth [grəʊθ], tumour [ˈtjuːmə]
Geschwür ulcer [ˈʌlsə]
Gesichtsbehandlung facial treatment [ˈfeɪʃl triːtˈmənt]
Gespräch conversation [ˌkɒnvəˈseɪʃn], talk [tɔːk]
gestern yesterday [ˈjestədɪ]

gesund healthy [ˈhelθɪ]
Getränk drink [drɪŋk]
Getriebe gearbox [ˈgɪəbɒks], transmission [trænzˈmɪʃn] am
Gewicht weight [weɪt]
Gewinn profit [ˈprɒfɪt]
gewinnen to win [wɪn]
Gewitter thunderstorm [ˈθʌndəstɔ:m]
gewöhnlich (*als Adjektiv*) usual [ˈju:ʒʊəl], ordinary [ˈɒdnrɪ]; (*ordinär*) vulgar [ˈvʌlgə]; (*als Adverb*) usually [ˈju:ʒʊəli]
gewohnt: **~ sein** to be used to [bi ˈjʊ:st tə]
Gewölbe vault(s) [vɔ:lt(s)]
Gewürz seasoning [ˈsi:znɪŋ], spice [spaɪs]
gibt: **es ~** there is [ðeər‿ɪz]; (*mehrere*) there are [ðeər‿ɑ:]
Giebel gable [ˈgeɪbl]
Gift poison [ˈpɔɪzn]
giftig poisonous [ˈpɔɪznəs]
Gipfel summit [ˈsʌmɪt]
Glas glass [ˈglɑ:s]
Glasmalerei glass painting [ˈglɑ:s ˌpeɪntɪŋ]
glauben to believe [bɪˈli:v]
gleich (*als Adjektiv: identisch*) same [seɪm]; (*als Adverb: sofort*) immediately [ɪˈmi:djətlɪ], at once [ət ˈwʌns]
gleichzeitig simultaneously [ˌsɪməlˈteɪnjəslɪ]
Gleis platform [ˈplætfɔ:m]
Gleitschirm paraglider [ˈpærə ˌglaɪdə]
Glück luck [lʌk]; (*Erfolg*) success [səkˈses]
glücklich happy [ˈhæpɪ]; (*Glück gehabt*) lucky [ˈlʌkɪ]
Glückwunsch congratulations [kənˌgrætjʊˈleɪʃnz]
Glühbirne bulb [bʌlb]
Gold gold [gəʊld]
goldfarben gold [gəʊld]
Goldschmiedekunst gold work [ˈgəʊld wɜ:k]
Golf golf [gɒlf]
Golfclub golf club [ˈgɒlfklʌb]
Golfschläger golf clubs [ˈgɒlfklʌbz]
Google Brille Google Glass [ˈgu:glˈglɑ:s]
Gotik Gothic [ˈgɒθɪk]
Gott God [gɒd]
Grab tomb [tu:m], grave [greɪv]
Grabmal monument [ˈmɒnjʊmənt]
Grafik graphic arts [ˈgræfɪk ˈɑ:ts]
Gramm gram(s) [græm(z)]
Gräte fishbone [ˈfɪʃbəʊn]
gratis free [frɪ:]
gratulieren to congratulate [kənˈgrætjʊleɪt]
grau grey [greɪ]
Grenze border [ˈbɔ:də]
griechisch Greek [gri:k]
Grill grill [grɪl]; **vom ~** grilled [grɪld]
Grillanzünder firelighter [ˈfaɪəˌˈlaɪtə]
Grillkohle charcoal [ˈtʃɑ:kəʊl]
Grippe influenza [ˌɪnflʊˈenzə], flu [flu:]
groß big [bɪg], large [lɑ:dʒ]; (*Statur*) tall [tɔ:l]; (*bedeutend*) great [greɪt]
Größe (*Umfang*) size [saɪz]; (*Länge, Höhe*) height [haɪt]
Großmutter grandmother [ˈgrænˌmʌðə]
Großraumwagen open-plan carriage [ˈəʊpnˈplæn ˈkærɪdʒ]
Großvater grandfather [ˈgrænˌfɑ:ðə]
Grotte grotto [ˈgrɒtəʊ]
grün green [gri:n]
Grund reason [ˈri:zn], cause [kɔ:z]; (*Beweggrund*) motive [ˈməʊtɪv]
Gruppe group [gru:p]
grüßen to greet [gri:t]
gültig valid [ˈvælɪd]
Gummistiefel rubber boot [ˈrʌbə ˈbu:t], wellington [ˈwelɪŋtən]
Gurke cucumber [ˈkju:kʌmbə]
Gürtel belt [belt]
gut (*als Adjektiv*) good [gʊd]; (*als Adverb*) well [wel]
Gutschein voucher [ˈvaʊtʃə]
Gymnastik gymnastics [dʒɪmˈnæstɪks]

H

Haar hair [heə]
Haarfestiger setting lotion [ˈsetɪŋ ˌləʊʃn]
Haargel hair gel [ˈheə dʒel]
Haargummi hairband [ˈheəbænd]
Haarklammer hairpin [ˈheəpɪn]
Haarwaschmittel shampoo [ʃæmˈpu:]
haben to have [hæv]
Hackfleisch mince [mɪns], minced meat [ˈmɪnst ˈmi:t]
Hafen port [pɔ:t]
Haferflocken rolled oats [ˈrəʊld ˈəʊts]
Hähnchen chicken [ˈtʃɪkɪn]
Haken hook [hʊk]; (*für Kleidung*) peg [peg]
halb (*als Adjektiv und Adverb*) half [hɑ:f]
Halbpension half board [ˈhɑ:f ˈbɔ:d]
Hälfte half [hɑ:f]
Hals neck [nek]; (*Kehle*) throat [θrəʊt]
Halsschmerzen sore throat [ˈsɔ: ˈθrəʊt]

Halstablette throat lozenge [ˈθrəʊt ˈlɒzɪndʒɪz]
halt: **~!** halt! [hɔ:lt], stop! [stɒp]
haltbar durable [ˈdjʊərəbl]
Haltbarkeitsdatum sell-by date [ˈselˈbaɪˈdeɪt], best before [best bɪˈfɔ:]
Haltegriff handle [ˈhændl]
halten (*stehen bleiben*) to stop [stɒp]; (*besitzen*) to keep [ki:p]; (*dauern*) to last [lɑ:st]
Haltestelle stop [stɒp]
Hammelfleisch mutton [ˈmʌtn]
Hand hand [ˈhænd]
Handball handball [ˈhændbɔ:l]
Handbike hand-operated bike [hændˈɒpəreɪtɪd baɪk]
Handbremse handbrake [ˈhændbreɪk]
Handgas (*Auto*) hand throttle [hænd θrɒtl]
handgemacht handmade [ˈhændˈmeɪd]
Handschuh glove [glʌv]
Handtasche handbag [ˈhændbæg]
Handtuch towel [ˈtaʊəl]
Handwaschbecken washbasin [ˈwɒʃˌbeɪsn]
Handy mobile (phone) [ˈməʊbaɪl (ˈfəʊn)], cellphone [ˈselˌfəʊn] am
Handyladen mobile communications store [ˈməʊbaɪl kɒmju:ˈnɪkeɪʃnz ˈstɔ:r]
hart hard [hɑ:d]; (*Kerle*) tough [tʌf]
hässlich ugly [ˈʌglɪ]
häufig frequent(ly) [ˈfri:kwənt(lɪ)]
Hauptbahnhof main station [ˈmeɪn ˈsteɪʃn]
Hauptpostamt main postoffice [ˈmeɪn ˈpəʊstˌɒfɪs]
Hauptrolle leading role [ˈli:dɪŋ ˈrəʊl]
Hauptsaison high season [ˈhaɪ ˌsi:zn]
Hauptspeise main course [ˈmeɪn ˈkɔ:s]
Hauptstadt capital [ˈkæpɪtl]
Hauptstraße main street [ˈmeɪn ˈstri:t]
Haus house [haʊs]
Hausbesitzer(in) landlord, landlady [ˈlænlɔ:d/ˈlænˌleɪdɪ]
Hausboot houseboat [ˈhaʊsbəʊt]
hausgemacht home-made [ˌhəʊmˈmeɪd]
Hausnummer house number [ˈhaʊs ˌnʌmbə]
Haustier pet [pet]
Haut skin [skɪn]
Heide moor [mɔ:], heath [hi:θ]
Heilbad therapeutic bath [ˈθerəpjʊtɪk ˈbɑ:θ]
Heilfasten fasting cure [ˈfɑ:stɪŋ kjʊə]
heilig holy [ˈhəʊlɪ]; **Heiliger Abend** Christmas Eve [ˈkrɪsməs‿ˈi:v]
Heimat home [həʊm]; (*Land*) native country [ˈneɪtɪv ˈkʌntrɪ]
Heimreise return journey [rɪˈtɜ:n ˈdʒɜ:nɪ], journey home [ˈdʒɜ:nɪ ˈhəʊm]
heiraten to marry [ˈmærɪ]
heiser hoarse [hɔ:s]
heiß hot [hɒt]
heißen to be called [bi ˈkɔ:ld]
Heizung heating [ˈhi:tɪŋ]
helfen to help [help]
hellblau light blue [ˈlaɪt ˈblu:]
hellgrün light green [ˈlaɪt ˈgri:n]
Hemd shirt [ʃɜ:t]
Herbst autumn [ˈɔ:təm], fall [fɔ:l] am
Herd cooker [ˈkʊkə], stove [stəʊv]
herein: **~!** come in! [ˈkʌm ˈɪn]
hereinkommen to come in [ˈkʌm ˈɪn]
Hering herring [ˈherɪŋ]
Herpes herpes [həp:iz]
Herr gentleman [ˈdʒentlmən]; (*vor Namen*) Mr [ˈmɪstə]
Herren (*Toilette*) Gentlemen [dʒentlmen], Gents [dʒents]
herrlich glorious [ˈglɔ:rɪəs], splendid [ˈsplendɪd]
Herz heart [hɑ:t]
Herzanfall heart attack [ˈhɑ:t‿əˈtæk]
Herzbeschwerden heart trouble [ˈhɑ:t ˌtrʌbl]
Herzinfarkt heart attack [ˈhɑ:t‿əˈtæk], cardiac infarction [ˈkɑ:dɪæk‿ɪnˈfɑ:kʃn]
herzlich (*Begrüßung*) warm [wɔ:m]; (*im Brief*) kind [kaɪnd]
Herzschrittmacher pacemaker [ˈpeɪsˌmeɪkə]
Heuschnupfen hay fever [ˈheɪ ˌfi:və]
Heubad hay bath [heɪ ˈbɑ:θ]
heute today [təˈdeɪ]; **~ Morgen** this morning [ðɪs ˈmɔ:nɪŋ]; **~ Abend** this evening [ðɪs‿ˈi:vnɪŋ]
Hexenschuss lumbago [lʌmˈbeɪgəʊ]
hier here [hɪə]
Hilfe help [help]; (*für Notleidende*) aid [eɪd]; **erste ~** first aid [ˈfɜ:st ˈeɪd]
Himmel sky [skaɪ]; (*in der Religion*) heaven [ˈhevn]
hindern to prevent [prɪˈvent], to hinder [ˈhɪndə]
hinlegen to put down [ˈpʊt ˈdaʊn]; **sich ~** to lie down [ˈlaɪ ˈdaʊn]
hinten at the back [ət ðə ˈbæk]
hinter behind [bɪˈhaɪnd]
Hinterland hinterland [ˈhɪntəlænd]
hinterlegen to deposit [dɪˈpɒzɪt]
hinzufügen to add [æd]

Hirnhautentzündung meningitis [ˌmenɪnˈʤaɪtɪs]
Hitze heat [hiːt]
Hitzewelle heatwave [ˈhiːtweɪv]
HIV-positiv HIV positive [eɪtʃ aɪ viː ˈpɒzɪtɪv]
hoch high [haɪ]
Hochformat portrait format [ˈpɔːtreɪt ˌfɔːmæt]
höchstens at the most [ət ðə ˈməʊst], at best [ət ˈbest]
Hochzeit wedding [ˈwedɪŋ]
Hof yard [jɑːd]
höflich polite [pəˈlaɪt]
Höhe height [haɪt]
Höhepunkt highlight [ˈhaɪlaɪt]
Höhle cave [keɪv]
Holz wood [wʊd]; (*Brennholz*) firewood [ˈfaɪəwʊd]
Holzschnitt woodcut [ˈwʊdkʌt]
Honig honey [ˈhʌnɪ]
hören to hear [hɪə]
Hörer receiver [rɪˈsiːvə]
hörgeschädigt hard of hearing [hɑːd‿əv ˈhɪərɪŋ]
Hose trousers [ˈtraʊzəz], pants [pænts] am
Hublift lifting ramp [lɪftɪŋ ræmp]
hübsch pretty [ˈprɪtɪ]
Hüfte hip [hɪp]
Hügel hill [hɪl]
Hund dog [dɒg]
hungrig hungry [ˈhʌŋgrɪ]
Hupe horn [hɔːn]
Husten cough [kɒf]
Hustensaft cough mixture [ˈkɒf ˈmɪkstʃə]
Hut hat [hæt]
Hütte hut [hʌt]; (*Häuschen*) cottage [ˈkɒtɪdʒ]

I

ich I [aɪ]
Idee idea [aɪˈdɪə]
ihr (*weibliche Singularform*) her [hɜː]; (*Pluralform*) their [ðeə]
Illustrierte magazine [ˌmægəˈziːn]
Imbiss snack [snæk]
immer always [ˈɔːlweɪz]
Impfpass vaccination card [ˌvæksɪˈneɪʃn ˌkɑːd]
Impfung vaccination [ˌvæksɪˈneɪʃn]
Impressionismus impressionism [ɪmˈpreʃənɪzm]
in in [ɪn]
inbegriffen included [ɪnˈkluːdɪd]
Indoorcycling indoor cycling [ˌɪnˈdɔːˈsaɪklɪŋ]
Induktionsschleife induction loop [ɪnˈdʌkʃən luːp]
Infektion infection [ɪnˈfekʃn]
informieren to inform [ɪnˈfɔːm]
Infusion infusion [ɪnˈfjuːzn]
Inhalt content [ˈkɒntent]
Inlandsflug domestic flight [dəˈmestɪk flaɪt]
Inliner rollerblades® [ˈrəʊləbleɪdz]
innen inside [ˈɪnˈsaɪd]
Innenhof inner courtyard [ˈɪnə ˈkɔːtjɑːd]
Inschrift inscription [ɪnˈskrɪpʃn]
Insekt insect [ˈɪnsekt]
Insel island [ˈaɪlənd]
Inselrundfahrt tour around the island [tʊə əˈraʊnd ðə ˈaɪlnəd]
Insulin insulin [ˈɪnsjʊlɪn]
Inszenierung production [prəˈdʌkʃn]
interessant interesting [ˈɪntrɪstɪŋ]
interessieren: **sich ~ (für)** to be interested (in) [bi ˈɪntrɪstɪd ˈɪn]
international international [ˌɪntəˈnæʃənl]
Internetbuchung online booking [ˌɒnlaɪn ˈbʊkɪŋ]
Interrail interrail [ɪntəˈreɪl]
iPod iPod [aɪˈ pɒd]
Ire, **Irin** Irishman, Irishwoman [ˈaɪrɪʃmən/ˈaɪrɪʃˌwʊmən]
irisch Irish [ˈaɪrɪʃ]
Irland Ireland [ˈaɪələnd], Eire [ˈeərə]
Irrtum mistake [mɪsˈteɪk]
Ischias sciatica [saɪˈætɪkə]

J

Jacke jacket [ˈdʒækɪt]
Jahr year [jɜː]
Jahreszeit season [ˈsiːzn]
Jahrhundert century [ˈsentʃʊrɪ]
jährlich annual(ly) [ˈænjʊəl(ɪ)]
Januar January [ˈdʒænjʊərɪ]
Jazz jazz [dʒæz]
Jeans jeans [dʒiːnz]
Jeggings jeggings [ˈʤegɪŋz]
jeder every [ˈevrɪ]; **~ beliebige** any [ˈenɪ]; **~ einzelne** each [ɪːtʃ]
jedermann everybody [ˈevrɪˌbɒdɪ]
jemand somebody [ˈsʌmbədɪ]; (*in verneinten Sätzen und in Fragen*) anybody [ˈenɪˌbɒdɪ]
jene(r, -s) (*Singularform*) that [ðæt]; (*Pluralform*) those [ðəʊz]
jetzt now [naʊ]
Jod(tinktur) (tincture of) iodine [(ˈtɪŋktʃər‿əv) ˈaɪədiːn]
joggen to go jogging [gəʊ ˈdʒɒgɪŋ], to jog [dʒɒg]
Jogginghose tracksuit bottoms [ˈtræksuːt ˈbɒtəmz]
Joghurt yoghurt [ˈjɒgət]
jucken to itch [ɪtʃ]

Jugendliche/r youth [ˈju:θ]
Jugendstil Art Nouveau [ˈɑ: nu:ˈvəʊ]
Juli July [dʒu:ˈlaɪ]
jung young [jʌŋ]
Junge boy [bɔɪ]
Junggeselle bachelor [ˈbætʃələ]
Juni June [dʒu:n]
Juwelier jeweller's [ˈdʒu:ələz]

K

Kabarett cabaret [ˈkæbəreɪ]
Kabine cabin [ˈkæbɪn]; (*Umkleidekabine*) changing cubicle [ˈtʃeɪndʒɪŋ ˌkju:bɪkəl]
Kaffee coffee [ˈkɒfɪ]
Kaffeefilter coffee filter [ˈkɒfɪ ˌfɪltə]
Kaffeelöffel coffee spoon [ˈkɒfɪ spu:n]
Kaffeemaschine coffeemachine [ˈkɒfɪ məˈʃi:n]
Kai quay [ki:]
Kaiser(in) emperor, empress [ˈemprə/ˈemprɪs]
Kalbfleisch veal [vi:l]
kalorienarm low-calorie [ləʊ ˈkælərɪ]
kalt cold [kəʊld]; **~es Wasser** cold water [ˈkəʊld ˈwɔ:tə]
Kamillentee camomile tea [ˈkæməˌmaɪl ti:]
Kamm comb [kəʊm]
kämmen to comb [kəʊm]
Kanal channel [ˈtʃænl]; (*für Schiffe*) canal [kəˈnæl]
Kaninchen rabbit [ˈræbɪt]
Kanu canoe [kəˈnu:]
Kapelle chapel [ˈtʃæpl]
Kapitän captain [ˈkæptɪn]
kaputt broken [ˈbrəʊkn], out of order [aʊt‿əv ˈɔ:də]
Karaffe carafe [kəˈræf]
Karfreitag Good Friday [ˈgʊd ˈfraɪdɪ]
Karotte carrot [ˈkærət]
Kartoffel potato [pəˈteɪtəʊ]
Käse cheese [tʃi:z]
Kasse cash-desk [ˈkæʃdesk]; (*beim Theater*) booking-(box-)office [ˈbʊkɪŋ(ˈbɒks)ˌɒfɪs]
Kassettenrekorder cassetterecorder [kəˈset rɪˈkɔ:də]
Kathedrale cathedral [kəˈθi:drl]
Katze cat [kæt]
kaufen to buy [baɪ]
Kaufhaus department store [dɪˈpɑ:tmənt stɔ:]
kaum hardly [ˈhɑ:dlɪ], scarcely [ˈskeəslɪ]
Kaution security deposit [sɪˈkjʊərɪtɪ dɪˌpɒzɪt]
kegeln to play skittles [pleɪ ˈskɪtlz]
Kehrschaufel dustpan [ˈdʌsˈpæn]
kein no [nəʊ]; (*nichts davon*) not any [nɒt enɪ]
Keks biscuit [ˈbɪskɪt], cookie [ˈkʊki] am
Kellner(in) waiter, waitress [ˈweɪtə/ˈweɪtrɪs]
kennen to know [nəʊ]; **~ lernen** to meet [mi:t]
Keramik ceramics [sɪˈræmɪks]
Kerze candle [ˈkændl]
Ketschup ketchup [ˈketʃʌp]
Kette necklace [ˈneklɪs]
Keuchhusten whooping-cough [ˈhu:pɪŋkɒf]
Kfz-Schein car registration document [ˈkɑ: ˌredʒɪsˈtreɪʃn ˈdɒkjʊmənt]
Kichererbse chickpea [ˈtʃɪkpi:]
Kiefer jaw [dʒɔ:]
Kilogramm kilogram(s) [ˈkɪləgræm(z)]
Kilometer kilometre [ˈkɪləˌmi:tə]
Kilometerpreis price per kilometre/mile [praɪs pə ˈkɪləˌmi:tə/maɪl]
Kind child [tʃaɪld]
Kinderbecken children's pool [tʃɪldrənz pu:l]
Kinderbetreuung babysitting service [ˈbeɪbɪˌsɪtɪŋ ˈsɜ:vɪs]
Kinderbett cot [kɒt]
Kinderermäßigung child reduction [ˈtʃaɪld rɪˌdʌkʃn]
Kinderfahrkarte child's fare [ˈtʃaɪldz feə]
Kinderkleidung children's clothing [tʃɪldrənz kləʊðɪŋ]
Kinderkrankheit childhood illness [ˈtʃaɪldhʊd ˈɪlnɪs]
Kinderlähmung polio [ˈpəʊlɪəʊ]
Kindersitz child seat [tʃaɪld si:t]
Kindersitzkissen (*fürs Auto*) child seat cushion [tʃaɪld si:t ˈkʊʃən]
Kinderteller children's portion [ˈtʃɪldrənz ˈpɔ:ʃn]
Kino cinema [ˈsɪnəmə]
Kirche church [tʃɜ:tʃ]
Kirchturm steeple [ˈsti:pl]
Kirmes funfair [ˈfʌnfeə]
Kirsche cherry [ˈtʃeri]
Kiste box [bɒks]; (*Truhe*) chest [tʃest]
Kiwi kiwi fruit [ˈki:wi: ˈfru:t]
klar clear [klɪə]
Klasse class [klɑ:s]
Klassik (*Musik*) classical music [klæsɪkəl ˈmju:zɪk]
Klassiker (*Film*) classic film [ˈklæsɪk ˈfɪlm]
Klassizismus classicism [ˈklæsɪsɪzm]
Kleid dress [dres]
Kleiderbügel coathanger [ˈkəʊtˌhæŋə]

Kleidung clothing [ˈkləʊðɪŋ]
klein little [lɪtl], small [smɔːl]; **~e Kinder** young children [jʌŋ ˈtʃɪldrən]
Kleingeld change [tʃeɪndʒ]
Kleinkunstbühne cabaret [ˈkæbəreɪ]
Klima climate [ˈklaɪmɪt]
Klimaanlage air-conditioning [ˈeəkənˌdɪʃnɪŋ]
Klingel bell [bel]
Kloster (*für Mönche*) monastery [ˈmɒnəstrɪ]; (*für Nonnen*) convent [ˈkɒnvənt]
klug clever [ˈklevə], intelligent [ɪnˈtelɪdʒənt]
Kneipe pub [pʌb]
Kneippanwendung Kneippism [knaɪpɪzəm]
Knie knee [niː]
Knoblauch garlic [ˈgɑːlɪk]
Knöchel ankle [ˈæŋkl]
Knochen bone [bəʊn]
Knochenbruch fracture [ˈfræktʃə]
Knopf button [ˈbʌtn]
Koch cook [kʊk]
Kochbuch cookbook [ˈkʊkbʊk]
kochen to cook [kʊk]; (*Kaffee, Tee*) to make [meɪk]; (*Wasser*) to boil [bɔɪl]
Kocher cooker [ˈkʊkə]
Kochnische kitchenette [ˌkɪtʃɪˈnet]
Koffer suitcase [suːtkeɪs]
Kofferraum boot [buːt], trunk [trʌŋk] am
Kohl cabbage [ˈkæbɪdʒ]
Kokosnuss coconut [ˈkəʊkənʌt]
Kolik colic [ˈkɒlɪk]
Kollege, Kollegin colleague [ˈkɒliːg]
kommen to come [kʌm]
Komödie comedy [ˈkɒmɪdɪ]
Kompass compass [ˈkʌmpəs]
Komponist(in) composer [kəmˈpəʊzə]
Konditorei cake shop [ˈkeɪk ʃɒp]
Kondom condom [ˈkɒndəm]
König(in) king, queen [kɪŋ/kwiːn]
können to be able to [bi ˈeɪbl tʊ]
Konsulat consulate [ˈkɒnsjʊlɪt]
Kontakt contact [ˈkɒntækt]
Konto account [əˈkaʊnt]
Kontrolleur(in) inspector [ɪnˈspektə]
kontrollieren (*beherrschen*) to control [kənˈtrəʊl]; (*nachprüfen*) to check [tʃek]
Konzert concert [ˈkɒnsət]
Kopf head [hed]
Kopfhörer headphones [ˈhedfəʊnz]
Kopfkissen pillow [ˈpɪləʊ]
Kopfsalat lettuce [ˈletɪs]
Kopfschmerzen headache [ˈhedeɪk]
Kopfschmerztablette head-ache tablet [ˈhedeɪk ˈtæblɪt]
Kopie copy [ˈkɒpɪ]
Korb basket [ˈbɑːskɪt]
Korkenzieher corkscrew [ˈkɔːkskruː]
Körper body [ˈbɒdɪ]
Körperbehinderung physical handicap [fɪzɪkəl hændɪkæp], disability [ˌdɪsəˈbɪlɪtɪ]
kosten to cost [kɒst]
kostenlos free (of charge) [friː (əv ˈtʃɑːdʒ)]
Kostüm (*für Frauen*) suit [suːt]
Kotelett chop [tʃɒp], cutlet [ˈkʌtlɪt]
Koteletten sideboards [ˈsaɪdbɔːdz]
Krabbe shrimp [ʃrɪmp]
Krampf cramp [kræmp]
krank ill [ɪl], sick [sɪk]; **~ werden** to be taken ill [bi ˈteɪkn ˈɪl]
Krankenhaus hospital [ˈhɒspɪtl]
Krankenkasse medical insurance [ˈmedɪkl‿ɪnˈʃʊərns]
Krankenschwester nurse [nɜːs]
Krankenwagen ambulance [ˈæmbjʊləns]
Krankheit illness [ˈɪlnɪs]
Kratzer scratch [ˈskrætʃ]
Kräuter herbs [hɜːbz]
Krawatte tie [taɪ]
kreativ creative [kriːˈeɪtɪv]
Krebs (*Tier*) crab [kræb]; (*Krankheit*) cancer [ˈkænsə]
Kreditkarte credit card [ˈkredɪt kɑːd]
Kreislaufmittel cardiac stimulant [ˈkɑːdɪæk ˈstɪmjʊlənt]
Kreislaufstörungen dizziness [ˈdɪzɪnəs]
Kreuz cross [krɒs]
Kreuzfahrt cruise [kruːz]
Kreuzgang cloister [ˈklɔɪstə]
Kreuzung crossroads [ˈkrɒsrəʊdz], junction [ˈdʒʌŋʃn]
Kristall crystal [ˈkrɪstl]
Krone crown [kraʊn]
Krücke crutch [krʌtʃ]
Küche kitchen [ˈkɪtʃɪn]
Kuchen cake [keɪk]
Küchensieb sieve [ˈsɪv]
Kugelschreiber ballpoint pen [ˈbɔːlpɔɪnt ˈpen]
kühl cool [kuːl]
Kühlelement ice pack [ˈaɪspæk]
Kühler radiator [ˈreɪdɪeɪtə]
Kühlschrank refrigerator [rɪˈfrɪdʒəreɪtə], fridge [frɪdʒ]
Kühltasche cool bag [ˈkuːl bæg]
Kühlwasser cooling water [ˈkuːlɪŋ ˈwɔːtə]
Kuli biro [ˈbaɪrəʊ]
Kultur culture [ˈkʌltʃə]
Kümmel caraway seed(s) [ˈkærəweɪ siːd(z)]

kümmern: sich ~ um to look after [ˌlʊk‿ˈɑːftə], to take care of [teɪk ˈkeər‿əv]
Kunde, Kundin customer [ˈkʌstəmə]
Kunst art [ɑːt]
Kunstgewerbe arts and crafts [ˈɑːts‿ən ˈkrɑːfts]
Kunsthändler(in) art dealer [ˈɑːt ˈdiːlə]
Kuppel dome [dəʊm]
Kupplung clutch [klʌtʃ]
Kürbis pumpkin [ˈpʌmpkɪn]
Kurs course [kɔːs]
Kurtaxe visitor's tax [ˈvɪzɪtəz ˈtæks]
Kurve bend [bend]
kurz short [ʃɔːt]
Kurzfilm short film [ˈʃɔːt ˈfɪlm]
kurzfristig at short notice [ət ˈʃɔːt ˈnəʊtɪs]
kürzlich recently [ˈriːsntlɪ]
Kurzschluss short-circuit [ˈʃɔːtˈsɜːkɪt]
Kuss kiss [kɪs]
küssen to kiss [kɪs]
Küste coast [kəʊst]

L

lachen to laugh [lɑːf]
lächerlich ridiculous [rɪˈdɪkjʊləs]
Ladegerät battery charger [ˈbætrɪ ˈtʃɑːdʒə]
Lage situation [ˌsɪtjʊˈeɪʃn]; (*eines Ortes*) position [pəˈzɪʃn]
Lähmung paralysis [pəˈrælɪsɪs]
Lammfleisch lamb [læm]
Lampe lamp [læmp]
Land country [ˈkʌntrɪ]; (*Gegensatz zu Wasser*) land [lænd]
Landausflug excursion [ɪksˈkɜːʃn]
Landgut estate [ɪsˈteɪt]
Landkarte map [ˈmæp]
Landschaft scenery [ˈsiːnərɪ], countryside [ˈkʌntrɪsaɪd]
Landsmann fellow countryman [ˈfeləʊ ˈkʌntrɪmən]
Landstraße country road [ˈkʌntrɪ ˌrəʊd], B road [ˈbiːrəʊd]
Landung landing [ˈlændɪŋ]
lang long [lɒŋ]
langsam slow(ly) [ˈsləʊ(lɪ)]
langweilig boring [ˈbɔːrɪŋ]
Laptop laptop [ləptɒp]
Lärm noise [nɔɪz]
lästig annoying [əˈnɔɪɪŋ]
Lauch leek(s) [liːk(s)]
laufen (*rennen*) to run [rʌn]; (*gehen*) to go [gəʊ]; (*zu Fuß gehen*) to walk [wɔːk]
Läuse lice [laɪs]
laut loud [laʊd]; (*Lärm*) noisy [ˈnɔɪzɪ]
Lautsprecher speaker [ˈspiːkə]
leben to live [lɪv]
Lebensmittelgeschäft food store [ˈfuːd stɔː], grocer's [ˈgrəʊsəz]
Lebensmittelvergiftung food poisoning [ˈfuːdˌpɔɪznɪŋ]
Leber liver [ˈlɪvə]
Leberpastete liver pâté [ˈlɪvəˌpæteɪ]
lebhaft lively [ˈlaɪvlɪ]
lecker tasty [ˈteɪstɪ]
Lederjacke leather jacket [ˈleðə ˈdʒækɪt]
Lederwarengeschäft leather shop [ˈleðə ʃɒp]
ledig single [ˈsɪŋgl]
leer empty [ˈemptɪ]
Leerlauf neutral [ˈnjuːtrəl]
Leerung collection [kəˈlekʃn]
Leggins leggings [ˈlegɪŋz]
leicht (*einfach*) easy [ˈiːzɪ]; (*geringfügig*) slight [slaɪt]; (*Gewicht*) light [laɪt]
Leichtathletik athletics [æθˈletɪks]
leider unfortunately [ʌnˈfɔːtʃnɪtlɪ]
leihen (*jemandem*) to lend [lend]; (*von jemandem*) to borrow [ˈbɒrəʊ]
Leinen linen [ˈlɪnɪn]
leise quiet [ˈkwaɪət]
Leistenbruch hernia [ˈhɜːnjə]
Leiter(in) head [hed], boss [bɒs], manager [ˈmænɪdʒə]
Lenkraddrehknopf (*Auto*) rotary steering wheel button [ˈrəʊtərɪ ˈstɪərɪŋ wiːl ˈbʌtn]
lernen to learn [lɜːn]
lesen to read [riːd]
letzte(r, -s) last [lɑːst]; **letzten Montag** last Monday [ˈlɑːst ˈmʌndɪ]
Leuchtturm lighthouse [ˈlaɪthaʊs]
Leute people [ˈpiːpl]
Licht light [laɪt]
Lichtmaschine alternator [ˈɔːltəneɪtə]
Lichtschalter light switch [ˈlaɪtswɪtʃ]
Lichtschutzfaktor protection factor [prəˈtekʃn ˌfæktə]
lieb nice [naɪs]; **jemanden ~ haben** to be fond of someone [bi ˈfɒnd‿əv]
Liebe love [lʌv]
lieben to love [lʌv]
liebenswürdig kind [kaɪnd]
lieblich (*Wein*) medium sweet [swiːt]
Liebling darling [ˈdɑːlɪŋ]
Lieblings- favourite ... [ˈfeɪvrɪt]
Lied song [sɒŋ]
liegen to lie [laɪ]
Liegewagenplatz couchette [kuːˈʃet]
Liegewiese sunbathing area [sʌnˈbeɪðɪŋˈeərɪə]
lila purple [ˈpɜːpl]

Limonade lemonade [ˌleməˈneɪd]
Linie line [laɪn]
linke(r, -s) left(-hand) [ˈleft(ˌhænd)]
links on the left [ɒn ðə ˈleft], to the left [tu ðə ˈleft]
Linse lens [lenz]
Linse (*Essen*) lentil [ˈlentɪl]
Lippe lip [lɪp]
Lippenstift lipstick [ˈlɪpstɪk]
Liter litre [ˈliːtə]
Livemusik live music [ˈlaɪv ˈmjuːzɪk]
Loch hole [həʊl]; (*im Reifen*) puncture [ˈpʌŋktʃə]
Locken curls [kɜːlz]
Lockenwickler curler [ˈkɜːlə]
Löffel spoon [spuːn]
Loge box [bɒks]
Loipe ski run [ˈskiː rʌn]
Loop tube scarf [ˈtjuːbskɑːf]
Lorbeer bay leaf [ˈbeɪ lɪf]
Luft air [eə]
Luftkissenboot hovercraft [ˈhɒvəkrɑːft]
Luftmatratze airbed [ˈeəbed]
Luftpumpe pump [pʌmp]
Lunge lungs [lʌŋz]
Lungenentzündung pneumonia [njuːˈməʊnjə]
lustig merry [ˈmerɪ]; (*erheiternd*) funny [ˈfʌnɪ]
luxuriös luxurious [lʌgˈzjʊərɪəs]
Lymphdrainage lymphatic drainage [ˈlɪmfɑːtɪk d reɪnɪdʒ]

M

machen to do [duː]; (*herstellen*) to make [meɪk]
Mädchen girl [gɜːl]
Magen stomach [ˈstʌmək]
Magenschmerzen stomachache [ˈstʌməkˌeɪk]
mager thin [θɪn]; (*Fleisch*) lean [liːn]
Mahlzeit meal [miːl]
Mai May [meɪ]
Mais sweetcorn [ˈswiːtkɔːn]
Makrele mackerel [ˈmækrl]
malen to paint [peɪnt]
Maler(in) painter [ˈpeɪntə]
Malerei painting [ˈpeɪntɪŋ]
man one [wʌn]
manchmal sometimes [ˈsʌmtaɪmz]
Mandarine mandarin [ˈmændərɪn], tangerine [ˌtændʒəˈriːn]
Mandelentzündung tonsilitis [ˌtɒnsɪˈlaɪtɪs]
Mandel (*Essen*) almond [ˈɑːmənd]
Mandeln (*im Körper*) tonsils [ˈtɒnslz]
Mango mango [mɜːngəʊ]
Mann man [mæn]; (*Ehemann*) husband [ˈhʌzbənd]
Mannschaft (*Sport*) team [tiːm]; (*Schiff*) crew [kruː]
Mantel coat [kəʊt]
Margarine margarine [ˌmɑːdʒəˈriːn]
Markt market [ˈmɑːkɪt]
Marmelade jam [dʒæm]; (*aus Orangen*) marmalade [ˈmɑːməleɪd]
März March [mɑːtʃ]
Maschine machine [məˈʃiːn]
Masern measles [ˈmiːzlz]
Massage massage [ˈmæsɑːʒ]
Material material [məˈtɪərɪəl]
Matratze mattress [ˈmætrɪs]
Mauer wall [wɔːl]
Maut toll (charge) [ˈtəʊl (tʃɑːdʒ)]
Mayonnaise mayonnaise [ˌmeɪəˈneɪz]
Medikament medicine [ˈmedsn]
Meditation meditation [medɪˈteɪʃn]
Meer sea [siː]
Mehl flour [ˈflaʊə]
mehr more [mɔː]; **~ als** more than [mɔː ðæn]
Meile mile [maɪl]
mein my [maɪ]
meinen to think [θɪŋk]
meinetwegen (*einverstanden*) I don't mind [ˈaɪ dəʊnt ˈmaɪnd]
Meinung opinion [əˈpɪnjən]; (*Anschauung*) view [vjuː]
Melone melon [ˈmelən]
Memorystick memory stick [ˈmemrɪ stɪk]
Mensch person [ˈpɜːsn]; (*männlich*) man [mæn]; (*weiblich*) woman [ˈwʊmən]; **der ~** man [mæn]
Menstruation menstruation [ˌmenstrʊˈeɪʃn]
Menü (*Essen*) set meal [ˈset ˈmiːl]
merken to be aware of [bi əˈweər ˌəv]; **sich ~** to remember [rɪˈmembə]
Messe (*in der Kirche*) mass [mæs]
Messer knife [naɪf]
Meter metre [ˈmiːtə]
Metzgerei butcher's [ˈbʊtʃəz]
mich me [miː]
Miesmuschel mussel [ˈmʌsl]
Miete rent [rent]
mieten to rent [rent], to hire [ˈhaɪə]
Migräne migraine [ˈmiːgreɪn]
Mikrowelle microwave [maɪkrəʊweɪv]
Milch milk [mɪlk]
mild mild [maɪld]
Millimeter millimetre [ˈmɪlɪˌmiːtə]
mindestens at least [ət ˈliːst]
Minibar mini-bar [ˈmɪnɪbɑː]
Minigolf crazy golf [ˈkreɪzɪgɒlf]
Minute minute [ˈmɪnɪt]
mir me [miː], to me [tu miː]

Missverständnis misunderstanding [ˌmɪsʌndəˈstændɪŋ]
mit with [wɪð]
mitbringen to bring [brɪŋ]
Mitbringsel souvenir [ˈsuːvənɪə]
mitnehmen to take [teɪk]
Mittag noon [nuːn]
Mittagessen lunch [lʌntʃ]
mittags at lunchtime [ət ˈlʌnʃtaɪm]
Mitte middle [ˈmɪdl]
Mitteilung announcement [əˈnaʊnsmənt]
Mittel means [miːnz]; (*Heilmittel*) remedy [ˈremɪdɪ]
Mittelalter Middle Ages [ˈmɪdl‿ˈeɪdʒɪz]
Mittelohrentzündung inflammation of the middle ear [ˌɪnfləˈmeɪʃn‿əv ðə ˈmɪdl‿ˈɪə]
Mittwoch Wednesday [ˈwenzdɪ]
Mixer blender [ˌblendə]
Möbel furniture [ˈfɜːnɪtʃə]
Mobilitätsbehinderte/r disabled person [dɪsˌeɪbld ˈpɜːsən]
Mode fashion [ˈfæʃn]
Modell model [ˈmɒdl]
modern modern [ˈmɒdn]; (*zeitgemäß*) up to date [ˈʌp tə ˈdeɪt]
Modeschmuck fashion jewellery [ˈfæʃən ˈdʒuːəlrɪ]
mögen (*gern haben*) to like [laɪk]; (*wünschen*) to want [wɒnt]
möglich possible [ˈpɒsəbl]
Monat month [mʌnθ]
monatlich monthly [ˈmʌnθlɪ]
Mond moon [muːn]
Montag Monday [ˈmʌndɪ]
morgen tomorrow [təˈmɒrəʊ]; **~ früh** tomorrow morning [təˈmɒrəʊ ˈmɔːnɪŋ]; **~ Abend** tomorrow evening [təˈmɒrəʊ‿iːvnɪŋ]
Morgen morning [ˈmɔːnɪŋ]
morgens in the morning [ɪn ðə ˈmɔːnɪŋ]
Mosaik mosaic [məʊˈzeɪɪk]
Motel motel [məʊˈtel]
Motor motor [ˈməʊtə], engine [ˈendʒɪn]
Motorboot motorboat [ˈməʊtəbəʊt]
Motorhaube bonnet [ˈbɒnɪt], hood [hʊd] am
Mountainbike mountain bike [ˈmaʊntɪn baɪk]
Möwe seagull [ˈsiːgʌl]
MP3-Player MP3 player [em piː ˈθriː pleɪə]
Mücke gnat [næt], midge [mɪdʒ]
Mückenschutz insect repellent [ˈɪnsekt rɪˈpelənt]
müde tired [ˈtaɪəd]
Müll rubbish [ˈrʌbɪʃ], garbage [ˈgɑːbɪdʒ] am
Mullbinde gauze bandage [ˈgɔːz ˈbændɪdʒ]
Mülltonne dustbin [ˈdʌstbɪn], trashcan [ˈtræʃkæn] am
Mülltrennung separation of waste [sepəreɪʃn əv ˈweɪst]
Mumps mumps [mʌmps]
Mund mouth [maʊθ]
Mündung (*Fluss*) mouth [maʊθ]; (*Straße*) end [end]
Münze coin [kɔɪn]
Muschel shell [ʃel]
Museum museum [mjuːˈzɪəm]
Musical musical [ˈmjuːzɪkl]
Musik music [ˈmjuːzɪk]; **~ hören** to listen to music [ˈlɪsn təˈmjuːzɪk]
musizieren to make music [ˈmeɪk ˈmjuːzɪk]
Muskatnuss nutmeg [ˈnʌtmeg]
Muskel muscle [ˈmʌsl]
Müsli muesli [ˈmjuːzlɪ]
Mutter mother [ˈmʌðə]

N

nach (*anschließend*) after [ˈɑːftə]; **~ London fahren** to go to London [gəʊ tə ˈlʌndən]
Nachbar(in) neighbour [ˈneɪbə]
Nachmittag afternoon [ˌɑːftəˈnuːn]
nachmittags in the afternoon [ɪn ðɪ‿ˌɑːftəˈnuːn]
Nachricht message [ˈmesɪdʒ]
Nachsaison low season [ˈləʊ ˌsiːzn]
nachsenden to send on [ˈsend‿ˈɒn]
nächste(r, -s) next [nekst]; **~s Jahr** next year [ˈnekst ˈjɜː]
Nacht night [naɪt]; **heute ~** tonight [təˈnaɪt]
Nachtisch dessert [dɪˈzɜːt], sweet [swiːt]
Nachtklub nightclub [ˈnaɪtklʌb]
nachts at night [ət ˈnaɪt]
Nachttisch bedside table [ˈbedsaɪd ˈteɪbl]
Nachttischlampe reading lamp [ˈriːdɪŋlæmp]
nackt naked [ˈneɪkɪd], nude [njuːd]
Nadel needle [ˈniːdl]
Nagellack nail polish [ˈneɪl ˌpɒlɪʃ]
Nagellackentferner nail polish remover [ˈneɪl ˌpɒlɪʃ rɪˈmuːvə]
Nagelschere nail scissors [ˈneɪlˌsɪzəz]
nah near [nɪə]
nahe near [nɪə], close [kləʊs]; **~ bei** close to [kləʊs tu]
nähen to stitch up [ˈstɪtʃ‿ˈʌp]
Nahverkehrszug local train [ˈləʊkl ˈtreɪn]
Name name [neɪm]
Narbe scar [skɑː]

Narkose anaesthetic [ˌænɪsˈθetɪk]
Nase nose [nəʊz]
Nasenbluten nose bleed [ˈnəʊz bliːd]
nass wet [wet], moist [mɔɪst]; (*durchnässt*) soaked [səʊkt]
Nationalitätskennzeichen international car index mark [ˌɪntəˈnæʃənl ˈkɑːr‿ˌɪndeks mɑːk]
Nationalpark national park [ˈnæʃnl ˈpɑːk]
Natur nature [ˈneɪtʃə]
natürlich (*als Adjektiv*) natural [ˈnætʃrəl]; (*als Adverb*) of course [əv ˈkɔːs]
Naturschutzgebiet naturereserve [ˈneɪtʃə rɪˈzɜːv]
Navigationsgerät navigation system/ satnav [ˌnævɪˈgeɪʃn ˌsɪstəm]
Nebel fog [fɒg]
neben next to [nekst tʊ], beside [bɪˈsaɪd]
Nebenkosten additional costs [əˈdɪʃənl ˈkɒsts], extras [ˈekstrəz]
negativ negative [ˈnegətɪv]
nehmen to take [teɪk]
Nelke (*Gewürz*) clove [kləʊv]; (*Blume*) carnation [kɑːˈneɪʃən]
Neoprenanzug wetsuit [wetsuːt]
Nerv nerve [nɜːv]
nervös nervous [ˈnɜːvəs]
nett nice [naɪs]
Netz net [net]
neu new [njuː]
neugierig curious [ˈkjʊərɪəs]
Neujahr New Year's Day [ˈnjuː ˌjɜːz ˈdeɪ]
nicht not [nɒt]; **gar ~** not at all [ˈnɒt‿ət ˈɔːl]
Nichtraucherabteil no-smoking compartment [ˈnəʊˈsməʊkɪŋ kəmˈpɑːtmənt]
nichts nothing [ˈnʌθɪŋ]
nie never [ˈnevə]
nieder low [ləʊ]
niedrig low [ləʊ]
niemand nobody [ˈnəʊbədɪ]
Niere kidney [ˈkɪdnɪ]
Nierenentzündung nephritis [neˈfraɪtɪs]
Nierengurt kidney belt [ˈkɪdnɪ belt]
Nierenstein kidney stone [ˈkɪdnɪstəʊn]
niesen to sneeze [sniːz]
nirgends nowhere [ˈnəʊweə]
noch still [stɪl]; **~ nicht** not yet [ˈnɒt ˈjet]
Norden north [nɔːθ]
Nordirland Northern Ireland [ˈnɔːðən ˈaɪələnd]
nördlich northern; **~ von** (to the) north of [(tu ðə) ˈnɔːθ‿əv]
Nordsee North Sea [ˈnɔːθ ˈsiː]
normal normal [ˈnɔːml]; (*Format*) standard [ˈstændəd]
normalerweise normally [ˈnɔːməlɪ], usually [ˈjuːʒʊəlɪ]
Notausgang emergency exit [ɪˈmɜːdʒənsɪ ˈeksɪt]
Notebook notebook [nəʊtbʊk]
Notfall emergency [ɪˈmɜːdʒənsɪ]
Notrufsäule emergency telephone [ɪˈmɜːdʒənsɪ ˈtelɪfəʊn]
notwendig necessary [ˈnesɪsrɪ]
November November [nəʊˈvembə]
nüchtern sober [ˈsəʊbə]
Nudeln pasta [ˈpæstə]
Nummer number [ˈnʌmbə]
Nummernschild number plate [ˈnʌmbə pleɪt]
nur only [ˈəʊnlɪ]
Nuss nut [nʌt]

O

ob whether [ˈweðə]
oben up [ʌp]
Ober (*Anrede*) waiter [ˈweɪtə]
Objektiv lens [lenz], objective [əbˈdʒektɪv]
Obst fruit [fruːt]
Obst- und Gemüsehändler greengrocer's [griːnˈgrəʊsəz]
obwohl although [ɔːlˈðəʊ]
oder or [ɔː]
offen open [ˈəʊpn]
öffentlich public [ˈpʌblɪk]
offiziell official [əˈfɪʃl]
öffnen to open [ˈəʊpn]
Öffnungszeiten opening hours [ˈəʊpnɪŋ ˌaʊəz], hours of business [ˈaʊəz‿əv ˈbɪznɪs]
oft often [ˈɒfn]
ohne without [wɪˈðaʊt]
Ohnmacht faint [ˈfeɪnt]
Ohr ear [ɪə]
Ohrentropfen ear drops [ˈɪədrɒps]
Ohropax earplugs [ˈɪə plʌgz]
Ohrring earring [ˈɪərɪŋ]
Oktober October [ɒkˈtəʊbə]
Öl oil [ɔɪl]
Olive olive [ˈɒlɪv]
Olivenöl olive oil [ˈɒlɪv‿ˈɔɪl]
Ölmalerei oil painting [ˈɔɪl ˈpeɪntɪŋ]
Ölwechsel oil change [ˈɔɪl ˈtʃeɪndʒ]
Oper opera [ˈɒprə]
Operation operation [ˌɒpəˈreɪʃn]
Operette operetta [ˌɒpəˈretə]
Optiker optician's [ɒpˈtɪʃənz]
orange orange [ˈɒrɪndʒ]
Orangensaft orange juice [ˈɒrɪndʒ dʒuːs]
Orchester orchestra [ˈɔːkɪstrə]

Orden (*religiöse Gemeinschaft*) order [ˈɔːdə]
Original original [əˈrɪdʒənl]
Originalfassung original version [əˈrɪdʒənl ˈvɜːʃən]
Ort place [pleɪs]; (*Stelle*) spot [spɒt]
Ortschaft village [ˈvɪlɪdʒ], town [taʊn]
Ortsgespräch local call [ˈləʊkl kɔːl]
Osten east [iːst]
Ostermontag Easter Monday [iːstə ˈmʌndɪ]
Ostern Easter [ˈiːstə]
Österreich Austria [ˈɔːstrɪə]
Österreicher(in) Austrian [ˈɔːstrɪən]
östlich eastern; ~ **von** east of [iːst‿əv]

P

Paar pair [ˈpeər]; (*Ehepaar*) couple [ˈkʌpl]
paar: **ein** ~ a few [ə ˈfjuː]
Päckchen small packet [ˈsmɔːl ˌpækɪt]
Paddelboot canoe [kəˈnuː]
Paket parcel [ˈpɑːsl]
Palast palace [ˈpælɪs]
Panne breakdown [ˈbreɪkdaʊn]; (*Reifenpanne*) puncture [ˈpʌŋktʃə], flat (tyre) [flæt (ˈtaɪə)]
Pannendienst breakdownservice [ˈbreɪkdaʊn ˌsɜːvɪs]
Papier paper [ˈpeɪpə]
Papiere (*Dokumente*) papers [ˈpeɪpəz], documents [ˈdɒkjʊmənts]
Papiertaschentuch paper handkerchief [ˈpeɪpə ˈhæŋkətʃɪf]
Paprika (*Gewürz*) paprika [ˈpæprɪkə]; (*Frucht*) pepper [ˈpepə]
Paprikaschote pepper [ˈpepə]
Parfüm perfume [ˈpɜːfjuːm], scent [sent]
Parfümerie perfumery [pəˈfjuːmərɪ]
Park park [pɑːk]
parken to park [pɑːk]
Parkett (*Theater*) stalls [stɔːlz]
Parkplatz car park [ˈkɑːpɑːk]
Party party [ˈpɑːtɪ]
Pass (*im Gebirge*) pass [pɑːs]; (*Ausweis*) passport [ˈpɑːspɔːt]
Passagier(in) passenger [ˈpæsɪndʒə]
passen to fit [fɪt]; (*gelegen kommen*) to suit [suːt]
Passkontrolle passport control [ˈpɑːspɔːt kənˈtrəʊl]
Pauschalpreis flat rate [flæt ˈreɪt]
Pause (*Ruhepause*) break [breɪk]; (*Theater*) interval [ˈɪntəvl]
Pension guest house [ˈgesthaʊs]
Perle pearl [pɜːl]
Person person [ˈpɜːsn]
Personalausweis identity card [aɪˈdentɪtɪ kɑːd]
Personalien particulars [pəˈtɪkjʊləz]
persönlich personal [ˈpɜːsnl]
Perücke wig [wɪg]
Petersilie parsley [ˈpɑːslɪ]
Petroleum paraffin [ˈpærəfɪn]
Pfand deposit [dɪˈpɒzɪt], security [sɪˈkjʊərɪtɪ]
Pfanne pan [pæn]
Pfeffer pepper [ˈpepə]
Pfeffermühle pepper mill [ˈpepəˌmɪl]
Pferd horse [hɔːs]
Pfirsich peach [ˈpiːtʃ]
Pflanze plant [plɑːnt]
Pflaster plaster [ˈplɑːstə]
Pflaume plum [plʌm]
pflegebedürftig in need of care [ɪn niːd‿əv keə]
Pfund pound(s) [paʊnd(z)]
Pille: ~ **danach** morning-after pill [ˌmɔːnɪŋ‿ˈɑːftər pɪl]
Pilot(in) pilot [ˈpaɪlət]
Pilzinfektion fungal infection [ˈfʌŋgl ɪnˈfekʃn]
Pinzette tweezers [ˈtwiːzəz]
Plakat poster [ˈpəʊstə]
Plastik (*Material*) plastic [ˈplæstɪk]; (*Kunst*) sculpture [ˈskʌlptʃə]
Plastikbeutel plastic bag [ˈplæstɪk ˈbæg]
Platten flat tyre [ˈflæt ˈtaɪə]
Platz place [pleɪs]; (*Sitzplatz*) seat [siːt]
Platzreservierung seat reservation [ˈsiːt ˌrezəˈveɪʃn]
Plombe filling [ˈfɪlɪŋ]
plötzlich suddenly [ˈsʌdnlɪ]
Polizei police [pəˈliːs]
Polizeiwagen police car [pəˈliːs kɑː]
Polizist(in) policeman, policewoman [pəˈliːsmən/pəˈliːsˌwʊmən]
Pony (*Tier*) pony [ˈpəʊni]; (*Frisur*) fringe [frɪndʒ]
Portal portal [ˈpɔːtl]
Portier porter [ˈpɔːtə]
Portion portion [ˈpɔːʃn]
Porto postage [ˈpəʊstɪdʒ]
Porträt portrait [ˈpɔːtrɪt]
Porzellan china [ˈtʃaɪnə], porcelain [pɔːslɪn]
Postamt post office [ˈpəʊstˌɒfɪs]
Postkarte postcard [ˈpəʊskɑːd]
postlagernd poste restante [ˈpəʊst rɪˈstænt]
Postleitzahl post code [ˈpəʊskəʊd], zip code [ˈzɪpkəʊd] am
Powernap power nap [ˈpaʊəʳ næp]
praktisch practical [ˈpræktɪkl]
Präservativ condom [ˈkɒndəm]

Preis (*Kosten*) price [praɪs]; (*Gewinn*) prize [praɪz]
Prellung bruise [bru:z], contusion [kən'tju:ʒn]
Premiere premiere ['premɪeə]
Priester priest [pri:st]
privat private ['praɪvɪt]
Probe (*Theater*) rehearsal [rɪ'hɜ:səl]; (*Warenprobe*) sample [sɑ:mpl]
Problem problem ['prɒbləm]
Produkt product ['prɒdʌkt]
Programm programme ['prəʊgræm]
Programm(heft) programme ['prəʊgræm]
Promillegrenze legal alcohol limit ['lɪ:gl 'ælkəhɒl 'lɪmɪt]
Prospekt prospectus [prəs'pektəs], leaflet ['li:flɪt], brochure ['brəʊʃə]
Prothese artifical limb [ˌɑ:tɪ'fɪʃl 'lɪm]
provisorisch provisional [prə'vɪʒənl], temporary ['temprərɪ]
Prozent percent [pə'sent]
Prozession procession [prə'seʃən]
Puder powder ['paʊdə]
Pullover pullover ['pʊlˌəʊvə], jumper ['dʒʌmpə], sweater ['swetə]
Puls pulse [pʌls]
Pulverschnee powder snow ['paʊdə snəʊ]
pünktlich (*als Adjektiv*) punctual ['pʌŋktjʊəl]; (*als Adverb*) on time [ɒn 'taɪm]
putzen to clean [kli:n]
Putzmittel cleaning agent [kli:nɪŋ eɪdʒənt]

Q

Quadratmeter square metre [ˌskweə 'mi:tə]
Qualität quality ['kwɒlɪtɪ]
Qualle jellyfish ['dʒelɪfɪʃ]
Quark quark [kwɑ:k], curd cheese [kɜ:d tʃi:z]
Quelle source [sɔ:s]; (*Wasser*) spring [sprɪŋ]
quer durch straight across ['streɪt‿ə'krɒs], straight through ['streɪt 'θru:]
Querformat landscape format ['lænskeɪp ˌfɔ:mæt]
querschnittsgelähmt paraplegic [ˌpærə'pli:dʒɪk]
Quittung receipt [rɪ'si:t]

R

Rabatt discount ['dɪskaʊnt]
Rad wheel [wi:l]; (*Fahrrad*) bike [baɪk]; **~ fahren** to cycle ['saɪkl]
Radarkontrolle radar speed check ['reɪdɑ: 'spi:d tʃek]
Radierung etching ['etʃɪŋ]
Radio radio ['reɪdɪəʊ]
Radsport cycling ['saɪklɪŋ]
Radtour cycle tour ['saɪkl ˌtʊə]
Rampe ramp [ræmp]
Rasen lawn [lɔ:n], grass [grɑ:s]
Rasierapparat shaver ['ʃeɪvə]
Rasierklinge razorblade ['reɪzəbleɪd]
Rasierpinsel shaving brush ['ʃeɪvɪŋ brʌʃ]
Rasierschaum shaving foam ['ʃeɪvɪŋ fəʊm]
Rasierwasser after-shave lotion ['ɑ:ftəʃeɪv ˌləʊʃn]
Rastplatz (*Autobahn*) (motorway) picnic area [('məʊtʌweɪ) 'pɪknɪk 'eərɪə]
Raststätte (*Autobahn*) (motorway) services [('məʊtʌweɪ) 'sɜ:vɪsɪz]
Rathaus town hall ['taʊn 'hɔ:l], city hall ['sɪtɪ 'hɔ:l] am
rauchen to smoke [sməʊk]
Raucher(in) smoker [sməʊkə]
Raum space [speɪs]; (*Räumlichkeit*) room [ru:m]
Rechnung bill [bɪl]
rechte(r, -s) right(-hand) ['raɪt(ˌhænd)]
rechts on the right [ɒn ðə 'raɪt], to the right [tu ðə 'raɪt]
Rechtsanwalt, -anwältin lawyer ['lɔ:jə]
rechtzeitig (*als Adverb*) in time [ɪn 'taɪm]
reden to talk [tɔ:k]
Reformhaus health food shop ['helθˌfu:d ʃɒp]
regelmäßig regular ['regjʊlə]
Regen rain [reɪn]
Regenmantel raincoat ['reɪnkəʊt]
Regenschauer shower ['ʃaʊə]
Regie direction [dɪ'rekʃən]; **unter der ~ von** directed by [dɪ'rekzɪd baɪ]
Regierung government ['gʌvnmənt]
Region region ['ri:dʒən]
regnerisch rainy ['reɪnɪ]
Reibe grater ['grɪtə]
reich rich [rɪtʃ]
reif (*Frucht*) ripe [raɪp]; (*geistig, körperlich; Käse*) mature [mə'tjʊə]
Reifen tyre ['taɪə]
reinigen to clean [kli:n]; **chemisch ~** to dry-clean ['draɪ'kli:n]
Reinigung: **chemische ~** drycleaner's ['draɪ'kli:nəz]
Reis rice [reɪs]
Reise journey ['dʒɜ:nɪ]; (*Schiffsreise*) voyage ['vɔɪɪdʒ]

Reisebüro travel agency [ˈtrævl ˈeɪdʒənsɪ]
Reiseführer(in) guide [gaɪd]
Reisegesellschaft party [ˈpɑːtɪ]
reisen to travel [ˈtrævl]; **~ nach** to go to [ˈgəʊ tʊ]
Reisepass passport [ˈpɑːspɔːt]
Reisescheck traveller's cheque [ˈtrævləz ˈtʃek]
Reisetasche travelling bag [trævlɪŋ bæg], holdall [ˈhəʊldɔːl]
reiten to ride [raɪd], to go riding [gəʊ ˈraɪdɪŋ]
Reitschule riding school [ˈraɪdɪŋ ˈskuːl]
reklamieren to complain [kəmˈpleɪn]
Religion religion [rɪˈlɪdʒn]
Renaissance Renaissance [rəˈneɪsns]
Rennen race [reɪs]
Rennrad racing bike [ˈreɪsɪŋ baɪk]
reparieren to repair [rɪˈpeə]
reservieren to reserve [rɪˈzɜːv]
Reservierung reservation [ˌrezəˈveɪʃn]
Rettungsboot lifeboat [ˈlaɪfbəʊt]
Rettungsring lifebelt [ˈlaɪfbelt]
Rezept (*vom Arzt*) prescription [prɪsˈkrɪpʃn]; (*beim Kochen*) recipe [ˈresɪpi]
Rezeption reception [rɪˈsepʃn]
R-Gespräch reverse charge call [rɪˈvɜːs ˈtʃɑːdʒ ˈkɔːl]
Rheuma rheumatism [ˈruːmətɪzm]
Richter(in) judge [dʒʌdʒ]
richtig right [raɪt]; (*geeignet*) proper [ˈprɒpə]
Richtung direction [dɪˈrekʃn]
riechen to smell [smel]
Rindfleisch beef [biːf]
Rock skirt [skɜːt]
roh raw [rɔː]; **~er Schinken** smoked ham [ˈsməʊkt ˈhæm]
Rohling blank [ˈblæŋk]
Roller scooter [ˈskuːtə]
Rollschuhe roller skates [ˈrəʊləˌskeɪts]
Rollstuhl wheelchair [wiːlˈtʃeə]
Rollstuhlfahrer(in) wheelchair user [wiːlˈtʃeə juːzə]
rollstuhlgängig: **~er Wagen** (*im Zug*) carriage with wheelchair access [ˈkærɪdʒ wɪð wiːlˈtʃeə ækses]
rollstuhlgerecht suitable for wheelchairs [suːtəbl fə wiːlˈtʃeəz]
Rollstuhlkabine (*Schiff*) wheelchair cabin [wiːlˈtʃeə ˈkæbɪn]
Roman novel [ˈnɒvl]
röntgen to X-ray [ˌeksˈreɪ]
Röntgenaufnahme X-ray [ˌeksˈreɪ]
rosa pink [pɪŋk]
Rosé rosé wine [ˈrəʊzeɪ waɪn]
Rosmarin rosemary [ˈrəʊzmərɪ]
rot red [red]
Röteln German measles [ˈdʒɜːmən ˈmiːzlz]
Rotwein red wine [red waɪn]
Route route [ruːt]
Rücken back [bæk]
Rückenschmerzen backache [ˈbækeɪk]
Rückfahrkarte return ticket [rɪˈtɜːn ˈtɪkɪt]
Rückfahrt return journey [rɪˈtɜːn ˈdʒɜːnɪ]
Rückholservice pick-up service [ˈpɪkʌp ˈsɜːvɪs]
Rücklicht rear light [ˈrɪə ˈlaɪt], tail light [ˈteɪl ˈlaɪt]
Rucksack rucksack [ˈrʌksæk]
Rückspiegel rearview mirror [ˈriːəvjuː ˈmɪrə]
rückwärts backwards [ˈbækwədz]
Rückwärtsgang reverse gear [rɪˈvɜːs ˈgɪə]
Ruder rudder [ˈrʌdə]
Ruderboot rowing boat [ˈrəʊɪŋbəʊt]
rudern to row [ˈrəʊ]
Ruhe rest [rest]; (*seelisch*) calm [kɑːm]; (*Stille*) silence [ˈsaɪləns]
ruhig (*still*) silent [ˈsaɪlənt], quiet [ˈkwaɪət]; (*nicht aufgeregt*) calm [kɑːm]
Rührlöffel cooking spoon [ˈkʊkɪŋ spuːn]
Ruine ruin [ˈruːɪn]
rund round [raʊnd]
Rundfahrt tour [tʊə]
Rundreise round trip [ˈraʊnd ˈtrɪp]

S

Saal hall [hɔːl]
Sache thing [θɪŋ]; (*Angelegenheit*) matter [ˈmætə]
Safe safe [seɪf]
Safran saffron [ˈsæfrn]
saftig juicy [ˈdʒuːsɪ]
sagen to say [seɪ]; (*mitteilen*) to tell [tel]
Sahne cream [kriːm]; **saure ~** sour cream [ˈsaʊə skriːm]
Saison season [ˈsiːzn]
Salami salami [səˈlɑːmɪ]
Salat salad [ˈsæləd]
Salatbüfett salad bar [ˈsæləd bɑː]
Salbe ointment [ˈɔɪntmənt]
Salbei sage [seɪdʒ]
Salmonellen salmonella [ˈsælmnelə]
Salmonellenvergiftung salmonella poisoning [ˈsælmnelə pɔɪznɪŋ]
Salz salt [sɔːlt]
Salzstreuer salt cellar [ˈsɔːltˌselə]
sammeln to collect [kəˈlekt]

Samstag Saturday [ˈsætədɪ]
Sandalen sandals [ˈsændlz]
Sandburg sandcastle [sænd ˈkɑ:sl]
Sandkasten sand pit [sændpɪt]
Sänger(in) singer [ˈsɪŋə]
satt full [fʊl]
Satz sentence [ˈsentəns]
sauber clean [kli:n]
sauer (*nicht süß*) sour [ˈsaʊə]
Sauerstoffgerät breathing apparatus [bri:ðɪŋ ˌæpəˈreɪtəs]
Sauger teat [ti:t]
Saugflasche feeding bottle [ˈfi:dɪŋ ˌbɒtl]
Säule column [ˈkɒləm], pillar [ˈpɪlə]
Sauna sauna [ˈsɔ:nə]
S-Bahn suburban train [səˈbɜ:bən treɪn]
schade: **Wie ~!** What a pity! [ˈwɒt‿ə ˈpɪtɪ]
Schaden damage [ˈdæmɪdʒ]
Schaffner(in) ticket collector [ˈtɪkɪtkəˈlektə], conductor [kənˈdʌktə]
Schal scarf [skɑ:f]
scharf hot [hɒt]
Schatten shadow [ˈʃædəʊ]
schauen to look [lʊk]
Schaufenster shop window [ˈʃɒp ˈwɪndəʊ]
Schauspieler(in) actor, actress [ˈæktə/ˈæktrɪs]
Scheibe slice [slaɪs]
Scheibenwischer windscreen wiper [ˈwɪndskri:n ˈwaɪpə]
Scheinwerfer headlight [ˈhedlaɪt]
Scheitel parting [ˈpɑ:tɪŋ]
schenken to give as a present [ˈgɪv‿əz‿ə ˈpreznt]
Schere scissors [ˈsɪzəz]
schicken to send [send]
Schiebedach sunroof [ˈsʌnru:f]
Schienbein shin [ʃɪn]
Schiene (*Medizin*) splint [splɪnt]
Schild sign [saɪn]
Schinken ham [hæm]
Schirm umbrella [ʌmˈbrelə]
Schlafcouch sofa bed [ˈsəʊfə bed]
schlafen to sleep [sli:p]
Schlaflosigkeit sleeplessness [ˈsli:plɪsnɪs], insomnia [ɪnˈsɒmnɪə]
Schlaftablette sleeping pill [ˈsli:pɪŋ pɪl]
Schlafzimmer bedroom [ˈbedru:m]
Schlaganfall stroke [strəʊk]
Schläger racket [ˈrækɪt]
Schlagsahne whipping cream [wɪpɪŋ kri:m]
Schlange snake [sneɪk]; **~ stehen** to queue (up) [ˈkju: (ˈʌp)]
schlank slim [slɪm], slender [ˈslendə]
Schlauch (*Reifen*) (inner) tube [(ˈɪnə) tju:b]
Schlauchboot rubber dinghy [ˈrʌbə ˈdɪŋgɪ]
schlecht (*als Adjektiv*) bad [bæd]; (*als Adverb*) badly [ˈbædlɪ]
Schlepplift ski tow [ˈski: təʊ]
Schließfach left-luggage locker [ˈleft ˈlʌgɪdʒ ˌlɒkə]
Schlitten sledge [sledʒ], toboggan [təˈbɒgən]
Schlittschuh ice skate [ˈaɪsˌskeɪt]
Schloss (*Burg*) castle [ˈkɑ:sl]; (*Tür*) lock [lɒk]
Schlucht gorge [gɔ:dʒ], ravine [rəˈvi:n]
Schlüssel key [ki:]
Schlüsselbein collarbone [ˈkɒləbəʊn]
Schlüsselübergabe handover of the key [ˈhændəʊvər‿əv ðə ˈki:]
schmal narrow [ˈnærəʊ]; (*Mensch; Buch*) slim [slɪm]
schmecken (nach) to taste (of) [ˈteɪst (əv)]
Schmerzen pain [peɪn]
Schmerztablette pain-killing tablet [ˈpeɪnˌkɪlɪŋ ˈtæblɪt]
Schmuck jewellery [ˈdʒu:əlrɪ]
schmuggeln to smuggle [ˈsmʌgl]
schmutzig dirty [ˈdɜ:tɪ]
schnarchen to snore [snɔ:]
Schnee snow [snəʊ]
Schneebesen whisk [ˈwɪsk]
Schneidebrett chopping board [tʃɒpɪŋ ˈbɔ:d]
Schneider(in) (*für Herren*) tailor [ˈteɪlə]; (*für Damen*) dressmaker [ˈdresˌmeɪkə]
schnell (*als Adjektiv*) quick [kwɪk], fast [fɑ:st]; (*als Adverb*) quickly
Schnellstraße dual carriageway [ˈdjʊəl kærɪdʒˈweɪ]
Schnittwunde cut [kʌt]
Schnitzerei wood-carving [ˈwʊdˌkɑ:vɪŋ]
Schnorchel snorkel [ˈsnɔ:kl]
schnorcheln to go snorkelling [gəʊ ˈsnɔ:klɪŋ]
Schnuller dummy [ˈdʌmɪ]
Schnupfen cold [kəʊld]
Schnürsenkel lace [leɪs]
Schokolade chocolate [ˈtʃɒklɪt]
Schokoriegel bar of chocolate [ˈbɑ:r‿əv ˈtʃɒklɪt], chocolate bar [ˈtʃɒklɪt bɑ:]
schon already [ɔ:lˈredɪ]
schön beautiful [ˈbju:təfl]
Schonkost light diet [laɪt ˈdaɪət]
Schonzeit off season [ɒf ˈsi:zn]

Schöpfkelle ladle [leɪdl] gb, dipper [dɪpə] am
Schotte, **Schottin** Scotsman, Scotswoman [ˈskɒtsmən/ˈskɒtsˌwʊmən]
schottisch Scottish [ˈskɒtɪʃ]
Schottland Scotland [ˈskɒtlənd]
Schrank cupboard [ˈkʌbəd]
Schraube screw [skruː]
schrecklich terrible [ˈterəbl], awful [ˈɔːfʊl], dreadful [ˈdredfʊl]
schreiben to write [raɪt]
Schreibwarengeschäft stationer's [ˈsteɪʃnəz]
schreien to shout [ʃaʊt]; (*schrill*) to scream [skriːm]
Schrift (*Handschrift*) (hand)writing [(ˈhænd)ˌraɪtɪŋ]
schriftlich in writing [ɪn ˈraɪtɪŋ]
schüchtern shy [ʃaɪ]
Schuh shoe [ˈʃuː]
Schuhbürste shoebrush [ˈʃuːbrʌʃ]
Schuhcreme shoecream [ˈʃuː kriːm]
Schuhgeschäft shoe shop [ˈʃuː ʃɒp]
Schuhmacher shoemaker's [ˈʃuːˌmeɪkəz], cobbler's [ˈkɒbləz]
Schuld guilt [gɪlt]; (*Geld*) debt [det]
Schule school [skuːl]
Schulter shoulder [ˈʃəʊldə]
Schuppen dandruff [ˈdændrʌf]
Schüssel dish [dɪʃ], bowl [bəʊl]
Schüttelfrost fit of shivering [ˈfɪt‿əv ˈʃɪvrɪŋ]
Schutzhütte shelter [ˈʃeltə], refuge [refjuːdʒ]
schwach weak [wiːk]; (*Stimme; Ausrede*) feeble [ˈfɪːbl]
Schwager brother-in-law [ˈbrʌðərɪnlɔː]
Schwägerin sister-in-law [ˈsɪstərɪnlɔː]
Schwangerschaft pregnancy [ˈpregnənsɪ]
schwarz black [blæk]
Schwarzbrot brown rye bread [braʊn raɪ bred]
Schweinefleisch pork [pɔːk]
Schweiz Switzerland [ˈswɪtsələnd]
Schweizer(in) Swiss [swɪs]
Schweizer Franken Swiss franc(s) [ˈswɪs ˈfræŋk(s)]
Schwellung swelling [ˈswelɪŋ]
schwer heavy [ˈhevɪ]; (*Krankheit*) serious [ˈsɪərɪəs]; (*schwierig*) difficult [ˈdɪfɪkəlt]
Schwerbehinderte/r severely disabled person [sɪvɪəlɪ dɪsˌeɪbld pɜːsn]
Schwertfisch swordfish [sɔːdfɪʃ]
Schwester sister [ˈsɪstə]
schwierig difficult [ˈdɪfɪkəlt]
schwimmen to swim [swɪm]
Schwimmer(in) swimmer [ˈswɪmə]
Schwimmflosse flipper [ˈflɪpə]
Schwimmflügel (*Plural*) water wings [ˈwɔːtəwɪŋz]
Schwimmkurs swimming lessons [ˈswɪmɪŋ lesnz]
Schwimmring rubber ring [ˈrʌbə rɪŋ]
Schwimmweste life jacket [ˈlaɪfˌdʒækɪt]
Schwindel (*Krankheit*) dizziness [ˈdɪzɪnɪs]
schwindlig dizzy [ˈdɪzɪ], giddy [ˈgɪdɪ]
schwitzen to perspire [pəsˈpaɪə], to sweat [swet]
schwül humid [ˈhjuːmɪd]
See lake [leɪk]; (*in Schottland*) loch [lɒk]
Seebad seaside resort [ˈsiːsaɪd rɪˈzɔːt]
Seegang: **starker ~** rough sea [ˈrʌf ˈsiː]
seekrank seasick [ˈsiːsɪk]
Seemeile nautical mile [ˈnɔːtɪkl ˌmaɪl]
Seezunge sole [səʊl]
Segelboot sailing boat [ˈseɪlɪŋbəʊt], yacht [jɒt]
Segelfliegen gliding [ˈglaɪdɪŋ]
segeln to sail [ˈseɪl]
Segeltörn cruise [kruːz]
Segway Segway [ˈsɛgweɪ]
sehbehindert partially sighted [ˈpɑːʃəlɪ saɪtɪd]
Sehbehinderte/r partiallysighted person [ˈpɑːʃəlɪ saɪtɪd pɜːsn]
sehen to see [siː]
Sehenswürdigkeiten sights [saɪts]
sehr very [ˈverɪ]; (*vor Verb*) very much [ˈverɪ ˈmʌtʃ], a lot [ə ˈlɒt]
Seide silk [sɪlk]
Seidenmalerei silk painting [ˈsɪlk ˈpeɪntɪŋ]
Seife soap [səʊp]
Seil rope [rəʊp]
Seilbahn cable railway [ˈkeɪbl ˈreɪlweɪ], funicular [fjuːˈnɪkjʊlə]
sein (*Possessivpronomen: männlich*) his [hɪz]; (*sächlich*) its [ɪts]
sein (*Verb*) to be [biː]
seit (*Zeitpunkt*) since [sɪns]; (*Zeitraum*) for [fɔː]
Seite side [saɪd]; (*Buch*) page [peɪdʒ]
Sekt sparkling wine [ˈspɑːklɪŋ waɪn]
Sekunde second [ˈseknd]
selbst: **ich habe es ~ gemacht** I did it myself [maɪˈself]; **~ (wenn)** even (if) [ˈiːvn (ˈɪf)]
Selbstauslöser self-timer [self ˈtaɪmə]

Selbstbedienung self-service [ˌselfˈsɜːvɪs]
Selfiestick selfie stick [ˈselfɪˈstɪk]
Sellerie celeriac [səˈlerɪæk]
selten (*als Adjektiv*) rare [reə]; (*als Adverb*) seldom [ˈseldəm]
Seminar seminar [ˈsemɪnɑː]
Sendung (*Radio, Fernsehen*) programme [ˈprəʊgræm]
Senf mustard [ˈmʌstəd]
September September [sepˈtembə]
servieren to serve [sɜːv]
Serviette serviette [ˌsɜːvɪˈet], napkin [ˈnæpkɪn]
Sessel armchair [ˈɑːmˈtʃeə]
Sessellift chairlift [ˈtʃeəlɪft]
sexuell sexual [ˈsekʃʊəl]; **~e Belästigung** sexual harassment [ˈseksjʊəl ˈhærəsmnt]
Shampoo shampoo [ʃæmˈpuː]
Shorts shorts [ʃɔːts]
Show show [ʃəʊ]
sicher safe(ly) [seɪf(lɪ)]; (*gewiss*) sure(ly) [ʃʊə(lɪ)], certain(ly) [ˈsɜːtn(lɪ)]
Sicherheitsgebühr security charge [sɪˈkjʊərətɪ ˈtʃɑːdʒ]
Sicherheitsgurt seat belt [ˈsiːt belt]
Sicherheitskontrolle security control [sɪˈkjʊərətɪ kənˈtrəʊl]
Sicherung (*Elektrizität*) fuse [fjuːz]
Sie you [juː]
sie (*Singularform*) she [ʃiː]; (*Pluralform*) they [ðeɪ]
Silber silver [ˈsɪlvə]
silberfarben silver [ˈsɪlvə]
Silvesterabend New Year's Eve [ˈnjuːjɜːz‿ˈiːv]
Sinfoniekonzert symphony concert [ˈsɪmfənɪ ˈkɒnsət]
singen to sing [sɪŋ]
Sitz (*Sitzplatz*) seat [siːt]; (*Wohnsitz*) (place of) residence [(ˈpleɪs‿əv) ˈrezɪdəns]; (*von Firma usw.*) headquarters [ˌhedˈkwɔːtəz]
sitzen to sit [sɪt]
Skateboard skateboard [ˌskeɪtbɔːd]
Ski ski [ˈskiː]; **~ laufen** skiing [ˈskiːɪŋ]
Skibindung ski binding [ˈskiː baɪndɪŋ]
Skibrille ski goggles [ˈski ˌgɒglz]
Skihose ski trousers [ˈskiˌtraʊzəz]
Skikurs skiing course [ˈskiːɪŋ ˌkɔːs]
Skilehrer(in) ski instructor [ˈski ɪnˈstrktə]
Skistiefel ski boot [skiː buːt]
Skistock ski stick [ˈskiːstɪk]
Skulptur sculpture [ˈskʌlptʃə]
Slip (*Herren*) briefs [briːfs]; (*Damen*) panties [ˈpæntɪz]
Slipeinlage panty liner [ˈpæntɪ laɪnə]
Smartphone smartphone [ˈsmɑːtfəʊn]
Sneakers trainers *Br* [ˈtreɪnəz]
Sneakersocken *pl* bare socks [ˈbeəsɒks], ankle socks [ˈæŋklsɒks]
Socke sock [sɒk]
Sodbrennen heartburn [ˈhɑːtbɜːn]
sofort at once [ət ˈwʌns], immediately [ɪˈmɪːdjətlɪ]
Sofortbildkamera Polaroid® camera [ˈpəʊlərɔɪdˌkæmrə]
Sohle sole [səʊl]
Sohn son [sʌn]
Solarium solarium [səˈleərɪəm]
Solist(in) soloist [ˈsəʊləʊɪst]
sollen (*müssen*) to have to [ˈhæv tʊ]; **Sie sollten …** you ought to … [jʊ ɔːt‿tʊ]
Sommer summer [ˈsʌmə]
Sondermarke special issue stamp [ˈspeʃl‿ˈɪʃuː stæmp]
Sonne sun [sʌn]
Sonnenbrand sunburn [ˈsʌnˌbɜːn]
Sonnencreme sun cream [ˈsʌnkriːm]
Sonnenhut sunhat [ˈsʌnhæt]
Sonnenöl suntan oil [ˈsʌntæn‿ɔɪl]
Sonnenschutz sun blocker [sʌn blɒkə], sun cream [sʌn kriːm]
Sonnenstich sunstroke [ˈsʌnstrəʊk]
sonnig sunny [ˈsʌnɪ]
Sonntag Sunday [ˈsʌndɪ]; **am ~** on Sunday [ɒn ˈsʌndeɪ]
sorgen: **sich ~ um** to be worried about [bi ˈwʌrɪd‿əˈbaʊt]
Sorte sort [sɔːt], kind [kaɪnd]; (*Marke*) brand [brænd]
Soße sauce [sɔːs]; (*zum Braten*) gravy [ˈgreɪvɪ]
Souvenirladen souvenir shop [ˈsuːvənɪə ʃɒp]
Sozialstation social services centre [ˈsəʊʃəl sˈsɜːvɪsɪz ˈsentə]
Spargel asparagus [əˈspærəgəs]
Spaß (*Scherz*) joke [dʒəʊk]; (*Vergnügen*) fun [fʌn]
spät late [leɪt]
später later [ˈleɪtə]
spazieren gehen to go for a walk [ˈgəʊ fər‿ə ˈwɔːk]
Spaziergang walk [wɔːk], stroll [strəʊl]
Speicherkarte memory card [ˈmemrɪˈ ˈkɑːd]
Speisekarte menu [ˈmenjuː]
Speiseröhre gullet [ˈgʌlɪt]
Speisesaal dining room [ˈdaɪnɪŋruːm]
Speisewagen restaurant car [ˈrestərɔ̃ːŋ ˌkɑː]

Spezialität speciality [ˌspeʃɪˈælɪtɪ]
speziell special [ˈspeʃl]
Spiegel mirror [ˈmɪrə]
Spiegelei fried egg [fraɪd eg]
Spiel game [geɪm]; (*Sport auch*) match [mætʃ]
Spielkamerad(in) playmate [pleɪmeɪt]
Spielkasino casino [kəˈsiːnəʊ]
Spielplan programme [ˈprəʊgræm]
Spielplatz playground [pleɪgraʊnd]
Spielsachen toys [ˈtɔɪz]
Spielwarengeschäft toy shop [ˈtɔɪ ʃɒp]
Spinat spinach [ˈspɪnɪdʒ]
Spirituosengeschäft off-licence [ˈɒfˌlaɪsns]
Sport sport [spɔːt]
Sportartikel sports shop [ˈspɔːts ʃɒp]
Sportplatz sports ground [ˈspɔːtsgraʊnd]
Sprache language [ˈlæŋgwɪdʒ]
sprechen to speak [spiːk]
Sprechstunde surgery [ˈsɜːdʒərɪ]
Spritze injection [ɪnˈdʒekʃn]
Spülbürste washing-up brush [ˈwɒʃɪŋ‿ʌp brʌʃ]
Spülmittel detergent [dɪˈtɜːdʒnt]
Spültuch dishcloth [ˈdɪʃklɒθ]
Staat state [steɪt]
Staatsangehörigkeit nationality [ˌnæʃəˈnælɪtɪ]
Stadion stadium [ˈsteɪdɪəm]
Stadt town [taʊn]
Stadtbus city bus [sɪtɪ bʌs]
Stadtmauer town wall [ˈtaʊn ˈwɔːl]
Stadtplan town plan [ˈtaʊn ˈplæn], city map [ˈsɪtɪ ˈmæp]
Stadtrundfahrt sightseeing tour of the town/city [ˈsaɪtˌsiːɪŋˈtʊər‿əv ðə ˈtaʊn/ˈsɪtɪ]
Stadtteil district [ˈdɪstrɪkt]
Stadtzentrum town centre [ˈtaʊn ˈsentə], city centre [ˈsɪtɪ ˈsentə]
stammen aus to come from [ˈkʌm frɒm]
Standlicht sidelights [ˈsaɪdlaɪts]
stark strong [strɒŋ]; (*dick*) thick [θɪk]; (*Schmerzen*) severe [sɪˈvɪə]
Starthilfekabel jump leads [ˈdʒʌmp ˌliːdz]
Station ward [wɔːd]
Stativ tripod [ˈtraɪpɒd]
stattfinden to take place [ˈteɪk ˈpleɪs]
Statue statue [ˈstætʃuː]
Stau traffic jam [ˈtræfɪk dʒæm], gridlock [grɪdlɒk]
Staub dust [dʌst]
Staubsauger vacuum cleaner [ˈvækjʊm kliːnə]
stechen to sting [stɪŋ]
Steckdose socket [ˈsɒkɪt]
Stecker plug [plʌg]
Steg (*Landungsbrücke*) landing stage [ˈlændɪŋ steɪdʒ]
stehen to stand [stænd]; **~ bleiben** to stop [stɒp]
stehlen to steal [stiːl]
Steigung upward incline [ˈʌpwəd ɪnˈklaɪn]
steil steep [stiːp]
Stein stone [stəʊn]
steinig stony [ˈstəʊnɪ]
Stempel stamp [stæmp]
Stern star [stɑː]
Sternwarte observatory [əbˈzɜːvətrɪ]
Stiefel boot [buːt]
Stil style [staɪl]
still (*ruhig*) quiet [ˈkwaɪət], silent [ˈsaɪlənt]; (*unbewegt*) still [stɪl], calm [kɑːm]
Stillleben still life [ˈstɪl ˈlaɪf]
stinken to smell [smel], to stink [stɪŋk]
Stirnhöhlenentzündung sinusitis [ˌsaɪnəˈsaɪtɪs]
Stock stick [stɪk]
Stockwerk floor [flɔː]
Stoff material [məˈtɪərɪəl]
stören to disturb [dɪsˈtɜːb], to bother [ˈbɒðə]
stornieren (*Zimmer, Fahrkarten, Flugtickets*) to cancel [ˈkænsl]
Stoßstange bumper [ˈbʌmpə]
Strafe punishment [ˈpʌnɪʃmənt]; (*Geldstrafe*) fine [faɪn]
Strähnchen highlights [ˈhaɪlaɪts]
Strand beach [biːtʃ]
Strandschuh beach shoe [biːtʃ ˈʃuː]
Straße street [striːt]; (*Landstraße*) road [rəʊd]
Straßenbahn tram [træm]
Straßenkarte road map [ˈrəʊd mæp]
Strauß (*Blumen*) bunch of flowers [ˈbʌntʃ‿əv ˈflaʊəz]
Streetfood street food [ˈstriːtfuːd]
Streichholz match [mætʃ]
Streichholzschachtel matchbox [ˈmætʃbɒks]
Strickjacke cardigan [ˈkɑːdɪgən]
Strohhalm straw [strɔː]
Strom (*Elektrizität*) current [ˈkʌrnt]
Stromanschluss electric point [ɪˈlektrɪk ˈpɔɪnt]
Strompauschale flat rate for electricity [ˈflæt ˈreɪt fəˌɪlekˈtrɪsɪtɪ]
Stromspannung voltage [ˈvəʊltɪdʒ]
Strumpfhose tights [taɪts]
Stück piece [piːs]; (*Theaterstück*) play [pleɪ]
studieren to study [ˈstʌdɪ]
Studio studio [ˈstjuːdɪəʊ]

Stufe step [step]
Stuhl chair [tʃeə]
Stuhlgang bowel movement [ˈbaʊəl ˌmuːvmənt]
stumm mute [mjuːt]
Stunde hour [ˈaʊə]; (*Schulstunde*) lesson [ˈlesn]; **eine halbe ~** half an hour [ˈhɑːfənˈaʊə]
stündlich every hour [ˈevrɪ‿ˈaʊə], hourly [ˈaʊəlɪ]
Sturm storm [ˈstɔːm], gale [geɪl]
stürzen (*fallen*) to fall [fɔːl]
Sturzhelm crash helmet [ˈkræʃ ˌhelmɪt]
suchen to look for [ˈlʊk fɔː]
Sucher (*Kamera*) viewfinder [ˈvjuːˌfaɪndə]
Süden south [saʊθ]
südlich southern; **~ von** south of [saʊθ‿əv]
Summe sum [sʌm]; (*Betrag*) amount [əˈmaʊnt]
Sumpf marsh [mɑːʃ]; (*in den Tropen*) swamp [swɒmp]
Supermarkt supermarket [ˈsuːpəˌmɑːkɪt]
Suppe soup [suːp]
Suppenteller soup plate [suːp pleɪt]
Surfbrett surfboard [ˈsɜːfbɔːd]
surfen to surf [ˈsɜːf]
süß sweet [swiːt]
Süßigkeit sweet [swiːt], candy [ˈkændɪ] am
Süßstoff sweetener [ˈswiːtnə]
Süßwarengeschäft sweetshop [ˈswiːtʃɒp]
Swimmingpool swimming pool [ˈswɪmɪŋpuːl]
sympathisch nice [naɪs], pleasant [ˈpleznt]

T

Tabak tobacco [təˈbækəʊ]
Tabakladen tobacconist's [təˈbækənɪsts]
Tablette tablet [ˈtæblɪt], pill [pɪl]
Tachometer speedometer [spɪˈdɒmɪtə]
Tag day [deɪ]; **jeden ~** every day [ˈevrɪ ˈdeɪ]
Tagesausflug day trip [ˈdeɪ trɪp]
Tagesgericht dish of the day [ˈdɪʃ‿əv ðə ˈdeɪ]
Tageskarte (*Bahn, Bus*) one-day travelcard [ˈwʌndeɪ ˈtrævlkɑːd]
Tagespass day pass [deɪ pɑːs]
Tagestour day excursion [deɪ ɪksˈkɜːʃn]
täglich every day [ˈevrɪ ˈdeɪ], daily [ˈdeɪlɪ]
tagsüber during the day [ˈdjʊərɪŋ ðə ˈdeɪ]
Tal valley [ˈvælɪ]
Talstation station at the bottom of the ski lift [steɪʃn ət ðə ˈbɒtəm‿əv ðə ˈskiː lɪft]
Tampon tampon [ˈtæmpən]
Tank (petrol) tank [(ˈpetrəl) tæŋk]
tanken to fill up [ˈfɪl ˈʌp]
Tankini tankini [tæŋˈkiːni]
tanzen dance [dɑːns]
Tänzer(in) dancer [ˈdɑːnsə]
Tanzkapelle dance band [ˈdɑːns ˌbænd]
Tanztheater dance theatre [ˈdɑːns θɪətə]
Tasche (*in Kleidungsstücken*) pocket [ˈpɒkɪt]; (*Handtasche*) bag [bæg]
Taschenbuch paperback [ˈpeɪpəbæk]
Taschendieb(in) pickpocket [ˈpɪkˌpɒkɪt]
Taschenmesser pocket knife [ˈpɒkɪt naɪf]
Tasse cup [kʌp]
Taststock cane [keɪn]
taub deaf [def]
taubstumm deaf-mute [def mjuːt]
Taubstumme/r deaf-mute [def ˈmjuːt]
tauchen to dive [daɪv]
Taucherausrüstung diving equipment [ˈdaɪvɪŋ ɪˈkwɪpmənt]
Taucherbrille diving goggles [ˈdaɪvɪŋ ˌgɒglz]
täuschen: **sich ~** to be mistaken [bi mɪsˈteɪkn], to be wrong [bi ˈrɒŋ]
Taxifahrer(in) taxidriver [ˈtæksɪˌdraɪvə]
Taxistand taxi rank [ˈtæksɪ ræŋk]
Tee tea [tiː]
Teebeutel tea bag [ˈtiːbæg]
Teelöffel teaspoon [ˈtiːspuːn]
Teil part [pɑːt]
Teilkasko third-party, fire and theft insurance [θɜːdˈpɑːtɪ, faɪə‿ənd θeft ɪnˈʃʊərəns]
teilnehmen (an) to take part (in) [ˈteɪk ˈpɑːt (ɪn)]
Telefon telephone [ˈtelɪfəʊn]
Telefonbuch telephone directory [ˈtelɪfəʊn dɪˈrektrɪ]
telefonieren to make a phone call [meɪk‿ə ˈfəʊnkɔːl], to phone [fəʊn], to ring (up) [ˈrɪn (ˈʌp)]
Telefonkarte phonecard [ˈfəʊnkɑːd]
Telefonnummer phone number [ˈfəʊn ˌnʌmbə]
Telefonzelle phone box [ˈfəʊnbɒks]
Teleobjektiv telephoto lens [ˈtelɪˌfəʊtəʊ lenz]
Teller plate [pleɪt]
Tempel temple [ˈtempl]

Temperatur temperature ['temprɪtʃə]
Tennis tennis ['tenɪs]
Tennisschläger tennis racket ['tenɪs,rækɪt]
Termin appointment [ə'pɔɪntmənt]; (*Frist*) deadline ['dedlaɪn]
Terminal terminal ['tɜ:mɪnl]
Terrakotta terracotta [,terə'kɒtə]
Terrasse terrace ['terəs]
Tetanus tetanus ['tetənəs]
teuer expensive [ɪks'pensɪv]
Theater theatre ['θɪətə]
Theatergruppe theatre group [θɪətə gru:p]
Theaterstück play [pleɪ]
Therapie therapy ['θerəpɪ]
Thermalbad thermal bath [θɜ:məl 'bɑ:θ]
Thermosflasche thermos® flask ['θɜ:məs flɑ:sk]
Thriller thriller ['θrɪlə]
Thunfisch tuna ['tu:nə]
Thymian thyme [taɪm]
tief deep [di:p]; (*Temperatur*) low [ləʊ]
Tier animal ['ænɪml]
Tintenfisch squid [skwɪd]
Tipp tip [tɪp]
Tisch table ['teɪbl]
Tischtennis table tennis ['teɪbl 'tenɪs]
Tischtuch tablecloth ['teɪblklɒθ]
Toast toast [təʊst]
Toaster toaster ['təʊstə]
Tochter daughter ['dɔ:tə]
Toilette lavatory ['lævətrɪ], toilet ['tɔɪlɪt]
Toilettenpapier toilet paper ['tɔɪlɪt,peɪpə]
Tomate tomato [tə'mɑ:təʊ]
Ton (*Geräusch*) sound [saʊnd]; (*Umgangston*) tone [təʊn]; (*Farbe*) shade [ʃeɪd]
tönen to tint [tɪnt]; (*Haare*) to colour
Topf pot [pɒt]
Töpferei pottery ['pɒtərɪ]
Töpferwaren pottery ['pɒtərɪ]
Tor (*im Sport*) goal [gəʊl]; (*breite Tür*) gate [geɪt]
Torwart goalkeeper ['gəʊl,ki:pə]
Tour tour [tʊə], excursion [ɪks'kɜ:ʃən], trip [trɪp]
Tourist(in) tourist ['tʊərɪst]
Tracht (*Volkstracht*) national costume [,næʃə'næl 'kɒstju:m]
tragen to carry ['kærɪ]; (*Kleidung*) to wear [weə]
Tragflügelboot jetfoil ['dʒetfɔɪl], hydrofoil ['haɪdrəfɔɪl]
Tragödie tragedy ['trædʒɪdɪ]
trampen to hitchhike ['hɪtʃhaɪk]
Transferbus transfer bus ['trænsfɜ: bʌs]
Traubenzucker glucose ['glu:kəʊs]
Traum dream [dri:m]
traurig sad [sæd]
treffen to meet [mi:t]
Trekkingrad trekking bike ['trekɪŋ baɪk]
Treppe stairs [steəz], staircase ['steəkeɪs]; (*im Freien*) steps [steps]
Tretboot pedal boat ['pedlbəʊt]
trinken to drink [drɪŋk]
Trinkflasche (*für Babys*) baby's bottle ['beɪbɪz bɒtl]
Trinkgeld tip [tɪp]
Trinkwasser drinking water ['drɪŋkɪŋ,wɔ:tə]
trocken (*nicht nass; Wein*) dry [draɪ]
trocknen to dry [draɪ]
Trockner drier [draɪə]
Trödler second-hand shop ['sekndhænd ʃɒp]
Trommelfell eardrum ['ɪədrʌm]
Tropfen drop [drɒp]
trotzdem nevertheless [,nevəðə'les]
Tuch cloth [klɒθ]; (*für Kopf, Hals*) scarf [skɑ:f]
tun to do [du:]
Tunnel tunnel ['tʌnl]
Tür door [dɔ:]
Türbreite door width [dɔ: wɪdθ]
Türcode door code [dɔ: kəʊd]
türkis turquoise ['tɜ:kwɔɪz]
Turm tower ['taʊə]
Turnschuh trainer ['treɪnə]
Türschwelle doorstep [dɔ:step]
Tüte bag [bæg]; (*Eis*) cornet ['kɔ:nət]
Typhus typhoid ['taɪfɔɪd]
typisch typical ['tɪpɪkl]

U

U-Bahn underground ['ʌndəgraʊnd]
Übelkeit nausea ['nɔ:sjə]
üben to practise ['præktɪs]
über over ['əʊvə]
überall everywhere ['evrɪweə]
überbacken (*als Adjektiv*) au gratin [,əʊ'grætæŋ]
Überfall attack [ə'tæk], mugging ['mʌgɪŋ]
Übergang crossing ['krɒsɪŋ]; (*Wechsel*) transition [træn'zɪʃn]
überholen to overtake [,əʊvə'teɪk]
Überlandbus coach [kəʊtʃ]
übermorgen the day after tomorrow [ðə 'deɪ‿'ɑ:ftə tə'mɒrəʊ]

übernachten to stay [steɪ]; (*eine Nacht*) to spend the night [ˈspend ðə ˈnaɪt]

Übernachtung overni□ht stay [ˈəʊvəˈnaɪt steɪ]

Überreste remains [rɪˈmeɪnz]

übersetzen to translate [trænsˈleɪt]

Überweisung transfer [ˈtrænsfɜː], remittance [rɪˈmɪtəns]; (*vom Arzt*) referral [rɪˈfɜːrəl]; **telegrafische ~** telegraphic transfer [ˌtelɪˈgræfɪk ˈtrænsfɜː]

üblich usual [ˈjuːʒʊəl]

übrig bleiben to be left [left]

Ufer (*Fluss*) bank [bæŋk]; (*Meer*) shore [ʃɔː]

Uhrmacher watchmaker's [ˈwɒtʃˌmeɪkəz]

um (*herum*) around [əˈraʊnd]; (*Zeitangabe*) at [æt]; (*circa*) about [əˈbaʊt]; **~ diese Zeit** about this time [əˈbaʊt ðɪs ˈtaɪm]

umbuchen to change the booking [tʃeɪndʒ ðə ˈbʊkɪŋ]

Umgebung surroundings [səˈraʊndɪŋz]

umgekehrt reverse [rɪˈvɜːs]

Umhängetasche shoulder bag [ˈʃəʊldə bæg]

umkehren to turn back [ˈtɜːn ˈbæk]

umtauschen (*Geld*) to change [tʃeɪndʒ]

Umweg detour [ˈdiːtʊə]

Umwelt environment [ɪnˈvaɪərnmənt]

umziehen (*Wohnort ändern*) to move [muːv]; **sich ~** to change [tʃeɪndʒ]

unangenehm unpleasant [ʌnˈpleznt]

unbedingt (*als Adverb*) really [ˈrɪəlɪ]; **~!** certainly! [ˈsɜːtnlɪ]

und and [ænd]

unentschieden (*Sport*) a draw [drɔː]

unerträglich intolerable [ɪnˈtɒlrəbl], unbearable [ʌnˈbeərəbl]

Unfall accident [ˈæksɪdənt]

ungeeignet unsuited [ˌʌnˈsuːtɪd], unfit [ˌʌnˈfɪt]

ungefähr about [əˈbaʊt]

ungewöhnlich unusual [ʌnˈjuːʒʊəl]

unglaublich incredible [ɪnˈkredəbl]

Unglück (*Unfall*) accident [ˈæksɪdənt]; (*Unheil*) misfortune [mɪsˈfɔːtʃən]

Universität university [ˌjuːnɪˈvɜːsɪtɪ]

Unkosten expenses [ɪksˈpensɪz]

unmöglich impossible [ɪmˈpɒsəbl]

uns us [ʌs]

unser(e) our [ˈaʊə]

unten below [bɪˈləʊ]; **dort ~** down there [ˈdaʊn ˈðeə]

unter under [ˈʌndə]; (*zwischen*) among [əˈmʌŋ]

unterbrechen to interrupt [ˌɪntəˈrʌpt]

Unterführung subway [ˈsʌbweɪ]

unterhalb below [bɪˈləʊ]

unterhalten: **sich ~** to talk [tɔːk]

Unterhaltung (*Gespräch*) conversation [ˌkɒnvəˈseɪʃn]; (*Vergnügen*) entertainment [ˌentəˈteɪnmənt]

Unterkunft accommodation [əˌkɒməˈdeɪʃn]

Unterleib abdomen [ˈæbdəmən]

unterrichten (*Schule*) to teach [tiːtʃ]; (*wissen lassen*) to inform [ɪnˈfɔːm]

unterschreiben to sign [saɪn]

Unterschrift signature [ˈsɪgnɪtʃə]

Untersuchung examination [ɪgˌzæmɪˈneɪʃn]

Untersuchungshaft police custody [pəˈliːs ˈkʌstədɪ]

Untertasse saucer [ˈsɔːsə]

Untertitel subtitle [ˈsʌbtaɪtl]

Unterwäsche underwear [ˈʌndəweə]

Unterwasserkamera underwater camera [ˈʌndəˈwɔːtə ˈkæmrə]

unterwegs on the way [ɒn ðə ˈweɪ]

unverbindlich without obligation [wɪˈðaʊt ˌɒblɪˈgeɪʃn]

unverschämt impertinent [ɪmˈpɜːtɪnənt], cheeky [ˈtʃiːkɪ]

unwahrscheinlich unlikely [ʌnˈlaɪklɪ], improbable [ɪmˈprɒbəbl]

unwichtig unimportant [ˌʌnɪmˈpɔːtənt]

Urin urine [ˈjʊərɪn]

Urlaub holidays [ˈhɒlədɪz], vacation [vəˈkeɪʃn] am

V

Varietee music hall [ˈmjuːzɪkhɔːl], variety show [vəˈraɪətɪ ʃəʊ]

Vase vase [vɑːz]

Vater father [ˈfɑːðə]

vegetarisch vegetarian [ˌvedʒɪˈteərɪən]

Ventilator ventilator [ˈventɪˌleɪtə]

Verabredung (*Vereinbarung*) appointment [əˈpɔɪntmənt]; (*lockeres Treffen*) date [deɪt]

verabschieden: **sich ~** to say goodbye [seɪ ˌgʊdˈbaɪ]

Veranstaltung event [ɪˈvent]

verantwortlich responsible [rɪsˈpɒnsəbl]

Verband (*bei Verletzungen*) dressing [ˈdresɪŋ], bandage [ˈbændɪdʒ]

Verbandskasten first-aid kit [fɜːstˈeɪd kɪt]

verbinden (*Verletzungen*) to dress [dres]

Verbindung connection [kəˈnekʃn]

verboten forbidden [fə'bɪdn], prohibited [prə'hɪbɪtɪd]
Verbrechen crime [kraɪm]
Verbrennung burn [bɜ:n]
Verdauung digestion [dɪ'dʒestʃn]
Verdauungsstörung indigestion [ˌɪndɪ'dʒestʃn]
verdorben (*verzogen*) spoiled ['spɔɪlt]; (*Obst, Gemüse usw.*) rotten ['rɒtn]; (*sittlich*) corrupt [kə'rʌpt]
Verein association [əˌsəʊsɪ'eɪʃn], club [klʌb]
vereinbaren to agree on [ə'gri:‿ɒn]
Vergangenheit past [pɑ:st]
vergessen to forget [fə'get]
Vergewaltigung rape [reɪp]
Vergiftung poisoning ['pɔɪznɪŋ]
Vergnügen pleasure ['pleʒə]
Vergnügungspark amusement park [ə'mju:zmnt pɑ:k]
verhaften to arrest [ə'rest]
verheiratet (mit) married (to) ['mærɪd]
Verhütungsmittel contraceptive [ˌkɒntrə'septɪv]
verirren: **sich ~** to lose one's way ['lu:z wʌnz 'weɪ], to get lost [get 'lɒst]
verkaufen to sell [sel]
Verkehr traffic ['træfɪk]
Verkehrsamt tourist information office ['tʊərɪst‿ˌɪnfə'meɪʃn‿ˌɒfɪs]
verlängern to extend [ɪk'stend]
Verlängerungsschnur extension lead [ɪks'tenʃən li:d]
Verlängerungswoche extra week [ekstrə wi:k]
verlassen to leave [li:v]
verletzen to hurt [hɜ:t], to injure ['ɪndʒə]
Verletzte/r injured person ['ɪndʒəd 'pɜ:sn]
Verletzung injury ['ɪndʒərɪ]
verlieren to lose [lu:z]
Verlobte/r fiancé, fiancée [fɪ'ɑ:nseɪ]
vermieten to let [let], to rent [rent]
Verpackung wrapping ['ræpɪŋ], packing ['pækɪŋ]
verpassen to miss [mɪs]
Verpflegung food [fu:d]
verrechnen: **sich ~** to miscalculate [ˌmɪs'kælkjʊleɪt], to make a mistake ['meɪk‿ə mɪs'teɪk]
verreisen to go on a journey [gəʊ‿ɒn ə 'dʒɜ:nɪ], to go away ['gəʊ‿ə'weɪ]
verrückt mad [mæd], crazy ['kreɪzɪ]
verschieben (*zeitlich*) to put off ['pʊt 'ɒf], to postpone [ˌpəʊs'pəʊn]
verschließen to lock [lɒk]
verschreiben to prescribe [prɪs'kraɪb]
Versichertenkarte medical insurance card ['medɪkl‿ɪn'ʃʊərns 'kɑ:d]
Versicherung insurance [ɪn'ʃʊərns]
Versicherungskarte: **grüne ~** green card ['gri:n 'kɑ:d]
Verspätung delay [dɪ'leɪ]
verstaucht sprained [spreɪnd]
verstehen to understand [ˌʌndə'stænd]
Verstopfung constipation [ˌkɒnstɪ'peɪʃn]
versuchen to try [traɪ]; (*Speisen*) to taste [teɪst]
Vertrag contract ['kɒntrækt]
Vertrauen confidence ['kɒnfɪdəns]
verunglücken to have an accident [hæv‿ən 'æksɪdənt]
verursachen to cause [kɔ:z]
Verwaltung administration [ədˌmɪnɪs'treɪʃn]
verwandt related [rɪ'leɪtɪd]
verwechseln to mistake for [mɪs'teɪk fɔ:]
verwitwet (*Frau*) widow ['wɪdəʊ]; (*Mann*) widower ['wɪdəʊə]
viel a lot of [ə 'lɒt‿əv]; **wie ~?** how much? [haʊ mʌtʃ]; **nicht ~** not much [nɒt mʌtʃ]
vielleicht perhaps [pə'hæps], maybe ['meɪbi:]
Viertelstunde quarter of an hour ['kwɔ:tr‿əv‿ən 'aʊə]
Villa villa ['vɪlə]
violett purple ['pɜ:pl]; (*bläulich*) violet ['vaɪəlɪt]
Virus virus ['vaɪərəs]
Visum visa ['vi:zə]
Vogel bird [bɜ:d]
Vogelschutzgebiet bird reserve [bɜ:d rɪ'zɜ:v]
Volk people ['pi:pl]
Völkerkundemuseum museum of ethnology [mjʊ'zɪəm‿əv eθ'nɒlədʒɪ]
Volksmusik traditional music [trə'dɪʃənl 'mju:zɪk]
Volksstück dialect folk play ['daɪəlekt fəʊk pleɪ]
voll full [fʊl]; (*überfüllt*) crowded ['kraʊdɪd]
Volleyball volleyball ['vɒlɪbɔ:l]
Vollkasko fully comprehensive insurance ['fʊlɪ'kɒmprɪhensɪv‿ɪn'ʃʊər əns]
Vollkornbrot wholemeal bread ['həʊlmi:l bred]
Vollpension full board ['fʊl 'bɔ:d]
von (*Herkunft*) from [frɒm]; (*beim Passiv*) by [baɪ]
vor (*räumlich*) in front of [ɪn 'frʌnt‿əv]; (*zeitlich*) before [bɪ'fɔ:];

~ **zehn Minuten** ten minutes ago [ˈten ˈmɪnɪts‿əˈgəʊ]
Voranmeldung booking [ˈbʊkɪŋ]
Voraus: **im ~** in advance [ɪn‿ədˈvɑːns]
vorbereiten to prepare [prɪˈpeə]
Vordruck form [fɔːm]
vorgestern the day before yesterday [ðə ˈdeɪ bɪˈfɔː ˈjestədɪ]
vorher before [bɪˈfɔː]
vorletzte(r, -s) last but one [ˈlɑːst bʌt ˈwʌn]
Vormittag morning [ˈmɔːnɪŋ]; **am ~** in the morning [ɪn ðə ˈmɔːnɪŋ]
vormittags during the morning [ˈdjʊərɪŋ ðə ˈmɔːnɪŋ]
vorn in front [ɪn ˈfrʌnt]
Vorname Christian name [ˈkrɪstjən neɪm], first name [ˈfɜːst neɪm]
vornehm distinguished [dɪsˈtɪŋgwɪʃt], posh [pɒʃ]
Vorort suburb [ˈsʌbɜːb]
Vorrat stock [stɒk], store [stɔː], provisions [prəˈvɪʒəns]
Vorsaison low season [ˈləʊ ˌsiːzn]
Vorschlag suggestion [səˈdʒestʃn]
Vorschrift rule [ruːl]
Vorsicht caution [ˈkɔːʃn]; **~!** look out! [ˈlʊk ˈaʊt]
vorsichtig careful [ˈkeəfʊl], cautious [ˈkɔːʃəs]
Vorspeise hors d'oeuvre [ɔːˈdɜːvr], starter [ˈstɑːtə]
Vorstellung introduction [ˌɪntrəˈdʌkʃn]; (*Begriff*) notion [ˈnəʊʃn], idea [aɪˈdɪə]; (*Theater*) performance [pəˈfɔːməns]
Vorteil advantage [ədˈvɑːntɪdʒ]
vorüber past [pɑːst], over [ˈəʊvə], gone [gɒn]
Vorverkauf advance booking [ədˈvɑːns ˈbʊkɪŋ]
Vorwahlnummer area code [ˈeərɪə ˈkəʊd]
vorwärts forward(s) [ˈfɔːwəd(z)]
Vulkan volcano [vɒlˈkeɪnəʊ]

W

wach awake [əˈweɪk]
Wachablösung changing of the guard [ˈtʃeɪndʒɪŋ‿əv ðə ˈgɑːd]
Wagenheber jack [dʒæk]
Wagennummer carriage number [ˈkærɪdʒ ˈnʌmbə]
wählen to choose [tʃuːz]; (*Politik*) to vote [vəʊt]; (*Telefon*) to dial [ˈdaɪəl]
wahr true [truː]
während (*als Präposition*) during [ˈdjʊərɪŋ]; (*als Konjunktion*) while [waɪl]
wahrscheinlich (*als Adjektiv*) probable [ˈprɒbəbl]; (*als Adverb*) probably [ˈprɒbəblɪ]
Währung currency [ˈkʌrənsɪ]
Wahrzeichen emblem [ˈembləm], symbol [ˈsɪmbl], landmark [ˈlændmɑːk]
Wald woods [wʊdz], forest [ˈfɒrɪst]
Wales Wales [weɪlz]
Waliser(in) Welshman, Welshwoman [ˈwelʃmən/ˈwelʃˌwʊmən]
walisisch Welsh [welʃ]
Wallfahrtsort place of pilgrimage [pleɪs‿əvˈpɪlgrɪmɪdʒ]
Wand wall [wɔːl]
Wanderkarte hiking map [ˈhaɪkɪŋ mæp]
wandern to hike [haɪk], to ramble [ˈræmbl]
Wanderweg path [pɑːθ]
wann when [wen]
warm warm [wɔːm]; **~es Wasser** hot water [hɒt ˈwɔːtə]
Warnblinkanlage hazard warning lights [ˈhæzəd ˈwɔːnɪŋ ˌlaɪtz]
Warndreieck warning triangle [ˈwɔːnɪŋ ˈtraɪæŋgl]
warten (auf) to wait (for) [weɪt]
Wartesaal waiting room [ˈweɪtɪŋruːm]
Wartezimmer waiting room [ˈweɪtɪŋruːm]
was what [wɒt]; **~ für ein/eine ...?** what sort of ...? [ˈwɒt ˈsɔːt‿əv]
Waschbecken washbasin [ˈwɒʃˌbeɪsn]
Wäsche (*Schmutzwäsche*) dirty washing [ˈdɜːtɪ ˈwɒʃɪŋ]; (*Unterwäsche*) underwear [ˈʌndəˌweə]
Wäscheklammer clothes peg [ˈkləʊðz lpeg]
Wäscheleine clothes line [ˈkləʊðz laɪn]
waschen to wash [wɒʃ]
Wäscherei laundry [ˈlɔːndrɪ]
Waschlappen flannel [ˈflænl]
Waschmaschine washing machine [ˈwɒʃɪŋ məˈʃiːn]
Waschmittel detergent [dɪˈtɜːdʒnt]
Waschraum washroom [ˈwɒʃruːm]
Waschsalon launderette [ˌlɔːndəˈret]
Wasser water [ˈwɔːtə]; **kaltes/wames ~** cold/hot water [kəʊld/hɒt ˈwɔːtə]
wasserdicht waterproof [ˈwɔːtəpruːf]
Wasserfall waterfall [ˈwɔːtəfɔːl]
Wasserglas tumbler [ˈtʌmblə], glass [glɑːs]

Wasserhahn tap [tæp], faucet ['fɔ:sɪt] am
Wasserkanister water canister ['wɔ:tə 'kænɪstə]
Wasserkocher kettle [ketl]
Wasserski water skiing ['wɔ:tə ski:ɪŋ]
Wasserverbrauch water consumption [wɔ:tə kən'sʌmpʃən]
Watte cotton wool [ˌkɒtn'wʊl]
Wattestäbchen cotton bud ['kɒtn bʌd]
Wechsel change [tʃeɪndʒ]; (*Austausch*) exchange [ɪks'tʃeɪndʒ]
Wechselgeld change [tʃeɪndʒ]
wechselhaft changeable ['tʃeɪndʒəbl]
Wechselkurs exchange rate [ɪks'tʃeɪndʒ ˌreɪt]
Wechselstube bureau de change ['bjʊərəʊ də 'ʃɔ̃:nʒ]
wecken to wake [weɪk]
Weg way [weɪ]; (*Pfad*) path [pɑ:θ]; (*Straße*) road [rəʊd]
weg away [ə'weɪ], gone [gɒn]
wegen because of [bɪ'kɒz‿əv]
weggehen to go away ['gəʊ‿ə'weɪ], to leave [li:v]
Wegweiser sign [saɪn]
weh tun to hurt [hɜ:t], to be painful [bi 'peɪnfʊl]
weich soft [sɒft]
Weihnachten Christmas ['krɪsməs]
weil because [bɪ'kɒz], since [sɪns]
Wein wine [waɪn]
Weinberg vineyard ['vɪnjəd]
weinen to cry [kraɪ]
Weinglas wine glass ['waɪnglɑ:s]
Weinhandlung wine merchant's ['waɪn ˌmɜ:tʃənts]
Weintraube grape [greɪp]
Weisheitszahn wisdom tooth ['wɪzdəm tu:θ]
weiß white [waɪt]
Weißbrot white bread [waɪt 'bred]
Weißwein white wine [waɪt 'waɪn]
weit (*nicht eng*) wide [waɪd]; (*Weg*) long [lɒŋ]; (*entfernt*) far [fɑ:]
Wellenbad wave pool [weɪv pu:l]
Welt world [wɔ:ld]
wenig little ['lɪtl], few [fju:]; **ein ~** a little [ə 'lɪtl]; **ein ~ von . . .** a bit of . . . [ə 'bɪt‿əv]
wenigstens at least [ət 'li:st]
wenn (*Bedingung*) if [ɪf]; (*zeitlich*) when(ever) [wen(evə)]
werden to become [bɪ'kʌm]
Werkstatt (*für Autos*) garage ['gærɑ:dʒ]
werktags on weekdays ['wi:kdeɪz]
Werkzeug tool [tu:l]
Wertangabe declaration of value [ˌdeklə'reɪʃn‿əv 'vælju:]
wertlos worthless ['wɜ:θlɪs]
Wertsachen valuables ['væljʊəblz]
Wespe wasp [wɒsp]
Weste waistcoat ['weɪskəʊt]
Western western ['westən]
westlich western ['westən]; **~ von** west of [west‿əv]
Wettervorhersage weather forecast ['weðə ˌfɔ:kɑ:st]
Wettkampf contest ['kɒntest], match [mætʃ]
wichtig important [ɪm'pɒtnt]
Wickeltisch baby's changing table ['beɪbɪz tʃeɪndʒɪŋ teɪbl]
wie (*Frage*) how [haʊ]; (*Vergleich*) like [laɪk]
wieder again [ə'gen]
wiederholen to repeat [rɪ'pi:t]
wiederkommen to come back ['kʌm 'bæk], to return [rɪ'tɜ:n]
Wiese meadow ['medəʊ]
wild wild(ly) [waɪld(lɪ)]; **~es Tier** wild animal [waɪld 'ænɪməl]
Wildpark safari park [sə'fɑ:rɪ pɑ:k]
willkommen: **~!** welcome! ['welkəm]
Wimperntusche mascara [mæ'skɑ:rə]
Wind wind [wɪnd]
Windel nappy ['næpi], diaper ['daɪəpɚ] am
Windpocken chickenpox ['tʃɪkɪnpɒks]
Windschutzscheibe windscreen ['wɪndskri:n], windshield ['wɪndʃi:ld] am
Windstärke wind force ['wɪndfɔ:s]
windsurfen to windsurf ['wɪnd 'sɜ:f]
Winter winter ['wɪntə]
Winterreifen winter tyre ['wɪntə 'taɪə]
wir we [wi:]
Wirbelsäule spine [spaɪn]
wirklich (*als Adjektiv*) real [rɪəl]; (*echt*) true [tru:]; (*als Adverb*) really ['rɪəlɪ]
wissen to know [nəʊ]
Witz joke [dʒəʊk]
WLAN Wi-Fi® ['waɪfaɪ]
Woche week [wi:k]; **heute in einer ~** today week [tə'deɪ 'wi:k]
Wochenende weekend [ˌwi:k'end]; **am ~** at the weekend [ət ðə ˌwi:k'end]
Wochenendpauschale weekend rate [ˌwi:k'end reɪt]
Wochenkarte weekly season ticket ['wi:klɪ 'si:zn ˌtɪkɪt]
Wochenpass week pass [wi:k pɑ:s]
wochentags on weekdays ['wi:kdeɪz]

wöchentlich (*als Adjektiv*) weekly [ˈwi:klɪ]; (*als Adverb*) once a week [ˈwʌns‿ə ˈwi:k]
wohnen to live [lɪv]; **im Hotel ~** to stay at a hotel [steɪ ət‿ə həʊˈtel]
Wohnmobil camper [ˈkæmpə]
Wohnort place of residence [ˌpleɪs‿əv ˈrezɪdəns]
Wohnung flat [flæt], apartment [əˈpɑ:tmənt] am
Wohnwagen caravan [ˈkærəvæn]
Wohnzimmer living room [ˈlɪvɪŋru:m]
Wolke cloud [klaʊd]
Wolldecke blanket [ˈblæŋkɪt]
Wolle wool [wʊl]
Wort word [wɜ:d]
Wrap wrap [ræp]
Wunde wound [wu:nd]
wunderbar wonderful [ˈwʌndəfʊl], marvellous [ˈmɑ:vləs]
wundern: **sich ~ (über)** to be surprised (at) [bi səˈpraɪzd‿(ət)]
wünschen to want [wɒnt], to wish for [wɪʃ]
Wurm worm [wɜ:m]
Wurst sausage [ˈsɒsɪdʒ]
Würstchen sausage [ˈsɒsɪdʒ]
würzen to season [ˈsi:zn]
wütend furious [ˈfjʊərɪəs]

Y

Yoga yoga [ˈjəʊgə]

Z

zäh tough [tʌf]
Zahl number [ˈnʌmbə], figure [ˈfɪgə]
zahlen to pay [peɪ]
zählen to count [kaʊnt]
Zahlung payment [ˈpeɪmənt]
Zahn tooth [tu:θ]
Zahnbürste toothbrush [ˈtu:θbrʌʃ]
Zahnfleisch gums [gʌmz]
Zahnpasta toothpaste [ˈtu:θpeɪst]
Zahnradbahn rack-railway [ræk ˈreɪlweɪ]
Zahnschmerzen toothache [ˈtu:θeɪk]
Zahnstocher toothpick [ˈtu:θpɪk]
Zäpfchen suppository [səˈpɒzɪtərɪ]
zart (*weich*) soft; (*Fleisch*) tender [ˈtendə]
zärtlich tender [ˈtendə]
Zecke tick [tɪk]
Zehe toe [təʊ]
Zeichen sign [saɪn]
Zeichensprache sign language [saɪn ˈlæŋgwɪdʒ]
Zeichentrickfilm cartoon [kɑ:ˈtu:n]
zeichnen to draw [drɔ:]
Zeichnung drawing [ˈdrɔ:ɪŋ]
zeigen to show [ʃəʊ]
Zeit time [taɪm]
Zeitschrift magazine [ˌmægəˈzi:n]
Zeitung newspaper [ˈnju:sˌpeɪpə]
Zeitungshändler newsagent's [ˈnju:zˌeɪdʒənts]
Zelt tent [tent]
zelten to camp [kæmp]
Zentimeter centimetre [ˈsentɪˌmi:tə]
zentral central [ˈsentrl]
Zentralheizung centralheating [ˈsentrəl ˈhi:tɪŋ]
Zentrum centre [ˈsentə], center [ˈsentə] am
Zerrung pulled muscle [ˈpʊld ˈmʌsl]
Zeuge, Zeugin witness [ˈwɪtnɪs]
ziehen to pull [pʊl]
Ziel aim [eɪm]; (*Reiseziel*) destination [ˌdestɪˈneɪʃn]
ziemlich fairly [ˈfeəlɪ], rather [ˈrɑ:ðə], pretty [ˈprɪtɪ]
Zigarette cigarette [ˌsɪgəˈret]
Zigarillo cigarillo [ˌsɪgəˈrɪləʊ]
Zigarre cigar [sɪˈgɑ:]
Zimmer room [ru:m]
Zimmermädchen (chamber)maid [(ˈtʃeɪmbə)meɪd]
Zimmertelefon in-room telephone [ɪn ru:m telɪfəʊn]
Zirkus circus [ˈsɜ:kəs]
Zitrone lemon [ˈlemən]
Zoll (*Amt*) customs [ˈkʌstəmz]; (*Gebühr*) duty [ˈdju:tɪ]
Zollerklärung customs declaration [ˈkʌstəmz ˌdekləˈreɪʃn]
zollfrei duty-free [ˈdju:tɪ ˈfri:]; **~er Laden** duty-free shop [ˈdju:tɪˈfri: ʃɒp]
Zollgebühren duties [ˈdju:tɪz]
zollpflichtig liable to duty [ˈlaɪəbl tə ˈdju:tɪ]
Zoo zoo [zu:]
zu (*Richtung*) to [tu:]; (*geschlossen*) shut [ʃʌt], closed [kləʊzd]; (*vor Adjektiv*) too [tu:]; **~ sehr, ~ viel** too much [ˈtu: ˈmʌtʃ]
zubereiten to prepare [prɪˈpeə]; (*Getränke*) to mix [mɪks]; (*Speisen*) to cook [kʊk]
Zucchini zucchini [suˈki:nɪ] am, courgette [kɔ:ʃet] gb
Zucker sugar [ˈʃʊgə]
zuerst (at) first [(ət) ˈfɜ:st]
zufällig by chance [baɪ ˈtʃɑ:ns]
zufrieden satisfied [ˈsætɪsfaɪd]
Zug train [treɪn]
Zugang (*Zutritt*) access [ˈækses]; **stufenloser ~** stepless access [steplɪs ˈækses]
Zugänglichkeit accessibility [ækˌsesɪˈbɪlɪtɪ]

zuhören to listen (to) [ˈlɪsn (tə)]
Zukunft future [ˈfjuːtʃə]
zukünftig future [ˈfjuːtʃə]
zulässig permitted [pəˈmɪtɪd], allowed [əˈlaʊd]
zuletzt (*als Letzte/r*) last [lɑːst]; (*endlich*) finally [ˈfaɪnəlɪ]
Zündkerze spark plug [ˈspɑːkplʌg]
Zündschlüssel ignition key [ɪgˈnɪʃn kiː]
Zündung ignition [ɪgˈnɪʃn]
Zunge tongue [tʌŋ]
zurück back [bæk]
zurückbringen to bring back [ˈbrɪŋ ˈbæk]
zurückfahren to return [rɪˈtɜːn], to drive back [ˌdraɪv ˈbæk]
zurückgeben to give back [ˌgɪv ˈbæk]
zurückkehren to come back [ˌkʌm ˈbæk]
zusagen (*Einladung*) to accept [əkˈsept]
zusammen together [təˈgeðə]
zusammenschlagen to beat up [ˈbiːt‿ˈʌp]
Zusammenstoß collision [kəˈlɪʒn], crash [kræʃ]
zusätzlich (*als Adjektiv*) additional [əˈdɪʃənl]; (*als Adverb*) in addition [ɪn‿əˈdɪʃn]
zuschauen to watch [wɒtʃ]
Zuschauer(in) spectator [spekˈteɪtə]; (*Fernsehzuschauer*) viewer [ˈvjuːə]
Zuschlag extra charge [ekstrə ˈtʃɑːdʒ]
zuständig responsible [rɪˈspɒnsəbl]
zweite(r, -s) second [ˈseknd]
zweitens second(ly) [ˈseknd(lɪ)]
Zwiebel onion [ˈʌnjən]
zwischen between [bɪˈtwiːn]; (*zwischen mehreren*) among [əˈmʌŋ]
Zwischenfall incident [ˈɪnsɪdnt]
Zwischenlandung stopover [ˈstɒpˌəʊvə]
Zwischenstecker adapter [əˈdæptə]
Zyste cyst [sɪst]

Bildquellen

Cover, 01: iStockphoto/BrianAJackson; **12/13:** iStockphoto/BrettCharlton; **24/25:** Fotolia/Jimi King; **30/31:** Fotolia/Alexey Protasov; **26:** Thinkstock/krzych-34; **35:** Fotolia/Konstantin Sutyagin; **40:** iStockphoto/1001nights; **52/53:** iStockphoto/S. Greg Panosian; **55:** iStockphoto/mbbirdy; **64:** Fotolia/makoto-garage.com; **66:** Thinkstock/newsfocus1; **68:** Fotolia/Bombaert Patrick; **74:** Thinkstock/Hemera; **84/85:** Fotolia/Fırat; **88:** Shutterstock/Anneka; **98/99:** Shutterstock/Thinglass; **102:** iStockphoto/fazon1; **106:** Thinkstock/monahan; **113:** Fotolia/Team 5; **121:** Fotolia/azureus70; **126/127:** Fotolia/nomadimages; **130:** Thinkstock/simongurney; **132:** Thinkstock/Valmol48as; **136:** Fotolia/Bart Kowski; **141:** Shutterstock/Jaime Pharr; **144/145:** Shutterstock/Tatiana Grozetskaya; **146:** iStockphoto/McBigA; **148:** Thinkstock/Akabei; **160/161:** Fotolia/Heng kong Chen; **162:** Thinkstock/fazon1; **165:** Fotolia/Lee Torrens; **181:** Fotolia/ilumus photography; **188/189:** Fotolia/Jof.

Zeigebilder v. l. n. r.:
122: Fotolia/Daniel Wiedemann; Dreamstime.com/Givaga; Thinkstock/pixelliebe; Shutterstock/Multiart; Fotolia/sspice; Fotolia/Sergejs Rahunoks; Fotolia/Diana Taliun; Fotolia/Andreas F.; Fotolia/Sergii Moscaliuk; Fotolia/Corinna Gissemann; Fotolia/Viktor; Fotolia/Picture Partners; Fotolia/IrisArt; Fotolia/BeTa-Artworks; Fotolia/Marius Graf; Fotolia/Peredniankina; Fotolia/Kesu; Fotolia/ExQuisine; Viktor/Fotolia; Dreamstime.com/Nagme; Fotolia/Piovanello; Fotolia/Robert Neumann; Fotolia/gtranquillity; Dreamstime.com/Travelling-light; **123:** Fotolia/Giuseppe Lancia; Fotolia/roobcio; Fotolia/Andrey Starostin; Fotolia/R鮭 MASSEGLIA; Dreamstime.com./Wksp; Fotolia/Andrei Nekrassov; Fotolia/dulsita; Fotolia/Dani Vincek; Fotolia/HelleM; Thinkstock/Hemera; Fotolia/BSANI; Fotolia/felinda; Fotolia/Dionisvera; iStockphoto/malerapaso; Fotolia/pedrolieb; Fotolia/o.meerson; Fotolia/ExQuisine; Fotolia/Dalmatin.o; Fotolia/Picture Partners; Fotolia/SGV; Dreamstime.com/Wksp; Fotolia/lunamarina; Dreamstime.com/Onepony; Dreamstime.com/Witoldkr1; **124:** Fotolia/by-studio; Fotolia/valeriy555; Fotolia/Anna Kucherova; Fotolia/Tomboy2290; Fotolia/Irochka; Fotolia/valeriy555; Fotolia/valeriy555; Fotolia/valeriy555; Fotolia/valeriy555; Fotolia/valeriy555; Fotolia/valeriy555; Fotolia/Schlierner; Fotolia/salade; Fotolia/Malyshchyts Viktar; iStockphoto/stock_colors; Fotolia/valeriy555; Fotolia/valeriy555; Fotolia/valeriy555; Fotolia/valeriy555; Fotolia/valeriy555; iStockphoto/Tomboy2290; Thinkstock/nixki; **125:** Fotolia/Oleksiy Ilyashenko; Fotolia/valeriy555; Fotolia/valeriy555; Fotolia/valeriy555; Fotolia/valeriy555; Fotolia/Popova Olga; Fotolia/valeriy555; Fotolia/Malyshchyts Viktar; Fotolia/valeriy555; Fotolia/Popova Olga; valeriy555/Fotolia; valeriy555/Fotolia; Fotolia/valeriy555; Fotolia/Popova Olga; valeriy555/Fotolia; Fotolia/Malyshchyts Viktar; iStockphoto/Caziopeia; Fotolia/marilyn barbone; Fotolia/valeriy555; Fotolia/valeriy555; Fotolia/Malyshchyts Viktar; Fotolia/valeriy555; Fotolia/valeriy555; Fotolia/valeriy555; Fotolia/o.meerson; **128:** iStockphoto/chrisdorney; **187:** Fotolia/cristi180884; Fotolia/by-studio; Fotolia/Tharakorn; Fotolia/NilsZ; Fotolia/byggarn.se; Fotolia/picsfive; Fotolia/Nazzu; Fotolia/picsfive; Fotolia/Jürgen F鈩hle; Fotolia/picsfive; Fotolia/ksena32; Fotolia/Gresei; Fotolia/bpstocks; Fotolia/Jiri Hera; Fotolia/Foto-Ruhrgebiet; Fotolia/NilsZ; Fotolia/jlcst; Fotolia/picsfive; Fotolia/wiedzma; Fotolia/ILYA AKINSHIN.